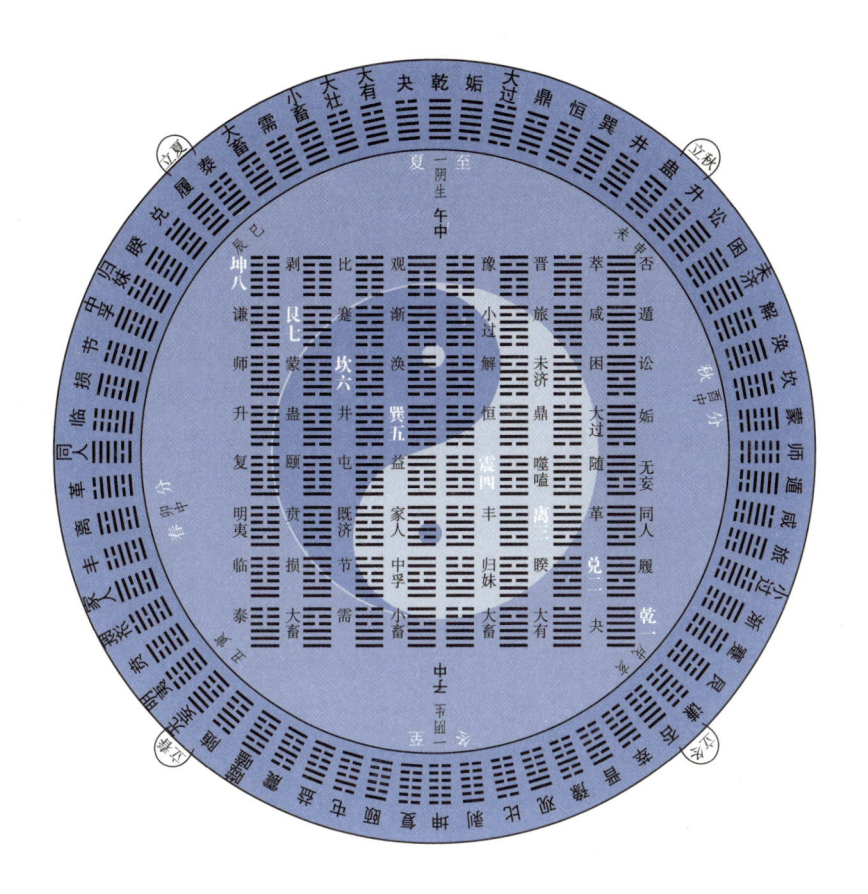

伏羲六十四卦方圆象天地图

伏羲六十四卦方位图，其说皆出于邵氏①。此图圆布者，乾尽午中，坤尽子中，离尽卯中，坎尽酉中。阳生于子中，极于午中；阴生于午中，极于子中；其阳在南，其阴在北。方布者，乾始于西北，坤尽于东南，其阳在北，其阴在南。此二者，阴阳对峙之数。圆于外者，象阳而含阴；方于中者，象阴而含阳。圆者象天之运动，方者象地之贞固②也。

---

①邵氏：邵雍，北宋哲学家、易学家，字尧夫，世称"康节先生"。他用六十四卦绘成方图及《卦令图》《先天图》等。其所著《梅花易数》对后世产生了广泛影响。

②贞固：贞，在经文中一般训为"占"，在易传中一般训为"正"。此处"贞固"即"正固"，意为坚守美好的德行。

《周易》筮法

古代"筮法",就是用蓍(shī,音同"诗")草进行排列演算而得到卦,通过所得到的卦象、卦辞和爻辞来占凶吉。《周易·系辞传》及《左传》《史记》都曾记载用蓍草进行排列演算的方法。现介绍如下,以供参考:

第一步,取蓍草五十根。如手中无蓍草,可用牙签及火柴棍代替。

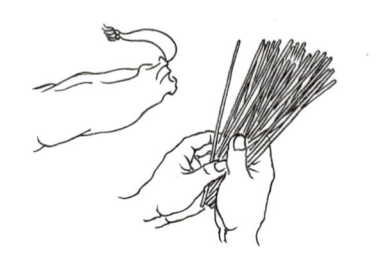

第二步,从五十根蓍草中任意取出一根,放在一边(即:去一以象太极),在行筮过程中不用。为什么不用呢?因为这根蓍草代表北辰,居位不动。

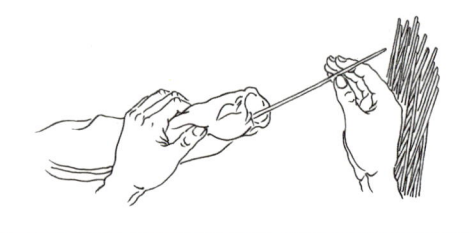

第三步,将余下的四十九根蓍草任意分成两份(如图甲),左手持一份象征天,右手持一份象征地(即:以象二仪)。再从右手的蓍草中任意取一根,夹在左手小指与无名指之间(如图乙),象征人。然后以四根蓍草为一组,先数左手蓍草(如图丙),再数右手蓍草,以象征四季。数到最后,两只手中的蓍草必有余数(如图丁)。

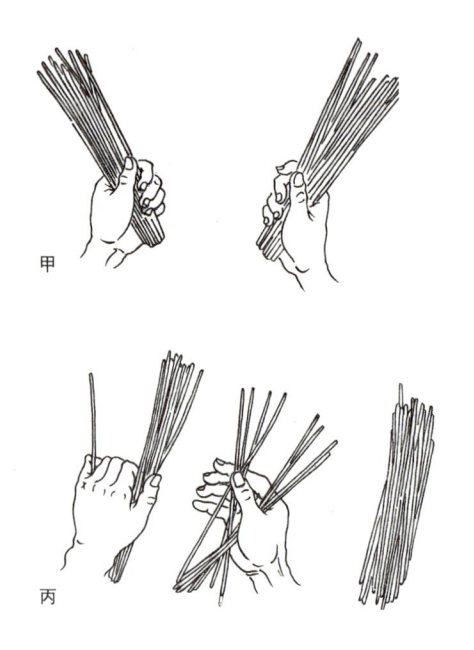

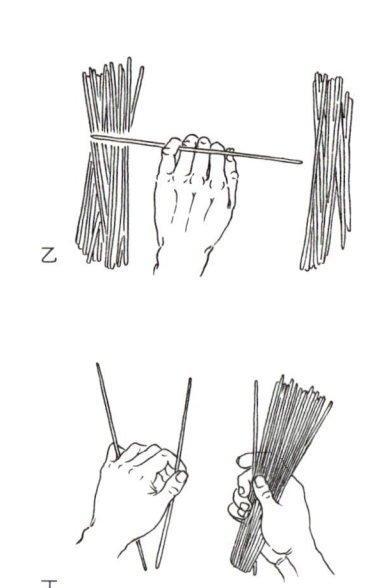

甲

乙

丙

丁

第四步，将左手余下的蓍草夹在左手中指与无名指之间（如图甲、乙），将右手余下的蓍草夹在左手中指与食指之间（如图丙、丁），以象征积余而成闰月。这时，加上原来那根象征人的蓍草，必定是五或九根。

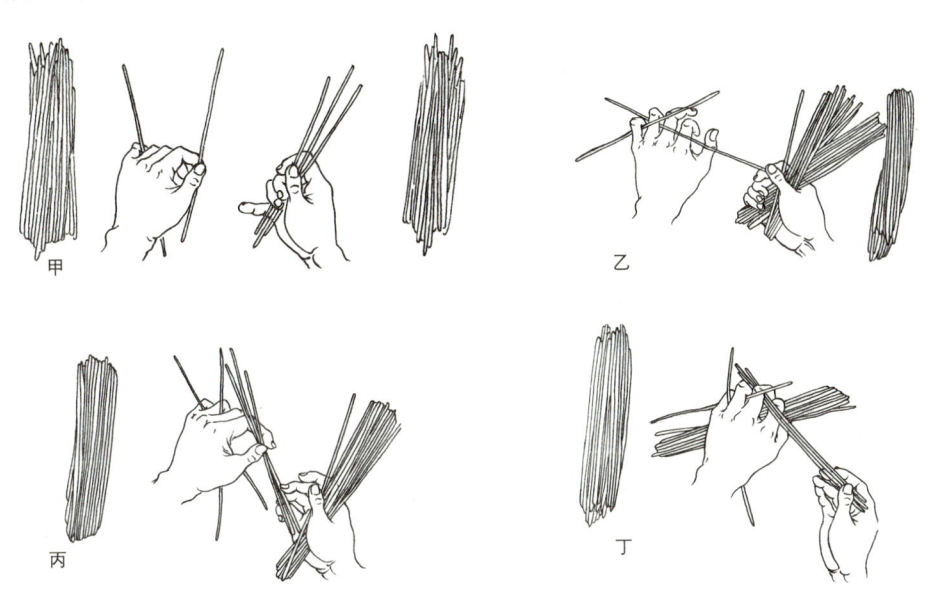

甲

乙

丙

丁

以上四步，完成"一变"，然后进行"二变"。

"二变"是将余下的那五根或九根蓍草除去，然后将另外四十根或四十四根蓍草合在一起，再任意分成两份，置于右手，重复"一变"的第三、第四步，最后余下的必定是四或八。此为"二变"。

"二变"完成后再进行"三变"。这时，余下的数只有三种情况：

①余四十根；②余三十六根；③余三十二根。

"三变"是将余下的上述三种数字中的一类数字的蓍草合在一起，再任意分成两份，置于左、右手，仍从右手取一根蓍草夹在左手小指与无名指之间，再四根一组地分数，最后必余四根或八根。去掉这一余数，剩下的蓍草只有四种情况：

①余数为三十六；②余数为三十二；③余数为二十八；④余数为二十四。

再以四除之，一爻遂定：

36÷4=9（初爻老阳）；32÷4=8（初爻少阴）；

28÷4=7（初爻少阳）；24÷4=6（初爻老阴）。

老阳、老阴在变卦中要发生变化，或阴变阳，或阳变阴，而少阴少阳不会发生变化。

经过以上"三变"，得到第一爻，如此重复五次，可得到另外五爻；经过十八变，可得一卦，第一个"三变"，得到初爻，第二个"三变"得二爻，依次类推。如《周易》"蒙卦"：经过上述"三变"，得到第一爻。本卦的第一爻属阴，称"初六"。第二个"三变"得二爻。本卦第二爻属阳，在第二的位置，称"九二"。以后的3、4、5、6爻俱以此类推。

八卦要素表

卦名		乾	坤	震	巽	坎	离	艮	兑
卦符		☰	☷	☳	☴	☵	☲	☶	☱
卦象		天	地	雷	风	水	火	山	泽
卦序		父	母	长男	长女	中男	中女	少男	少女
卦位	先天①	南	北	东北	西南	西	东	西北	东南
卦位	后天②	西北	西南	东	东南	北	南	东北	西
卦时	先天	夏至	冬至	立春	立秋	秋分	春分	立冬	立夏
卦时	后天	立冬	立秋	春分	立夏	冬至	夏至	立春	秋分
后天五行		金	土	木	木	水	火	土	金

① 先天："先天"指"伏羲先天八卦"。先天八卦是乾坤定南北，离坎定东西。它的卦数是：乾一、兑二、离三、震四、巽五、坎六、艮七、坤八。

② 后天："后天"指"文王后天八卦"。后天八卦是坎离定南北，震兑定东西。它的卦数是：坎一、坤二、震三、巽四、中五、乾六、兑七、艮八、离九。

十二消息卦

复卦	䷗	一阳息阴	建子	十一月
临卦	䷒	二阳息阴	建丑	十二月
泰卦	䷊	三阳息阴	建寅	正月
大壮卦	䷡	四阳息阴	建卯	二月
夬卦	䷪	五阳息阴	建辰	三月
乾卦	䷀	六阳息阴	建巳	四月
姤卦	䷫	一阴消阳	建午	五月
遁卦	䷠	二阴消阳	建未	六月
否卦	䷋	三阴消阳	建申	七月
观卦	䷓	四阴消阳	建酉	八月
剥卦	䷖	五阴消阳	建戌	九月
坤卦	䷁	六阴消阳	建亥	十月

十二消息卦：十二消息卦用十二地支表示。所谓"消息"，是一卦之中，阳爻去而阴爻来，称为"消"；而阴爻去阳爻来，称为"息"。"消息卦"有十二卦，分主一年十二月份。十二消息卦中，以泰、大壮、夬三卦配春，以乾、姤、遁三卦配夏，以否、观、剥三卦配秋，以坤、复、临三卦配冬，因而十二消息相变通而周于四时。

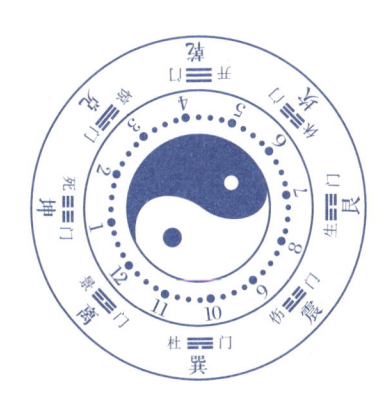

The Book of Changes

周易

奠立"中正"之修的上古奇书

金永　译解

重庆出版集团　重庆出版社

图书在版编目（CIP）数据

周易 / 金永 译解. —重庆：
重庆出版社，2015.12（2024.1重印）
ISBN 978-7-229-10709-3

Ⅰ.①周… Ⅱ.①金… Ⅲ.①《周易》—译文
Ⅳ.① B221.4

中国版本图书馆CIP数据核字（2015）第280541号

周 易
ZHOUYI

金永 译解

策 划 人：刘太亨
责任编辑：张立武
责任校对：杨 婧
特约编辑：王 尧
版式设计：梅羽雁 曲 丹
封面设计：日日新

重庆出版集团
重庆出版社 出版

重庆市南岸区南滨路162号1幢 邮编：400061 http://www.cqph.com
重庆博优印务有限公司印刷
重庆出版集团图书发行有限公司发行
全国新华书店经销

开本：720mm×1000mm 1/16 印张：29 字数：438千
1997年12月第1版 2009年1月第2版 2016年5月第3版 2024年1月第28次印刷
ISBN 978-7-229-10709-3

定价：68.00元

如有印装质量问题，请向本集团图书发行有限公司调换：023-61520678

版权所有，侵权必究

PREFACE | 前言

诺贝尔物理学奖获得者、丹麦人尼尔斯·玻尔，因其对世界物理学的杰出贡献而被他的祖国授予爵士徽章，在决定徽章图形时，他坚持选择了《周易》的阴阳太极图。另一个欧洲人，微积分的发明者、德国数学家莱布尼兹对太极八卦图也曾高度赞叹："易图是流传于宇宙间所有科学的最古老纪念物。"莱布尼兹发明的二进制，正得益于阴阳两仪的启迪，这不仅在当时轰动了整个科学界，而且对计算机早期编程技术也产生了直接影响，《周易》也因此获得了"计算机编程之母"的美誉。

由此可见，《周易》对现代数学、物理学，乃至医学、生物学等众多学科的贡献是不言而喻的。瑞士心理学家卡尔·古斯塔夫·琼甚至认为，"《周易》是一个取之不尽、用之不竭的智慧源泉"。作为中华文化经典，《周易》对人类"正确而精简地描述世界"所作的贡献早已无法替代，它庞大的易学理论体系更是囊括了中华文明的全部精要。

《周易》提供的一整套完美的阴阳学说，与殷周时期萌发的五行理论，是中国文化的两大支柱，因此，《周易》被历代学者奉为"大道之源"、"群经之首"。可以断言，如果一个人没有真正了解易理，欲图立足时世，应对变幻莫测的社会生活，几乎是不可能的。就社会文化学的阐释而言，《周易》是一部纯然中国的罕有的处世经典，它对涉及人生各个阶段和不同境遇中可能出现的各种意外情况进行了状态分析，并提出了唯有大智大仁者才有的应对策略。这一系列貌似玄奥的策略，在后来的《左传》《史记》等典籍中多有实例，更为后人所遵从。

近些年来，解读《周易》的著述层出不穷，其间不乏佼佼者，但亦有不少以《周易》为幌子推出的风水、命相类读物，这无异是对《周易》深厚内涵的亵渎；即使在已经面世的《周易》译解全本中，也很少易于通读、便于理解，行为

"中正"的文本。

本书立足于对易理丰富内涵的解析，以人生过程中一切可能的"变数"为关照对象，试图为其找到最为适当的应对之策，以利人们在世事变化中葆有积极的心态，且能通达自如。需要说明的是，为了让本书内容更为到位，在译解时参考了魏晋王弼、唐代孔颖达、清代李光第等易学名家有关《周易》的著述，综合了许多大家的观点，但仍然很难消除理解上的全部障碍，因为"易"的状态在很多情形下并不确定，而且永远在变。另外，在出版时，编辑更请相关专业人员对每一卦的天象进行了描绘，对每卦各爻的意境进行了提取，现在一并呈现给读者，相信对读者直观理解易理会有所裨益。

金　永

2014年8月23日述于重庆育才中学

2016年2月22日修订

读《易》入门

1

《周易》的"周"字,有两种说法。一种说法是"易道周普"的意思,即"无所不备,周而复始";另一种说法认为:"周"指周朝,朝代名。唐代经学家孔颖达据《世本》等书记载说:"神农(即炎帝)一曰连山氏,亦曰列山氏。黄帝一曰归藏氏。"由此而见,《周易》并不是一部独立的著作,它是在《连山》《归藏》的基础上演变而来的。神农时代称为《连山》,黄帝时代称为《归藏》,至周朝改名为《周易》。因此,"周朝说"为多数人所接受。

至于《周易》的"易"字,历代解释繁众,总括起来,大致有以下几种:

秦、汉以后正流儒家学派,根据《以讳乾凿度》一书的探究,认为"易"的内涵有三:

易,就是简易。最复杂的变化往往蕴藏于最简单的道理,能用最简单的符号表示。

易,就是变易。万事万物都在不断发展变化,离开这种变化,宇宙万物就难以形成。

易,就是不易。变与不变合二为一,无法分割,变的背后一定蕴藏着不变之理,即自然规律。

道家"易"学者,根据对东汉魏伯阳所著《参同契》的研究,认为"日月之谓易"的定义,最为合理。

后世有人从《易经》文本例举的动物,如龙、马、象等以及伏羲开始画卦时有"远取储物"的说明,认为原始的"易"字,便是取其象形飞鸟的观念。不过,此说一直未能引起重视。

清代学者陈则的《周易浅述》将"易"释为二义:

一是交易。阴阳寒暑,上下四方,相互交替。

二是变易。春夏秋冬，循环往复，运动不已。

总之，"易"的解释至今尚无定论，但从中国哲学的基点看，一部《周易》，无非是讲阴阳两种力量的相互作用，由此产生万物。刚柔相济，变在其中，这就是"易"的核心思想。

2

自汉代以来，对《周易》的解说可谓汗牛充栋，代不乏人，且观点颇异，但一些基本观点则少有变化。了解这些概念，对于初读"易"者十分必要。

《周易》分为《易经》和《易传》两部分。

《易经》的构成

《易经》由六十四卦、三百八十四爻组成，各有卦辞、爻辞加以说明，为占筮之用。

六十四卦：由六个一组的"▬"和"▬ ▬"构成。"▬"象征阳，称为"阳爻"，由奇数"1、3、5、7、9"中最大的数"9"表示，又称为"九"；"▬ ▬"象征阴，称为"阴爻"，由偶数"2、4、6、8、10"中的"6"表示，又称为"六"。

每卦又有卦画、卦名、卦辞、爻序号、爻辞。

卦画：也称卦图。例"蒙卦"：䷃

蒙，亨。匪我求童蒙，童蒙求我。初筮告，再三渎，渎则不告。利贞。

例中的"▬"和"▬ ▬"是八卦中的两个基本符号，由此构成卦图。《周易·系辞下》说："古者，包牺氏之王天下也，仰则观象于天，俯则观法于地，观鸟兽之文与地之宜，近取诸身，远取诸物，于是始作八卦，以通神明之德，以类万物之情。"由此可见，八卦由伏羲氏创制。文中"包牺氏"即伏羲氏。伏羲氏只是画出了八卦，没有留下文字。

卦名：上卦的"蒙"字就是卦名。六十四卦每一卦都有卦名，如"乾""坤"等均为卦名。

卦辞："蒙"字之后，从"亨"至"利贞"称为"卦辞"。"卦辞"是对全卦的断语。"卦辞"和"爻辞"的作者，一般认为是周文王姬昌。《史记》载："文王拘而演周易。"文王曾被殷纣王囚居羑里七年，根据伏羲氏画出的八卦推演出六十四卦，并写下了"卦辞"和"爻辞"，民间称为"文王神课"。

爻序号："卦"由下而上构成，最下方的称为"初"，依次称为"二"、"三"、"四"、"五"，最上方的称为"上"。例：

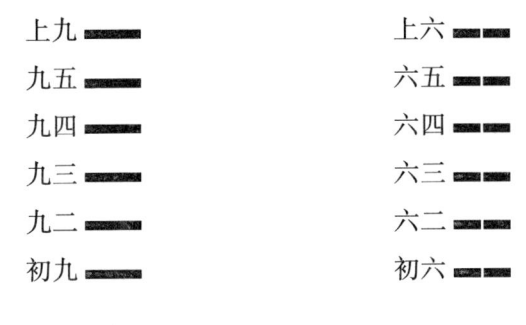

上九 ━━━　　　　　　　上六 ━ ━
九五 ━━━　　　　　　　六五 ━ ━
九四 ━━━　　　　　　　六四 ━ ━
九三 ━━━　　　　　　　六三 ━ ━
九二 ━━━　　　　　　　六二 ━ ━
初九 ━━━　　　　　　　初六 ━ ━

如"蒙卦"
上九
六五
六四
六三
九二
初六

爻辞：爻序号后面的话就是"爻辞"。六十四卦每卦有六个爻，每个爻都有一段爻辞，共六段爻辞。例如蒙卦"初六"的爻辞：

初六：发蒙，利用刑人，用说桎梏，以往吝。

爻辞是对各爻下的断语。

《周易》的经文部分，全文不到五千字，十分简古。《周易》经文经过了伏羲、文王两个圣人的创制，最后形成今天我们看到的完本。

《易传》的构成

由于《周易》经文深奥简古，春秋时期的学者阅读起来也感到十分困难，于是，解释经文的文字开始出现，这便是《易传》。《易传》由七篇文章构成，其成文时间离经文形成的时间不是很长（约五六百年），它是解释经文的最早、最切近的文字。这七篇文章是：《彖（tuàn）传》《象传》《系辞传》《文言传》《说卦传》《序卦传》《杂卦传》。其中，《彖传》《象传》《系辞传》又各分上下篇，加上另外四篇文章合成"十翼"。"翼"是"羽翼"的意思，有"辅助"之义。

《彖传》："彖"是兽名，有利齿。"彖"是会意字，字从彑（jì, 音同

3

"记"），从豕（shǐ，音同"史"），"彑"指猪头，"豕"指猪。猪头有长吻部，其中上吻部包住下吻部，"彑"与"豕"联合起来表示"包半边的猪嘴"。其本义为包边、包括，引申义为总括。《彖传》主要解释六十四卦各卦的卦名、卦辞和卦的要旨，从六爻的整体形象，说明该卦的本义。《彖传》附在六十四卦下，各卦都有。"彖辞"意即"总括之辞"。"小结"意即小结一卦之辞。

《象传》：分《大象传》《小象传》。《大象传》解释卦象，主要从卦象来阐释其所显示的社会伦理与道德意义。《小象传》解释爻象，说明爻象或爻辞的意义。《彖传》和《象传》二者的共同点是：通过阐释卦象、爻象所蕴涵的道理，示告人们如何正确决定自己的行为。

《系辞传》：也称"大传"，是对经文的整体论说。探讨《易经》的起源，介绍古老的筮法，阐释易理的精微。《系辞传》是一部具有很深蕴涵的哲学名篇。

《文言传》：专门解说乾、坤二卦的意旨。乾、坤二卦在六十四卦中具有特殊地位，是理解《易经》的关键。其中，解释乾卦的称《乾文言》，解释坤卦的称《坤文言》。

《说卦传》：分两部分，前部分是对经文的论说，后部分是说明八卦所象征的事物及其特性。《说卦传》是打开《易经》奥秘的一把钥匙。

《序卦传》：主要对六十四卦的排列顺序进行解说。

《杂卦传》：说明六十四卦卦名的含义和特点，且将意义相对或相关的两卦并列解释。因为与原文各卦相比，在顺序上交杂，故称《杂卦传》。

《十翼》：传说是孔子所著。《史记·孔子世家》："孔子晚而喜易，序彖、系、象、说卦、文言。"《汉书·儒林传》载："孔子晚而好易，读韦编三绝而为之传。"但经宋儒考证，《史记》和《汉书》的说法颇不可靠。事实上，《彖传》与《象传》对卦象的论断，有许多地方彼此互有出入，实难确认是同一人所述。其次，除了《彖传》《象传》以外，关于《系传》以及《序卦》《说卦》等篇，其文词思想，处处有先后异同的论调，很难认定都是孔子的手笔。其中许多观念，可能是孔子以后之人的著作，或者是孔门弟子们的著述，却统统归并于孔子名下，也是古代著述中常有的事。

作为解释说明经文最早、最切近的文字，《十翼》是理解经文的十个通道，有了它，我们才能更好地通释《易经》。

3

《系辞传》说："圣人设卦观象系辞焉。"可见，"象"是《周易》成书的依据。至于圣人如何"观象"，今天已经无从得知，我们只有从卦辞、爻辞的只言片语中去探究"象"。

象，即形象、象征。根据历代学者研究，《周易》中的"象"有"八卦之象"、"六画之象"、"象形之象"、"爻位之象"、"方位之象"、"互体之象"、"三才之象"等等。下面，介绍几种主要的"象"。

八卦之象

乾：为健，为天，为父，为首，为君，为玉，为金等等

坤：为顺，为地，为母，为布，为众，为文，为吝啬等等

震：为动，为雷，为龙，为足，为长男，为玄黄等等

巽：为风，为木，为鸡，为长女等等

坎：为水，为陷，为豕，为耳，为中男等等

离：为火，为丽，为日，为雉，为目，为中女，为电等等

艮：为山，为止，为狗，为手，为少男等等

兑：为泽，为羊，为口，为巫，为妾，为少女等等

六画之象

指六十四卦各卦的六爻，一卦中，上下各三爻为一组。

下面三爻称为下卦、内卦、贞卦；上面三爻称为上卦、外卦、悔卦。

初爻、三爻、五爻称为"阳位"，二爻、四爻、上爻称为"阴位"。阳爻居阳位或阴爻居阴位称为"得正"或"得位"，阳爻居阴位或阴爻居阳位称为"不正"或"失位"。值得注意的是，六爻中初爻与上爻居于无位之位，不存在正不正的问题。

方位之象

指八卦的八个方位。

乾南，坤北，离东，坎西，震东北，巽西南，艮西北，兑东南。（根据先天八卦图）

三才之象

卦爻由下向上数，共六爻，六爻分三部分。初爻、二爻为"地"，三爻、四爻为"人"，五爻、上爻为"天"。这三部分合称为"三才"。"天"之道说的是阴和阳，"地"之道说的是柔和刚，"人"之道说的是仁和义。

4

研习《周易》，也有必要了解其古老的"筮法"。所谓"筮法"，就是用蓍（shī，音同"诗"）草进行排列演算而得到的卦。通过所得卦的卦象、卦辞和爻辞来占卜吉凶。《周易·系辞传》就筮法有一段精要的文字，即：

大衍之数五十，其用四十有九。分而为二，以象两；挂一，以象三；揲之以四，以象四时；归奇于扐（手指之间），以象闰；五岁再闰，故再扐而后挂……天数五，地数五，五位相得，而各有合。天数二十有五，地数三十，凡天地之数五十有五，此所以成变化而行鬼神也。乾之策二百一十有六，坤之策百四十有四，凡三百有六十，当期之日。二篇之策，万有一千五百二十，当万物之数也。是故四营而成《易》，十有八变而成卦。八卦而小成……

根据这段文字，我们大致可以推出古人行筮的步骤：

第一步 取蓍草五十根。（大衍之数五十）

为何要蓍草五十根呢？历史上有两种说法：

一说，五十者，谓十日、十二生辰、二十八宿。

一说，太极为北辰，太极生两仪，两仪生日月，日月生四时，四时生五行，五行生十二月，十二月生二十四节气。

第二步 从五十根蓍草中取出一根，在行筮过程中不用。（其用四十有九）

为什么有一根不用呢？历史上也有两种说法：

一说："其一不用者，天之生气，将欲以虚来实，故用四十九焉。"

一说："北辰居位不动，其余四十九转运而用也。"

第三步 将四十九根蓍草任意分成两份，左手持一份象征天，右手持一份象征地（分而为二，以象两。两：两仪）。再从右手的蓍草中任意取一根，夹在左手小指与无名指之间，象征人（挂一，以象三。三：天地人三合）。这时，以四根蓍草为一组，先数左手蓍草，再数右手蓍草，以象征四季（揲之以四，以象四时。揲，读

shé，音同"蛇"，意为取。四时：春夏秋冬四季）。数到最后，不能以四根为一组时，两只手中的蓍草必有余数。

第四步 将左手余下的蓍草夹在左手无名指与中指之间，将右手余下的蓍草夹在左手中指与食指之间，以象征积余日而成闰月（归奇于扐，以象闰）。这时，加上原来那根象征人的蓍草，必定是五或九根。

经过以上四步，完成了"一变"——"四营而成易"，然后进行"二变"。

"二变"是将余下的那五根或九根蓍草除去，然后将另外四十根或四十四根蓍草合在一起，再任意分成两份，置于左右手，重复"一变"的第三、第四步，最后余下的数必定是四或八。此为"二变"。

"二变"完成后，再进行"三变"。这时，余下的数只有三种情况：

一、 余四十根；
二、 余三十六根；
三、 余三十二根。

"三变"是将余下的上述三种中的一种的蓍草合在一起，再任意分成两份，置于左右手，仍从右手取一根蓍草夹在左手小指与无名指之间，再四根一组地分数，最后必余四根或八根。去掉这一余数，剩下的蓍草只有四种情况：

一、 余数为三十六；
二、 余数为三十二；
三、 余数为二十八；
四、 余数为二十四。

再以四除之，一爻遂定：
36÷4=9（老阳，写作 ×）
32÷4=8（少阴，写作 __ __）
28÷4=7（少阳，写作 ___）
24÷4=6（老阴，写作 ∧）

老阳、老阴在变卦中要发生变化，或阴变阳，或阳变阴，而少阴、少阳不会发生变化。

经过以上"三变"，得到第一爻，如此重复五次，可得到另外五爻；经过十八变，可得一卦。第一个"三变"得初爻，第二个"三变"得二爻，依次类推。把六爻全部确定下来，这样就演成一卦。

《周易》被誉为"群经之首，大道之源"。它涵盖万有，纲纪群伦，是中国传统文化的杰出代表；广大精微，包罗万象，亦是中华文明的源头活水。本书是《周易》的普及读本，行文深入浅出，明白晓畅，如有浅陋之处，恳请方家指正。

目 录 CONTENTS

前言 / 1
读《易》入门 / 1

上经

乾（qián） ·················· 2
　　阐释天道，是人类至高无上的行为规范。

坤（kūn） ·················· 18
　　阐释地的法则，即君子之行应安静、方正、包容而不排斥。

屯（zhūn，音同"谆"） ·········· 28
　　阐释天地草创时应采取的进取态度，到进退两难时，应当退守自保求得平安。

蒙（méng） ················· 35
　　阐释草创时期，圣人君子开启民智的重要性。

需（xū） ··················· 42
　　阐释在草创时期，等待时机的原则。

讼（sòng） ················· 48
　　阐释在事业行进中，不可争讼的道理。

师（shī） ……………………… 54
　　阐释不可重用小人的道理。

比（bì，音同"必"） ……………………… 60
　　阐释依附他人的道理。

小畜（xiǎo xù） ……………………… 66
　　阐释因应一时困顿的原则。

履（lǚ） ……………………… 72
　　阐释评价成败的原则。

泰（tài） ……………………… 78
　　阐释持盈保泰的道理。

否（pǐ，音同"匹"） ……………………… 85
　　阐释小人势长，君子势消时的应对之道。

同人（tóng rén） ……………………… 91
　　阐释和同之道。

大有（dà yǒu） ……………………… 97
　　阐释对待成功的因应之道。

谦（qiān） ……………………… 102
　　阐释谦卑之道。

豫（yù） ……………………… 107
　　阐释和乐之道。

随（suí） ……………………………… 113
  阐释怎样使人追随之道。

蛊（gǔ） ………………………………… 119
  阐释振疲起衰之道。

临（lín） ………………………………… 125
  阐释领导的原则。

观（guān） ……………………………… 131
  阐释让人瞻仰之道。

噬嗑（shì kè，音同"是""刻"） ……… 137
  阐释施刑之道。

贲（bì，音同"必"） …………………… 143
  阐释礼仪及返璞归真之道。

剥（bō） ………………………………… 149
  阐释应对败落的原则。

复（fù） ………………………………… 155
  阐释在衰落中恢复的原则。

无妄（wú wàng） ……………………… 161
  阐释不虚妄的道理。

大畜（dà xù） ………………………… 167
  阐释君子养德蓄贤、应天行道的原则。

颐（yí）……………………… 173
　　阐释颐养之道。

大过（dà guò）………………… 179
　　阐释置身非常时刻，应该采取非常之举的原则。

坎（kǎn）……………………… 185
　　阐释突破险难时应步步为营的原则。

离（lí）………………………… 191
　　阐释在遇险时依附他人的原则。

下经

咸（xián）……………………… 198
　　阐释以夫妇感应原则处事的道理。

恒（héng）……………………… 205
　　阐释刚柔相济、各守其道才能恒久的道理。

遁（dùn）……………………… 211
　　阐释退避之道。

大壮（dà zhuàng）……………… 217
　　阐释使人壮大之道。

晋（jìn）……………………… 223
　　阐释求晋升之道。

明夷（míng yí） ······ 229
阐释在遭遇苦难和残害时的求吉之道。

家人（jiā rén） ······ 235
阐释治家之道。

睽（kuí） ······ 241
阐释对离与合、异与同的运用原则。

蹇（jiǎn，音同"简"） ······ 248
阐释面对困境时的处事原则。

解（jiě） ······ 254
阐释解除困境的方法。

损（sǔn） ······ 260
阐释应对减损的原则。

益（yì） ······ 266
阐释增益的原则。

夬（guài，音同"怪"） ······ 273
阐释决断小人的原则。

姤（gòu，音同"构"） ······ 279
阐释应对邂逅的原则。

萃（cuì） ······ 285
阐释让人聚集、服从之道。

升（shēng） ………………………… 292
　　阐释求升进之道。

困（kùn） …………………………… 298
　　阐释解救穷困之道。

井（jǐng） …………………………… 305
　　阐释用贤、养贤的道理。

革（gé） …………………………… 311
　　阐释变革的原则。

鼎（dǐng） ………………………… 318
　　阐释养贤用人之道。

震（zhèn） ………………………… 324
　　阐释应对意外震惊之道。

艮（gèn） …………………………… 330
　　阐释适可而止之道。

渐（jiàn） …………………………… 336
　　阐释渐进之道。

归妹（guī mèi） …………………… 342
　　阐释得到美好婚姻的原则。

丰（fēng） …………………………… 348
　　阐释盛衰无常的道理。

旅（lǚ） ················· 354
　　阐释旅途中求得安定的道理。

巽（xùn，音同"迅"） ················· 360
　　阐释谦逊以收揽人心的道理。

兑（duì） ················· 366
　　阐释把握和悦之道的原则。

涣（huàn） ················· 372
　　阐释处于丰盛安逸的环境时拯救涣散的原则。

节（jié） ················· 378
　　阐释节制的原则。

中孚（zhōng fú） ················· 384
　　阐释诚信乃立身处世之本，必须坚定不移地持守的原则。

小过（xiǎo guò） ················· 390
　　阐释在行动时应知道收敛，不宜过度的道理。

既济（jì jì） ················· 396
　　阐释成功后在盛极必衰时减少损失的原则。

未济（wèi jì） ················· 402
　　阐释在接近成功时，在成败立决的时刻应遵循的原则。

附录

系辞上 ………………………… 408
系辞下 ………………………… 419
说卦传 ………………………… 430
杂卦传 ………………………… 434
序卦传 ………………………… 436

上 经
SHANGJING

　　《易经》从体系看，卦与卦之间的关系是有章可循的，六十四卦的排列顺序体现了阴阳的对应，每一组的两卦一般是互为综卦或覆卦排在前后位置。就是说每一组卦的两卦之关系不是覆（两卦卦画互相颠倒），如屯与蒙，困与井；就是变（两卦卦画完全相反），如坎与离，中孚与小过。唐代易学家孔颖达将卦序的系统规律性总结为"二二相耦，非覆即变"。

　　易卦之间的这种内在联系还表现在卦名的含义上，如乾与坤、泰与否、剥与复、损与益、夬与姤、既济与未济，它们之间都是阴阳的协调与和谐，相反相成。如此，六十四卦构成了一个和谐的整体：《上经》始于乾坤，终于坎离。《序卦传》载："乾、坤者，阴阳之本始，万物之祖宗，故为上篇之始而尊之也。离为日，坎为月，日月之道，阴阳之经，所以始终万物，故以《坎》《离》为上篇之终也。"万物生于天地，经过蒙昧时期的成长，最后生动地呈现出来。

乾

阐释天道，是人类至高无上的行为规范。

☰ 乾上　伟大的天
☰ 乾下　为君的道

【卦辞】 乾：元亨，利贞。

【译文】 筮得乾卦，大吉通顺，占问有利。

乾之天象图

上下卦都是乾，象征天阳。明日高悬，天气晴朗，这就是乾卦的卦象。天，从无极演化而来，故为"元始"；天，生生不息，运动变化，所以"亨通"；天，滋生万物，所以"美利"天下；天，千变万化，永固"贞正"。所以卦辞说："乾，元、亨、利、贞。"

【解说】 全经第一卦是乾卦，第二卦是坤卦。"乾"是天，"坤"是地。《序卦传》载："有天地，然后万物生焉。"天地是创造万物的根本，所以排在全经六十四卦之首。

"乾"，表示日出时光气舒展的形态。在构成宇宙阴阳二元中，阳具备创造活力的"健"的本质，所以，用阳的符号"━"重叠成"☰"，命名为"乾"，"乾"的意思就是指"天"，然后再用一个"☰"上下重叠，以象征无尽的天道变化。上下卦都用"☰"，象征乾卦的刚健，乾卦取象于天，但不是取象于天的形体，是取象于天的性质，即"健"，健即天体有规律地运转，永不停息，什么力量都无法阻止和改变。

"乾"是卦名，它代表天的功能和法则。"元"有大与始的含意。"亨"是通，"利"是和合，"贞"是贞正，在经文中训为"占"，而《易传》中之"贞"一般释为"正"。此句是说："筮得乾卦，大吉通顺，占问有利。"

乾卦各爻所示自然之理

用九：已是群龙无首。
上九：龙飞得太高，已到极点。
九五：龙飞跃于天上。
九四：龙或跃于天，或在渊中。
九三：龙虽现于大地，但仍处险境。
九二：龙出现在田野上。
初九：龙潜于深渊。

【象传】象曰：大哉乾元，万物资始，乃统天。云行雨施，品物流形。大明终始，六位时成，时乘六龙以御天。乾道变化，各正性命，保合大和，乃利贞。首出庶物，万国咸宁。

【译文】《象传》说，乾阳之气太美妙了，因为它，万物才有了生命，并能统领大自然的萌生、成长过程。行云布雨，各类物种才流变出自己的形体。太阳周而复始地运行，于是，上下四方之位得以确定，好像太阳按时驾驭着六龙统御天体的运行。乾道有规律地变化，万物才各得其相宜的生命；乾道运行，维持和谐的状态，就是"利贞"。乾阳首先创造出万物，天下才得到安宁。

【解说】《象传》是对卦名、卦体、卦义进行解说的文字，一般认为是孔子所作。由"大哉乾元"到"乃统天"，都是在解释"元"。"元"是大与始的意思，所以说"大哉"、"资始"。"乾"指天的功能，《系辞传》载："天地之大德曰生。"这句话的意思是说，天的功能，是生成万物的伟大行动而且永远生生不息。当天的这一伟大功能开始时，就同时产生了万物。"资"是取的意思，万物皆取用于天的功能，才得以发生发展；所以说天的功能一开始就得以表现，成为创造万物的根本，并统率整个宇宙。

"云行雨施，品物流形"是用来说明"亨"的含义的。古人认为，生命的泉源是气，气是构成万物的基本要素，它赋予生命以流动、生衍的泉源。由虚空中涌起的气，可见的是云的飘动，进而降落充沛的雨水，使天的生气普遍流布到世界的每一个角落，并赐予万物各种各样的形体。这就是天的生生不息的功能，永远亨通无碍。

天的生生不息的功能，体现了伟大光明的宇宙，从开始到终了所具有的原动力。由潜伏、显现、成长、跃动、飞腾到满盈，随着时间的推移完成六个阶段的变化过程；就像乘着六条龙，自如地驾驭天体的运行。

"乾道变化"以下是解释"利"与"贞"的含义。《中庸》载："天命之谓性。"性是受之于天的，命是天所授的，两者只是立场上的差异，实质却十分相同。"乾"即指天的法则，是时刻都在变化的，而且，在此变化中，孕育出万物，并依其各自本质，赋予生命，依据自然界本身的法则而存在。保持这一自然的大和谐，才能使万物各得其所，各得其宜，真正祥和有益，持续纯正。所以，"元"、"亨"是指天的生生不息的伟大功能的发生、扩展，相应的"利"、"贞"是这一功能的继续完成。天是生成万物的根本，同时，也保证了宇宙的大和谐，超然于万物之上，使普天之下都得到安宁。

形象地说，"元"相当于种子萌芽，"亨"是生长，"利"是成熟，

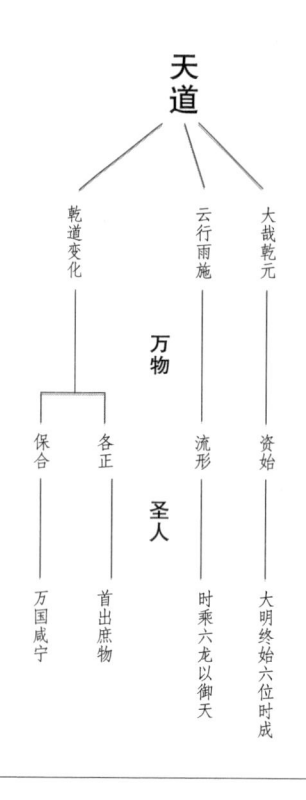

□ "元亨利贞"图

这是用图形解释乾卦的"彖辞"。乾道有规律地变化产生了万物，自然界才有了各得相宜的生命，由此出现圣人，天下才得以安宁。

"贞"是收藏。结果后，种子又落到地上，重新萌芽。"元"即万事万物的开始，有无极之意；"亨"即变通，象征事物处于永不停息的变化发展之中；"利"即结果；"贞"即贞正，有德之人在面对事物的结果之时，还会以"仁义礼智信"五德的标准来审视自己，以酝酿新的更好的开始。这就是说，"元、亨、利、贞"四德，随时序循环不已，无始无终。可见，古人释"元亨利贞"为春夏秋冬，是有道理的。此四德之中，天的生气不断扩散流布，因而，"元"在四德之首，涵盖四德。就人事而言，指有才德的君子成为国家领袖，只有在政治上遵循天的法则，才可使世界和平。

乾卦各爻所示人事指引

用九：	[通达]	通权达变，真正应对自如。
上九：	[节制]	盛极则衰时，保持警惕与节制。
九五：	[建业]	选用贤能，完成伟业。
九四：	[谨慎]	谨慎决定进退，把握有利时机。
九三：	[警惕]	努力作为，同时警惕自励。
九二：	[亲众]	亲近大众，结交有作为的朋友。
初九：	[待机]	隐忍不动，等待时机。

【卦辞】初九：潜龙勿用。

象曰：潜龙勿用，阳在下也。

【译文】潜伏的龙，不可发挥作用。阳气初生，位卑力薄，要养精蓄锐。

【解说】"初"，指从卦象的最下方开始，是乾卦的第一爻。"九"是阳爻。这是占筮时得到的乾卦，而且第一爻是老阳；也就是说，第一爻虽然是阳爻，但也有变为阴爻的可能。

"龙"是古人最崇敬的神秘动物，它能够三栖：潜在深渊，或行走陆上，或在天空飞腾。它具有变幻莫测、隐现无常的性格。因此用龙来象征天道的变化、阴阳的消长以及人事进退的不确定性；同时，也象征天所具有的无限潜能以及有作为的伟大人物。

"潜"，潜藏。龙的活动，属阳性。这一爻，虽是阳爻，但位置在该卦的最下方，即阳气刚在地下发生时的状态，还不能向外活动，因此用"潜龙"象征。占语为"勿用"。"用"是功用、行动，即有所施行，有所作为；"勿用"是说还不能发生功用、有所施行，因此还不能有所作为。但"勿用"的含意也肯定了处于此状态时有潜在的力量，结果不可预测，前景难以限量。

同样，当人事处于这种状态时，就应当像潜藏的龙，隐忍不动，以待天时。据说，这一爻象征文王被囚在羑（yǒu，音同"有"）里时的情形。

【爻辞】九二：见龙在田，利见大人。

象曰：见龙在田，德施普也。

【译文】龙已浮出渊池，出现在大地上，到了该发挥作用、有所施行的时候了，这位有德的大人既已出世，其恩惠必将泽及天下。

【解说】乾卦的第二爻，在下卦的中央，被认为是处于有利的地位。

"二"是偶数，属阴。在阴的位置出现阳爻，一般情况下被认为是"失位"；但乾、坤二卦不存在"失位"的问题。另外，与"五"位的阳爻相对的"二"位，只有阴爻才能相应。但在乾卦，阳爻仍然可以与"五"位相应。

"见"即"现"。"初九"潜藏的龙，已经出现于田野上。由于阳爻刚健，又在"二"的位置，具备中庸的德行。"大人"指德行兼备的人物。像这种刚健又具备中庸德行的人，已从隐忍中突现，必然会有大为；他的德行，也必将惠及天下，给人民带来生机与希望。能见到这样伟大的人物，当然有利。所以，这一爻以"见龙在田"象征，以"利见大人"比喻人事。

但"二"与"五"的地位不同。在"二"的位置，毕竟还没有得到权力，只不过圣明的德行已初露端倪而已。"利见大人"也不是说本身已是大人，也可能仅表示已见到有地位或没有地位的伟大人物。据说，这一爻象征文王由羑里被释放时的情形。

这一爻说明，当伟大人物出现时，就会给天下带来生机与希望；对于想有所作为的人，应当给予拥护与支持。这种人本身也应当接近大众，结交有作为的朋友。

【爻辞】九三：君子终日乾乾，夕惕若。厉，无咎。

象曰：终日乾乾，反复道也。

【译文】君子终日勤勉精进，夜晚又能警惕自励，虽处险地，也不会发生灾难。

【解说】"乾乾"意为健进不息。"惕"即警惕。"若"，语气助词。"厉"，为危。"咎"，有灾患和过错的双重意思。表示局势险峻，要加倍警惕，否则必然造成过错，引发灾难。"九"是阳爻，"三"是奇数处在阳位，阳爻阳位，因而阳刚得正。但已离开"二"的中位，上升到下卦最高的位置"三"。过分刚正，必然有大的危险。君子本性刚健正直，如果终日奋发不懈，夜晚又能戒惧警慎，虽然身处危险的地位，也不会发生大的过失和灾难。

"九三"爻辞以人事说明卦象。当具备智慧与德行的君子已经出现，并受到注目，他同时也处在危险的境地之中。这时，君子必须日夜警惕，并不断发奋努力，致力于德业的完善，才能避免过失与灾难。如果一味骄傲自大，就会招致危险。据说，这一爻是指文王返国后惕励奋发的时期。

这一爻说明，一个人在成长时期，羽翼未丰，更应当奋发努力，但同时也必须警惕自励，以防灾祸。

【爻辞】九四：或跃在渊，无咎。

象曰：或跃在渊，进无咎也。

【译文】龙或飞跃在天，或在渊中，没有灾祸。

【解说】"或"为不定词，有迷惑与仿佛的含义。"跃"的意思是说，虽然还没有飞腾，但已经在活动、在准备。"或跃"，是说龙将欲跳跃而尚在犹豫之中，但已在深渊中，或跃动、或潜伏，进退有据，跃跃欲试，具有不可限量的潜力。

"九三"是阳爻居阳位，过于刚，因此要戒惧警慎。"九四"离"田"位置不远，龙会一跃而起，作为飞腾升空的起点。这一爻是阳爻，却在偶数"四"的阴位，刚刚离开下卦，升到上卦的最下方，显然缺乏安全感。因而，以"或跃在渊"象征正在待机而动的龙，进或退，要把握最有利的时机，就不会发生过失和灾难。据说，这一爻是指武王出兵孟津又撤退的试探阶段。这一爻，说明君子已经到了跃跃欲试的阶段，决定进退应当谨慎，以把握最有利的时机。如果跃出深渊，乘势而上，便会如二爻的"见龙在田"般，有扩而大之的可能。

【爻辞】九五：飞龙在天，利见大人。

象曰：飞龙在天，大人造也。

【译文】龙飞跃天上，宜于进见大人。

【解说】"五"是上卦居中的位置，阳爻在奇数而得其正，刚健中正，纯粹而精是最理想的位置，"爻辞"也最吉祥。

龙遇到天时地利的条件，便可飞腾在天，拥有无限的活动空间；如日当正中，居高临下，普照大地，潜力无穷。以人事喻，则如刚健中正的伟大人物，已进入圣人的境界。古时皇帝被称作"九五之尊"，学者认为正是源自这一爻辞。此爻有"至尊中正"的含义，因此，这一爻，用飞龙在天，普降甘霖，象征伟大人物惠及万民的恩泽。

"九二"所谓大人有君德而无君位，"九五"所谓大人有君德又有君位，"利见大人"是占语，与"九二"相同，但由于"二"与"五"的地位不同，其作用也已经不是仅指占筮的人已处于这一状态，也指伟大人物应当选择贤能之士，以造福万民；也有贤者辅佐伟大人物、施展抱负的含义。宋太祖曾经问王昭素："一般人怎么会占到'九五，飞龙在天，利见大人'的卦？"王昭素说："没有妨碍。当常人占到这一卦时，是指陛下'飞龙在天'，我们'利见大人'。"据说，这一爻象征武王伐纣而得天下。

这一爻说明，君子已经到了大展宏图的极盛时期，应当选荐贤能，完成造福人民的伟大事业。

【爻辞】上九：亢龙有悔。

象曰：亢龙有悔，盈不可久也。

【译文】龙飞得太高就有悔意。

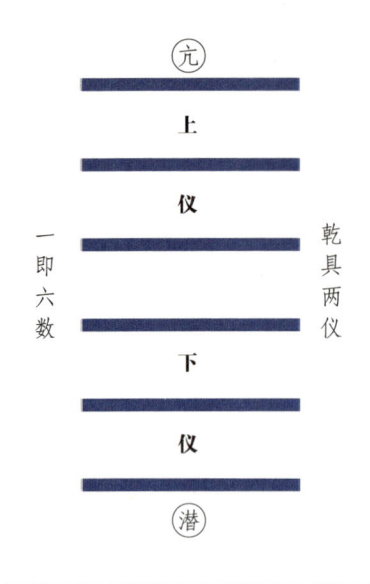

□ 乾易简图

乾、坤，在数代表一、二；在形代表方、圆；在气代表清、浊；在理代表动、静。因此乾具有两仪之意，而分为上下，坤包含四象之体，而分为南北东西。两仪四象，共有六个数，加上乾、坤本身，那么八卦之数就齐全了。

【解说】"上九"是乾卦最高、最末的一爻，已经到达极点。物极必反，位置虽高，反而不如"五"位安定。

"亢"，过。"亢龙"，即龙飞得过高，到了极点。此时，处于既不能上升，也不能下降，进也不是退也不是的境地，因此会后悔。乾卦全部是阳爻，在"五"的位置，阳刚恰好平衡；但再上一层，达到阳刚的极限，就会因能量过大，造成不胜负荷的状态；这时，再有行动，反而会招致严重的后果，会后悔。

卦者处于这种状态，就必须居高思危，自我警惕，不可再过分追求。处于这一状态的人和事，极易乐极生悲。

这一爻说明，盛极则衰，是大自然的规律，遇此状态更应当警惕与节制。"上九"的关键在"悔"，唯其有悔，方能识时通变，使乾道不至于不得善终。

【爻辞】用九：见群龙无首，吉。

象曰：用九，天德不可为首也。

【译文】用老阳数九，见群龙无首，吉祥。

【解说】《周易》六十四卦除"乾"、"坤"二卦外都是六爻。"乾"、"坤"二卦多出一爻，称为"用九"、"用六"。"用九"指占筮出现乾卦，而且全爻都是"老阳"，这时，全爻都有变成阴爻的可能。

阳刚盈满，就会导致"亢龙有悔"。从乾卦来看，阳极阴生，全卦与其各爻势在必变，阳刚势极，必须变为阴柔，才会安定平衡。因而，乾卦要从"初九"开始去彻底领悟各爻的变化，善加利用，不要被变化所拘束，才能"用九"而不被"九"所用。要真能做到这样，必须超然于事物之外，客观地观察分析，掌握变化的法则，才会无往不利。

一群龙，仔细观察，不论多么刚健勇猛，都见不到争强好胜、领先变化的现象。用人事比喻，其意应为：虽刚强有力，但不逞强争先；虽身居高位，也能平等相存，同舟共济。以这种态度处世，必然会避开凶险，大吉大利。

这一爻说明，人应运用法则但又不可被法则拘束。只有冷静、客观，不逞强，不妄动，通权达变，才能掌握变化，应对自如，大吉大利。

【大象传】象曰：天行健，君子以自强不息。

【译文】天道运行刚健，君子从中得到启发，要自强不息。

【解说】《象传》是对卦辞、爻辞的解释。因为是根据"卦象"和"爻象"立说,所以称"象传"。"象传"分"大象"和"小象"。说明"卦辞"的文字称作"大象",列在《象传》之后;说明"爻辞"的文字称为"小象",分别列于六爻爻辞之后,一般认为是文王的儿子武王所作。由八卦演进到六十四卦,应用的是抽象的象征性符号;用可见世界能够观察、感觉、体会到的事物,来解释卦的象征意义更容易使人理解。

"大象"通常是以"上三画是什么,下三画是什么,合起来又是什么卦"的方式来解释,但乾卦则不是这样,因为天只有一个。不过,以"☰"与"☰"重叠成天,则是有意义的。因为天体运行,日复一日,从不休止,所以用两个"☰"重叠,显示天体运行的反复与永恒的品性。息是止,不息,即不停止。天体运行,周而复始,刚健有力;君子就应当效法天,努力不懈,永无止息地力求进步,造福天下。

【小象传】潜龙勿用,阳在下也。见龙在田,德施普也。终日乾乾,反复道也。或跃在渊,进无咎也。飞龙在天,大人造也。亢龙有悔,盈不可久也。用九,天德不可为首也。

【译文】"初九""潜龙勿用",此时阳爻在全卦的最下位;"九二""见龙在田",才德广施天下;"九三""终日乾乾",进退反复皆合于正道;"九四""或跃在渊",前行而无咎害;"九五""飞龙在天",君子正处于兴盛之期,可以大有作为;"上九""亢龙有悔",过极之后不能久保。"用九"数占筮,群龙不见首尾则吉祥。

【解说】潜伏的龙,发生不了作用,是不可以妄动的,因为阳刚的力量,还潜伏在地下,处于下位。龙出现在田野,象征大人正在以德行感化,对万物普施恩惠。终日自强不息,是说君子正在反复实践天道,以锻炼自己。或由深渊中跃出,或安居深渊,是说已经完成准备,进退有据,即使前进,也不会有过失与灾难。龙飞腾升天,是说具备才德的伟大人物,才能到达这一雄才大展的地位。飞腾到极限的龙,会后悔,因为盈满则难以持久,容易招损。"用九"亦即阳刚的连用,应当努力实践天道,顺应自然而变通,不可争强好胜,只有刚柔兼备,才能安全吉祥。

【文言传】文言曰:"元者,善之长也;亨者,嘉之会也;利者,义之和也；贞者，事之干也。君子体仁，足以长人；嘉会，足以和礼；利物，足以合义；贞固，足以干事。君子行此四德者，故曰乾，元亨利贞。"

【译文】"元"是众善之首，"亨"是美的荟萃，"利"是义的体现，"贞"是处世的中正坚固。君子履行仁善而行，足可以为人之长；荟萃众美就足以合礼；施利万物就足以谐和道义；坚守正道就足以成就事业。君子推行这四种美德，就是"元亨利贞"。

【解说】《文言传》是对乾、坤二卦的《彖传》与《象传》的说明和进一步的推衍解说，一般认为是孔子所作。《文言传》主要是用儒家的理论解释《易》和人的德行修养的关系。

《文言传》只在乾、坤二卦里有。为什么称为"文言"？传统的说法是"文谓文饰"。孔颖达不赞同这种说法，他认为"夫子但赞明易道，申说易理，非是文饰华彩，当谓释二卦之经文，故称文言"。意思是说，"文"指经文，"言"是解说经文的。刘瓛也认为"依文而言其理，故曰文言"。这种观点较为合理。

"元者，善之长也。"元是"首"、"创始"之义，是生成万物的根本，是一切善行的开始。"亨"是通达，人效法天的通达，并运用到社会，就能使一切事物各得其宜，彼此和谐；"利者，义之和也"是人效法天，造福社会，才称得上"义"；"贞固，足以干事"是说君子效法天道，无偏斜，永远坚贞、清正，就能成就事业。君子应体念实践至善的仁德，才足以领导他人；才能够使一切美好的事物集合一堂，才能够合乎礼仪，使万物得到利益；才足以使义理达到和谐的状态；能够执著地固守纯正，才能使一切事物中正坚固，立于不败之地。惟有君子才能够成为实践这四项德行的人，这就是"元亨利贞"的道理。

【文言传】初九曰："潜龙勿用"，何谓也？子曰："龙德而隐者也。不易乎世，不成乎名；遁世无闷，不见是而无闷；乐则行之，忧则违之；确乎其不可拔者，潜龙也。"

【译文】"潜龙勿用"，是什么意思呢？孔子说："这讲的是有龙那样美好的才德而又隐遁起来的君子。他不会因为世俗的看法而改变自己的操守，也不去追逐世俗的功名。社会乐于接受自己的主张，他就入世做一番事业；如果不乐于接受自己的主张，就离世隐遁起来。他从社会中隐遁起来，不被社会承认，但并不因此而苦闷。这种坚韧不拔的志向就是潜龙的品行。"

【解说】此处的"子"指孔子。从这几句到上九"是以动而有悔也",都是以师生问答的形式来解释爻辞。此段主要从道德方面立论,对爻辞作了进一步发挥,强调其社会意义。

此处"易"是改变的意思,"不见是",不被世人认可;"违"是离开的意思;"确乎"指君子具有坚韧不拔的志向。

【文言传】九二曰:"见龙在田,利见大人。"何谓也?子曰:"龙德而正中者也。庸言之信,庸行之谨,闲邪存其诚,善世而不伐,德博而化。易曰:'见龙在田,利见大人。'君德也。"

【译文】"见龙在田,利见大人。"这是什么意思呢?孔子回答:"是指具有美好才德而又能行中正之道的人。他言必守信,日常行为举止一定严谨,防范邪念而保持诚信。对世人有贡献,但不夸耀,以博大的德行感化天下。《易》所说的'龙出现在田野,有利于见到伟大的人物'指的就是君王的德行。"

【解说】此段也是从道德修养立意。"庸",常、恒的意思。"言之信",言必守信。"闲",防范。"伐",夸耀,"不伐",不夸耀。"化",感化。意谓君子若能如此,就具备了君王的德行,就能感化天下。

【文言传】九三曰:"君子终日乾乾,夕惕若,厉无咎。"何谓也?子曰:"君子进德修业,忠信,所以进德也。修辞立其诚,所以居业也。知至至之,可与言几也。知终终之,可与存义也。是故,居上位而不骄,在下位而不忧。故乾乾,因其时而惕,虽危无咎。"

【译文】"君子白天勤勉,夜晚警惕自励,虽危无害。"这是什么意思呢?孔子回答说:"君子应该进德修业,追求忠信以提高道德修养;修治言辞以诚信为本,这样就能够积聚功业。知道自己进德的目标努力去达到它,这种人可以跟他讲诚伪微茫的分别;知道修业的结果,终于达到它,可以保存合宜,因此,在居于领导地位时,才不会骄傲;为人部属时,也不会忧忿。所以君子能够自强不息,根据所处的时势不断警省自己,虽然处境危险,也不会有过失与灾难。"

【解说】此段讲君子如何增进美德和修养功业。"修辞"与现代意义的"修辞"不同。修,指修治;辞指言辞,而现代意义的"修辞"指表达得完美。"几",几微、细微,指事物发生前出现的先兆。"知终",指事物发展的最终结果。

"九三"处于下卦的上位,上卦的下位,所以说"居上位而不骄,在下位而不忧"。

【文言传】九四曰:"或跃在渊,无咎。"何谓也?子曰:"上下无常,非为外邪也。进退无恒,非离群也。君子进德修业,欲及时也,故无咎。"

【译文】"龙跃动于渊池,或飞或潜犹豫不定,没有灾祸。"这是什么意思?孔子回答说:"或上或下不是一成不变的。无论上或下都不是出于邪恶的动机。前进或后退,也没有一定的规律,但不依附于某个群类。君子进德修业,是为了把握时机而行动,所以不会有灾祸。"

【解说】"九四"处于上下卦之间,故犹豫不定,这也在情理之中。"非离群也"之"离"通"丽",作依附讲,言君子对事物有自己的独立思考,一切因"时"而动,并不随波逐流。

【文言传】九五曰:"飞龙在天,利见大人。"何谓也?子曰:"同声相应,同气相求。水流湿,火就燥;云从龙,风从虎。圣人作而万物睹。本乎天者亲上,本乎地者亲下,则各从其类也。"

【译文】"飞龙在天,利见大人。"这是什么意思呢?孔子回答说:"声调相同,便会此呼彼应,产生共鸣;气息相同,便会相互吸引。水向低湿处流,火往干燥处烧;云随着龙吟而起,风跟随虎啸而生。同样的,圣人兴起,万人仰视。以天为本,则亲附于天;以地为本,则亲附于地。万物都是这样,各依附于自己的群类。"

【解说】此段讲"天人感应"。在《易经》看来,圣人无私无欲,与天地相通,其行为也是依天道而行,因而能与万物产生感应。

本乎天者亲上,本乎地者亲下:此处"本"意为立足、依附。

【文言传】上九曰:"亢龙有悔。"何谓也?子曰:"贵而无位,高而无民,贤人在下位而无辅,是以动而有悔也。"

【译文】"亢龙有悔。"这是什么意思呢?孔子回答说:"身处尊位,却没有相应的美德支撑,以至无所安身;高高在上,却得不到民众的拥护;贤明的人仍居下位而得不到他们辅佐;因此,一旦有所举动,必然招来忧悔。"

【解说】"贵而无位"之"无位"即"无德"。即指地位愈高,如果无德,则愈有孤立的可能。一卦的最上位可以为"贵",但没有实质的地位。如果解为"尊贵而没有地位"与文意不合。此段仍是借卦的爻辞阐明社会道德意义。

【文言传】潜龙勿用,下也;见龙在田,时舍也。终日乾乾,行事也。或跃在渊,自试也。飞龙在天,上治也。亢龙有悔,穷之灾也。乾元用九,天下治也。

【译文】"初九""潜龙勿用",是说阳气微弱,还潜藏地下,不能发生作用。"九二""见龙在田",阳气舒发,时机已经到来;"九三""终日乾乾",表明事情正在进行中;"九四""或跃在渊",是说龙跃动于渊池,或上或下,处于犹豫之中,但可以依时而动;"九五""飞龙在天",是说此时正处于上位的最佳境地,有利于统治;"上九""亢龙有悔",是说龙飞得过高而穷极有灾。至"上九"而有变,这样天下就可以大治。

【解说】此段通过对各爻所处位置的分析,告诉人们在不同时间、不同环境该如何行动才对自己最有利。"潜龙勿用",是指人处在下位时要韬光养晦,不可强出头。"见龙在田",此时,龙已浮现于原野,寓人可以崭露头角了。"时舍"的"舍"通"舒"。《史记·律书》载:"舍,舒气也。"意谓阳气舒发,时机已经到来。"九三""终日乾乾",指居于这个位置的人要勤勉警惕,这样才有利于事功。"九四""或跃在渊",此时居于进退有据的位置,可以一试身手。"九五""飞龙在天",寓人若得其位可以大治天下。"亢龙有悔",指事物已经发展到极端,动辄有悔。"乾元用九,天下治也。"说像乾道那样去变通,达到天下大治。

【文言传】潜龙勿用,阳气潜藏。见龙在田,天下文明。终日乾乾,与时偕行。或跃在渊,乾道乃革。飞龙在天,乃位乎天德。亢龙有悔,与时偕极。乾元用九,乃见天则。

【译文】龙潜于渊池而不能施展,因为时机未到,阳气仍潜藏在地下。龙浮现于原野,犹如阳气上升到了地面。终日勤勉警惧,与时俱进。龙跃动于渊池,或上或下,处于犹豫之中,此时正是天道变化之际。龙飞在天,居于君位而与天同德。上九处在动辄有悔的位置,随着时势发展将进入穷极之时。乾道至上九而变通,方能体现天道的法则。

【解说】乾道乃革:乾道,即天道。革,指变化,也可解为革新。天下文明："文明"即光明。乃位乎天德：与周人提出的君子"以德配天"同。天则：即自然法则、规律。

此段文字说明各爻为什么居于这一位置。

【文言传】乾元者，始而亨者也。利贞者，性情也。乾始能以美利利天下，不言所利，大矣哉！大哉乾乎？刚健中正，纯粹精也。六爻发挥，旁通情也。时乘六龙，以御天也。云行雨施，天下平也。

【译文】乾元，是天创始万物并使之亨通无碍，无往不利。利贞，是天内在的本性与发诸于外的感情，天创始万物，能够以最美满的恩惠，普施天下，却不自夸。太伟大了！伟大的天啊！刚强、健壮、适中、正当，纯而不杂，无一不达到极点。六爻的发动变化无穷，但发挥的作用，却无不曲尽万物，与天的本性真情相互沟通。随着时间推移，就像骑着六条矫健的龙驰骋上下，驾驭着天的法则，控制自然有规律地运行，使云流动，普降雨水，使天下太平，万物和谐均衡地生长。

【解说】此段发挥彖辞的意义，对彖辞进行了新的讲述。"六爻发挥，旁通情也。"强调了乾卦在六十四卦中的纲领性作用，认为通过深刻领会乾卦，可以旁通其他六十三卦。

【文言传】君子以成德为行，日可见之行也。潜之为言也，隐而未见，行而未成，是以君子弗用也。

【译文】君子的行为，以完成品德的修养为行动准则；而且，必须表现于日常可见的行为中。潜的含义，是说还在隐藏而未显露，有所实践但还没有成就道德，所以，君子暂时还不能发生作用。

【解说】大象辞说："天行健，君子以自强不息。"本段强调君子的实践活动，并要求在日常生活中贯彻之。所谓"自强不息"，就是时时警醒自己，一刻也不能放松自我道德的完善。

【文言传】君子学以聚之，问以辨之，宽以居之，仁以行之。易曰："见龙在田，利见大人。"君德也。

【译文】君子通过博学以积累知识，有了疑难向人请教，以求明辨事理。用宽厚的态度待人处世，以仁爱之心指导行动。《易》说："见龙在田，利见大人。"

这是说君子具备了学、问、宽、仁四个条件，才具备了君德。

【解说】此段发挥"九二"象辞"德施普"的意义。《礼记·中庸》载："宽裕温柔，足以有容也。"也是讲的这个意思。

《礼记·中庸》载："博学之，审问之，慎思之，明辨之，笃行之。"与此段文意相近。

【文言传】九三，重刚而不中，上不在天，下不在田。故乾乾，因其时而惕，虽危无咎矣。

【译文】九三阳爻与阳爻相重而又居位不中，上不在天位，下又不在下卦的中位，因此要勤勉、警惕，这样即使有危险也无灾祸。

【解说】"刚"指阳爻。"重刚"，即阳爻与阳爻相重。按"三才之象"，初爻、二爻为"地位"；三、四爻为"人位"；五爻、上爻为"天位"，因而说"九三""上不在天，下不在田（地）"。

【文言传】九四，重刚而不中，上不在天，下不在田，中不在人，故或之。或之者，疑之也，故无咎。

【译文】"九四"也是阳爻与阳爻相重而又居位不中，上不在天位，下又不在下卦的中位，中又不在人的合适位置，所以此时行事须"或"。"或"的意思是：进退皆须详加审度，这样才会没有灾祸。

【解说】"三"与"四"是人位，"五"与"上"是天位。但"四"远离"二"象征的地，未到达"五"象征的天，又在"四"所象征的人的最高位。

所以说，上不着天，下不落地，中又不处于人，是一种相当不安定的地位，因此说"或之"。"或"通"惑"，是疑惑、迟疑不决的意思。疑而未定，只有审时而进，才不会有过失和灾难。

【文言传】夫大人者，与天地合其德，与日月合其明，与四时合其序，与鬼神合其吉凶。先天而天弗违，后天而奉天时。天且弗违，而况于人乎！况于鬼神乎！

【译文】大人的美德可与天地相配，与日月的光明相合，推行的教化吻合四季运行的时序，明察吉凶如鬼卜神断。在事物的先兆未明朗前采取的行动而能与天道契合，如果行动落后于天道，也会恭恭敬敬地顺合天时。既然能与天道契合，自然也可以与人道、神道相契合了。

【解说】此段发挥"大人造也"的意义，说"九五"中的"大人"其德行与天地相合，预测吉凶如鬼神般准确，暗寓人间君子是"天"的代表，可与鬼神相通。这里的鬼神乃是指造化之迹，即自然规律的神奇功用。

【文言传】亢之为言也，知进而不知退，知存而不知亡，知得而不知丧。其唯圣人乎！知进退存亡，而不失其正者，其唯圣人乎！

【译文】所谓"亢"，是说只知进而不知退，只知眼前的生存而不知将会出现的危亡，只知获得而不知道丧失。大概只有圣人才知道进退存亡之理并不失其正道吧。

【解说】此段中的"亢"指上九中的"亢龙"，是"小象辞"的补充，具有"示例"的作用。通过对这段文字的理解，可以启发我们用此方法去观察其他爻象。

坤

阐释地的法则,即君子之行应安静、方正、包容而不排斥。

☷ 坤上　地的包容
☷ 坤下　为臣的道

【卦辞】坤,元亨,利牝马之贞。君子有攸往,先迷后得,主利。西南得朋,东北丧朋。安贞,吉。

【译文】筮得坤卦,大吉通顺,如具备母马般贞顺的德性,则大为有利。君子有所行动,起先会迷路,但最后会找到正路,此事主吉利。往西南方向行走会有好结果,往东北方向行走则相反。但必须要安于贞正,才会吉利。

坤之天象图

上下卦都是坤,象征地阴。地道宽厚,容载万物,这就是坤卦的卦象。地,顺应自然,因应变通,故为"元"、"亨";地,踏实宽厚,一往无前,像母马一样百折不挠,故为"利"、"贞"。所以卦辞说:"坤,元亨,利牝马之贞。"

【解说】坤与乾同等重要。乾是万物之父,坤是万物之母。

"坤"是伸的意思，也有亨通无碍、顺的含义。"乾"是早晨的太阳，光气舒展的形象，"坤"是地气舒展的形象。"乾"是创始万物的天道，"坤"则像雌马一样柔顺守正，是顺从天，形成万物的天的工具。坤"☷"全爻都是阴爻，阴的形象，最大的是地，所以命名"坤"，象征地。将两个"☷"重叠，仍然称作"坤"，是因为纯粹的阴最柔顺。

"坤"也具有"元亨利贞"四德。但与"乾"不同，并非在任何情况下，都对万物有利，只有像柔顺、健行的母马般柔顺执著于正道，即是说只有在大地依顺着天，资成万物，向前奔腾不息的情况下才会有利。天体向右转，地球向左转，大地虽然反天体运行的方向逆转，但仍然依顺天的法则变化；正如母马，喜欢逆风奔驰，却又性情柔顺；所以，"坤卦"用母马作为象征。

君子进取，必有所为，但起先则容易迷失，追随别人之后才能有所得。因为"乾"是主导，"坤"是顺从，唯有追随"乾"，才不会迷失方向。

卦辞"西南得朋，东北丧朋"是解本卦的难点。此句中的"朋"不能解为"朋友"。"朋"除"朋友"之义外，还有"朋贝"的意思，"朋贝"即货币。《说卦》载："坤为布。"布也是货币之义。因此，"西南得朋，东北丧朋"的意思是：往西南方向行走会赚钱，往东北方向行走会赔本。

西南在这里代指南方，东北代指北方。为什么"利西南"而不利东北呢？因为在古人看来，南方向阳，温暖如春，北方寒冷肃杀。《后汉书》载："人喜阳而恶阴……故军败者皆谓之北。"从后天图来看，也能证明这一点。后天图中，"坤"在西南，为顺；艮在东北，为阻。

从坤卦开始，《象传》与《大象传》附在卦辞之后。

坤卦各爻所示自然之理

用六：大地生机勃勃。
上六：寒气复归，阴阳相冲。
六五：阴阳平衡，万物复苏。
六四：寒气升离地面，万物即将复苏。
六三：寒气显著，草木凋枯。
六二：寒气显露于宽广的地面。
初六：地面结出薄霜。

【象传】象曰：至哉坤元，万物资生，乃顺承天。坤厚载物，德合无疆。含弘光大，品物咸亨。牝马地类，行地无疆，柔顺利贞。君子攸行，先迷失道，后顺得常。西南得朋，乃与类行；东北丧朋，乃终有庆。安贞之吉，应地无疆。

【译文】《象传》说：至大至美的坤元之气，万物依靠它才能生长。顺应自然的运行规律，坤地厚重，承载万物，德行与天相合，无边无际。它包容广大，各类物种因之顺利成长。母马属阴，驰行大地没有疆界。它柔顺的品格利于持守正道。君子有所行动，贸然先行会迷失道路，随后行动则顺利而走上正道。西南方会得利；东北方会失利，但最终有吉庆。安守正道会获得吉祥，与无边无际的坤地美德相应。

【解说】"至"是至高、至大的意思，在语气上，"至哉"比赞美"乾元"的"大哉"层面稍低。乾象天，天之体大而无疆，无所不包，坤象地，地之体广而有限，坤之体不如乾之体大。"坤元"是大地功能的开始，而大地是生成万物的根本。乾卦用"万物资始"，坤卦用"万物资生"；"始"指生命的开始，"生"指生命的完成。坤地深厚，形成万物的生命。它负载万物，与天合德，恩泽无量。它包容、广阔、光明、伟大，使万物都能顺利地生长。

雌性属于阴，因而母马与大地同类，有在地上奔驰的无限能力；而且性情柔顺、祥和、纯正、执著。君子应当效法这种以母马为象征的大地的德行。因为，领先容易迷失路途，随后才能总结得失经验，从而找到规律。

需要说明的是，《象传》是后人对卦辞的解释，它的出现比卦辞晚得多，因此，春秋时期的学者将此处的"西南得朋"的"朋"解为"朋友"，意思是向西南方向行走，可以得着朋友协助；东北方向将失去朋友。这种解释也说得通。

坤卦各爻所示人事指引

用六：［守正］承受天的法则，永守正固。
上六：［警惕］穷途末路时，更应警惕自省。
六五：［谦逊］让柔顺谦逊的美德自然流露出来。
六四：［戒惧］身处险境，应收敛戒惧，谨言慎行。
六三：［待机］隐藏文采和美德，等待时机。
六二：［持正］保有正直、端方、广大的品德。
初六：［势微］势力微小时，应善于防范、消弭。

"象传"强调必须与同类同行，最后才会吉祥。安详、纯正的举止，与大地的柔德相适应的。

【大象传】象曰：地势坤，君子以厚德载物。

【译文】地的形势就是坤卦。君子应当效法大地，具有宽厚的美德，容载万物。

【爻辞】初六：履霜，坚冰至。

【译文】脚踏薄霜，就知道结冰的季节即将来临。

【小象传】象曰：履霜坚冰，阴始凝也。驯致其道。至坚冰也。

【译文】脚踏薄霜，就知道结冰季节即将来临。阴气开始凝结成霜，依照大地的法则，就要到达结冰的季节了。

【解说】"初六"在坤卦最下方，是老阴，有变成阳爻的可能。"象曰"是《象传》解释"爻辞"的"小象"部分。

"初六"为坤爻最下方的阴爻，以"履霜，坚冰"象征。在这一最低的位置，阴气已开始凝结，顺着自然规律推断，不久寒冬即将来临，流水将结成坚冰。所以，当踏到薄霜时，就应当想到结冰的季节要来了。这是以大地现象说明阴阳消长之理。在这一地位，阴气开始生长，阳气逐渐消失。

"驯"是顺从，"致"是尽的意思。阴气开始凝结成霜，依照大地的法则顺序下来，就到达结冰的季节了。

这一爻，说明应当根据自然法则，见微以知著，防微而杜渐，正如阴能消阳，柔能败刚，小人妨害君子，都有一个由始甚微而渐盛的过程，要在他们势力还微小的时候，及早防范、消弭。

【爻辞】六二：直、方、大，不习无不利。

【译文】正直、端方、广大，虽未娴熟于事，亦无所不利。

【小象传】象曰：六二之动，直以方也。不习无不利，地道光也。

【译文】"六二"的运动，正直而端方，虽未娴熟于事，亦无所不利；是因为坤道广大。

【解说】"六"是阴爻，"二"已升到偶数的阴位。阴爻居阴位得正，又在

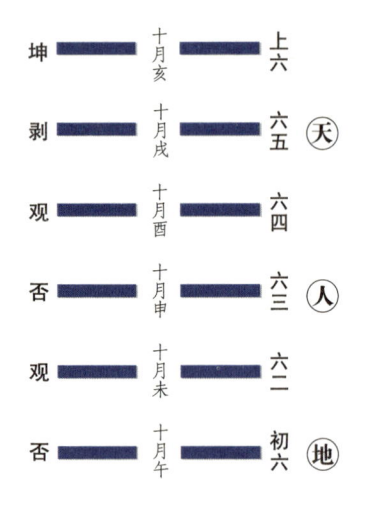

坤 ▬▬	十月亥	上六
剥 ▬▬	十月戌	六五 （天）
观 ▬▬	十月酉	六四
否 ▬▬	十月申	六三 （人）
观 ▬▬	十月未	六二
否 ▬▬	十月午	初六 （地）

□ 坤卦"履霜"图

"履霜"，是坤卦"初爻"爻辞及象辞中的用语，意思是：脚踏薄霜，就知道结冰的季节即将来临。

在坤的初六爻就根据卦形悟到：脚踏薄霜，结冰的季节即将来临，由此开始谨慎戒惧。坤是极阴之位，当一阴开始积累，履霜坚冰至的道理就开始显现了；从秋霜到严冬是逐渐变过来的。

下卦的中位，所以中正，最纯粹，故"六二"是坤卦的卦主。

这一爻，以大地的形势说理。古人有"天圆地方"的观念，而大地又极为广大，所以用"直"、"方"、"大"来形容大地的无限广大。从大地的德行来说，固执纯正就是"直"；方，是端方、方正。顺从天的德行就是"大"。人只要具备"正直""端方""宽厚"的德行，虽未娴熟于事，亦无所不利。

【爻辞】六三：含章可贞。或从王事，无成有终。

【译文】蕴涵文采美德，占问经商之事有利。如跟随君王做事，虽无功业，亦有好结果。

【小象传】象曰：含章可贞，以时发也。或从王事，知光大也。

【译文】蕴涵文采美德，占问经商之事有利，要待时而发。如跟随君王做事，能将智慧发扬光大。

【解说】"六三"是阴爻，在奇数的阳位，是从属的地位，但仍然具有积极的能力。不过，"三"在下卦的最高位，已不能永远处于不变之地。

"章"是说美丽的文采。必须含蓄，才能一直保持纯正。但是，美丽的文采，也难以长久隐藏，随着时间推移，会被人们发现。由此而论，"含章"也指平时要含蓄而不发动，但到了该发动的时候则一定要发。若不得不跟随君王，从事政务，即使没有多大功绩，也会有个好结果。

这一爻说明，只要待时而发，就会有好的结果。

【爻辞】六四：括囊，无咎，无誉。

【译文】扎紧口袋，没有灾祸，亦无称誉。

【小象传】象曰：括囊无咎，慎不害也。

【译文】扎紧口袋，没有灾祸，是因为谨慎而远离祸害。

【解说】"六四"是阴爻，在偶数的阴位，却是上卦的最下位，虽然得正，但不得中，过于阴柔，有本卦初爻"履霜坚冰"的迹象，因此仍然是危险的位置。

"括囊"的意思，是指将口袋收聚，象征处于危险的地位，应当收敛，谨言慎行，像扎紧了布袋口一样缄默不语才不会发生灾难。虽然得不到赞誉，但可避免灾祸。

在《荀子》"非相篇"中，将"括囊无咎，无誉"指为"腐儒"，虽然不说话，不会犯错，但也得不到称赞。

这一爻说明，应当收敛，应有戒慎恐惧之心。

【爻辞】六五：黄裳，元吉。

【译文】黄色的下衣，大吉大利。

【小象传】象曰：黄裳元吉，文在中也。

【译文】黄色的下衣，大吉大利，文采蕴涵其中。

【解说】《左传》昭公十二年的记事中，有以下一段话：南蒯谋反，曾行占筮，出现坤卦"六五"，蒯非常高兴。但子服惠伯却规劝他说，如果是忠信的事，则可；不然必败。接着，惠伯解释这一爻辞说："黄是中色，裳是下饰……"

中国古代的五行说，认为构成物质的内在元素，为木、火、土、金、水；以颜色来说，各相当于青、赤、黄、白、黑；以方位来说，各相当于东、南、中、西、北。因此，黄是土，是大地的颜色，也是中央的颜色。"裳"，古代指下衣。

"六五"在上卦的中位，因而以黄色象征。但在奇数的阳位，并不正，所以用"裳"比拟应当有谦逊的态度。"黄裳"象征中庸谦逊的态度，因而最吉

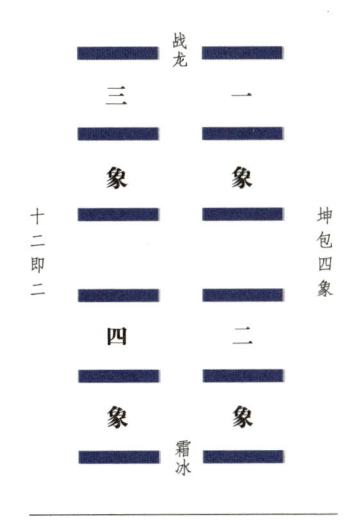

□ 坤易简图

乾、坤离太极之意不远。内在贞正，外在悔悟，正是两仪的道理。元、亨、利、贞，是四象的道理。以二、三、四、五为经，七、八、九、六为纬，形成了八卦的方位。所以自一而生二，自二而生四，自四而生八，自八而生十六，自十六而生三十二，自三十二而生六十四，六十四成则天道具备，岁功成就，人事周全。因此，六十四卦中乾、坤居首。

祥。"文"是美丽的文采。具备像黄色下衣般谦逊柔顺的美德，最吉祥；因为内在的文采，会自然流露于外，却不至被人嫉恨。

黄色的下衣，是穿黑色体服时穿在下面的衣裳。上衣长，罩在下衣外面，再束带。"文在中也"是说美丽的下衣，隐藏在上衣下面，用来比拟应有内在谦逊柔顺的美德。

这一爻说明，应当谦逊柔顺，如此方可得大吉。

【爻辞】上六：龙战于野，其血玄黄。

【译文】龙交战于郊野，黑黄色的血混杂在一起。

【小象传】象曰：龙战于野，其道穷也。

【译文】龙交战于郊野，是因为已经穷途末路了。

【解说】"上六"已到达六爻的最高位，又是偶数的阴位，而坤卦又全部是阴爻，因而，阴已旺盛到极点，是在阴极反阳的地位，不得不与阳相争。阴阳相争，亦即小人与君子，邪恶与正义相争，其结果则会是两败俱伤。因此，用两条龙在野外战斗，流着黑黄色的血来象征"上六"。天玄地黄，天地相争。因此流的血是黑黄色。

龙之所以在野外战斗，是因为穷途末路，迫不得已，当然凶险。一说，这是象征暴君纣王的灭亡。

这一爻说明，坤道盛极，极端险恶。

【爻辞】用六：利永贞。

【译文】用老阴之数六，利于永守正固。

【小象传】象曰：用六永贞，以大终也。

【译文】用老阴之数六，永久守正则吉利。

【解说】"用六"，意思是六爻都是变爻，这是为可能全部变为阳爻时所下的断语。"用六"与乾卦"用九"的用意相同，即善于连用坤卦六爻的变化法则，不要被变化拘束。但不同的是，乾卦"用九"是指善用阳刚，如天的法则创始养育万物而不求报答，具有主体性；而坤卦"用六"，则是连用阴柔，如顺从承受天的法则，生成负载万物，处于从属地位。因而，坤卦"用六"，即用老阴之数六，利于永守正固。

这一爻说明，用柔的法则，以执著纯正为先决条件，永远持守正道，凭着大德也可取得好结果。

【文言传】文言曰：坤至柔而动也刚，至静而德方，后得主而有常，含万物而化光。坤道其顺乎？承天而时行。

【译文】"坤"是极其柔顺的，但运行起来却会显示出它的刚健；它极其安静，但德行方正，广布四方。"坤"随乾阳而动，但有自己的常规，因此能保持长久。坤道能包容万物而化生广大。"坤"顺天而动，遵循天道时序运行。

【解说】《周易》六十四卦中，只有乾、坤二卦附有《文言传》，目的是突出二卦在六十四卦中的纲领性作用。这是第一段，说明坤卦的特征。

此段"文言"将坤与乾作了对比。乾的特征是刚健，坤的特征是柔顺。从动静关系看，乾主动，坤主静，这是《周易》对天地的基本认识。但动与静、刚与柔并不是一成不变的，乾在运动中也会出现"静"的情景，而坤在静中也有"动"的一面。古人把这一现象称为"阴阳互含"，意思是阳中有阴，阴中有阳。太极图中的阴阳鱼，阴鱼点的是阳眼，而阳鱼点的是阴眼。这是古人用图示的方式表达的"阴阳互含"的道理。

【文言传】积善之家，必有余庆；积不善之家，必有余殃。臣弑其君，子弑其父，非一朝一夕之故，其所由来者渐矣，由辩之不早辩也。易曰："履霜，坚冰至。"盖言顺也。

【译文】积善的人家，子孙后代必有福庆；积累恶行的人家，子孙后代必有祸殃。臣民杀死君王，儿子杀死父亲，并非一朝一夕之故，而是长期积累、逐渐发展的结果，关键是能否及早意识到。《易经》说：踏到霜时，坚冰就要来了。大概就是指的这个循序渐进的过程。

【解说】此段是解释"初六"的爻辞和象辞。它告诉我们，有因便有果，任何事物都有其自身的发展规律；人们只有见微知著，及时预见事物的发展趋势，才能防微杜渐，使其向好的方面发展。

【文言传】直其正也，方其义也。君子敬以直内，义以方外，敬义立而德不孤。"直、方、大，不习无不利"，则不疑其所行也。

【译文】直，指内心恭敬；方，指的是合乎大义。君子应该以恭敬的态度使内心保持正直。他的外在行为要合乎大义，端方合宜。内心诚敬，行事合乎大义，有了这种美好的品德就不会孤立无援，就能够如"六二"爻辞说的，正直方正，无所修习而所往皆利，全然不必怀疑自己行为的正确性。

【解说】此段发挥"六二"爻辞、象辞的意义。"敬以直内"和"义以方外"是从里外两个方面论述君子的品德修养："敬以直内"指人的内部修养，"义以方外"言人的外部表现。

【文言传】阴虽有美含之，以从王事，弗敢成也。地道也，妻道也，臣道也。地道无成而代有终也。

【译文】阴柔虽有美德，但须含蓄而不显露；在辅佐君王时，不能居功。坤阴是处于从属地位的地道、妻道、臣道。他们本无所谓成功，而是代替天，成就乾阳的事业而已。

【解说】此段发挥"六三"爻辞、象辞的意义，强调阴的从属地位及必须遵守的原则。地之道、妻之道、臣之道虽然不自居其功，但在辅佐乾阳的事业时，实际上也是在完成自己的事业。

【文言传】天地变化，草木蕃；天地闭，贤人隐。《易》曰："括囊，无咎，无誉。"盖言谨也。

【译文】天地变化，草木茂盛；天地闭塞，贤人隐遁。《易经》说：扎紧口袋，虽然不会有荣誉，但也不会有过失。大概说的就是言行谨慎的意思罢。

【解说】此段发挥"六四"爻辞、象辞的意义，以自然界的变化象征人类社会。"草木蕃"喻政治开明，贤人亦出；"天地闭"喻政治黑暗、贤人隐遁。贤者要审时度势，顺应天道。遇到政治开明之时，应该积极辅助君子，成就事业；遇到政治黑暗时，则应隐遁，以待天时。

【文言传】君子黄中通理，正位居体，美在其中，而畅于四支，发于事业。美之至也。

【译文】君子处在"六五"的位置，应修美于内而通达于外，位正而得体，内在的美德畅达于四肢。将其用于事业，那真是完美至极了。

【解说】此段发挥"六五"爻辞、象辞的意义。"六五"居中处尊，象征君子正处于事业上的兴盛期。本段强调君子的内在修养功夫，将此运用到事业上，必能开创辉煌的功业。

【文言传】阴疑于阳，必战。为其嫌于无阳也，故称龙焉。犹未离其类也，故称血焉。夫玄黄者，天地之杂也，天玄而地黄。

【译文】阴气极盛而被阳气猜疑，必然要发生交战。因为产生了阳气不存在的嫌疑，所以爻辞里提到了龙；但"上六"并没有脱离阴的类别，所以爻辞里说到血。至于玄黄，那是天地交杂的颜色，天是黑色，地是土黄色。

【解说】"上六"，阴已经到达极盛的地位，坤阴的力量已与乾阳差不多，反而会被乾阳猜疑，必然同乾发生争斗。这是由于阴已到极致，会被人误以为纯阴无阳；阳已经消失，误认为自己就是阳、君子、忠臣；其实阳依然存在，像潜伏的龙，正在待机而动。虽然阴已经盛极一时，但依然未脱离阴的本质，仍然是有血缘的同类的阴，是假的阳，是伪君子或奸雄。玄黄色，本来就是天地混杂的颜色，因为，天是青色，而地是黄色。龙流着暗红的血液，是说阴与阳，亦即君子与小人、正义与邪恶两败俱伤了。

屯

阐释天地草创时应采取的进取态度,
到进退两难时,应当退守自保求得平安。

坎上　萌芽,充满
震下　生的艰难

【卦辞】屯,元亨利贞,勿用有攸往,利建侯。

【译文】筮得屯卦,大吉通顺,占问有利;但不可有所往进,利于建国封侯。

屯之天象图

　　上卦为坎为雨为水,象征地阴;下卦为震为雷,象征天阳。云在雷上而未成雨,这就是屯卦的卦象。"屯"意为聚集、艰难。天降阳雷,地升阴水,是春天开始的景象。万物初创,具备"元、亨、利、贞"这四德。所以卦辞说:"屯,元、亨、利、贞。"

【解说】《序卦传》载:"有天地,然后万物生焉。盈天地之间者唯万物,故受之以屯。屯者,盈也。屯者,物之始生也。"

　　"屯"原义是指草木萌芽的过程,相当艰难,也有在艰难中会停止的意义。

"乾"是天，"坤"是地，天地交会，万物便开始生成，这一情状充满于天地之间。因此，在乾、坤二卦之后，接着是这一卦，命名为"屯"，象征生的开始，充满生和生之过程的艰难。

天地的生机，在冬季开始酝酿，草木萌芽，也开始于寒冬将尽之时，虽寒冷却生气蓬勃，不畏艰难，意志坚定祥和、纯正，创始了生命。所以说，屯卦也具备"元亨利贞"四种德行。然而，草木刚刚萌芽，非常脆弱，仍然不能利用，也没有用处；因而"勿用"，就是说不可轻举妄动，要持守正位，解决自身内部的问题。

不过，当草木萌芽之后，就会坚定地成长，冬去春来，从此，欣欣向荣，前途不可限量。以人事比拟，只要锲而不舍地奋发进取，就有奠定开国封侯基础的有利条件，所以说："有攸往，利建侯。"

从卦形来说，屯卦的下卦"震"，象征的是雷，作用是动。上卦"坎"，象征水、雨和云，作用是陷和险。全卦象征天地相交创始万物时，必然潜伏着艰险；但只要果敢行动，也有平安度过艰险的可能。不过，前途仍然不容乐观，必须坚持纯正的最初动机，不可轻率冒进。

同时，屯卦最下方开始的"初九"是在一群阴爻的下方，为这一卦的主爻，说明只要毅然前进，就希望无穷；何况屯卦与乾卦、坤卦同样四德具备，这是其他各卦少有的情形，所以占断仍然是"吉"。

屯卦各爻所示自然之理

上六：春天结束，乘着马车悲泣。
九五：春意盎然，屯聚丰厚的财货。
六四：春色融融，有望获得丰收。
六三：春雷减弱，迷途而误入林中。
六二：春雷阵阵，乘着马车难以前行。
初九：春天伊始，乘着马车原地徘徊。

【象传】象曰：屯，刚柔始交而难生，动乎险中，大亨贞。雷雨之动满盈。天造草昧，宜建侯而不宁。

【译文】屯卦象征阴阳开始相交而艰难地出生。在惊险中萌动，孕育着生机，因而亨通而正固。雷雨充满天地之间，天地正处于开创之时，犹如国家初创，仍充满困顿与不宁，此时须为君立威才能平安度过。

【解说】"乾"全部是阳爻，是纯阳的卦；"坤"全部是阴爻，是纯阴的卦；而屯卦，下卦的震☳，是坤☷最下方的阴爻，变成阳爻，是阴阳二气开始相交，创始万物颇费艰难的情状。上卦坎☵，是险难的形象。这就是，全卦象征刚与柔并始相交，发生创始时期的艰难现象的原因。

"震"的性质是动，"坎"的性质是险。所以说，是在危险中行动，想要"大亨"，即畅行无阻，就必须"贞"，就是说要固守坚定纯正的初衷。

"震"又象征雷，"坎"又象征雨，雷雨一旦行动，就会雷雨交加，遍地大水满盈，这就是天地初创，尚且杂乱无章的苦难时期。以人事比拟，这时天子应该及时封建诸侯，安抚四方，着手建立完备的统治系统，只有这样才能获得安宁。

【大象传】象曰：云雷，屯；君子以经纶。

【译文】上卦为云，下卦为雷。云雷聚集，这就是屯卦的形象。君子从中得到启发，努力筹划治理。

【解说】"经纶"本意是织布时理顺，整理丝缕、理出丝绪，然后编丝成绳，这里用以比喻策划经营和运筹帷幄。云是雨的前兆，所以说上卦"坎"是"云"，下卦"震"是"雷"，云与雷合成屯卦，以象征天地初创的苦难时期，君子当以天下为己任，负起筹划治理、建立秩序的责任，以安天下。

屯卦各爻所示人事指引

上六：［调整］不按原来的步骤前进，适时作出调整。
九五：［广施］屯聚财货，退守自保，同时广施仁德。
六四：［进取］进退两难时，应积极进取。
六三：［明辨］应明辨取舍，不盲目行事。
六二：［固志］面对困境，要有坚定的意志。
初九：［贞正］面对初创时的艰难，要贞正自处。

【爻辞】初九：磐桓，利居贞，利建侯。

【译文】进退徘徊，有利居正，宜于建国封侯。

【小象传】象曰：虽磐桓，志行正也。以贵下贱，大得民也。

【译文】虽然进退徘徊，但意志行为能守正。以尊贵之身而自居下位，这样就能大得民心。

【解说】"磐"是大石，"桓"是树名，大石压住草木，阻碍生长。"磐桓"比喻前进不得，踌躇犹豫。

"初九"是阳爻，但在最下方开始的位置，因此，虽然刚健，却处于困顿的苦难状态。但下卦"震"有动的企图，"初九"又与上卦的"六四"阴阳相应，自然会奋发前进。然而"六四"在上卦，"坎"即陷、险的最下方，是危险的陷阱，以致"磐桓"，也就是说不得不踌躇犹豫。虽然如此，但"初九"阳爻阳位得正，态度坚贞，又能守静，因此仍然有利。

"初九"是屯卦的开始，意义重大。《易》以阳爻为贵，以阴爻为贱，阳爻位于阴爻的下方，是"以贵下贱"。以人事比拟，是利于建国封侯、开基立业的大好时期，前途大有可为，因此，君子应在这时挺身而出，以治理天下。所以《象传》说："初九"虽然踌躇、徘徊不前，但志向、行为纯正，只要不高高在上，身份尊贵却甘处下位与基层民众亲近，就可以大得民心，受到拥戴。

这一爻说明，草创苦难的初期，虽然使人踌躇、徘徊不前，但只要负正自处，也能大有可为。

【爻辞】六二：屯如邅（zhān，音同"沾"）如，乘马班如，匪寇婚媾。女子贞不字，十年乃字。

【译文】迟疑不决，乘马徘徊。非是抢劫，是来求婚。占问，女子现在不能出嫁，十年后才能出嫁。

【小象传】象曰：六二之难，乘刚也。十年乃字，反常也。

【译文】"六二"这一爻之难，是因为它乘坐在刚爻之上。十年才得出嫁，是说经过长期的磨难，才返归正常。

【解说】"如"，语义词。"屯"，困顿、困难；"邅"，迟疑不定。"乘马"是四匹并列驾车的马；"班"同"般"，引申为"盘"，指进退不定，行动不

北方太阴

阳陷于中

据 五阴居之中 群阴隧有鹿在林 应
阳 中如 阴

阳动于下

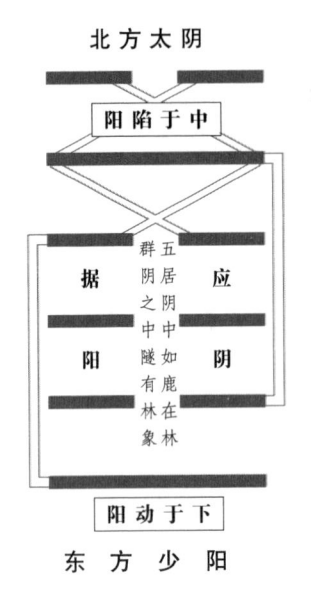

东方少阳

北方之坎是谓太阴　东方之震是谓少阳　少阳之气入于太阴阳动而阴陷　斯所以为屯也

□ 屯象之图

屯卦内卦为震，二阴一阳，"初九"在最下方，象征初始阶段的艰难。外卦为坎，一阳陷于二阴之中，故为险。坎卦象征云，震卦象征雷。云雷相交，正是天地初创时期的景象。

一致。《左传》中，将脱离行列的马称作"班马"。"字"的含义，依据《礼记·曲礼》中"男子二十，冠而字；女子许嫁，笄而字"，就是说，男子成年戴冠，女子出嫁用簪将发束起。这时，于本名以外，再起一字号，以便别人称呼，不必直呼姓名。因而，女子出嫁便说是"字"。

"六二"阴爻居阴位，而且在下卦的中位，所以中正；又与上卦的"九五"，阴阳相应，应当结为夫妻。但"六二"却恰好在阳刚的"初九"上方，非常接近，以致"屯如邅如"。即是说进退两难忧虑重重了，就像并列的四匹马，脚步不一致，便难以顺利前进；也象征"初九"强横，胁迫"六二"下嫁，但"六二"贞烈，坚定等待十年之久，才摆脱"初九"的纠缠，终于得以与相应的"九五"结合。

《象传》说："六二"的艰难，是位于阳刚的"初九"的近上方，阴柔凌乘阳刚，导致十年之后才嫁，但"六二"居于下卦的中位，居中得正，本应顺利，顺利应是它的常态。意思是说虽经历长期磨难，终究也会返归正常。

这一爻的含义是说，在困境中，必须意志坚定，不为威武所屈，经过长期磨难，终能得到美满的结果。

【爻辞】六三：即鹿无虞，唯入于林中，君子几不如舍，往吝。

【译文】追赶鹿子，但没有管理山林的官员作向导，误入林中。君子已见到细小的征兆，不如舍弃，前往有灾难。

【小象传】象曰：即鹿无虞，以从禽也，君子舍之，往吝穷也。

【译文】追赶鹿子，但没有管理山林的官吏作向导，是贪图猎物。君子应当舍弃猎物，前往会有灾祸。

【解说】"即"是就、近;"虞"是古代管理山林的官的官名;"几",几微,即细小;"舍"同舍弃;"从"同"纵",贪纵,贪图的意思;"吝",灾难,比"悔"的程度高,接近"凶"。

"六三"阴爻居阳位,因而不满,总是企图妄动。但"六三"既不正,也不中,又与"上六"同是阴爻,也不相应,因此,轻率冒进,必然会陷入困境。

如同打猎追逐"鹿",若没有管理山林的人作向导,就可能迷失在林中。因此,君子应当机警,应当见机行事,当从细微的征兆中发现会迷失林中时,不如舍弃不追,非要贸然前往,必然会遇到灾祸!

《象传》说:追鹿没有向导,是贪图猎物。没有贵人指引,即使利禄当前,君子也应当舍弃,前往会遇到灾祸;因为前面路径复杂,易迷失方向,会深陷其中,困顿不堪。

这一爻说明,应当见机行事,明辨取舍,不可盲目行动。

【爻辞】六四:乘马班如,求婚媾,往吉,无不利。

【译文】乘马徘徊,去求婚,前往吉祥,没有不利的。

【小象传】象曰:求而往,明也。

【译文】欣然前往求婚,是明智的做法。

【解说】"六四"阴爻,本来与下卦的"初九"阴阳相应,但却与上卦的"九五"过于接近。由于受到"初九"、"九五"的共同牵制,使"六四"的意志动摇不定,犹如脚步不一致的四匹马,难以为进。然而,"六四"毕竟与"九五"接近,只要向前去"求",也能够结合,所以说结果应是吉祥而没有不利的。

《象传》说:欣然而去求婚,是明智的做法。

这一爻说明,当进退两难,不知如何抉择时,应当乐意于采取积极态度,继续追求,才是明智的做法。

□ 河图

《系辞》曰:"河出图,洛出书,圣人则之。"又曰:"天一、地二,天三、地四,天五、地六,天七、地八,天九、地十。天数五,地数五,五位相得而各有合。天数二十有五,地数三十,凡天地之数五十有五。此所以成变化而行鬼神也。"此《河图》之数也。

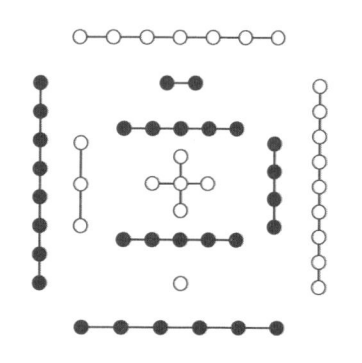

【爻辞】九五：屯其膏，小贞吉，大贞凶。

【译文】屯聚财货，占问小事吉祥，大事则凶。

【小象传】象曰：屯其膏，施未光也。

【译文】屯聚财货，不能广施，非君子之德。

【解说】"屯"是团聚不散，"膏"是油脂，也可以理解为"恩泽"。

"九五"中正，又在最尊贵的"五"位，却陷在上卦"坎"的险陷的正中央，以致行动困难。

"九五"本应与"六二"阴阳相应；可是"六二"阴柔，没有力量给以应援，所以不足以解困。何况阳刚的"初九"，在民众中受到拥戴，以致"九五"被群小包围，孤立无援，始终难以发挥作用。在此状态下，如果是小事，应会吉祥；如果遇到大事，则难免会有凶险。

《象传》说：在这种状态下，屯聚财货，不能广施，非君子之德。

这一爻说明，君子屯聚财货，更应广施其德。另外，在被群小包围、孤立无援时，应当退守自保，不可逞强冒进，不然必有凶险。

【爻辞】上六：乘马班如，泣血涟如。

【译文】乘马徘徊，悲泣得血泪涟涟。

【小象传】象曰：泣血涟如，何可长也。

【译文】已悲泣得血泪涟涟，怎么能长久呢？

【解说】"涟"指落泪时的样子。"上六"阴柔，却上升到了极点，这便是日暮途穷的时刻；与下卦的"六三"，同属阴爻，却不能获得应援，以致陷于进无可取、退无可守的绝境；如同车马止步不前，乘者悲痛欲绝，悲泣得血泪涟涟。

《象传》说：悲泣得血泪涟涟，在这种情况下，又怎么能长久呢？

这一爻讲物极必反的道理。

蒙

阐释草创时期，圣人君子开启民智的重要性。

艮上　蒙昧
坎下　启蒙、教育

【卦辞】蒙，亨。匪我求童蒙，童蒙求我。初筮告，再三渎，渎则不告。利贞。

【译文】蒙卦，卦象亨通。不是我求蒙昧的儿童来受教，是蒙昧的儿童求教于我。初次占筮，可以告诉他，以后多次占筮就亵渎神灵了，亵渎了神灵不再回答他的问题了。此卦有利于占问。

蒙之天象图

上卦为艮为山，下卦为坎为水。泉出上下，因为有险停止不前，所以象征蒙昧不明。泉水始流出山，发蒙大地，这就是蒙卦的卦象。启蒙，指接受启蒙与启蒙他人两种含义。启蒙，应顺其自然。所以卦辞说："蒙，亨。"

【解说】《序卦传》载:"物生必蒙,故受之以蒙;蒙者蒙也,物之稚也。"

"蒙"是蒙昧、幼稚的意思,也有启蒙、教育的含义。当万物生成以后,接着是幼稚蒙昧的时期,教育便成为当务之急。

屯卦的卦形,倒转过来就成为蒙卦。这种相互对称的卦形,称作"相综"、"综卦"、"覆象"或"反卦",有彼此相反相成的性质,须相互参照解读。

这一卦,下卦"坎",象征水、险;上卦"艮",是山的形象,有制止的作用。所以,蒙卦的卦形,是山下有险,或认为山下有昏蒙的场所。同时,下卦是险,上卦是止,意味着内心恐惧,会对外抗拒,象征幼稚愚昧的行为,所以命名为"蒙"。

这一卦,以下卦的"九二"为主体。此爻刚爻得中,又与"六五"阴阳相应,具备启蒙的力量;因而"亨",也就是说,最终是可以畅行无阻。

"匪"同"非","我"指"九二","童蒙"为幼稚蒙昧的人,即是指"六五"。以下说的是占筮,但也可以看作教育的原则。因为施教如占筮,筮人把初次占筮结果告诉问卜者,如果不相信,再三麻烦筮人,那就是亵渎神灵,神灵就不再回答他的问题了。因此,受教时也应像问卜一般向心诚敬,才能释疑解惑。

受教者应当诚心诚意去求教。第一次可以告诉他,如果他仍一而再,再而三地来麻烦,就亵渎神灵了。亵渎了神灵,就不再告诉他。

蒙卦各爻所示自然之理

上九:山顶泉水绝迹,以致草木枯黄。
六五:山中泉水涌动,草木生长繁茂。
六四:泉水流向山上,有违实际。
六三:泉水上涌,改变原来的流向。
九二:泉水涌流,滋润万物。
初六:泉水开始流出,灌溉大地。

【彖传】彖曰:蒙,山下有险,险而止,蒙。蒙亨,以亨行,时中也。匪我求童蒙,童蒙求我,志应也。初筮告,以刚中也。再三渎,渎则不告,渎蒙也。

蒙以养正，圣功也。

【译文】蒙卦，山下有险阻，因为危险，遇到险阻就应停止，这就是蒙卦。蒙卦所说的亨通，是说要依据亨通之道、适时中正去行动。不是我求蒙昧的儿童来受教，是蒙昧的儿童求教于我，这是因为心志相应。初次占筮可以告诉他，是因为筮人有刚健中正之德。多次占筮就亵渎神灵了，亵渎了神灵就不能告诉他，因为他既亵渎又蒙昧。在蒙昧之时必须培养正道，这样才可能最终成为圣人。

【解说】蒙卦所说的是"蒙亨"，是由于行动切合时机，而且把握不偏激的中庸原则，适时适度地施教，所以能够畅行无阻。

启蒙是为了培养正道。通过教化，修养纯正的德行，这是神圣不可亵渎的事业！

在《礼记·中庸》中，也有"君子之中庸也，君子而时中"的说法。

【大象传】象曰：山下出泉，蒙。君子以果行育德。

【译文】高山下涌出泉水，这便是蒙卦的形象。君子应该效法水流行必决，以培育美好的品德。

【解说】蒙卦的上卦"艮"，象征山；下卦"坎"，象征水。因此，"象传"以山下涌出泉水，说明蒙卦的形象。

山下流出泉水，犹如幼童启蒙的过程，始是潺潺细流，最后成为滔滔江河，并且以此滋生万物。因此，君子观此卦象，应当效法该卦的精神，行必果决，以此培育自己的品德。

蒙卦各爻所示人事指引

上九：[击蒙]改变蒙昧时，掌握适当的分寸。
六五：[童蒙]学习时要虚心，教育时要谦虚。
六四：[实干]教育不能脱离现实，应具备实干精神。
六三：[固志]坚定教育信念，不可见异思迁。
九二：[包蒙]教育应当包容，有教无类。
初六：[发蒙]订立规矩，严厉并且有分寸地实施。

【爻辞】初六：发蒙，利用刑人，用说桎梏，以往，吝。

【译文】启发蒙昧，有利的办法是用刑法警戒人，使众人免于犯罪。前往恐有遗憾。

【小象传】象曰：利用刑人，以正法也。

【译文】用刑法来警戒人事是有利的，这样做是为了端正教法，把法规明确下来。

【解说】"刑"指刑法，这里作动词用，意为用刑法警戒人。"桎梏"是刑具。"说"同"脱"，意为解下，除去。

"初六"是阴爻，又在全卦开始最下方的位置，是最幼稚蒙昧的时期，所以必须"发蒙"，启发蒙昧。

启蒙，像使用刑法纠正错误那样开始进行教育，这是有利的，因为这样可以免去日后犯法而遭桎梏之苦。然而，刑法的作用，只是利用刑具告诫。如果一味严刑重罚，超出承受限度，反而会引起反抗，招来羞辱后悔。

《象传》说：利用刑法警戒人，以纠正错误，是有利的。这是指启蒙的最初阶段，首先要通过严厉管教给受教育者立个好规矩。

这一爻说明，教育开始时应当严厉，必须先订立规范，但不可太过。

【爻辞】九二：包蒙，吉。纳妇吉。子克家。

【译文】包容蒙昧，吉利。老而娶女吉利。儿子能持家。

【小象传】象曰：子克家，刚柔接也。

【译文】儿子能持家，阴阳和谐。

【解说】"包"是包容的意思，"九二"是下卦唯一的阳爻，是唯一刚健的力量，也是全卦的主体，负有统率其他各阴爻的使命和启蒙的责任。但由于教导的对象众多，资质不同，不能强求一致，施教者应当包容。"九二"虽然刚健，但在下卦的"中"位，性格中庸，能够包容，所以能够吉祥。

从另外的角度看，"九二"与"六五"阴阳相应。"九二"是阳，相当于丈夫；"六五"是阴，相当于妻子；丈夫内心宽厚，能够包容，所以娶妻吉祥。

以家庭来说，"六五"相当于父，"九二"相当于子。但"六五"柔弱，尚不能负起一家的责任，而"九二"刚健，又能包容，处卑位而任尊者之事可以使家庭兴旺。意思是说，见此卦，儿子也能兴家立业。

《象传》说：儿子所以能够负起家庭的责任，兴家立业，是由于阳爻"九二"的阳刚能够与阴爻"三""四""五"的阴柔相应，可包容的缘故。

这一爻说明，施教者应当包容，有教无类。

【爻辞】六三：勿用取女；见金夫，不有躬，无攸利。

【译文】不要娶这个女子，见到有钱的男人就会失身，娶之无利。

【小象传】象曰：勿用取女，行不顺也。

【译文】不要娶这个女子，因为她行为不顺当。

【解说】"取"通"娶"；"躬"，自身。"六三"，阴爻居阳位，不正，离开"二"后也不居中，虽然与"上九"的阳爻相应，但却依聚在"九二"之上。既向往"上九"，又舍不得"九二"，因而三心二意，失去主张。

以女比拟，见到刚健有财势的"人"，就忘了自己，失去主张，并因此失身。不要娶这样的女人，娶这样的人做妻子，不会有好结果。

《象传》说：不可以娶这样的女人做妻子，因为她的行为不检点。

"顺"也解作慎。古代顺与慎通用，例如《荀子》"修身篇"中，就将"慎墨"写作"顺墨"。因而"行不顺也"，也解释成行为不检点。

这一爻强调，教育应坚定信念，修身自持，不可见异思迁。

【爻辞】六四：困蒙，吝。

【译文】被困于蒙昧中，不利。

【小象传】象曰：困蒙之吝，独远实也。

【译文】被困于蒙昧中，不利，是因为远离阳爻。

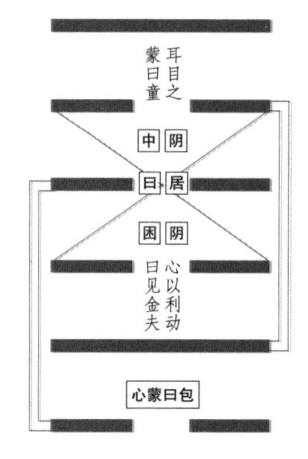

外曰击蒙

蒙曰童 耳目之
中 阴
曰 居
困 阴
日 心
见 以
金 利
夫 动

心蒙曰包

阳 动 于 下

□ 蒙象养正图

蒙卦象辞曰："初筮告，以刚中也。再三渎，渎则不告，渎蒙也。蒙以养正，圣功也。"行中正之道，这就是蒙卦所含的哲学意蕴。

【解说】"六四"是重阴，为二阴所困，与阳爻"九二"、"上九"远隔，得不到援助，因而蒙昧困顿，十分懊恼。就是说，处于困境中的愚人十分可鄙。

《象传》中的"实"，指"九二"、"上九"。阳爻的特性积极、充实；阴爻的特性消极、容忍；因而阳实阴虚。"六四"之所以会蒙昧困顿，是由于脱离现实，以致孤立无援。

这一爻强调，教育不可脱离现实，不可好高骛远。

【爻辞】六五：童蒙，吉。

【译文】像幼童一样蒙昧，吉利。

【小象传】象曰：童蒙之吉，顺以巽也。

【译文】像幼童一样蒙昧，吉利，因为顺应教化而且谦恭。

【解说】"六五"虽然也是阴爻，但得中，高居"五"的尊位，上方有阳刚的"上九"相护，下方又与阳刚的"九二"相应，是上下都有应援的形象。所以，是在待变、将变、适变的阶段，一旦变成阳爻，上卦就成为三巽，象征风，全卦成为三风三水，风调雨顺，必然大吉大利。

所以说，"六五"虽然幼稚蒙昧，但虚心，能够接受教化，得到启蒙，因而吉祥。

《象传》说：童蒙之所以吉祥，是由于顺应教化而且"巽"。"巽"是谦虚的意思，兼指上卦可能变成巽卦。这是说，幼童受启蒙而吉祥，原因在于他对蒙师恭顺谦逊。

这一爻，调强教和学都应当谦虚。

【爻辞】上九：击蒙。不利为寇，利御寇。

【译文】攻击蒙昧，促使蒙昧觉悟。不利于成为强寇，利于抵御强寇。

【小象传】象曰：利用御寇，上下顺也。

【译文】抵御强寇有利，是因为上下和顺。

【解说】"上九"阳刚，又在最高的位置，从启蒙的手段来说，过于刚猛，所以说"击蒙"。"击蒙"，即攻击蒙昧。攻击蒙昧，重

□ 洛书
《洛书》盖取龟象，故其数戴九履一，左三右七，二四为肩，六八为足。

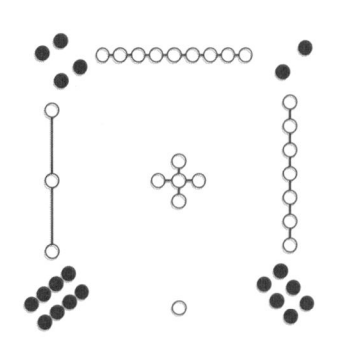

要的是适度，即对击的分寸的把握，不可太深太过，这对防止外来邪恶的诱惑是有利的，反之，则会上下失和。击蒙最重要的是掌握击的分寸，不可太深太过，方法也要得当。

《象传》说：以刚强的态度，防止外来的邪恶，对教育与被教育的人都有利，而且，也只有这样才能求得上下和顺。从卦象看，最上层有刚强的"上九"对外，内部又有刚强的"九二"巩固，上下相互应援，所以说"顺"。

这一爻说明，阳刚的效用，宜多对外，对内则不可过激。

需

阐释在草创时期，等待时机的原则。

坎上　踌躇
乾下　期待

【卦辞】需，有孚，光亨，贞吉。利涉大川。

【译文】需卦，有诚信，光辉亨通，占问吉利，利于渡过大川险阻。

需之天象图

上卦为坎为水，象征地阴；下卦为乾为天，象征天阳。水汽聚集于天上，云层密布，这就是需卦的卦象。水在天上，只能为云，不能降雨，因此，需有"等待"之意。遇到坎险，心怀诚信，耐心等待，才能光明亨通。所以卦辞说："需，有孚，光亨。"

【解说】《序卦传》载："物稚不可不养也，故受之以需。需者，饮食之道也。""需"是指对年幼者不能不养育。《序卦传》将"需"用饮食的道理来解释。"需"亦即需要，生物为维持生命，饮食是必不可少的。

这一卦，下卦"乾"是刚健；上卦"坎"是险、陷。虽然刚健，但前面有险阻，不可贸然前进，应当等待；所以命名为"需"，是应当等待、静息的意思。"孚"指信用、诚信。这一卦的主体"九五"，位于"坎"的中央得中；阳爻居阳位得正，又在"五"的尊位，在形象上，中心充实，象征信实。

这一卦的卦形，在"乾"的上方有"坎"。"坎"象征水，不容易徒步涉行。然而，由于"乾"是纯刚，坚强有力，只要等待，有信心，心怀诚信，最后前途仍然光明，可以亨通，并能够涉水渡河，所以占断是吉。

需卦各爻所示自然之理

上六：云层密布，却不能化雨而降。
九五：水汽聚积成云，能顺势降雨。
六四：水汽上升，地面干涸。
九三：水汽积于地面，形成泥沼。
九二：太阳再降，余晖尽洒沙滩。
初九：太阳初降，暮色映照郊外。

【彖传】彖曰：需，须也；险在前也。刚健而不陷，其义不困穷矣。需，有孚，光亨，贞吉。位乎天位，以正中也。利涉大川，往有功也。

【译文】需是等待的意思。等待，因为前面有危险，但由于性格刚健而不会陷于危险，从道理上讲不会困穷。需卦卦辞说有诚信，光辉亨通，守正吉利。因为"九五"处于天的位置，既正又中。利于渡过大川险阻，前往会成功。

【解说】《彖传》说：需是须，"须"是等待的意思。等待是因为前方有"坎"的险阻。但下卦"乾"刚健，本来不会困于危难，不应当停止前进，但为了等待有利时机，以免陷入不必要的危险，采取等待的正当方式，就不会遭遇穷困了。等待须坚定信心，最后才会光明亨通；更须坚持纯正，才会吉祥。这一卦由于主爻"九五"刚健，又居于至高无上之位，而且"九五"、"九二"都中正，所以说涉大川有利，前往会成功。

【大象传】象曰：云上于天，需。君子以饮食宴乐。

【译文】云在天上，这就是需的意象。君子应该饮食宴乐，以蓄养精气。

【解说】上卦"坎"是云，下卦"乾"是天。云气上升到天，只待阴阳调和，自然就会降而为雨。象征君子在等待机会降临时，应当尽情享受饮食宴乐，以蓄养精气，不必有所为。

饮食宴乐当然不是满足口腹之欲，而是耐心等待机会，养精蓄锐。

需卦各爻所示人事指引

上六：[诚待] 面对意料之外的险阻，要以诚相待。
九五：[安闲] 在安乐闲适中等待，始终坚守纯正。
六四：[顺变] 身处险境，不可逞强，要柔顺应变。
九三：[恭谨] 恭敬谨慎，待时而动，不可妄进。
九二：[隐忍] 灾害开始蔓延时，要继续忍耐。
初九：[固志] 在等待中保持恒心，坚定意志。

【爻辞】初九：需于郊。利用恒，无咎。

【译文】在郊外等待，坚持是有利的，而且没有灾祸。

【小象传】象曰：需于郊，不犯难行也。利用恒，无咎，未失常也。

【译文】在郊外等待，不冒险前行。刚毅有恒是有利的，没有灾祸，也不会失去常轨。

【解说】"需"是等待，因为前面有"坎"的险阻。"初九"在开始的最下方，离上卦的险阻最远；所以是在"郊外"等待。"初九"是阳爻，刚毅有恒，能够坚持常轨，所以，不会有过失灾难。

这一爻说明，在等待时应保持距离，以策安全；而且要有恒心，意志不可动摇，这样才会无害。

【爻辞】九二：需于沙。小有言，终吉。

【译文】在沙滩上等待，有小的责难，但最终会吉祥。

【小象传】象曰：需于沙，衍在中也。虽小有言，以吉终也。

【译文】在沙滩上等待，灾害已在蔓延。虽有小的责难，但最终会吉祥。

【解说】"九二"比"初九"接近上卦"坎"的水，所以用"沙"象征。"言"是责难的意思。"九二"比"初九"稍微接近"坎"的险阻，虽然不会有大灾害，但已经比较困难，会听到一些苛责之言。虽然如此，只要安闲等待，最后还是吉祥。因为"九二"阳爻得中，有宽厚的品德。

"衍"是水向四处漫延的样子，引申为延长、推演的意思。《象传》说：灾害已在蔓延，有一定险碍，不可躁进；虽有小的责难，但最终会吉祥。

这一爻强调，等待、忍耐，不可躁进，不可为小的责难所动摇。

【爻辞】九三：需于泥，致寇至。

【译文】在泥沼中等待，招来强寇。

【小象传】象曰：需于泥，灾在外也。自我致寇，敬慎不败也。

【译文】在泥沼中等待，灾害自外而来。自己招来强寇，恭敬谨慎自可免祸。

【解说】"九三"更接近上卦"坎"的水，以"泥沼"象征，说明随时有陷入的危险。下卦接连三个阳爻，刚强过度，又离开中位。从灾害的程度来说，已处于随时会有外敌来袭的状态。

《象传》说：上卦"坎"的危险，虽然还没有到来，但妄进就会自己招来寇贼与灾难；所以，仍须小心谨慎，这样才不会失败。

这一爻强调，愈接近危险，愈应谨慎，愈应待时而动。不可妄进，以免自招祸败。

【爻辞】六四：需于血，出自穴。

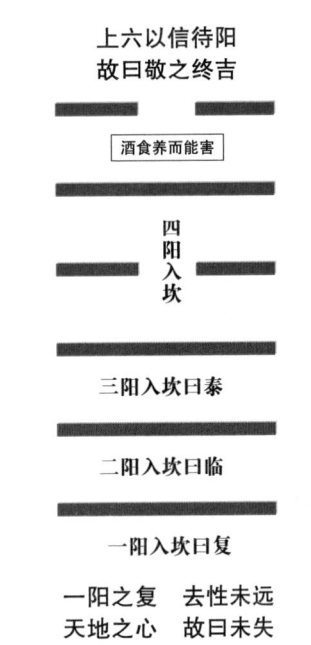

上六以信待阳
故曰敬之终吉

酒食养而能害

四阳入坎

三阳入坎曰泰

二阳入坎曰临

一阳入坎曰复

一阳之复　去性未远
天地之心　故曰未失

□ 需须之图

上卦坎中的阳爻是有相助作用的，下卦乾中的三个阳爻是求待上卦的，根据圣人的意思，责任不在两个阴爻，而在下卦的三个阳爻，尤其在于坎中的一阳，因为这正是利益所在，所以责任重大。于是有酒食的意象。酒食，正是养人的事物，被酒食所困，而为之所害的情况也有。刚开始贪图其利益，最终被其所害，对小人来说为常态。必须坚持以正道处之，所以贞正守吉才是可贵的。

【译文】在血泊中等待，从洞穴中逃出来。

【小象传】象曰：需于血，顺以听也。

【译文】在血泊中等待，顺听天命。

【解说】"六四"已经进入上卦"坎"的险境，可能造成伤亡；所以，用"血"来象征。不过，"六四"阴爻居阴位，虽然柔弱但也得正；因而，不轻举妄动，不久就会从陷入的"穴"中走出。《象传》说：陷入穴中时，应当用柔顺应变，听命于天，最后才会脱险。

这一爻强调，陷入危险，不可逞强，应柔顺应变，听命于天，才能化险为夷。

【爻辞】九五：需于酒食，贞吉。

【译文】在酒食宴乐中等待，守正则吉。

【小象传】象曰：酒食贞吉，以中正也。

□ 古河图图

龙马出于河。马身旋文具五十五数，一六下，二七上，三八左，四九右，五十中。圣人则马身旋文，画为《河图》。然各点皆圈而旋转者，亦取其象之圆而圈之，故名为图也。若分开生成之数，以补四隅，则其象方，而非图之义矣。此图与世所传之图异，故名《古河图》云。

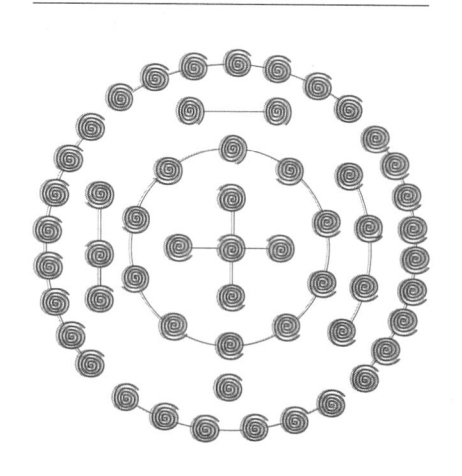

【译文】在酒食宴乐中等待，守正则吉，因为九五居中得正。

【解说】"九五"是阳爻在阳位得正，在上卦得中，又是至尊的地位；因而，即使在饮酒吃饭中安闲等待，因为仍然居心纯正，最终也会吉祥。

《象传》说：安闲地等待着，凭着纯正的原则终会自得吉祥，这是因为"九五"居中得正，能行中正之道。

这一爻强调，在安全等待的状况中，仍然不可违背中正原则。

【爻辞】上六：入于穴，有不速之客三人来，敬之，终吉。

【译文】进入洞穴中，有三位不速之客到来，尊敬他们，礼让他们，最后会得到吉祥。

【小象传】象曰：不速之客来，敬之终吉。虽不当位，未大失也。

【译文】不速之客到来，尊敬他们，礼让他们，最后会得到吉祥。即使位置不当，也不会有大的损失。

【解说】"上六"阴爻柔弱；位于上卦阴的极点，已无法再等待。终于坠入穴中，"上六"与下卦的"九三"相应，"九三"连同下面的二个阳爻，本来就有勇往直前的刚强性格，只是前面有险阻，因此一直在等待。现在已经到了等待的终极时刻，因而一拥而至，以"不速之客三人"来象征。"上六"柔弱，对三位刚强的不速之客，既然无力驱赶，便只有以诚意恭敬相待，如此才能化暴戾为祥和。

《象传》说："不当位"，是指"上六"阴爻居阴位，应该当位，但因到达"上"的极点，已进退无路，虽居最高位，却等同于没有地位。而且，阴爻在阳爻的上方，也反常。不过，既然能以诚意对待，也不会有大损失。

讼

阐释在事业行进中，不可争讼的道理。

☰ 乾上　争讼
☵ 坎下　诉讼

【卦辞】讼，有孚，窒惕。中吉，终凶。利见大人，不利涉大川。

【译文】讼卦，有诚信，但应时时忧惧警惕。事情发展过程顺利，但结局不利。见大人有利，涉渡大河不利。

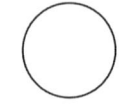

讼之天象图

上卦为乾为天，象征天阳；下卦为水，象征地阴。上为晴天，下为流水，这就是讼卦的卦象。高天在上，流水下行，两相背戾，如同争讼。争讼之事，中途顺利，结局凶险。所以卦辞说："中吉，终凶。"

【解说】这一卦的形象，与需卦正相反，相互是"综卦"。一方是等，一方是争，交互为用。"讼"是争论的意思，当然也包含诉讼在内。《序卦传》载："饮食必有讼，故受之以讼。"为了饮食难免发生争执，所以，将讼卦放在需卦之后。

讼卦的上卦"乾",刚健;下卦"坎",险陷。一方刚强,一方阴险,必然争讼。以个人比拟,内卦即内心阴险,外卦即外表有才干,也容易与人争讼。因而,以"讼"为卦名。

"九二"阳爻,在中位,象征信实;但与上卦的"九五",同为阳爻,便不能相应;以至孚信受到窒碍。

依据《说卦传》,"坎"有忧虑加多的含意,所以须加警惕。讼卦是由遁卦变化而来,是从遁卦的"九三"降到"九二"占据中位,成为讼卦。因此,要守中庸之道,心中警惕,才会吉祥。

另外,"上九"是在重叠三个阳爻的最上层,过于刚强,逞强争讼,以求达到目的,所以最后是凶。

"大人"指"九五"(易经多以"九二""九五"为大人,"六二""六五"为小人),阳爻在上卦中央,又是尊位,因而刚健中正,居于领导地位。从卦的整体来看,刚强的上卦"乾"在险陷的下卦"坎"之上,即是说脚踏在陷阱上,因而,自以为信实而逞强,则行不通;行不通,则唯有反省,戒慎恐惧,把握中庸之道行动,才会吉祥。如若逞强,最后则是凶。遇到公正的"大人"裁判,会有利;但如果像"涉大川"一般逞强冒险,则不利。

讼卦各爻所示自然之理

上九:太阳上升至极点。
九五:天上刮着顺直的大风。
九四:天下燃起大火。
六三:地面水汽难以上升,聚为渊池。
九二:地上燃起大火。
初六:晴空万里,河水奔流不止。

【象传】象曰:讼,上刚下险,险而健,讼。讼,有孚,窒惕,中吉,刚来而得中也。终凶,讼不可成也。利见大人,尚中正也。不利涉大川,入于渊也。

【译文】《象传》说:上卦"乾"为刚健,下卦"坎"为险陷。临险而强健,必然发生争讼。讼卦有诚信,但应时时忧惧警惕。事情发展的开始和前半段顺利，是刚爻来到下卦而居于中位，但最终的结果是凶，诉讼不能完成。见大人有利，是因为崇尚中正。涉大河不利，会坠入深渊。

【解说】讼卦来自遁卦，称作"变卦"。上面的爻下降，称作"来"；下面的爻上升，称作"往"。遁卦"三"位的刚爻，"来"到中位的"二"，成为讼卦；所以，心中的诚信，会有变化，须警惕才会吉祥。

《论语·颜渊》中，孔子说："听诉讼审理案子，我也和他人一样，目的在于使诉讼不再发生。"争讼，本来就不是上策，难以达到目的；所以，最后的结果凶险。

"利见大人"，是由于"九五"崇尚中正，相信他能明断是非以息讼。"不利涉大川"，是说强行渡河则会坠入深渊。

【大象传】象曰：天与水违行，讼。君子以作事谋始。

【译文】《象传》说：天与水相背而行，这就是讼卦的意象。君子应该在做事开始时就谋划好。

【解说】讼卦的上卦"乾"是天，下卦"坎"是水，天在上，水在下，行动的方向不同，所以造成争讼。也就是说，天与水相背而行就是"讼"卦的卦象。因而，君子观此卦象，处理事物，总想在开始就慎重筹谋，开个好头，以防止争讼。

讼卦各爻所示人事指引

上九：	[正途]	以正当途径获得赏赐，才能保有荣耀。
九五：	[公允]	裁定诉讼，应做到公允、恰当。
九四：	[弃讼]	败诉后，应转变态度，安守正固。
六三：	[隐忍]	身处困境不可争强好胜，要学会隐忍。
九二：	[退避]	不逞强争讼，应当退避反省。
初六：	[迅捷]	诉讼不可拖延，应说理以求化解。

【爻辞】初六：不永所事，小有言，终吉。

【译文】不把讼事长久地进行下去，虽然有小的责难，但最终吉利。

【小象传】象曰：不永所事，讼不可长也。虽小有言，其辨明也。

【译文】不把讼事长久地进行下去，即使诉讼也不可持续太久。虽有小的责难，也是可以辨别明白的。

【解说】"初六"是阴爻居阳位不正，又在最下方，因而柔弱。虽然与上卦的"九四"阴阳相应，但中间有"九二"阻碍，力量仍很薄弱，所以无力排解争讼。但"九四"阳刚，始终有呼应的倾向，因而只要不将争讼拖得太久，虽然会小有责难，最后还是会吉祥。

《象传》说：争讼不可长期拖延，是因为讼事不可持续太久，这样做，虽然免不了会稍受责难，但只要一经说明，就可以解释明白。

这一爻告诫，争讼不可拖延过久，应当说理以求化解。

【爻辞】九二：不克讼，归而逋（bū），其邑人三百户，无眚（shěng，音同"省"）。

【译文】争讼败诉，回来躲藏起来，他和他同乡的三百户人家都不会遭殃。

【小象传】象曰：不克讼，归逋窜也。自下讼上，患至掇也。

上九变为困卦
成讼者之戒也

亥方

变成巽位卦成涣

九四变为涣
有难散之理

子方

坎之卦本出于乾如
乾分邑
故曰三百户

□ 讼象之图

讼卦外卦为乾，刚健之象；内卦为坎，险阻之象。面临险境而性情刚健，必然有争讼。这就是讼卦的意象。

【译文】争讼败诉，逃窜回家躲藏起来。下属与上司争讼，是自取其祸。

【解说】"逋"是逃亡的意思；"眚"是眼睛生翳的样子，散光、看物会产生虚幻的光晕。太阳的光晕也称日眚，这里也有灾祸的意思。

"九二"阳刚，在下卦险的中央，本来喜欢争讼，又与"九五"同是阳爻，不能相应，比如发生争讼。但"九五"阳爻居阳位。又在上卦中央的尊位，至刚、至中、至正；而"九二"虽然阳刚，却在险位，不正，位置又低，争讼必然失败，只好逃亡隐藏。逃亡到村民只有三百户不显眼的小村中，谨守本分，自己及同乡就不会有灾祸；逃亡到显眼的大城镇，必定会被追捕，难以免祸。

"窜"是匿藏，"掇"是自取的意思。《象传》说：争讼无法获胜，逃亡是为了躲藏。但下卦坎是穴，"九二"躲藏在中央的穴中，其意是：只要自我约束，就可以避免灾害。地位在下的"九二"，要与高高在上的"九五"争讼，这是自取其祸。

这一爻强调，不可与强人争讼，应当退让匿藏，深避反省。

【爻辞】六三：食旧德，贞厉，终吉。或从王事，无成。

【译文】坐享祖荫，身处困境而守正自励，最终吉祥。或追随君王做事，不会获得成功。

【小象传】象曰：食旧德，从上吉也。

【译文】坐享祖荫，随从上面，不自主事就吉祥。

【解说】西周实行分封制，各级贵族都有自己的封地，死后儿孙可继承。"食旧德"，指靠坐享祖荫生活。"六三"阴柔，无力与人争讼，靠坐享祖荫生活，也不能长久。最佳的办法是隐忍，自勉自励度过艰难时期，这样最终会吉祥。此时若耐不住寂寞，非要出人头地，即使追随君王，也不会有成就。

《象传》说：处逆境时，追随比自己地位高的人才会吉祥，自己行动不会成功。这是对"六三"处境的进一步强调。

这一爻说明，在困境时不可逞强争胜，隐忍自励，方为上策。

【爻辞】九四：不克讼，复即命，渝。安贞，吉。

【译文】官司没有胜诉，收回原来的主张，改变原有的立场。安守正固则吉利。

【小象传】象曰：复即命，渝。安贞，不失也。

【译文】放弃争讼的主张，改变原有的立场，安守正固，就不会有失缺。

【解说】"即"犹"则"；"复即"犹"归而"；"命"，命令；"渝"，帛本作"俞"，是改变的意思。

"九四"虽然阳刚，但在上卦的最下位，不得中；阳爻居阴位，又不正，地位弱，争讼不会得胜。不过，正因为柔，能够回头走正道，改变争讼的态度，接受法官的宣判，安守正固，就不会有损失，结果也会吉祥。

【爻辞】九五：讼，元吉。

【译文】诉讼，大吉。

【小象传】象曰：讼，元吉，以中正也。

【译文】诉讼，大吉，是因为公允、恰当。

【解说】"九五"在至尊的位置，阳刚而且居中至正，象征公平、公正、合理的裁判诉讼，因而吉祥。

这一爻说明，裁判诉讼，应以至中至正为根本。

【爻辞】上九：或锡之鞶（pán，音同"盘"）带，终朝三褫（chǐ，音同"齿"）之。

【译文】或赐予官服大带，但一天之内多次被剥夺。

【小象传】象曰：以讼受服，亦不足敬也。

□ 古洛书图

　　灵龟处于洛。龟身甲坼具四十五数。戴九履一，左三右七，二四为肩，六八为足，而五居中。圣人则龟身之坼文，画为《洛书》。然各点皆直如字画者，亦取其象而画之，故名为书也。若点数亦圈而圆，则非书之义矣。此书与世所传之书异，故名为《古洛书》。

【译文】因打官司而得到官服，也不值得尊敬。

【解说】"锡"同"赐"；鞶带，皮制的大带，是古时依身份颁赐的腰带；"褫"是剥夺的意思。

这一爻辞由"六三"的"或从王事"延伸而来。"上九"阳刚已达极点，可以逞强赢得诉讼，但却不会持久。如果说"带"是因为争讼获胜得到的赏赐，那么在一天之内，也会多次被剥夺。"三"是多次的意思。所以《象传》说，以争讼得到赏赐的服饰，不足以令人尊敬。

这一爻告诫，以争讼达到目的，是不持久的，而且不会受人尊敬，虽获胜亦不值得炫耀。

师

阐释不可重用小人的道理。

坤上　军队
坎下　战争

【卦辞】师：贞。丈人吉，无咎。

【译文】筮得师卦，师出有名，为正义之师，主帅则吉，没有灾祸。

师之天象图

  上卦为坤为地，下卦为坎为水，都是象征地阴。大地宽广包容，水汇聚于大地之中，方能积蓄力量。水聚地中，这就是师卦的卦象。地中有水，象征蓄养力量以备不时之需。师出有名，符合正义之道。所以卦辞说："师，贞。"

【解说】《序卦传》载："讼必有众起，故受之以师。师者，众也。"宇宙万物的演进，由争讼开始终至发生战争，所以在讼卦之后是师卦。

  "师"指军队。下卦"坎"，是险与水；上卦"坤"，是顺与地。古代兵农合一，平时耕田，农间训练，战时就应召参战。兵的性质凶险，像水一般不安定；农民的性格柔顺，像地一般不动。这一卦的形象，是在顺与地的下面，有险和水，意味着在农民中间隐藏着兵。

这一卦，只有"九二"是阳爻，并在下卦的中央，被上下五个阴爻围护；所以，"九二"是统帅，五个阴爻是士兵。"九二"刚强，虽在下层，却握有实权。"六五"柔和，高高在上，象征君王任命统帅，以扩张军势。所以，这一卦命名为"师"。

"丈人"疑是"大人"之误。《子夏易传》作"大人"，《易经》中"丈人"只此一例。"大人"指军队的统帅，卦中指"九二"。此卦是战争开始前，筮人卜得的一卦，结果是吉祥，没有祸害。

师卦各爻所示自然之理

上六：地里的水早已消散，好在用途正当。
六五：地面水已干涸，需寻找可靠的水源。
六四：地水上涌，顺时而流。
六三：水无力下浸，难以给草木以滋养。
九二：水在地中，使草木繁茂。
初六：水浸入地下，正当其位。

【象传】象曰：师，众也。贞，正也。能以众正，可以王矣。刚中而应，行险而顺，以此毒天下，而民从之，吉又何咎矣。

【译文】师，是众的意思；贞，是正的意思；能带领众人行正道，可以称王天下了。刚健中正，上下相应，行进在险阻中而能顺利。以此刚中之德治理天下，人民顺从，又有什么祸害呢？

【解说】师是古代军队编制的名称，沿用至今。"贞"即"正"。这一卦，只有一个阳爻"九二"，处于下卦的中央；五个阴爻，都听命于他，因此，他可以号召民众，伸张正义，可以称王天下。"以此毒天下"之"毒"通"督"，作"治理"解（从俞樾说）。由于居中，以刚中之德治理天下，民众都愿追随他；因此，结果必然大吉大利。

【大象传】象曰：地中有水，师。君子以容民畜众。

【译文】地中有水，这就是师的意象。君子从中得到启发，要容纳和畜养民众。

【解说】师卦的意象，是在地下有水，而且水不流出地外。同样的，士兵也在农民中间，不可分离，古代国家不设常备兵，寓兵于农，兵农合一；因而，这一卦象征"师"，亦即军队。君子观此卦，就应当效法这一精神，容纳和畜养民众，在民众当中蓄积力量。

师卦各爻所示人事指引

上六：	[远佞]	封赏功臣，不重用无才德的小人。
六五：	[用贤]	行军打仗，要用人得当，统一指挥权。
六四：	[应变]	统帅军队应适时应变，以安全为首要。
六三：	[量力]	行军出征必须量力而行，不轻举妄动。
九二：	[公允]	主帅要刚毅、中正地统率大军。
初六：	[严明]	战争开始的阶段，以严明的军纪约束军队。

【爻辞】初六：师出以律，否臧凶。

【译文】军队出征要遵守军纪，否则将有凶祸。

【小象传】象曰：师出以律，失律凶也。

【译文】军队出征要遵守军纪，失去军纪的约束必有凶险。

【解说】"律"指军纪；"否臧"，不善，指不遵守军纪。

"初六"是师卦的第一爻，象征军队出发作战的阶段。战争以开始的阶段最重要，必须以严格的军纪加以约束，否则，必有凶险，终致失败。

这一爻强调，严格军纪的重要性。

【爻辞】九二：在师中，吉无咎，王三锡命。

【译文】主帅居于中军，吉利无灾祸，君王三次嘉奖。

【小象传】象曰：在师中吉，承天宠也。王三锡命，怀万邦也。

【译文】 主帅居于中军，吉利无咎，是因为得到天子宠信。君王三次嘉奖，是为了抚慰天下。

【解说】 "九二"是师卦中唯一的阳爻，位于下方，得到众多阴爻的信赖；又在下卦的中位，象征刚毅、中正。军队有巩固的领导核心统率大军，持法公允，这样当然吉祥。没有过失灾祸，当然受到君王多次赐命嘉奖。

"三"，这里取本义"三"。锡，读cì，同"赐"。《周礼》载："一命受职，再命受服，三命受位。"《曲礼》说："一命受爵，再命受服，三命受车马。"三命是公侯之卿的待遇，是最高的奖赏。

"九二"又与至尊的"六五"阴阳相应，因而得到君王宠信。

《象传》说："九二"任中军统帅吉祥，是由于受君王宠信，君王三次赐命嘉奖，是希望依赖统帅的力量，以安抚天下，使万国信服。

这一爻强调，统帅刚毅、持法公允的重要性。

【爻辞】 六三：师或舆尸，凶。

【译文】 军队或许会拉着尸体回来，这是凶象。

【小象传】 象曰：师或舆尸，大无功也。

【译文】 军队或许会拉着尸体回来，是因为主帅刚愎自用故铩羽而归。

【解说】 "六三"阴爻居阳位不正，象征缺乏统御才能，却又刚愎自用。位置不中，象征统帅行动主张都轻举妄动，必然失败。这样，或许要用车载尸体大败而归，甚至将军的尸体，也要用车载回来了，当然凶险。

《象传》说："六三"领兵绝不会有功绩，因他才弱志刚，好大喜功，结果适得其反。

这一爻说明，统帅才弱志刚，轻举妄动会有严重后果。

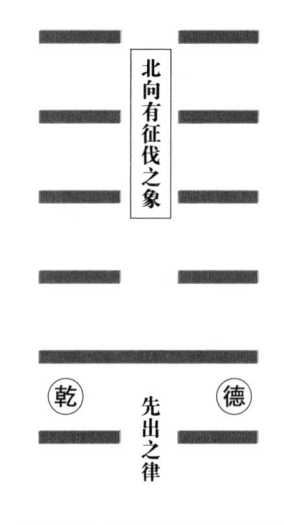

北向有征伐之象

先出之律　德　乾

□ 师御众图

师卦内卦是坎，是"水"、"险"；外卦是坤，是"地"、"顺"。此卦五阴一阳，"九二"在内卦得中，象征掌握军权的统帅。

【爻辞】六四：师左次，无咎。

【译文】军队退守驻扎，没有灾祸。

【小象传】象曰：左次无咎，未失常也。

【译文】退守驻扎没有灾祸，是因为没有失去兵家之常道。

【解说】古代兵家尚左，以右为前，以左为后。《左传》载："师一宿为舍，再宿为信，过信为次。""左次"，退守驻扎的意思。退军驻扎，并不一定是失败，有时战局需要退守。所以，《象传》说，退守驻扎没有失去兵家之常道。"六四"阴柔，又不在中位，本无战胜可能。可是，阴爻居阴位得正，又在下卦"坎"的险阻的前方，象征知道量力而行，在安全地带驻扎，而又不轻举妄动，所以说无咎。

这一爻强调，统军应适时应变，以安全为首要，不可违背常规。

【爻辞】六五：田有禽，利执言，无咎。长子帅师，弟子舆尸，贞凶。

【译文】田野有猎物，利于捕获，没有灾祸。长子做主帅，次子载尸而归。这是凶兆。

【小象传】象曰：长子帅师，以中行也；弟子舆尸，使不当也。

【译文】长子做主帅，是因为他行事中庸合宜。次子载尸而归，是统治者用人不当造成的。

【解说】"六五"是这一卦的主体，阴爻，在上卦中央至尊的位置。"田有禽"，田野中有野兽出没。"利执言"，"执"是猎取，"言"是语助词，无义。把田野中的野兽捕获，是没有错的。比喻敌人来犯，我方起而应战，是师出有名，理所应

□ 河图

《系辞》曰，易有太极，是生两仪，两仪生四象，四象生八卦。而《说卦》又曰，天地定位，山泽通气，雷风相薄，水火不相射。是皆明夫《河图》之生八卦也。物必有所极，而后形气有所倚，故两仪之外有太极者存焉。太极既立，造化有基，于是清阳上升而为天，浊阴下凝而为地，两仪渐以位焉。太阳之中不能无少阴也，太阴之中不能无少阳也，推明太少，于是四象具焉。是四象者，《河图》之所以成文，伏羲之所以画卦，鬼神变化之妙蕴乎此矣。

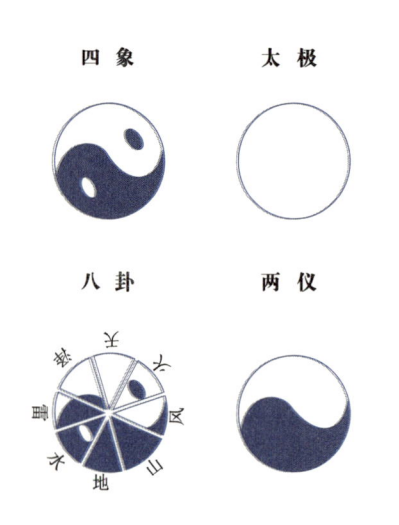

当。"长子"比拟大人物，指"九二"。"弟子"是次子以下，比拟小人物，指"六三"、"六四"。战争，只可交由一位统帅全权指挥，既然任命了有才能的统帅，又欲让一些小人参与，必然失败。这里的意思是说，用长子统率军队，又让不肖弟子载尸败归，在这种指挥不能统一的状况下，即或动机纯正，结果也是凶险层出。

《象传》说：以长子统率军队，可以战胜，因为他能够以中庸的原则行事。但如果再让其他弟子参与，就是用人不当，必然失败。

这一爻强调，用人得当，统率权统一的重要性。

【爻辞】上六：大君有命，开国承家，小人勿用。

【译文】天子颁布赏赐，有功之人或封为诸侯，或封为大夫，但小人不能封赏。

【小象传】象曰：大君有命，以正功也。小人勿用，必乱邦也。

【译文】天子颁布赏赐，让有功的人得到正当封赏。不能任用小人，因为小人受封必然会乱了国家。

【解说】"上六"是全卦的终极点。战争结束，君王论功行赏，颁布命令，功大者封为侯，赐与土地，成为有千辆战车的"千乘"大国。其他有功者被任命为卿、大夫、士，也赐与土地。孔颖达疏："若其功大，使之开国为诸侯；若其功小，使之承家为卿大夫。"但小人则不可重用，不可使其成为拥有政治权力的人。上卦"坤"是土，所以象征分封土地。

《象传》说：君王颁布命令，是为了公正地论功行赏。小人不可重用，是因为重用小人必定会使国家陷于混乱。

《孙子兵法》说：武力是凶恶的工具，战争为不得已的手段，关系着人民和国家的生死存亡。如果以小人为统帅，一味贪功好战，纵然战胜，也将带来灾祸。

这一爻强调，不可任用小人，使小人形成政治势力。

比

阐释依附他人的道理。

坎上　相亲
坤下　依附

【卦辞】比，吉。原筮，元永贞，无咎。不宁方来，后夫凶。

【译文】比卦吉祥，再三占筮，具备善良、贞正、长久的德行，才能有利无灾祸。不肯臣服的国家纷纷前来朝拜，争先恐后，迟来归附者有灾祸。

比之天象图

上卦为坎为水，下卦为坤为地，都是象征地阴。上为雨水，下为大地，水润大地，这就是比卦的卦象。雨水下行，水地相合，不可分离。相亲相辅，比附于上，定能吉利。所以卦辞说："比，吉。"

【解说】这一卦，与师卦完全相反，彼此是"综卦"。战与和，相互为用。《序卦传》载："师者，众也。众必有所比，故受之以比。比者，比也。""比"是相亲相辅、择善依附的意思；"师"是群众。群众在一起共同生活，必须相亲相爱，互助合作，服从领袖，才能和谐圆满。所以，在师卦之后，接着是比卦。

从卦形来看，这一卦的重点是"九五"。"九五"阳刚，在上卦至尊的中位，是阳爻居阳位，至中至正；上下又有五个阴爻追随，象征在一个整体中，民众依附领袖时的情景。任何整体，人人相亲相爱，互助合作，追随领袖，和平共处，当然吉祥。

"原筮"是古代的占卜方法，有初筮或再筮等不同的解释，这里取"再"的意思，表示卦要再三详审考察。"元"有"始"、"首"、"大"等意思，有学者认为此处疑为"善"。"永"，长久；"贞"，贞正。占问结果是没有灾难。上卦是"师"，战争刚结束，天下走向统一，人们刚从不安宁中过来。此时，一些小国开始主动去依附统一天下的君王，以求自保。那些犹豫观望、行动迟缓的人将会有凶险。所以，择善依附，不可迟疑。

比卦各爻所示自然之理

上六：大地干旱，万物难以存活。
九五：山上有滋养草木的甘露。
六四：溪水向外流动，汇入大江是很好的结果。
六三：山下缺少水源，因为水的流向失当。
六二：水在地中缓缓流动，十分正当。
初六：水蕴藏在地下，如酒杯盛满美酒。

【象传】象曰：比，吉也。比，辅也，下顺从也。原筮，元永贞，无咎，以刚中也。不宁方来，上下应也。后夫凶，其道穷也。

【译文】比卦吉祥。比是辅弼，是下亲近、顺从上的意思。多次占筮，具备善良、贞正、长久的德性，才能有利无灾祸，是因为"九五"刚健中正。不肯臣服的诸侯纷纷来朝拜，因为本卦上下相应和。迟来归附者有灾祸，他们无路可走了。

【解说】《象传》说：相亲相爱，亲密辅助，就会吉祥。相亲相爱，相互辅助，是说在下的人要顺从在上的人。用卜筮验证，也是大吉大利，不会有灾难；

因为"九五"阳爻居阳位,又在上卦至尊的中位,象征有刚健中正之德,具备做领袖的条件。上下五个阴爻,都与"九五"呼应,说明他有做领袖的资质。后来依附的人有凶险,因为亲比之道已经穷尽了。

【大象传】象曰:地上有水,比。先王以建万国,亲诸侯。

【译文】地上有水,这就是"比"的意象。先王观此象而封建万国,亲近诸侯。

【解说】这一卦,下卦"坤"是地,上卦"坎"是水,所以说地上有水,是比卦的卦象。地得水而柔,水得地而流,这是相亲相辅的结果。古代的圣王观此卦象,就是以这一卦的精神,建立了许多诸侯国,并与诸侯相亲相辅。

比卦各爻所示人事指引

上六:[贯彻] 相亲相辅,要一本初衷,贯彻始终。
九五:[宽宏] 用宽厚、显著的方式使人感化,使其自动来归。
六四:[亲贤] 向外寻找、追随比自己更贤明、高尚的人。
六三:[慎选] 选择与自己真正亲近的人相亲相辅。
六二:[守正] 坚守正道、发自内心地与人相亲相辅。
初六:[诚信] 与人相亲相辅,应以诚信为前提条件。

【爻辞】初六:有孚比之,无咎。有孚盈缶,终来有他吉。

【译文】有诚信,与之相亲,无灾祸。诚信如酒装满缶中,最终会得到意外的吉祥。

【小象传】象曰:比之初六,有他吉也。

【译文】与初六亲比,有意外的吉利。

【解说】"孚"是信实的意思,"缶"是指盛酒的瓦器。"初六"是比卦开始的第一爻,说明人人相亲相辅,应有诚信,才不会有灾祸。如果诚信如酒装满缶中,必然就会有人前来依附,得到意外的吉祥。

这一爻说明,相亲相辅,应由诚信始。

【爻辞】六二：比之自内，贞吉。

【译文】从内部亲比，守正吉祥。

【小象传】象曰：比之自内，不自失也。

【译文】从内部亲比，不要失去自己的本位。

【解说】"六二"阴爻居阴位，在下卦中位，又与上卦的"九五"阴阳相应，因而柔顺、中正、上下呼应。"内"指在下卦内，意思是说相亲相辅，应发自内心，不可失去自己的本位，应坚持纯正的动机，这样必然吉祥。

这一爻说明，相亲相辅，动机应当纯正；应发自内心，同时不失自己的本位。

【爻辞】六三：比之匪人。

【译文】亲比的不是与之亲近的人。

【小象传】象曰：比之匪人，不亦伤乎！

【译文】亲比的不是与之亲近的人，难道不令人伤心吗？

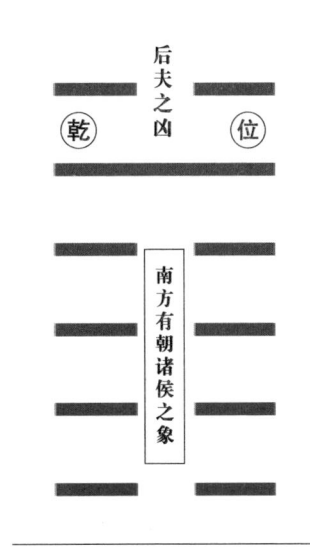

【解说】"六三"阴柔，不中不正，上下爻以及应当相应的"上六"都是阴爻，以致阴阴相斥。王弼注："所以与比者皆非己亲，故曰比之匪人。"这是说，得此爻者所要亲近的人，都不是与之亲近的人。这种情形，怎会不令人伤心呢？

这一爻说明，相亲相辅的对象，应当有所选择。

【爻辞】六四：外比之，贞吉。

【译文】向外亲比，守正吉祥。

【小象传】象曰：外比于贤，以从上也。

【译文】向外亲比贤明的人，顺从上面。

【解说】"六四"应当与下卦的"初六"相应，但同性相斥，以致不能呼应；于是，转向外面寻求，与"九五"相亲。"之"指"九五"。

□ 比御众图

比卦有亲辅依附的意思，以坎卦为主，坎卦居于北边的尊位，面向南边，因此有五等分爵的意向。"九五"居于尊位，最上的"上六"阴柔，并且已达极点，不具备领袖的资质，因此说，后夫凶。

何况"六四"阴爻居阴位得正,与阳刚、中正、又在尊位的"九五"相亲,是执著于正道。因此,此举动机纯正坚定,必然吉祥。

《象传》说:向外与贤明的人亲近,是要追随比自己高尚的人。

这一爻,强调应依附贤明高尚的人。

【爻辞】九五:显比。王用三驱,失前禽。邑人不诫,吉。

【译文】尊者用显著的方式亲近众人,王用三驱之法田猎,放走前面的猎物。封地上的人不戒惧,吉利。

【小象传】象曰:显比之吉,位正中也。舍逆取顺,失前禽也。邑人不诫,上使中也。

□ 河图数图

《系辞》曰:"天一、地二,天三、地四,天五、地六,天七、地八,天九、地十。"又曰:"天数五,地数五,五位相得而各有合。天数二十五,地数三十。凡天地之数五十有五。"

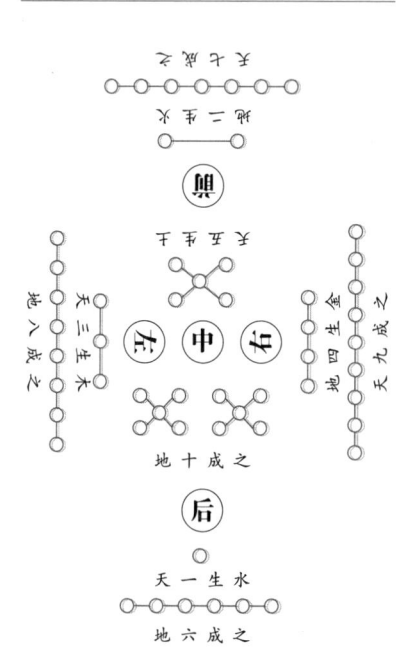

【译文】尊者用显著的方式亲近众人,是吉利之象,因为他位置中正。宽恕叛逆者,容纳归顺者,就如放走前面的猎物一样。封地上的人不戒惧,是因为君王的行为符合中正之道。

【解说】《史记·殷本纪》中记叙:殷汤王在田野中,听到四面张纲的人在祷告:"天下四方,都进入我的纲吧!"汤王认为,这将使天下的禽兽,被赶尽杀绝,就撤去三面纲,只留下一面,并且祷告说:"要往左的就往左,要往右的就往右,命中注定属于我的,就进入我的纲吧!"《礼记·王制》中,也有"天子不合围"的说法。就是说,天子狩猎,只从三面赶禽兽,称作"三驱",往前方逃的,就放归它。所以说"失前禽"。《象传》用"舍逆取顺"来解释。

"邑"是封地。"九五"是这一卦的重点,唯一的阳爻,刚健中正,又在尊位;因而,其他的阴爻,都来亲近依附,这是最显著的相亲相辅。所以，用王者狩猎来象征，只由三面包围，来者不拒，去者不追，态度宽宏无私。本着这种中正、仁慈的态度，封地的人就不会恐怕戒惧，结果当然吉祥。

这一爻说明，亲比不可强求，应用感化的方式，使其自动来归。

【爻辞】上六：比之无首，凶。

【译文】如果不是一开始就亲近他人，这是危险的。

【小象传】象曰：比之无首，无所终也。

【译文】不是一开始就亲近他人，不会有好结果。

【解说】"上六"阴柔，已达到这一卦的极点，已是"上位无位"的位置，没有一个良好开端，又缺乏刚毅，不具备成为领袖的资质，无法得到属下的拥戴与亲近，因此结果凶险。

《象传》以时间因素来解释。《诗经·大雅·荡》载："靡不有初，鲜克有终。"有始尚且难以有终，何况无始怎么会有终？相亲相辅，必须一本初衷，贯彻始终。

这一爻说明，相亲相辅，应贯彻始终。

小畜

阐释因应一时困顿的原则。

巽上　小的蓄积
乾下　小的阻碍

【卦辞】小畜，亨。密云不雨，自我西郊。

【译文】小畜，卦象亨通。从西郊吹来的乌云密布于天空，却不见下雨。

小畜之天象图

　　上卦为巽为风，象征地阴；下卦为乾为天，象征天阳。风在天上吹，密云不雨，这就是小畜卦的卦象。风飘行天上，云聚却不能成雨，收成一般，只能小有积蓄。力量不足，要逐步积累，方能亨通。所以卦辞说："小畜，亨。"

【解说】《序卦传》载："比必有所畜，故受之以小畜。"
　　"畜"是由田与兹的简体组成，是将农作物蓄积的意思。人人相比相亲，结果就有了积蓄。"畜"又可引申为"养"和"止"；"小"也有少、稍、不足的意思。这一卦，下卦乾，上卦巽，阳多阴少，只有"六四"是阴爻，其他五爻都是阳爻，象征阳大阴小，阳过盛，阴不足。

就是说，虽然企图旺盛，但力量不足。从另一角度看，以一阴蓄养五阳，力量有限，有不得不稍作停顿之意，因此称作"小畜"。也就是说，因蓄积力量不足，有时不得不暂时停顿下来，不能有大的作为。不过，这只是小的停顿，不足以阻止行动。因此，不久就可以亨通，原有的理想，终究会实现。这就是这一卦的含义。

"小畜"与"大畜"相对，卦形也相似。"小畜"下卦乾是健，上卦巽是入，健而入，意志就可以亨通。"九二"与"九五"，都是阳爻在中位，刚健中庸，有实力，也是意志可以通行无阻的卦象。

不过，积蓄不足，力量有限，即使有外来因素冲激，也会力不从心，更难谈得上有大作为。虽然来自西郊的乌云已经密布于顶上，但没有达到饱和状态，还是没有降雨。西汉以后的易学家认为，乾属金，金主西方，因此有"自我西郊"的象征。

小畜卦各爻所示自然之理

上九：风吹到天顶，月亮即将圆满。
九五：风在天上吹，将云层聚拢。
六四：地面的风向上吹散尘垢。
九三：太阳缓缓降落，轨道有所偏离。
九二：太阳按正常轨迹再降落。
初九：太阳按正常轨迹开始降落。

【象传】象曰：小畜，柔得位而上下应之，曰小畜。健而巽，刚中而志行，乃亨。密云不雨，尚往也。自我西郊，施未行也。

【译文】小畜卦，柔阴处于中位，上下都来应和，所以说小有积蓄。刚健而和顺，阳刚居于中位，志在上行，所以亨通。天上遍布密云而不下雨，因为云从西郊来，还未化为雨露而广为施行。

【解说】这一卦的主爻是"六四"，阴爻居阴位得正，上下五个阳爻，与其呼应。但力量还不充分，有一个积蓄的过程，所以称作"小畜"。下卦乾是健，上卦巽是入；本卦有内刚健而外和顺之象，且"九二"与"九五"，都刚健中正；因此意志虽然暂时被迟滞，但最后仍然可以实现。"密云不雨"，是由于诸阳还在继续前进；"自我西郊"，是说没有降而为雨，指抱负还没有施展出来。

【大象传】象曰：风行天上，小畜。君子以懿文德。

【译文】风行于天上，这就是小畜的卦象。君子应修美其德。

【解说】这一卦，上卦"巽"是风，下卦"乾"是天。风行天上，还没有普降甘霖，正在积蓄力量，象征君子的教化还没有广为施行，因此称作"小畜"。"懿"是修美，"文德"指文章才艺与道德。君子观此卦象，应效法此卦的精神，修身正己，进一步修美自己的才德，以为将来之用。

小畜卦各爻所示人事指引

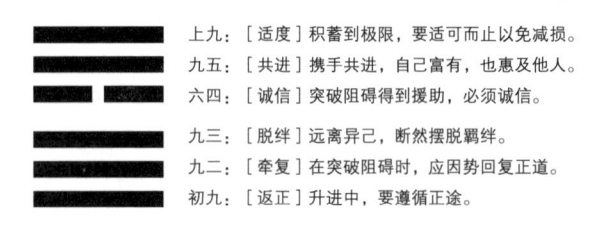

上九：[适度]积蓄到极限，要适可而止以免减损。
九五：[共进]携手共进，自己富有，也惠及他人。
六四：[诚信]突破阻碍得到援助，必须诚信。
九三：[脱绊]远离异己，断然摆脱羁绊。
九二：[牵复]在突破阻碍时，应因势回复正道。
初九：[返正]升进中，要遵循正途。

【爻辞】初九：复自道，何其咎？吉。

【译文】返回正道，怎么会有过错呢？没有过错便是吉利。

【小象传】象曰：复自道，其义吉也。

【译文】返回正道，理应是吉利的。

【解说】这一卦，下卦是"乾"，即是天，应当在上，因而总欲升进，要返回自己原来的地位。然而，相应的"六四"是阴爻，却力量不足，成为初九向上的障碍。不过，"初九"阳爻居阳位得正，又与"六四"阴阳相应，在升进中，"六四"不足以成为障碍，仍然能够循正确途径回去。返回自己原来应该走的道路，怎么会有过失呢？因此吉祥。

【爻辞】九二：牵复，吉。

【译文】因牵引而返回正道，吉利。

【小象传】象曰：牵复在中，亦不自失也。

【译文】因牵引而返回正道，而且处于中位，自己也就没有什么过失了。

【解说】联系"九三""舆说辐"看，"牵复"指因牵引而返回正道。孔颖达疏："牵谓牵连，复调反复。""辐"，代指"轴"。

下卦三个阳爻志同道合，都要升进返回原来的地位。"九二"已愈来愈接近"六四"，离阴爻"六四"太近，不能不担心被阻碍。不过，"九二"刚健，又在下卦的中位，但是以阳处阴，又无上应，所以受"初九"之牵而复居于下。只要走正道，当可突破阻碍，回到原来的位置，因此吉祥。

《象传》说：因牵引而返回正道，而且处于中位，所以自己也就没有什么过失了。

这一爻说明，在突破阻碍时，应当走正道。

【爻辞】九三：舆说辐，夫妻反目。

【译文】车与辐条脱节，夫妻反目不和。

【小象传】象曰：夫妻反目，不能正室也。

【译文】夫妻反目不和，因为男子不能规正家室。

【解说】"舆"，车；"说"通"脱"。"辐"应为"輹"（fù，音同"付"）。"大畜"、"大壮"皆作"輹"，《经典释文》亦作"輹"。"輹"，即车伏兔，是垫在车厢和车轴之间的木块。"九三"也是阳爻，刚健想要升进，但不在中位，与"上九"同是阳，又不能相应，而且与"六四"非常接近，有时便会阴阳相吸，和睦共处，就像车厢与车轴被"輹"结合在一起不能摆脱。可是"九三"毕竟刚毅，不会安于被留住的现状，于是与"六四"相争，就像"夫妻反目"那样。

五满假权归四

乾

悔

□ 小畜吉凶图

"畜"字含有蓄止、蓄聚、蓄养的意思。小畜卦谈的是作为从属因素的"阴"对于作为主导因素的"阳"所起的微小的蓄聚作用，故称之为"小畜"。

《象传》说：夫妻所以反目，是因为婚姻不正当，是"九三"不能规正妻室。它告诉我们，在前进途中，与志不同道不合的人走在一起，会受到阻碍，发生争执。

这一爻说明，在突破阻碍时，应断然摆脱羁绊。

【爻辞】六四：有孚，血去惕出，无咎。

【译文】有诚信，阴阳和谐，忧惧消除，没有灾祸。

【小象传】象曰：有孚惕出，上合志也。

【译文】有诚信，忧惧消除，是因为上面和自己心志相合。

【解说】"六四"是唯一的阴爻，成为五个阳爻前进的阻力，当然不会担心受到伤害。阴爻柔顺，又居阴位得正，谦虚能够容人，加上上方有两个阳爻援助，因而能够避免伤害。"血去"，因"九三"阴阳相斗而出血，现在"血去"，意为阴阳和谐。"有孚"，谓只要心地诚信，就可以远离"血"、"惕"，不会有灾祸。

《象传》所说的"合志也"，是指"六四"与上方的两个阳爻。意思是说，心怀诚信，居于上位的人与他同心，因此忧惧得以解除。

这一爻说明，在突破阻碍时，只有本着诚信之心，才能得到援助。

【爻辞】九五：有孚挛如，富以其邻。

【译文】又与"六四"牵系，是把富裕惠及邻人。

【小象传】象曰：有孚挛如，不独富也。

【译文】又与"六四"牵系，是不独自富裕。

【解说】"挛如"：如，助词，无义。上卦的三爻，合力突破阻碍升进，所以说"邻"。而且，"九五"至尊中正，具有实力，可以协助相邻的两爻。因此，只要

□ 河图之图

伏羲氏王天下，龙马负图出河，其数一六居下，二七居上，三八居左，四九居右，五十居中。伏羲则之以画八卦。

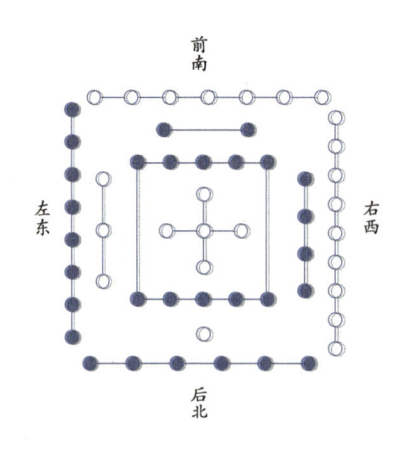

排除私欲，有携手共进的诚信，不但自己富有，也可使邻居富有，并能得到邻居的协助。

这一爻说明，助人与自助的道理。

【爻辞】上九：既雨既处。尚德载，妇贞厉；月几望，君子征凶。

【译文】雨已经降下并停止。贪得过分，妇女占问不利；已近阴历十五，月亮即将圆满，君子出行有灾。

【小象传】象曰：既雨既处，德积载也。君子征凶，有所疑也。

【译文】雨已经降下并停止，阳刚之德蓄积已满。君子行动将有凶险，阴气或许已经能够与阳气对抗。

【解说】"载"是满的意思。《诗经·大雅·生民》中有"厥声载路"。"望"指满月；"雨"是阴阳和谐的结果；"处"是安居，停止不前的意思；"妇"、"月"都属于阴。

到达"上九"已是蓄积的极点，"六四"的阴，以诚信与五阳精诚团结，共同蓄积力量，已经到达饱和状态。既已经降雨，就应当安于现状，不可再贪得无厌。阴已经功德圆满，受到五阳的尊敬；阴本来应当服从阳，但阴极盛，已凌驾于阳之上，处于蓄养五阳的地位，则是反常现象。以人事比拟，就像妻子压制丈夫，虽然和谐，用心正当，结果也危险。

当接近满月时，月亮匹敌太阳；阴盛极时，就与阳抗衡；君子就不得不出走，所以凶。

小人是阴，君子是阳。小人得势，对君子就会构成威胁，君子也会担心被伤害。因此《象传》说：即或是君子，也不能不担忧。蓄积已经达到极限，蓄积过度丰盛，因此即将招损。

这一爻，以阴气盈满能与阳气抗衡告诫，蓄积应当适可而止。

履 阐释评价成败的原则。

乾上　践履
兑下　履行

【卦辞】履虎尾，不咥（dié，音同"蝶"）人，亨。

【译文】踩在老虎尾巴上，虎不咬人，亨通。

履之天象图

　　上卦为乾为天，下卦为兑为泽。上为晴天，下为湖泊，这就是履卦的卦象。天居上位，泽居下位，尊卑上下等级分明，象征做事要遵循规则。如果掌握了老虎的习性和将其驯服的办法，即使踩在虎尾上，也不会被咬。所以卦辞说："履虎尾，不咥人，亨。"

【解说】这一卦的卦形，恰好与"小畜"上下相反，彼此是"综卦"，一停一进彼此交互作用。

　　《序卦传》载："物畜然后有礼，故受之以履。履者，礼也。"就是说，物资蓄积后，就要制定礼节，将"履"解释为"礼"。礼与履音近，而礼必须由人来履行。

这一卦，下卦是"兑"，上卦为"乾"。"兑"象征泽、悦、和；"乾"全部是阳爻，象征刚强。"兑"跟在"乾"后面，这就是说，踩在老虎尾巴上，老虎不咬人，是因为"兑"具备和悦的德行，所以老虎并没有咬他。占断：意志可以通达无碍。

依据《系辞传》的解释，周文王推演八卦，是在被暴君纣王囚禁时，所以卦辞中充满了危机感。

履卦各爻所示自然之理

上九：火势渐渐停息。
九五：大风使火势更加凶猛。
九四：风力助长火势。
六三：风云突变，道途遇险。
九二：白云悠悠，道路平坦。
初九：湖水质朴无华，滋养万物。

【彖传】彖曰：履，柔履刚也。说而应乎乾，是以履虎尾，不咥人，亨。刚中正，履帝位而不疚，光明也。

【译文】履卦，以柔顺之礼对待刚健，以和悦去应和刚健，如同踩在老虎尾巴上，虎不咬人，这样行事是亨通的。刚健而居中得正，踏上帝王之位而没有灾祸，因为他具备光明磊落的德行。

【解说】下卦兑，阳爻多，阴爻少，称"阴卦"，因而柔顺。上卦"乾"是纯阳卦，因而刚强，所以履卦是指阴柔跟在阳刚的后面。"说"同"悦"，由于柔顺，与刚强者和悦应对，虽然踩着虎尾，却没有被咬伤，意志仍然可以通达无碍。这一卦的"九五"，阳爻居阳位得正，位居上卦中央，在至尊的位置。即使走上帝位，也不会有灾祸，因为他具备光明磊落的德行。

【大象传】象曰：上天下泽，履。君子以辨上下，定民志。

【译文】天在上，泽在下，这就是履卦的意象。君子应效法它以分辨尊卑，以安定民心。

【解说】这一卦的上卦"乾"是天，下卦"兑"是泽，因而天在上，泽在下，是自然的正理。人也必须这样履行责任，因此，这一卦命名为"履"。君子观此卦象，应当明辨尊卑等级，帮助民众确立志向，使尊者处尊，卑者处卑，以安定民心。

古代阶层分明，公、卿、大夫、士，依功绩才能赐给爵位；农、工、商，依身份限制财富；这样，才能使人民的志向安定确立，才会天下太平。可是，后世的公、卿、大夫、士，无功无德，却想得到爵位；农、工、商企图获得与身份不相称的财富，当然会使天下大乱。

履卦各爻所示人事指引

上九：[视履] 要善于总结回顾，看是否做得周全圆满。
九五：[果决] 行动果决，行动过程中要注意规避风险。
九四：[戒惧] 面对世事，内要刚强有力，外要柔顺戒惧。
六三：[量力] 实践时量力而为，不逞匹夫之勇。
九二：[守正] 为人要执着纯正，固守自己的人格理想。
初九：[素履] 实现理想、履行职责，要按最初的愿望行动。

【爻辞】初九：素履，往无咎。

【译文】按原本的志向行事，前往没有灾祸。

【小象传】象曰：素履之往，独行愿也。

【译文】按原本的志向前往，按自己的愿望行事。

【解说】"初九"是阳爻，在最下位，象征有才能，却安于低位。这是踏步前行的第一步，还没有被富贵诱惑，仍然本着自己原本的志向前进，所以不会有过失。《象传》的"独"，是指特立独行，不随世俗的意思。这就是说，按自己质朴的本色行事，不会有灾祸。

这一爻说明，实践理想，履行责任，应当一本初衷，专心按自己的愿望行动，不随波逐流。

【爻辞】九二：履道坦坦，幽人贞吉。

【译文】走在平坦的道路上，幽隐之士意志纯正，吉利。

【小象传】象曰：幽人贞吉，中不自乱也。

【译文】幽隐之士意志纯正，吉利，因为他身处下卦中位而不自乱。

【解说】"坦坦"，平坦的意思；"幽人"指隐士。"九二"阳爻，在下卦中位，性格刚健、中庸，但与"上九"同性相斥，不能相应。隐士为人执著纯正，不求闻达，意志不被世俗扰乱，因此吉祥。

这一爻说明，道不合，不相为谋。为人要心胸坦荡，择善纯正，固守自己的人格理想。

【爻辞】六三：眇能视，跛能履，履虎尾，咥人，凶。武人为于大君。

【译文】瞎了一只眼睛，却认为自己视力好，瘸了一条腿，却认为自己脚力好。踩在老虎尾巴上被咬，凶险。武夫要做大王。

【小象传】象曰：眇能视，不足以有明也。跛能履，不足以与行也。咥人之凶，位不当也。武人为于大君，志刚也。

【译文】瞎眼观物，不可能视力好。跛脚虽然能走路，但不可能有好脚力。虎咬人，凶兆，因为位置不正。武人要做大王，其志过于刚猛。

【解说】"六三"阴爻处阳位故不正，而且已离开下卦的"中"位，所以《象传》说"位不当"。阴爻本性柔弱，阳位性情刚强。以这种性格，竟然尾随在刚强的"乾"的后面，必然非常危险。就像只有一只眼，能看见却又看不清楚；跛了一只脚，能走却脚力不好；又似终于踩到老虎尾巴，以致被咬伤。还像"武夫子要做天子"，刚愎自用，拥兵自重，心怀不轨，企图叛乱，终致失败，当然凶险无比。

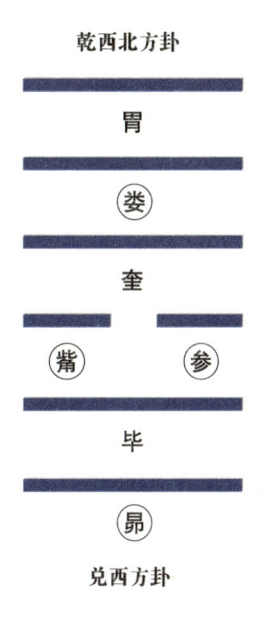

乾西北方卦

胃

娄

奎

觜　　参

毕

昴

兑西方卦

□ 履虎尾图

履卦上卦为"乾"，下卦为"兑"。从方位看，都在西北，而胃、娄、奎、昴都属二十八宿之西方七宿。"兑"跟在"乾"的后面，以柔顺之礼对待刚健，以和悦去应对刚健，因此踩在老虎的尾巴上，虎不会咬人，亨通，吉。

这一爻说明，践履应当量力而行，不可逞强，以致适得其反。

【爻辞】九四：履虎尾，愬（suò）愬，终吉。

【译文】踩在老虎尾巴上，战战兢兢，但最终吉利。

【小象传】象曰：愬愬终吉，志行也。

【译文】战战兢兢，但最终吉利，心志得到了履行。

【解说】"愬愬"，恐惧的意思。"九四"也不在中位，阳爻在阴位所以不正；而且，尾随在"九五"的后面，当然危险。不过，前一爻的"六三"招致不幸，是因为柔弱却要逞强。"九四"却是刚强而在柔位，这就是说，虽然跟在老虎的后面，因他也强而有力，而且态度柔顺，时刻保持高度警惕，里刚外柔，刚而能柔，因而能够避免伤害，施展抱负，最后仍然吉祥。

这一爻强调，戒慎恐惧，以柔制刚的法则。

【爻辞】九五：夬（guài，音同"怪"）履，贞厉。

【译文】行履果决，正固虽有险，但终无灾祸。

【小象传】象曰：夬履贞厉，位正当也。

【译文】行履果决，正固虽有险，但终无灾祸，因为位置居中得正。

【解说】陈鼓应、赵建伟两位学者认为"贞厉"后面疑脱"无咎"二字，并举"噬嗑""六五"之"贞厉无咎"等爻辞、象辞进行了论证，颇具说服力，否则此爻辞、象辞皆讲不通。

"夬"同决、果决、刚强的意思。"九五"阳爻居阳位，又在至尊的地位，以致刚强果决。下卦"兑"是和，象征"九五"的部下，和悦服从，唯命是听，造成"九五"的独断独行。这种

□ 洛书之图

大禹治水，神龟出洛，负文列于背，有数至九。其数以五居中，戴九履一，左三右七，二四为肩，六八为足。禹因第之以成九畴。

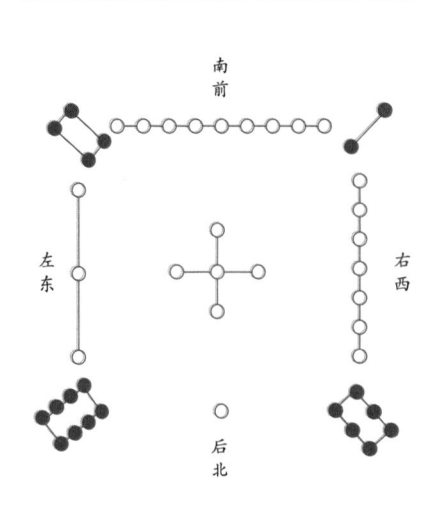

作风，即或动机纯正，仍然有险。但因"九五"位置居中得正，虽有险，终究无灾祸。

这一爻告诫，人们虽处在有利地位，仍然要注意风险。

【爻辞】上九：视履考祥，其旋元吉。

【译文】审视走过的路，考察吉凶，如果做得周旋圆满，返回上位则大吉大利。

【小象传】象曰：元吉在上，大有庆也。

【译文】上位大吉大利，大有喜庆。

【解说】"祥"包含祸福两层含意；"考"，指考察；"旋"是周旋完备、圆满。"上九"已是履卦的最后阶段，能返回上位，自然大吉大利。

泰 阐释持盈保泰的道理。

坤上　亨通
乾下　泰平

【卦辞】泰，小往大来，吉亨。

【译文】泰卦，阴去阳来，吉祥亨通。

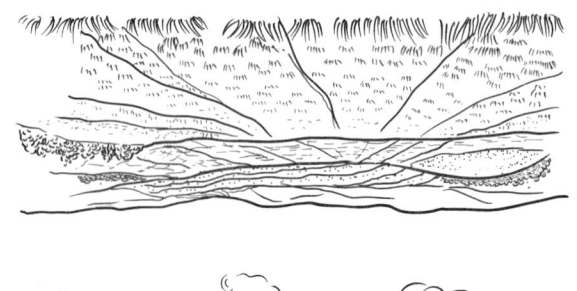

泰之天象图

上卦为坤为地，象征地阴，下卦为乾为天，象征天阳。地的重浊之气下降，天的轻清之气上升，天地之气相交，万事万物和畅通达，这就是泰卦的卦象。内卦刚健，外卦柔顺，外柔内刚，才能平安通泰。所以卦辞说："泰，小往大来，吉亨。"

【解说】《序卦传》载："履而泰，然后安，故受之以泰。泰者，通也。"在目标达成之后，接着到来的是安泰的局面。

这一卦，"乾"即天，下降到下卦；"坤"亦即地，上升到上卦，好像不适当，实际上，这是天地相交。但天毕竟在上，地毕竟在下，天与地实际并不能相交，因此天地之交并非形交，实为气交。地气重浊由上下降，天气轻清由下上升，才不会背离，而能密切交合，成为阴阳沟通的安泰现象，因此命名为"泰"。

"小往大来"，"小"指阴，"大"指阳；上卦"坤"是纯阴的小，下卦"乾"为纯阳的大。"往"是往外，"来"是入内。亦即"坤"到了外卦，为"小往"；"乾"来到内卦，是"大来"。

这一卦是由"归妹"卦变化而来。"归妹"的"六三"前往"九四"，"九四"来到"六三"，就成"泰"卦。"归妹"的"六三"，是阴爻的小，"九四"是阳爻的大，所以说"小往大来"。

"泰卦"为"十二消息卦"之一，"消息卦"旨在传递一年阴阳消长的消息。在卦的形象中，以乾卦为阳气最盛的时期，相当于四月；"泰"是正月，相当于天地相交，万物亨通的安泰时期，因此占断是吉祥、亨通。

泰卦各爻所示自然之理

上六：春天已经过去，夏日暑热来袭。
六五：暮春已至，草长莺飞。
六四：阳春时节，万物繁盛。
九三：春分时节，草木开始繁茂。
九二：立春时节，万物复苏。
初九：天地之气相交，春天来临。

【象传】象曰：泰，小往大来，吉亨，则是天地交而万物通也，上下交而其志同也。内阳而外阴，内健而外顺，内君子而外小人。君子道长，小人道消也。

【译文】泰卦，阴去阳来，吉祥亨通。乾、坤二气相交，万物生养之道通畅，处上位者与处下位者相交而志趣相同。阳在内，阴在外，内刚健，外柔顺，内为君子，外为小人，君子之道渐长，小人之道渐消。

【解说】泰卦，阴去阳来，天地二气相交，万物得以生长。这是吉祥、亨通的安泰时期。以人事比拟，即上下意见沟通，君王与臣子交好，则志同道合。泰卦的内卦是乾卦，为阳，外卦是坤卦，为阴，以人比拟，是内刚外柔的君子性格。由纯阴的坤卦，变化到泰卦，阳在内卦成长，将阴排斥到外卦，也象征内有君子当道，声势伸张，小人被驱逐在外，声势消退，君子之道不断发展，小人之道日渐消亡，所以天下安泰。

【大象传】象曰：天地交，泰。后以财成天地之道，辅相天地之宜，以左右民。

【译文】天地二气相交合，这就是泰卦的意象。君王从中得到启发，按照天地的法则来制定各项规章制度，帮助人们认识自然规律，并适应它，以此指导民众。

【解说】"后"指君主，"财"通"裁"。"裁成"原义是裁布制成衣服，此处指裁定制度。"宜"即义，是正当的意思。

这一卦，天地阴阳二气相交合，因而安泰。君王观此卦象，应当效法这一自然法则，适当裁定运用，以就天地交合之道，辅助天地达成孕育万物的正当目标，调整治理民众，使其和谐安泰。

泰卦各爻所示人事指引

上六：[挽势] 泰极而否，只能设法将损害降至最低，挽救颓势。
六五：[用能] 安泰时期，更应选用智能之士以持盈保泰。
六四：[团结] 居安思危，保持团结，不可掉以轻心。
九三：[守正] 遭遇险阻，仍应一本初衷，坚守正道。
九二：[果断] 要刚毅果断，但更要正直宽容。
初九：[共进] 要想谋求发展，不可耽于安乐，应与人携手并进。

【爻辞】初九：拔茅茹，以其汇，征吉。

【译文】拔起茅草，因根相互牵连而成同类，外出吉利。

【小象传】象曰：拔茅征吉，志在外也。

【译文】拔除茅草，外出吉利，其志在外。

【解说】"茹"，根相互牵连的样子；"汇"，类。"初九"阳爻，在最下位，已是阳刚开始升进的形象。但升进必须联合同道中人共同努力，而下卦的三个阳爻，就象征志同道合、相互结合的同志。要拔除茅草，不能只拔除一根，必须将根部牵连在一起的全部拔起。这就是说，君子与志同道合的人在一起，向外求发展，行动无往不利。

这一爻告诫，不可耽于安乐，仍应团结，谋求继续发展。

【爻辞】九二：包荒，用冯河；不遐遗，朋亡，得尚于中行。

【译文】包容广大，泅水渡河，不因遥远而有所遗弃，不结朋党，但因行中正之道而受到人们崇尚。

【小象传】象曰：包荒，得尚于中行，以光大也。

【译文】包容广大，因行中正之道而受到人们的崇尚，其德行得以发扬光大。

【解说】"荒"，广大、广远。"包"，包容。"冯河"取自"暴虎冯河"。遇到虎，徒手搏击，遇到河，泅水渡河。"遐"是远。"中行"即行中正之道。

"九二"刚爻在柔位，具有内心刚毅果断，外表柔和宽大的性格。因而，对外包容广远，性格坚毅果断。这种宽容、果断、不忘远、不溺于私情，光明磊落的态度，行中正之道，因而占断必然是吉。

这一爻说明，保持安泰应当坚守包容、果断、光明磊落，刚柔并济，保持中庸的原则。

【爻辞】九三：无平不陂，无往不复，艰贞无咎。勿恤其孚，于食有福。

【译文】没有一直平坦而不倾斜的道路，也没有始终往前而不折返的事情。处于艰难之中而能固守正道没有灾祸。不用忧虑自己的诚意，自有盛宴之福。

【小象传】象曰：无往不复，天地际也。

【译文】没有始终往前而不折返的事情，"九三"正处于上下的交界处。

【解说】"九三"已经离开"中位"，到达三个阳爻的最上方，是阳刚的极盛时期。大自然的规律，盛极必衰，否极泰来，周而复始循环不已。所以说，安泰到达极盛，必然遭遇阻塞，而现在正处于临界点，这是自然的常理。应当懂得，在艰难困苦中，安泰得来不易，因此要坚守纯正，一本初衷，才不会有灾祸。这样，应当得到的自会得到，在生活上也会获得幸福。据西汉"易学"所释，"九三"的半象为兑，兑为口，因此便有口福自到嘴边的现象。

这一爻告诫，物极必反，遭遇险阻时，仍应一本初衷，坚守正道。

【爻辞】六四：翩翩，不富以其邻，不戒以孚。

【译文】像鸟一样轻盈飞翔，没有把财富惠及邻人对别人不戒备，是因为心存诚信。

【小象传】象曰：翩翩不富，皆失实也。不戒以孚，中心愿也。

【译文】像鸟一样轻盈飞翔，没有将财富惠及邻人，是因为失去了实地。不戒备，因为心存诚信，心中愿意。

【解说】"翩翩"是鸟轻盈飞翔的样子。"六四"已经超过"泰卦"的一半，上升到极限，开始回落。因此用鸟轻盈飞翔，来说明身居虚位，就不可能保有财富，更难以惠及邻人。"不富"在《易经》中是专指阴爻的用语，因为阴爻的中间断开空虚。"象传"解释"不富"，是说在下方的阴上升到上方，失去了实地。

不过，"六四"阴爻居阴位得正，又与"九二"阴阳相应，因此能够得到近邻"六五"、"上六"的信任，因为"六四"、"六五"和"上六"都已失却实地，不必提出告诫，就能跟随一起行动。"象传"解释，这是志向相同，衷心乐意之故。

这一爻告诫，居安思危，仍应团结，不可掉以轻心。

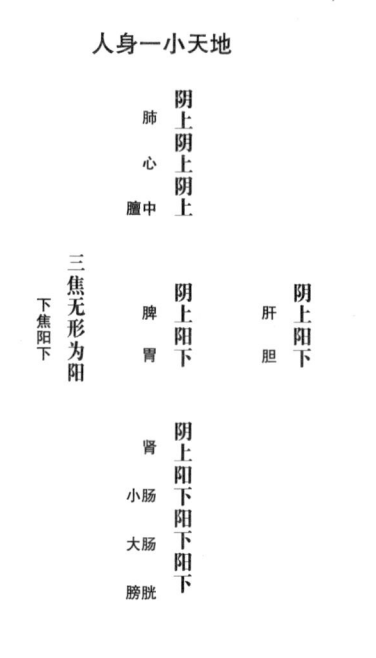

人身一小天地

肺 心 膻中 — 阴上阴上阴上
脾 胃 — 阴上阳下
肝 胆 — 阴上阳下
肾 小肠 大肠 膀胱 — 阴上阳下阳下阳下
下焦阳下 — 三焦无形为阳

□ 泰卦象人身分阴阳之位新图

在《易经》六十四卦中，"泰卦"是好卦，故有"否极泰来"的成语。"阳"和"羊"同音同调，羊在中国古代又被当成灵兽和吉祥物。从古代器物上我们可以看到，很多"吉祥"的铭文都写成"吉羊"。在古汉语中，"羊"与"祥"通假。《说文解字》说："羊，祥也。"

【爻辞】六五：帝乙归妹，以祉元吉。

【译文】帝乙嫁妹，因而得福，大吉利。

【小象传】象曰：以祉元吉，中以行愿也。

【译文】以此得福大吉利，因行中正之道而实现了心中愿望。

【解说】殷代，天子以"乙"为名号的很多，这是以诞生日的干支命名的。"帝乙"，商纣王之父。"归"，嫁的意思。王弼注："妹，少女之称也。""六五"在尊位，是泰卦的重点，阴爻得中，柔顺中庸，阴爻的中心空虚，又象征谦虚。天子自己谦虚，又与下方刚健的"九二"相应，屈尊从阳当然吉庆。爻辞取"帝乙归妹"之象说明这个道理。"祉"是福的意思。

《象传》说：这是由于"六五"得中，能够把握中正之道，信任刚中有才能的"九二"，将自己的理想，交由他去实现。这就是君王得福，大吉大利的道理。

这一爻说明，在安泰时期，更应当选用智能之士。

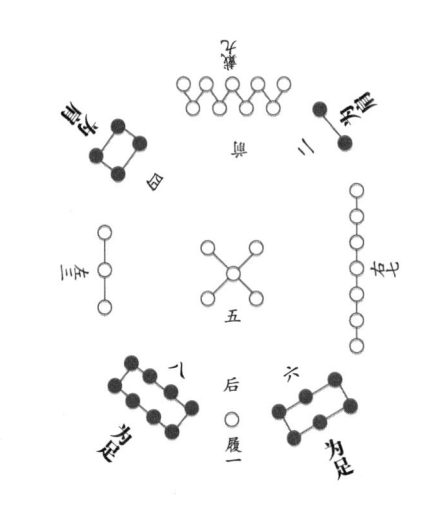

□ 洛书图

昔禹治洪水时，神龟负文而列于背，遂因而第之以成九类。自初一至次九，凡四十五数。说者因龟形而求其象，则曰戴九履一，左三右七，二四为肩，六八为足，未见其言十也。

【爻辞】上六：城复于隍，勿用师。自邑告命，贞吝。

【译文】城墙倾覆在沟中，不要出兵。从诸侯国传来命令，占问的结果很不利。

【小象传】象曰：城复于隍，其命乱也。

【译文】城墙倾覆在沟中，命令乱了。

【解说】"隍"是城下的沟。《说文解字》："隍，城池也。有水曰池，无水曰隍。"城代表阳，隍代表阴。"上六"是泰卦的极点，是盛极而衰的时刻。

平坦有了起伏，往必然有返，用沟中的土堆积而成的城堡，也终于崩塌，又使沟恢复到原来的平地。在这种情况下，不可兴师动众。

"邑"指诸侯国。君主不能下达命令，相反，诸侯国却传来命令，这也是地位颠倒。"贞"，一般在"爻辞"中作"正固"解，但此处通"占"。"贞吝"，即"占问的结果不利"。

《象传》说：国家的政令已经陷于混乱，因此城堡会崩塌成沟。这一爻，告诫泰极而否，颓势已显，只有想法将损害降至最低。

否

阐释小人势长，君子势消时的应对之道。

☰ 乾上　闭塞
☷ 坤下　黑暗

【卦辞】否［之匪人］，不利君子贞，大往小来。

【译文】否卦，不利君子占问，阳气去往，阴气到来。

否之天象图

上卦为乾为天，象征天阳；下卦为坤为地，象征地阴。上为晴天，下为大地，天的轻清之气上升，地的重浊之气下降，两相背离，这就是否卦的卦象。天地之气不交，阴阳堵塞，世事闭塞不通。邪恶之道长，则正义之道消。所以卦辞说："否之匪人，不利君子贞，大往小来。"

【解说】"泰卦"倒转，成为"否卦"，彼此既是"综卦"，又是"错卦"，泰极而否，否极泰来，互为因果。

"否"后面"之匪人"三字，朱熹认为是衍文，可删。今从其说。

《序卦传》载："泰者，通也。物不可以终通，故受之以否。"物极必反，通畅以后，接着就会闭塞。

"否"有否定与闭塞两种含义。就"消息"来说，这一卦相当于七月，即阴阳不相交，万物不生长的时期。从人道来说，是人道不相通的反常时期。占断对君子不利。

"大往小来"是以象说理。"大"指阳气，"小"指阴气。"乾"到了上卦，是"大往"；"坤"来到下卦，是"小来"。又，否卦是由渐卦变化而来。"渐"的"九三"阳爻，升到上卦"四"；"六四"阴爻，降到下卦"三"，就成为否卦，因此说"大往小来"。总之。阴在内卦成长，将阳驱逐到外卦。以人事比拟，是小人得势，君子被排斥。这就是君子离去，小人涌来的情形。

否卦各爻所示自然之理

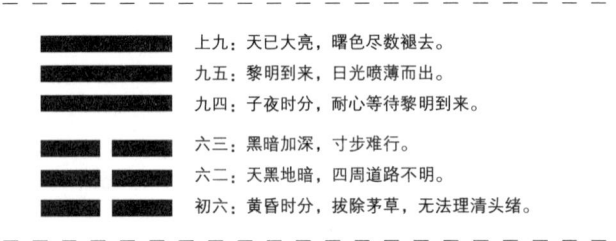

上九：天已大亮，曙色尽数褪去。
九五：黎明到来，日光喷薄而出。
九四：子夜时分，耐心等待黎明到来。
六三：黑暗加深，寸步难行。
六二：天黑地暗，四周道路不明。
初六：黄昏时分，拔除茅草，无法理清头绪。

【象传】象曰：否之匪人，不利君子贞。大往小来，则是天地不交而万物不通也，上下不交而天下无邦也。内阴而外阳，内柔而外刚，内小人而外君子。小人道长，君子道消也。

【译文】否卦，不利君子占问。阳气去往，阴气到来，那么天地之气不相交，万物生养之道就不通畅；处在上位之人与处在下位之人相互不沟通，那么国家就要解体了。阴在内而阳在外，内柔顺而外刚健，小人在内而君子被排斥在外。小人之道渐长，君子之道渐消。

【解说】这一卦，"乾"在上，"坤"在下，表面看来应当吉祥；但实际上，这是天地背离，阴阳不能相交。阴阳闭塞，万物就不能生长。引申到社会，就是君臣不和，政治混乱，天下邦国不宁。此卦内卦全部是阴爻，外卦全部是阳爻，就是说，外表刚强，内心却柔弱，性格相当于小人。阴是小人，阳是君子，小人盘踞在朝廷内，君子就被驱逐于外了。这卦又是消息卦之一，代表阴长阳消的过程。小人之道日渐得势，君子之道日益失势。

【大象传】象曰：天地不交，否。君子以俭德辟难，不可荣以禄。

【译文】天地二气不相交合，这就是"否卦"的意象。君子应收敛其德以避咎难，不可追求利禄，谋取荣华富贵。

【解说】"俭"通"敛"，约束、不予显露的意思。"辟"与"避"音义同。此卦象征天、地二气不相交，因此说是"否"，即闭塞的意思。君子观此象，在闭塞的状况下，应当收敛自己的才德，不可炫耀，以免遭小人陷害；更不可追求利禄，以免遭小人嫉妒。

否卦各爻所示人事指引

爻位	卦象	指引
上九	[倾否]	物极必反，否极泰来，应安心等待。
九五	[警惕]	恢复的时机已到，仍应谨慎从事，警惕小人的反击。
九四	[承命]	排除小人的势力，必须把握时机，应时行动。
六三	[包羞]	小人已经显露阴险的面目，应忍受羞辱。
六二	[包承]	世道闭塞，应自保以待时机。
初六	[团结]	小人即将得势之时，应精诚团结，坚守纯正。

【爻辞】初六：拔茅茹，以其汇，贞吉。亨。

【译文】拔起茅草，因根相互牵连而成同类，守正吉利，亨通。

【小象传】象曰：拔茅贞吉，志在君也。

【译文】拔除茅草，正固吉利，心中想着君王。

【解说】下卦的三个阴爻，就像茅草的根，相互牵连，是上下闭塞的形象。以人事比拟，就是小人之道专横跋扈，营私结党。不过，这是初爻，小人丑恶的真面目，远没有显露。因而告诫君子应当团结，坚守纯正，就可以吉祥亨通。《象传》解释，这是因为君子想着君王，其志在为君王效劳。

这一爻说明，在闭塞时，小人将得势，君子应精诚团结，防患于未然。

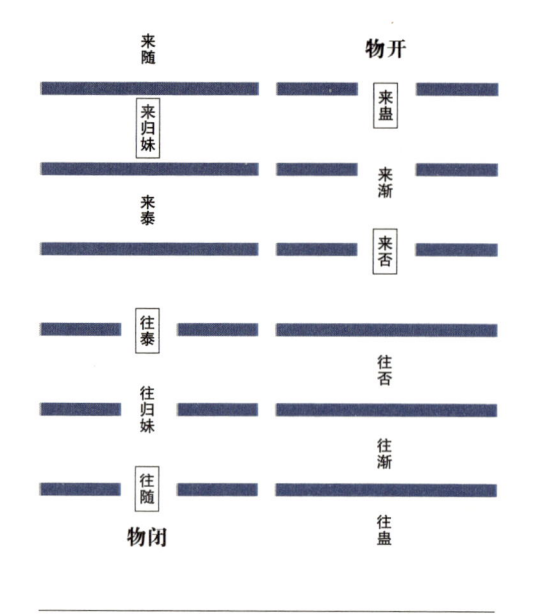

□ 否泰往来图

我们常说，"否极泰来"，泛指坏运已经过去，即将迎来好运。但否、泰间的转化决不是自然而然、顺理成章的，人们只有在消除了阻塞的因素，并加强沟通的基础上，才能使得"否"转为"泰"。

【爻辞】六二：包承。小人吉，大人否，亨。

【译文】包容承顺。小人吉利，大人不利，但终亨通。

【小象传】象曰：大人否亨，不乱群也。

【译文】大人闭塞，因为不与小人混同。

【解说】"包承"是包容、承受的意思。"六二"阴柔，但在中位，阴爻居阴位得正，虽然是小人，但还能明辨是非，知道包容、承受君子。不过，毕竟小人得势的闭塞时期已经到来，因此占断对小人有利。对"大人"，即君子来说，世道已经闭塞，当然难以出头，应当坦然面对命运，逆来顺受以自守才能亨通。《象传》解释，大人不要被小人的声势扰乱了意志，才能坦然、亨通。不然，小人裹胁为非，迷惑、笼络君子，小人吉祥，大人却不顺利。

这一爻说明，在闭塞时期，君子应当觉悟，了解适者生存的道理，自保以待时机。

【爻辞】六三：包羞。

【译文】忍受羞辱。

【小象传】象曰：包羞，位不当也。

【译文】忍受羞辱，是因为位置不当。

【解说】"包羞"，忍受羞辱的意思。"六三"阴爻居阳位不正，又离开了中位，与"六二"还能包容顺承君子比较，已经完全是小人了，而且与上卦的阳爻接近，小人裹胁为非终致羞辱，但丝毫不知道羞愧。

这一爻说明，小人已经显露阴险的真面目。

【爻辞】九四：有命无咎，畴离祉。

【译文】承受天命而没有灾祸，同类君子依附共受福禄。

【小象传】象曰：有命无咎，志行也。

【译文】承受天命而没有灾祸，君子应当把理想转为行动了。

【解说】"命"指天命。"畴"同"类"。"离"同"丽"，依附的意思。"祉"，福。"九四"在六爻中已经过了一半，闭塞的时期也过了一半，开始露出曙光。"九四"阳刚，具备排除阻力的才能；但在阴位，缺乏敢做敢为的精神，因而，想要救世，尚需天命帮助；也就是说要看命运与际遇，才能决定祸福。在这种情况下，如果"九四"、"九五"、"上九"志同道合，齐心协力，才会是福。因为天有让安泰取代否道之命，君子没有灾祸，同类君子也会得福。

这一爻说明，君子要排除小人的势力，须把握时机而应时行动。

【爻辞】九五：休否，大人吉。其亡其亡，系于苞桑。

【译文】闭塞休止，大人吉利。要灭亡、要灭亡，系在桑树上。

【小象传】象曰：大人之吉，位正当也。

【译文】大人的吉利，是因为位置正当。

【解说】"休"是休息、休止。"苞"是丛木。"苞桑"是说桑木丛生，十分牢固。"九五"阳刚、中正，又在中位，可打消闭塞的气运，重新恢复太平，这是大人物才能做到的事业，所以，占断应为"大人吉"。然而，排除闭塞，恢复太平，

□ 河图序数图

《河图》一得五而为六，故生一而成六；二得五而为七，故生二而成七；三得五而为八，故生三而成八；四得五而为九，故生四而成九；五得五而成十，故生五而成十。生数左旋，成数右转。一生三，三生九，九生二十七为七，七又生二十一，则复归于一矣；二生四，四生八，八生十六为六，六又生十二，则复归于二矣。

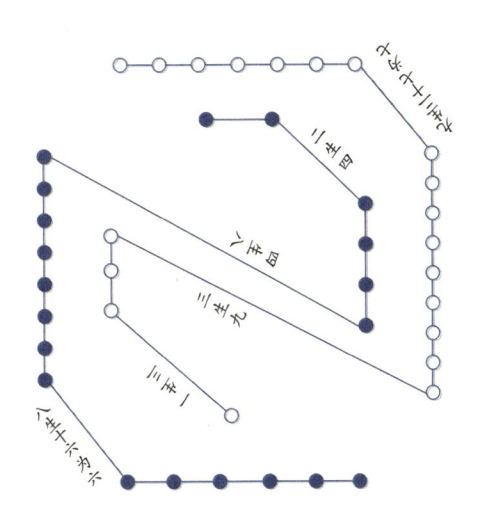

毕竟潜伏着危险，因而，必须时刻警惕，这样才能像系于丛生桑木那样坚固不拔，确保安全。孔子在《系辞传》中，引用这一爻辞，说："君子安而不忘危，存而不忘亡，治而不忘乱；是以身安而国家可保。"《易经》记载，"其亡其亡，系于苞桑"，就是这个意思。

这一爻说明，排除小人势力的时机已经到来，但仍应谨慎从事，警惕反击。

【爻辞】上九：倾否，先否后喜。

【译文】倾覆否塞的状况出现了，虽开始闭塞，却会因亨通而得喜。

【小象传】象曰：否终则倾，何可长也。

【译文】否塞到了极点就应该倾覆，怎么可能长久呢？

【解说】"上九"已经是"否"的终极了。物极必反，这是自然之道的必然趋势。《象传》说："否"到了终极，必然倾覆，又怎么可能长久？何况"上九"阳爻刚毅，也足以使闭塞的气运倾覆，因此占断应为先闭塞后喜悦而亨通。

这一爻说明，物极必反，否极泰来的道理。成语"否极泰来"正出自"泰"与"否"卦。

同人

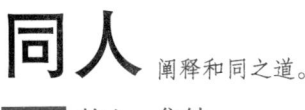

阐释和同之道。

☰ 乾上　集结
☲ 离下　和同

【卦辞】同人于野，亨。利涉大川，利君子贞。

【译文】将众人聚于野外，亨通。利于涉过大川险阻，利于君子占问。

同人之天象图

上卦为乾为天，下卦为离为火，都是象征天阳。晴天之下，火光熊熊，这就是同人卦的卦象。乾阳在上，带来光明，离火在下，带来温暖。广泛地和同，才能亨通发达。所以卦辞说："同人于野，亨。"

【解说】《序卦传》载："物不可以终否，故受之以同人。"

"同"是聚合的意思。突破闭塞的世界，需要人与人之间的和谐。"同人"的下卦"离"象征火，上卦"乾"代表天。火光明，向上升，与天相接，这就是

"同人"的形象。"六二"中正，与"九五"相应，象征光明美好。从另一角度看，这一卦只有一个阴爻，其余五个阳爻与之结合，也有"同人"的含义。《礼记·礼运》中所说的天下为公的大同世界，便指这一卦的理想境界。

在古代，一国之中，中心地区为国，国以外是郊，郊以外是野，野是最边远的地区。在旷野中集合人众，暗指在广阔的范围，尽量广泛地与人和睦相处，这是圣人理想中的大同世界，当然一切亨通。外卦"乾"刚健，正不懈地前进，所以有利于涉过大川险阻；内卦"离"是明，意味着内心光明。外卦"乾"，是刚健的性格；"六二"中正，与"九五"相应，这些都是纯洁正直的德行。所以，占断应该是人人和谐，彼此密切沟通，即使冒险犯难，也符合君子之道，无往不利。

同人卦各爻所示自然之理

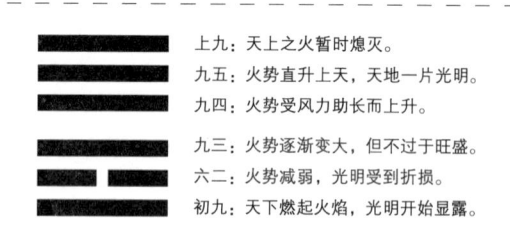

上九：天上之火暂时熄灭。
九五：火势直升上天，天地一片光明。
九四：火势受风力助长而上升。
九三：火势逐渐变大，但不过于旺盛。
六二：火势减弱，光明受到折损。
初九：天下燃起火焰，光明开始显露。

【象传】 彖曰：同人，柔得位得中而应乎乾，曰同人。同人曰："同人于野，亨。利涉大川"，乾行也。文明以健，中正而应，君子正也。唯君子为能通天下之志。

【译文】《彖传》说：同人卦，柔爻既得位又能持守中正，与上卦乾相应，因此能广聚众人。同人卦说："众人聚于野外，亨通。利于涉过大川险阻。"这是"九五"天道运行的品性在起作用。卦象文明而刚健，行事中正，得到广泛应和，有如君子一般守正。只有君子才能与天下人的心意相沟通。

【解说】 这一卦，"六二"柔顺居阴而得中正，与上卦刚毅中正的"九五"和诸阳广泛相应，因此称作"同人"。在旷野中，众人和谐聚集，因此亨通。可以涉越大川，是因为上卦"乾"品性刚健，能够超越险阴。下卦"离"是火，象征光明。"六二"与"九五"中正,相互呼应,这正是君子的正道。唯有君子的作为,才能沟通天下人的意志,促成世界大同。

【大象传】象曰:天与火,同人。君子以类族辨物。

【译文】乾为天,离为火,这就是同人卦的意象。君子应该知道人以群分、物以类聚的道理。

【解说】上卦"乾"是天,下卦"离"是火。火向上燃烧,其光明的情状与天的性质相同。天与火相合,这就是"同人"卦的卦象。"类",分类。"族",名词,品类的意思。辨物与类族意思相近,是说将万物进行分类辨别。君子观此象,应当效法这一精神,以同类聚集成族的大同精神,去辨别万物的差异;亦即在事物的处理上,将万物加以分类而详加辨识。

同人卦各爻所示人事指引

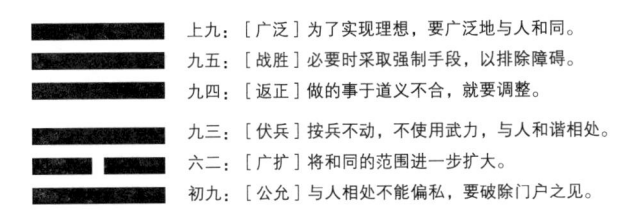

上九:	[广泛]	为了实现理想,要广泛地与人和同。
九五:	[战胜]	必要时采取强制手段,以排除障碍。
九四:	[返正]	做的事与道义不合,就要调整。
九三:	[伏兵]	按兵不动,不使用武力,与人和谐相处。
六二:	[广扩]	将和同的范围进一步扩大。
初九:	[公允]	与人相处不能偏私,要破除门户之见。

【爻辞】初九:同人于门,无咎。

【译文】众人聚于宗庙的门外,没有灾祸。

【小象传】象曰:出门同人,又谁咎也?

【译文】出门聚合众人,与人和谐相处,会有什么灾害呢?

【解说】"初九"是"同人"开始的一爻,刚毅,大度,在下方的位置。"同人于门"之门,指宗庙的大门。将众人聚于宗庙门外,当然没有灾害。由于"初九"能超越小团体的门户之见,即使出门远行,也能聚合众人,与人和谐相处,因此没有什么灾害。

这一爻说明,与人相处首先要破除门户之见,做到无偏无私。

天用下济

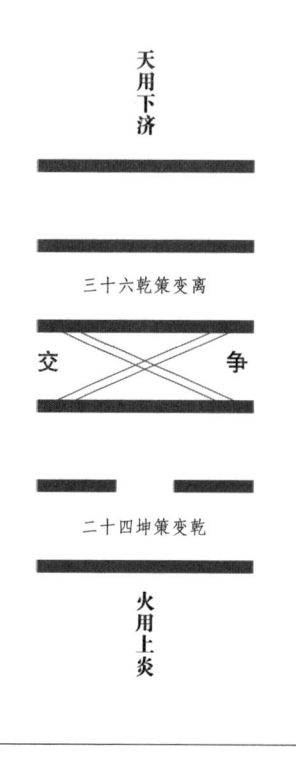

三十六乾策变离

交　争

二十四坤策变乾

火用上炎

□ 同人之图

"乾卦"居上，中间阳爻变为阴爻，则与下卦"离卦"相同；"离卦"居下，中间阴爻变为阳爻，则与上卦"乾卦"相同。这就叫做二人同心，只是外貌不同，而内心是相同的。

【爻辞】六二：同人于宗，吝。

【译文】众人在宗庙内聚集，面临危难。

【小象传】象曰：同人于宗，吝道也。

【译文】将众人局限于宗族内，这是危险之道。

【解说】爻辞的"同人于宗"之"宗"，指宗庙，《象传》的"同人于宗"之"宗"指宗族。"六二"中正，与"九五"阴阳相应，通常是吉的象征，但这一卦，是在阐扬天下大同的理想世界，反而显得不利。"六二"同于自己所系应的"九五"，它的范围就有了局限。"初九"无所系应，同的范围广。因此"初九"无咎而"六二"有危难。有如宗族之间的交往，要有广阔胸怀。如果将自己局限在本宗族内，这是危险之道。

这一爻说明，应进一步打破宗族观念，将同的范围扩大。

【爻辞】九三：伏戎于莽，升其高陵，三岁不兴。

【译文】埋伏军队在草丛中，登上高陵瞭望敌情，三年不敢兴兵。

【小象传】象曰：伏戎于莽，敌刚也。三岁不兴，安行也。

【译文】埋伏军队在草丛中不出击，因为敌人太强大。连续三年不兴兵，先安于本位，准备好了再行动。

【解说】"戎"指军队，"莽"指草丛。这一卦，只有一个阴爻，其他的阳爻都要与他和谐相处，"九三"也不例外。但"九三"阳爻居阳位，不得中，性情暴躁，过于刚强，与"上九"又同性相斥，便想与下方接近的"六二"交往。可是，"六二"与"九五"关系密切，夺走"六二"，"九五"必定对"九三"

加以攻击，何况"九五"强大，从正面作战，"九三"便难有胜算。于是，"九三"只好在草丛中设置伏兵，并登高观察形势，迟迟不敢应战。

这一爻说明，不以武力攻击同盟者，和谐相处才是正道。

【爻辞】九四：乘其墉，弗克攻，吉。

【译文】登上城墙，没有攻进城去，吉利。

【小象传】象曰：乘其墉，义弗克也。其吉，则困而反则也。

【译文】登上城墙，但发觉于道义不合而未能攻入。事情最终会吉利，是说知困而返回到正道上来了。

【解说】"墉"是城墙。"九四"处在不中不正的位置，与"九三"同样暴躁，又与"初九"不相应。他想与"六二"亲近，却被"九三"墙一样隔离；于是，"九四"登墙攻击。不过，"九四"阳爻居阴位，虽然暴躁，还有自知之明，省悟自己的行为不正当，没有必胜把握，终于放弃攻击。所以，占断仍然吉祥。

《象传》解释："九四"没有进攻，并非力量不及，而是于道义不合，经过内心的挣扎，终于又回到正道，因此吉祥。

这一爻说明，正义必然使邪恶屈服。

【爻辞】九五：同人先号咷而后笑，大师克相遇。

【译文】众人聚在一起，先悲伤后欢喜，大军胜利后相遇。

【小象传】象曰：同人之先，以中直也。大师相遇，言相克也。

【译文】聚众者先悲伤后欢喜，

□ 洛书序数图

《洛书》一合六而为七，故七继之；右旋七合二而为九，故九继之；九和四而成十三，故三继之；三合八而成十一，故一继之：皆自然之文也。《洛书》阳皆左旋，阴皆右转，阳不可以从二，而阴可以从三。故二生六，六生十八为八，八生二十四为四，四复生十二为二。阴本右旋，从阳而又左转也。外之数即中之数，故Image虚中。虚中者，太极也。数至十而盈，盈则往矣，故不为数，惟论其来者耳。

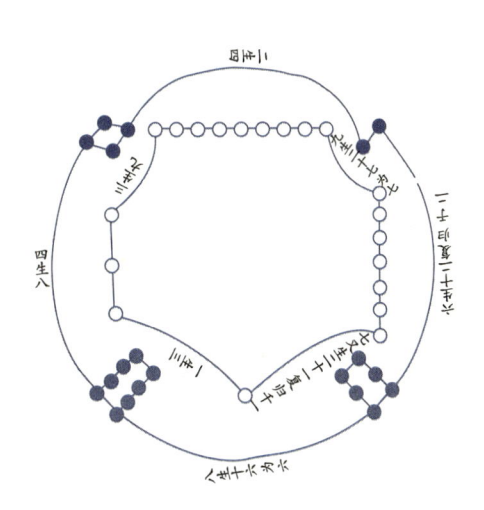

是因为本身中正。大军相遇，正义战胜了邪恶。

【解说】"九五"中正，在尊位，又与柔和中正的阴爻"六二"相应。但"九三"与"九四"，或者埋伏，或者越墙，在中间阻挠，因而无法结合。然而，二者和谐相处是以道义为基础的，不容易被破坏。先号啕大哭，后欣喜欢笑，大战获胜，志同道合者才能会师相遇。不过，"六二"柔弱，"九三"、"九四"刚强，"九五"必须用大军击败强敌，才能与"六二"相遇。孔子在《系辞传》中说："君子立身处世的原则，或者从政，或者隐居，或者缄默，或者议论，二人一心，才有断铁的锐利；志同道合的言论，像兰花一样芬芳。"

《象传》解释：先哭泣，是由于本身中正，悲愤正义不能伸张。大军相遇，是说正义必然克服邪恶。这就是说：与人和同之初十分痛苦，原因是九五中庸正直，能战胜敌人，是因为率军出战能与志同者相遇。

这一爻说明，和谐相处仍须排除障碍，必要时不惜用强，先苦而后甘。

【爻辞】上九：同人于郊，无悔。

【译文】聚众于郊外，没有困厄。

【小象传】象曰：同人于郊，志未得也。

【译文】聚众于郊外，是因为其志还没有实现。

【解说】邑外称为郊，郊外称为野。"郊"虽然没有卦辞中的"野"广大，但已远胜"门"和"宗"，因而不会有困厄。

《象传》说：聚众于郊外，大同之志还没有实现。

卦辞讲"同人于野"，有天下至公大同的意思。郊未至野，"同人于郊"，有无私的意思，但未达到至公大同的程度，所以只能"无悔"，不能得吉。

《论语·微子》中，记述孔子为寻求实现抱负的场所，浪迹天下，途中被正在耕田的隐士嘲笑。孔子说："人不可采取逃避现实的态度，与禽兽永远住在一起，我不与人在一起，又能与谁在一起呢？"正与《象传》的解释相同。

这一爻告诫我们，欲实现理想，必须要广泛地与人和同。

大有

阐释对待成功的因应之道。

离上　大有收获
乾下　伟大的事业

【卦辞】大有，元亨。

【译文】大有卦，大亨通。

大有之天象图

上卦为离为火，下卦为乾为天，都是象征天阳。火在天上，普照万物，这就是大有卦的卦象。万事万物都在火光的照耀之中，意为无所不有。光明在上，必定大有收获，大为亨通。所以卦辞说："大有，元亨。"

【解说】这一卦，与同人卦上下相反，是"综卦"。和谐即能大有，大有促进和谐，交互为用。《序卦传》载："与人同者，物必归焉，故受之以大有。"虚心与人和谐相处，众人必来归顺，然后会大有收获。"大有"，即所有者大，也有无所不有的意思。

本卦，离卦上升到乾卦之上，就像太阳普照万物。唯一的"六五"阴爻，在尊位得中，其他五个阳爻都归属于他。就像君王高高在上，坐拥天下，心怀万民，具有王者风范。而且，下卦"乾"刚健，上卦"离"光明，兼备刚健与光明的德行。一个阴爻在尊位，与下卦"乾"的天相应，被认为是应天命，得人心，足以领导国家完成伟业。所以，占断是"元"，大善。"亨"，无往不利。

大有卦各爻所示自然之理

上九：阳光遍布天顶，光芒照耀大地。
六五：阴云遮蔽太阳，光芒含蓄隐藏。
九四：天上阳光极为耀眼。
九三：太阳升起，光芒照耀大地。
九二：太阳初露地面，光芒喷薄而出。
初九：太阳藏于地下，光芒尚未显露。

【彖传】彖曰：大有，柔得尊位大中，而上下应之，曰大有。其德刚健而文明，应乎天而时行，是以元亨。

【译文】《彖传》说：大有卦，柔爻"六五"处于尊位，并能持守中道，上下诸阳都顺应他，因此卦名为"大有"。他的德行，兼有下卦"乾"的刚健和上卦"离"的文明，顺应天道，依循四季的时序而行，因此大善，而且亨通。

【解说】本卦中，只有六五是柔爻，是该卦的主爻，在卦中起决定作用。全卦以他为核心，五个刚爻与他相应和。下卦乾为健，上卦离为文明，因而此卦具有既刚健又文明的品格，处处亨通。

【大象传】象曰：火在天上，大有。君子以遏恶扬善，顺天休命。

【译文】《象传》说：火在天上，是大有卦的意象。君子应该阻止邪恶，弘扬美善，顺应天道赋予的美好使命。

【解说】"休"，美好的意思。这一卦，上卦"离"为日，在下卦"乾"之上，象征太阳普照万物，会大有收获。这就是说，"大有"卦的卦象是太阳如火在天上，王者以天下为己任，必须讲求治理的方法，否则邪恶将乘隙而生、乘隙而入。因此，君子必须遏止邪恶，褒扬善行，以顺应至善至美的天之大道。

大有卦各爻所示人事指引

```
▬▬ ▬▬   上九：［谦逊］身居高位更要谦逊。
▬▬  ▬   六五：［恩威］领导治下应以诚信为本，恩威并济。
▬▬ ▬▬   九四：［自抑］盛极而衰，酝酿危机时，必须自我抑制。
▬▬ ▬▬   九三：［礼贤］领导应礼贤下士，但不可宠信小人。
▬▬ ▬▬   九二：［持重］应老成持重，做事要稳妥周全。
▬▬ ▬▬   初九：［戒惧］崭露头角时，不可得意忘形，在艰难中保持戒惧。
```

【爻辞】初九：无交害，匪咎，艰则无咎。

【译文】没有相互之间的伤害，就没有过错。在艰难中谨慎自守就没有灾祸。

【小象传】象曰：大有初九，无交害也。

【译文】大有卦的"初九"，没有互相伤害的迹象。

【解说】"交"即"骄"。"初九"虽然是阳爻，但在最下位，又与"九四"同是阳爻不能相应，同性相排，所以容易互相为害；是说虽有才华，却远未能出人头地，又缺少有力的援引，尚在起步阶段，还没有涉及利害，不会大有所获，也没有相互损害的迹象。

这一爻告诫我们，得意容易忘形，不可骄傲，在艰难中戒惧才会没有灾祸。

【爻辞】九二：大车以载，有攸往，无咎。

【译文】用大车装载，有所前往，没有灾祸。

【小象传】象曰：大车以载，积中不败也。

【译文】用大车装载，虽装满货物也不会倾覆。

【解说】"九二"阳刚，有才能，又在下卦得中，不会过分；同时与上卦"六五"相应，说明已得到信任，被委以大任，就如同大车装载货物，不论前往何处，也不会毁坏，不会有灾祸。

这一爻，强调为人要老成持重，做事要稳妥。

【爻辞】九三：公用亨于天子，小人弗克。

【译文】公侯受到天子宴享，小人则做不到。

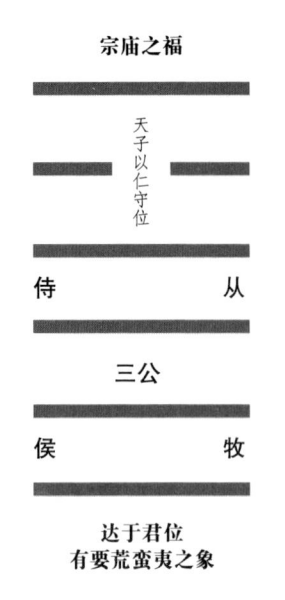

宗庙之福

天子以仁守位

侍 从

三公

侯 牧

达于君位
有要荒蛮夷之象

□ 大有守位图

"六五"为尊，因此说"天子以仁守中位"，"九四"离君位最近，同而是侍从。"三公"、"侯牧"是居高位的大臣或一方诸侯。此图阴柔得君位，注意宏观平衡，上下都来呼应，这就叫盛大富有。品德刚健而又文明，适应天道又因时令行事，所以大位亨通。因此"大有"就是"有大"，所有的东西大，也可以说好似无所不有。

【小象传】象曰：公用亨于天子，小人害也。

【译文】公侯可以受到天子宴享，小人得到宴享反而有害。

【解说】古代，"亨"与享、烹通用。"九三"阳刚，阳爻在阳位得正，在下卦的最上位，相当于公侯；上卦的"六五"，相当于君王，他柔和谦虚，礼贤下士；"九三"也竭尽所能，报效知遇，就像公侯朝见君王，君王赐给饮食，得到礼遇，对小人来说，这是无法得到的恩宠。如果小人得到这种恩宠，上柔下刚，就会酿成祸害。

这一爻强调，应当礼贤下士，但不能宠信小人。

【爻辞】九四：匪其彭，无咎。

【译文】不以富有自居，没有灾祸。

【小象传】象曰：匪其彭，无咎，明辨晢（zhé，音同"哲"）也。

【译文】不以富有自居，没有咎害，分辨明晰。

【解说】"彭"是盛大的意思，如《诗经·齐风·载驱》的"行人彭彭"，《大雅·大明》中的"驷彭彭"等。此处引申为"富有"。"晢"通"哲"，义为明智、明白。

"九四"阳刚，接近君位，而"六五"柔和，因而不免自恃刚强，而有僭上的现象。不过，"九四"阳爻在阴位，还不至于盛气凌人，因此不会发生灾祸。任何事物，盛极必然酝酿危机，必须自我抑制，才能避祸。应当有明辨这一道理的才智。

这一爻说明自我抑制的重要性。

【爻辞】六五：厥孚交如，威如，吉。

【译文】诚信交往，有威望，吉利。

【小象传】象曰：厥孚交如，信以发志也。威如之吉，易而无备也。

【译文】诚信交往，以诚信鼓舞人的心志。威望带来吉利，为人平易而无戒备。

【解说】"厥"，其；"孚"，信；"交如"，相交；"威如"，威严的意思。

"六五"阴爻，柔顺谦虚，得中位，说明中庸而不偏激；同时又在至尊的君位，与"九二"刚柔相应。以人事比拟，这是上以诚信待下，下必然也以诚信回报。就是说，上下以诚信之心交往，威严自显。《象传》说：上下以诚信相交，互相信任，便足以激发士气。

然而，站在统治者立场，也不能缺少刚毅的一面，过于柔顺，就难免败坏纪律。因而，必须以威严维持秩序，恩威并济，才会吉祥。《象传》说：所谓威严，并非以冷酷的态度使部属提心吊胆，而是以真诚平易的态度，在不必使人戒惧的状态中，产生自然而然的威严，这样才会吉祥。

这一爻说明，治下应以诚信为本，恩威并济。

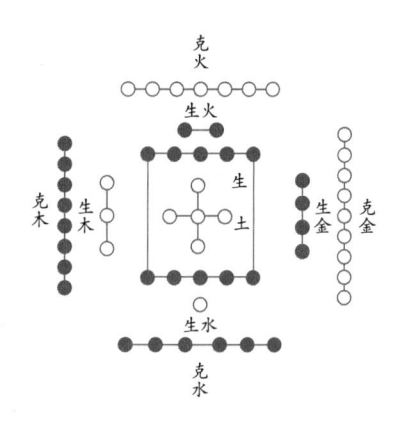

□ 河图运行图

《河图》以运行之序言之，自左而旋，水生木，木生火，火生土，土生金，金复生水。以对待言之，北方一六水克南方二七火，西方四九金克东方三八木，是相克者寓于相生之中矣。

【爻辞】上九：自天佑之，吉无不利。

【译文】获得来自上天的保佑，吉祥而无所不利。

【小象传】象曰：大有上吉，自天佑也。

【译文】大有卦"上九"吉利，因为得到了来自上天的保佑。

【解说】"上九"刚健，在最上位，通常物极必反，是有危惧感的形象。满而不溢，是君子应有的修养，也符合天道，获得天佑，才会吉祥，无往而不利。因而，"上九"在最高位，更应谦虚，自己知道抑制，才能得到上天保佑。《系辞传》解释说："履行诚信，谦逊地顺应自然，又能崇尚贤能。这样，上天才会保佑吉祥，而不会遭致不利。""天"在这里是指事物发展的客观规律。

这一爻说明，人应有满而不溢的修养，最终才能吉利。

谦

阐释谦卑之道。

坤上
艮下

谦逊的美德

【卦辞】谦，亨，君子有终。

【译文】谦卦，亨通，君子有好结果。

谦之天象图

上卦为坤为地，下卦为艮为山。高大的山蕴藏在卑下的地中，这就是谦卦的卦象。山不论多高，也为大地所包含，此即谦逊。保持谦逊，能得以亨通。所以卦辞说："谦，亨。"

【解说】《序卦传》载："有大者，不可以盈，故受之以谦。"这是说，有伟大成就的人，不可以自满，必须谦虚。

"谦"是对自己的才能、成就，不自负的谦虚态度。这一卦，内卦"艮"象征山、止；外卦"坤"，象征地、顺；内心知道抑止，外表柔顺，这就是谦虚的态度。这一卦，又是"艮"山在"坤"地之下；本来山高地低，但高山将自己隐身于地的下面，使自己与地同下，也是谦虚的形象。所以说，谦虚可以通达，开

谦卦各爻所示自然之理

```
▆▆ ▆▆    上六：大地上响雷轰鸣，声威震动八方。
▆▆ ▆▆    六五：地上响起惊雷，声威远播天下。
▆▆ ▆▆    六四：地面没有大山，道路宽阔平坦。
▆▆▆▆▆    九三：地下的大山帮助大地承载万物。
▆▆ ▆▆    六二：山隐藏于地下，有轰鸣的雷声。
▆▆ ▆▆    初六：山隐藏于地下，坚定稳固。
```

始或许不顺利，但由于谦逊，必然得到援助而获得成功。

【彖传】彖曰：谦亨，天道下济而光明，地道卑而上行。天道亏盈而益谦，地道变盈而流谦，鬼神害盈而福谦，人道恶盈而好谦。谦尊而光，卑而不可逾。君子之终也。

【译文】《彖传》说：谦卦亨通。天的规律，是阳气下降，济养万物，就像光明普照天下；地的法则，是阴位置低下而地气上升。天的规律，是使满盈亏损，使谦虚得到补益；地的法则，改变满盈，使其充实谦卑；鬼神的法则，是损害满盈，降福谦虚；人的法则，是厌恶满盈，喜好谦虚。谦虚受到尊敬就可以发出光辉，明亮四方，位处卑微也无人敢逾矩凌辱。所以，君子会有好结果。

【解说】《彖传》对谦卦的阐释，格调特别高，可见儒家是何等尊重谦虚。而老子的道德经，也可以说是专门用来解说谦虚的。墨家的兼爱，也源自这一谦虚的精神。

【大象传】象曰：地中有山，谦。君子以裒（póu）多益寡，称物平施。

【译文】《象传》说：地中有山，这就是谦卦的意象。君子应该减损多的，增益少的，衡量物质多寡而公平施与。

【解说】"裒"同"掊"，是减少的意思。这一卦的卦象，是在上卦"坤"的地中，有下卦"艮"的山。就是说，"谦"卦的卦象是地中有山。在卑下中含有高贵，象征谦虚。君子观此卦象，应当效仿这一精神，使多余减少，缺少增多，衡量物质的多寡，使其平均施于众人。

谦卦各爻所示人事指引

```
▬▬ ▬▬   上六：[征讨] 将谦卑之道用之于政治、军事谋略。
▬▬ ▬▬   六五：[侵伐] 可以凭尊贵的身份发动对他国的征伐。
▬▬ ▬▬   六四：[扬谦] 顺势而为，发扬谦让的美德。
▬▬▬▬▬   九三：[劳谦] 不居功自傲，劳苦功高也要谦虚。
▬▬ ▬▬   六二：[鸣谦] 即使名声在外，也不要狂妄自大，要时时自省。
▬▬ ▬▬   初六：[谦卑] 位处卑下更要保持谦卑的态度。
```

【爻辞】初六：谦谦君子，用涉大川，吉。

【译文】谦谦君子，利于涉渡大川险阻，吉利。

【小象传】象曰：谦谦君子，卑以自牧也。

【译文】《象传》说：谦谦君子，虽位处卑下，却能以谦卑的精神修养自我。

【解说】"谦谦"是"谦而又谦"的意思。"初六"阴爻，柔顺，甘心在最下位，这正是君子应持的态度。用这种态度，就是徒步涉过大河那样的冒险行动，也会化险为夷，得到吉祥。《象传》说：谦虚再谦虚，是说君子应以谦卑的态度，陶冶自己的修养。

这一爻辞的重点，在一个"用"字，强调谦虚并非消极退让，而是积极作为。

【爻辞】六二：鸣谦，贞吉。

【译文】君子声名在外却愈加谦虚，守正则能吉祥。

【小象传】象曰：鸣谦贞吉，中心得也。

【译文】君子声名在外却愈加谦虚，守正吉祥，是因为已经得道。

【解说】"六二"阴爻居阴位，在下卦中位，因而柔顺中正，象征谦虚的美德。"九三"是谦卦之主，其他五个阴爻都遵从他，"六二"与他相比，阳唱阴和，所以为"鸣谦"。"鸣谦"，即君子的谦虚得到共鸣，产生了很大的社会影响，因而吉祥。《象传》说：这是因为谦虚的德行，出自君子的至诚之心，所以，声名在外而愈加谦虚。这样，当然吉祥。

这一爻说明，即使名声在外，也不要狂妄自大，要时时自省，才能吉祥。

【爻辞】九三：劳谦，君子有终，吉。

【译文】有功劳而又谦虚的君子，有好结果，吉利。

【小象传】象曰：劳谦君子，万民服也。

【译文】有功劳而又谦虚的君子，为万民敬服。

【解说】"九三"是这一卦唯一的阳爻，处于下卦的最上位，相当于肩负重任的人物。"九三"阳爻刚毅，阳爻居阳位得正，因而，上下五个阴爻都信赖他，并以他为中心。"劳谦"是说有功劳而且谦逊，这样的君子，最后必然吉祥，可使万民归心。《系辞传》解释这一爻辞：辛劳而不夸耀，有功而不自满，敦厚达到极致。这是指有功劳还能对人谦卑的人物，会为万众敬服。

这一爻说明，即使劳苦功高也应当谦虚，才会有好的结果。

【爻辞】六四：无不利，㧑（huī，音同"挥"）谦。

【译文】象征无往不利，发挥谦虚的美德。

【小象传】象曰：无不利，㧑谦，不违则也。

【译文】无往不利，发扬谦虚的美德，不违背原则。

【解说】"㧑"是发扬的意思。"六四"阴爻柔顺，阴爻在阴位得正，又在上卦的最下位，象征谦卑，所以，占断不会不利。然而，"六四"的地位比"九三"高，但刚健正直则不及。由于发扬了谦让的美德，所以不会不利。《象传》说：这表明谦卑适度是不违背原则的。

这一爻，说明谦虚的效用，无往不利。

【爻辞】六五：不富以其邻，利用侵伐，无不利。

【译文】不与邻国共富的国家适合侵伐它，没有不利的。

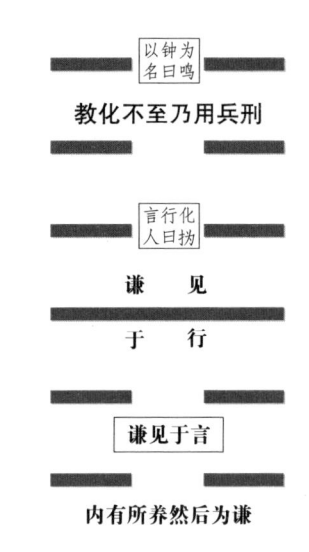

以钟为名曰鸣

教化不至乃用兵刑

言行化人曰㧑

谦见于行

谦见于言

内有所养然后为谦

□ 谦象之图

下卦艮居寅位，属木，有仁的意思。上卦"坤"居申位，属金，有义的意思。因此"六五"和"上六"有杀伐之象。"谦"，应当以至诚为本，言说本来的心声。不合情理的话语，不出于至诚，不符合内心当有的本性，是虚伪的，因此居中的"鸣谦"是出于至诚，居外的"鸣谦"是不合情理的，所以才会在"谦"的同时对内却有好胜之心。

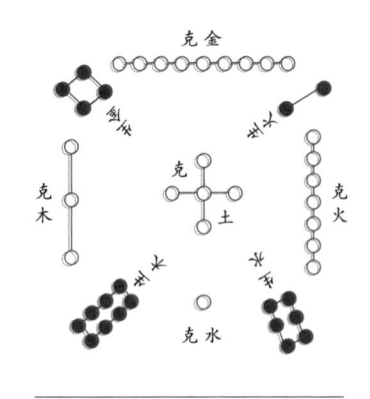

□ 洛书运行图

《洛书》以运行之序言之，自右而旋，水克火，火克金，金克木，木克土，土复克水。以对待言之，东南四九金生西北一六水，东北三八木生西南二七火。是相生者寓于相克之中矣。

【小象传】象曰：利用侵伐，征不服也。

【译文】适合去侵伐，征讨那些不服从它的国家。

【解说】"富"，富有，《周易》里阳被认为是实的、富的，阴被认为是虚的、贫的。因此，"六五"爻辞说"不富"。"以"是与的意思。"不富以其邻"即"不富与其邻"，指那些掠夺别国财富，自己独富而邻国贫穷的国家。不与邻国共富，这样的国家，适合去侵伐，以均贫富。

此爻中，"六五"居于尊位，有征伐他国的权利，因而"无不利"。

【爻辞】上六：鸣谦，利用行师，征邑国。

【译文】声名远播而更加谦虚，适合出动军队，征讨属邑小国。

【小象传】象曰：鸣谦，志未得也。可用行师，征邑国也。

【译文】声名远播而行谦虚之道，是因为理想没有实现。可出动军队，征讨属邑小国。

【解说】"邑国"指诸侯国。"上六"是谦卦的极点，谦虚的名声已经远播，赢得四方的共鸣与爱戴，在这种情势下，当然有利于用兵征战。不过，"上六"阴爻柔弱，又因上位无位，地位不明确，所以应当利用自己的声名，征伐他国，以确定自己的地位。《象传》说：既没力量，也没有地位，尽管有谦虚的名望，仍然不能得志，因此，只有用兵征战，以确定自己的地位。

朱子的弟子，怀疑谦卦的"六五"、"上六"为什么会有肯定战争的说法？朱子回答：谦让，也是兵法的极致，这是以退为进，取得胜利。《老子》中说："大国对小国谦卑，小国就会服从；小国对大国谦卑，就能得到大国的包容。"《老子》中说："始如处女，敌人开户，后如狡兔，敌不及拒"，都在说谦卑在政略、战略上的运用之道。

这一爻，将谦虚的功效，发挥到政略、战略的运用上。然而，也强调谦虚必须以力量为后盾，才能有积极的作为。

豫 阐释和乐之道。

震上　喜悦
坤下　安乐

【卦辞】豫，利建侯，行师。

【译文】豫卦，利于封建诸侯，出师征伐。

豫之天象图

上卦为震为雷，象征天阳；下卦为坤为地，象征地阴。雷在沉寂的大地上轰鸣，这就是豫卦的卦象。雷从地中迅奋而出，表明春天来临，有顺畅和乐的意思。利于建功立业，行军打仗。所以卦辞说："豫，利建侯，行师。"

【解说】这一卦，与谦卦的形象相反，彼此是"综卦"，谦使他人也使自己喜悦，有交互作用。

《序卦传》载："有大而能谦，必豫；故受之以豫。"富有而且谦卑，当然和乐。

"豫"是和乐的意思，在这一卦，唯有"九四"是阳爻，其他的阴爻都服从他，因而得志，心中喜悦。并且，下卦"坤"是顺，上卦"震"是动，是愉快追随的形象，因此，名为"豫"。以人事比拟，人人都乐于追随，因此有利于封建诸侯，出师征伐。

从卦体看，豫的外卦是震，内卦是坤。震是长子，有侯象。坤为众，有师象。所以卦辞说"利建侯，行师"。之前的屯卦有震无坤，因此言建侯不言行师。师卦有坤而无震，因此以言师而不言侯。

豫卦各爻所示自然之理

上六：天雷停歇，气象趋于缓和。
六五：天雷趋缓，雷声节制有度。
九四：风起云涌，天雷愈发猛烈。
六三：天雷大作，大地受到震撼。
六二：天雷继续发作，大地与之共振。
初六：天上雷声发作，大地产生共鸣。

【彖传】彖曰：豫，刚应而志行，顺以动，豫。豫顺以动，故天地如之，而况建侯行师乎？天地以顺动，故日月不过，而四时不忒。圣人以顺动，则刑罚清而民服。豫之时义大矣哉！

【译文】彖传说：豫卦"九四"一个刚爻而众多阴爻应和他，因而志意畅行，顺物性而动，故万物和乐。和顺而动，天地自然规律都是如此，何况是封建诸侯，出师征伐呢？天地随自然规律而动，所以日月运行不会失度，四季更替不会错乱。圣人顺物性而动，所以刑罚清明，百姓悦服。豫卦顺应时序的道理真是太宏大了。

【解说】忒（tè，音同"特"），差错。豫卦唯一的"九四"刚爻，有五个阴爻响应，因而得以遂行志向。上卦"震"是动，下卦"坤"是顺，能够顺应时机而行动，所以愉快，命名为"豫"。豫卦顺应时机行动，正如同天地。天地尚且如此，更何况建立公侯基业，或出师征伐呢？天地顺应时机行动，所以日月运行，不会有错误，四季循环，不会有偏差，圣人顺应时机行动，所以赏罚公正，人民悦服。豫卦所显示的时机意义，太伟大了！

【大象传】象曰：雷出地奋，豫。先王以作乐崇德，殷荐之上帝，以配祖考。

【译文】雷出地动，这是豫卦的意象。先王受此启发，创制音乐，尊崇文德，隆重祭祀天帝和祖先。

【解说】"殷"是盛大的意思，"上帝"即天帝，"考"指亡父，"配"是指配祀。

这一卦，上卦"震"是雷，下卦"坤"是地，雷在地上爆发，产生雷鸣，使大地振奋，这是阴阳最和乐的现象，所以称作"豫"。豫卦的卦象是，雷声鸣，地振奋。古代圣明的君王观此卦象，效法雷声这一精神，制作阴阳和乐的声乐，隆重献给天帝，并祭祀先祖先父的亡魂。

《孝经》说：周公在冬至这一天，到郊外祭祀始祖后稷；九月在明堂，一并祭祀亡父文王与天帝。祭祀中使用音乐，是为了使人、神喜悦，有将他们召唤到地上的效用。

豫卦各爻所示人事指引

上六：	[冥豫]	沉溺安乐而无法自拔时，应顺时而动。
六五：	[守正]	情势危急时要坚守纯正，中庸待事。
九四：	[由豫]	诚信协作，获取安乐。
六三：	[去陋]	从正当途径获取安乐，改掉谄媚的陋习。
六二：	[固志]	不可在安乐中沉溺，应守正不移。
初六：	[鸣豫]	名声在外也不自鸣得意，以免丧失志向。

【爻辞】初六：鸣豫，凶。

【译文】名声在外，耽于享乐，有凶险。

【小象传】象曰：初六鸣豫，志穷，凶也。

【译文】初六名声在外而耽于享乐，其志已尽，有凶险。

【解说】"初六"是阴爻在阳位不正，是小人。但"初六"与"九四"阴阳相应，在上层有强大的援助，以至于随心所欲，得意忘形，这种自鸣得意的态度，会招来凶险。《象传》说：享乐发展到了极端，所以凶险。

"豫"是和乐的意思，本应当吉祥。《爻辞》所以说有凶险，是指不能过度。由此可见，享乐过度，丧失志向，就会走向反面。

【爻辞】六二：介于石，不终日，贞吉。

【译文】处安乐如临险境，深知安乐不会长久，守正则吉祥。

【小象传】象曰：不终日，贞吉，以中正也。

【译文】深知安乐不会长久，守正则吉祥，因为居中位又得正。

【解说】欢乐使人沉溺，反而容易陷于险境。在豫卦中，只有"六二"居中位，阴爻在阴位得正，象征上下各爻都沉溺于欢乐，唯独他保持清醒，坚守中正，像石头般坚定不移。由于纯正，因而吉祥。《大学》中说："安而后能虑，虑而后能得。"就是这个意思。

这一爻强调，在安乐中不可沉溺，守正不移，才能得吉。

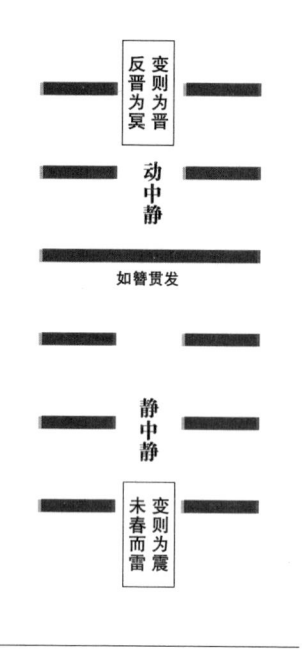

□ 豫象之图

豫卦上为震、为动，下为坤、为顺。震动于上，坤顺于下。象征天子在上面封建诸侯，兴兵征战；民众在下面顺从悦服，乐于从征。卦辞说明了一个道理：要想有所作为，必须造成上下和悦顺畅的局面。这就是"豫"的精神力量和积极意义。

【爻辞】六三：盱（xū，音同"须"）豫，悔；迟有悔。

【译文】小人得意，忧悔；行动迟缓有忧悔。

【小象传】象曰：盱豫有悔，位不当也。

【译文】小人得意有忧悔，因为所处位置不当。

【解说】"盱"字多解，此处应为"张目向上看"。"六三"是阴爻在阳位不正，又不在中位，象征不中不正的小人；而且这种小人又接近这一卦的主体，即最强的"九四"；因而，仰视"九四"的脸色，迎合其心意，以献媚主子为乐。这种态度，终将致悔。所以，必须立即悔改，恶习如若迟迟不改，必生悔恨。

这一爻说明，安乐应得自正当，否则终有悔恨。

【爻辞】九四：由豫，大有得；勿疑，朋盍（hé，音同"何"）簪（zān）。

【译文】大家都因之而安逸和乐，必将大得人心；不过于猜忌，朋友就会前来聚合。

【小象传】象曰：由豫，大有得；志大行也。

【译文】大家都因之而安逸和乐，必将大得人心，理想也会得到大力的推行。

【解说】"由豫"即"因之而安逸"。王弼注："处豫之时，居动之开始，独体阳爻，众阴所从，莫不由之，以得其豫，故曰'由豫，大有得也'。""盍"与"合"同。"簪"，用来束发，也解释成聚，朋友聚会，称作"盍簪"，就是来自这一"爻辞"。

"九四"是这一卦唯一的阳爻。"四"又是大臣的地位，与上下各阴爻呼应，成为朋友、同志，更得到"六五"君王的信任，加之做事谨慎，所以大得人心。诚信而不过度猜疑，同志者才会前来聚合，才可以得到协助。

这一爻说明，必须诚信，精诚团结，才有安乐。

【爻辞】六五：贞疾，恒不死。

【译文】贞正而得疾，但终不会死。

【小象传】象曰：六五贞疾，乘刚也。恒不死，中未亡也。

【译文】贞正还会得疾，因为他凌驾在刚爻"九四"之上。但终不会死，因为在中位而未泯没。

【解说】"六五"阴爻柔弱，虽然

□ 河图天地交图

一、三、七、九阳也，天之象也；二、四、六、八阴也，地之象也。即奇偶位次，而天地之交见矣。

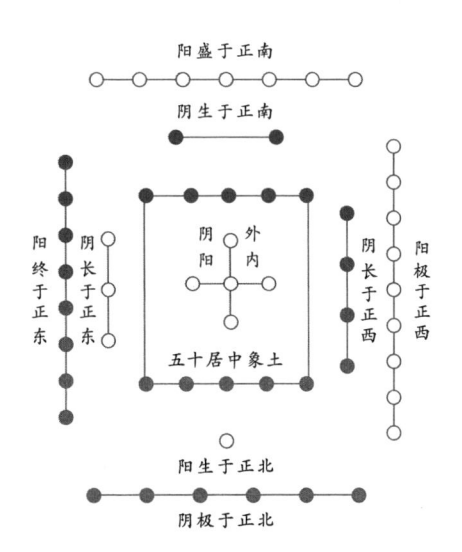

阳盛于正南

阴生于正南

阳终于正东　阴长于正东　阴阳外内　阴长于正西　阳极于正西

五十居中象土

阳生于正北

阴极于正北

在至尊的地位，但下方有刚强的"九四"，所以情势危险，就如同重病的人。不过，"六五"在上卦的中位，没有丧失权威，还不至于灭亡。处在这种奄奄一息、不死不活的状态中，就必须谨慎，坚守中庸，保持纯正，才能避免灭亡。《象传》说：长年有病是由于"六五"乘凌阳刚（九四）；始终不死，是因为他还没有失去至尊的中位。

这一爻强调，乐而不可忘忧，中庸、坚守纯正，便可避免灭亡。

【爻辞】上六：冥豫，成有渝，无咎。

【译文】身在昏昧中而喜乐，事情终有变化，没有灾祸。

【小象传】象曰：冥豫在上，何可长也。

【译文】身在昏昧中而喜乐，处于上位，怎么长久得了呢？

【解说】"冥"是黑暗、愚昧的意思。"渝"是改变的意思。"上六"阴柔，已达到安乐的极点，便乐极生悲，这样，离灾祸也就不远。不过，上卦"震"象征动，动就有变的可能，虽然沉溺于安乐，已经到达极点，物极必反，只要改变心意，仍然不会有灾祸。

《象传》说：高高在上，沉溺在昏天黑地的安乐中，又怎么能够长久呢？

这一爻强调，乐极生悲，离灾祸已经不远时，应顺时而动才可长久。

随 阐释怎样使人追随之道。

☱ 兑上　随从
☳ 震下　随和

【卦辞】随，元亨利贞，无咎。

【译文】随卦，大亨通，占问有利，没有灾祸。

随之天象图
　　上卦为兑为泽，下卦为震为雷。湖水中响起巨雷，湖水随着雷声震起波纹，这就是随卦的卦象。顺时而动，是遵照时间的变化。具备"元、亨、利、贞"四德，才能避免灾祸。所以卦辞说："随，元亨利贞，无咎。"

【解说】《序卦传》载："豫必有随，故受之以随。"就是说，安和乐利的社会，必定人人都来追随。

　　"随"是随从、随和的意思。这一卦，主要阐释怎样使人追随的原则；同时，主人也舍弃己见，随和众人。随卦下卦"震"是动，上卦"兑"是悦。此动而彼悦，就是"随"的意思。总之，自己虚心随和他人，他人也会来随和自己，能够相互随和，做任何事都可以成功。因此，占断说大亨通，没有灾祸。

《左传》襄公九年的记载中，鲁宣公夫人穆姜，与朝中大夫叔孙侨如通奸，并合谋推翻儿子鲁成公，结果失败，穆姜因此被迁东宫。穆姜前去问卜自己的前途，就得到这一卦。卜者说："随卦有出的含义，元、亨、利、贞，四德齐备，吉祥。必须速速出逃，方可免罪。"但穆姜说："这四德我一项也没有，与随卦的条件不相当，必定只能死在这里了。"她的这一见地，可谓道出了随卦卦义的真髓：随而无咎必须四德齐备。

随卦各爻所示自然之理

- 上六：云层消散，雷声随之渐歇。
- 九五：云层震动，雷声随之激荡。
- 九四：云层上升，雷也随之上升。
- 六三：云层涌动，雷也随之而动。
- 六二：云层翻涌，雷声随之渐长。
- 初九：云层相触，响雷随之而生。

【彖传】彖曰：随，刚来而下柔，动而说，随。大亨，贞无咎，而天下随时，随时之义大矣哉！

【译文】彖传说：刚爻来到阴爻的下面，刚动而阴悦，这就是随卦。大亨通而持守正道，所以没有灾祸，并且天下人都追随他，随卦宜时随变的意义真是太伟大了！

【解说】"下"是"居于下"，有谦卑的意思，"说"即悦；随和，是刚者前来居于柔者之下，刚者若有所动，柔者就会喜悦相从。因此，随卦极为亨通，守正无害，而天下事物为适应天时，也随时变化，因此"随"的意思非常宏大。

【大象传】象曰：泽中有雷，随。君子以向晦入宴息。

【译文】大泽中有雷，这就是随的意象。君子从中得到启示，随天时而动，傍晚入室休息。

【解说】"晦"是日暮的意思，"宴"即"安"。

下卦"震"是雷，上卦"兑"是泽，"泽中有雷"就是"随"卦的卦象。雷潜伏在泽的深处，是安息不动的形象。另外，"震"的方位在东方，象征日出；"兑"的方位在西方，象征日落；又象征春分与秋分。它们都随着时间转换。生是息的开始，息是生的转机，宇宙万物，在时间的消长中生生不息。君子应当效法这一自然之道，白天勤奋工作，夜晚就要回家安息。到什么时候做什么事情，这叫做随时。像休息这样的事情，都要讲随时，其他重大的事情就更不用说了。

随卦各爻所示人事指引

上六：[束缚] 已达极限，为防止被束缚，应适可而止。
九五：[随善] 心怀诚意，用适当的方式追随善意的力量。
九四：[守分] 坚守本分，懂得适时进退。
六三：[亲贤] 追随品德高尚的人，应动机纯正。
六二：[远佞] 慎重选择追随对象，不能只顾眼前利益。
初九：[众利] 随从大众的利益。

【爻辞】初九：官有渝，贞吉。出门交有功。

【译文】为官遭权变，但因为守正道，吉利。出官邸到民间与人交往，取得好效果。

【小象传】象曰：官有渝，从正吉也。出门交有功，不失也。

【译文】为官遭权变，但能从正道出发，吉利。出官邸到民间与人交往，取得好效果，因为没有丧失原则。

【解说】"初九"是阳爻，是成卦之主。阳为阴主，主谓之官。随卦的卦辞，主要在说明使他人追随的原则，爻辞则解说如何追随。"初九"是下卦的主体，凡是一阳二阴的卦，以阳为主体；二阳一阴的卦，则以阴为主体。下卦"震"是动，有动才会产生随。"初九"追随他人，有时自己的主张就不得不变通，但也不能违背原则。以人事比拟，当官职有变动时，即使不乐意，也不可愤慨，仍然要坚守正道，才会吉祥。又说，应当走出门外，与他人交往，扩大接触面，才会有利。也就是说，破除私见，随从大众利益，以大众为依归，才会成功。这里言交而不言随，是因为"初九"是成卦之主，主不可以随人，所以称交不称随。

这一爻说明，追随应以大众利益为依归，即使变通也不违背原则。

【爻辞】六二：系小子，失丈夫。

【译文】追随小子，因而失去了丈夫。

【小象传】象曰：系小子，弗兼与也。

【译文】追随小子，小子与丈夫不能两者兼得。

【解说】"系"，绑缚，这里有追随义。"六二"与"九五"阴阳相应，但距离过远；而且"初九"就在下方；因而，"六二"的阴，有与"初九"的阳亲近的可能。大凡在追随时，多半会追随身边的人。"六二"阴爻柔弱，不能坚守本分，一直等待正当的配偶"九五"，却因追随身旁的"初九"，以致失去了丈夫。虽然不能说是凶险，但却不能不说是恶事。选择追随对象时，要以品德高尚为标准，不能以个人好恶来决定。如果选错了追随的人，就会与君子失之交臂。

这一爻强调，不可贪图近利，丧失了本分。

【爻辞】六三：系丈夫，失小子；随有求得，利居贞。

【译文】追随丈夫，因而失去了小子；追求有所得，安居守正有利。

【小象传】象曰：系丈夫，志舍下也。

【译文】追随丈夫，决意放弃在下位的初九小子。

【解说】"丈夫"指"九四"，"小子"指"初九"。在上方的阳爻是丈夫，在下方的阳爻是小子。大体上，阴不能单独存在，"六三"在上方没有

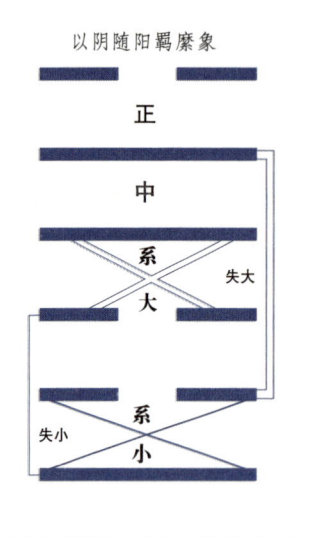

以阴随阳羁縻象

□ 随卦系失图

随卦既然已认定所跟的是位大人物，因着这位大人物之名，随卦之人虽在艰困中，以一颗预备好的心，跟随这位大人物，别人也会因他的努力而肯定他的能力，这时就进入随卦了。

相应，就会依附靠近的阳爻"九四"。下方虽然有阳爻"初九"，由于亲近"九四"的缘故，就把"初九"舍弃了。"九四"阳刚，在握有实权的大臣位置，所以，"六三"追随这一可靠的成年人。"六三"与"六二"不同，是在追随比自己优秀的人，因而有利。但与"六三"相应的对象，应当在"上"位，与"九四"亲近，难免会给人以意图不良的嫌疑。所以，追随刚强有力的人，虽然有利，但动机须纯正。

这一爻强调，追随的动机应当纯正。

【爻辞】九四：随有获，贞凶。有孚在道以明，何咎。

【译文】顺随人而有收获，占问有凶险。有诚信，处正道能明，会有什么灾祸呢？

【小象传】象曰：随有获，其义凶也。有孚在道，明功也。

【译文】顺随人而有收获，从道理上看有凶险。诚信守道，取得成功要光明正大。

【解说】"九四"阳爻刚毅，接近尊位的"九五"，实力与君位相当，有能力，又在君王近侧，愿望当然容易达成。然而，"九四"的声势，如果凌驾君王，就难免被猜疑，因而有凶险。不过，心存诚信，不离正道，能够使在上者放心，在下者心悦诚服，就不会有任何灾祸了。

这一爻说明，追随者应当诚信、守分，而且明辨进退之道。

【爻辞】九五：孚于嘉，吉。

【译文】用诚心追随善，吉利。

【小象传】象曰：孚于嘉，吉；位正中也。

【译文】用诚心追随善，吉利；因为位置正而中。

【解说】"嘉"是善的意思。

□ 洛书日月交图

一、三、七、九阳也，日之象也；二、四、六、八阴也，月之象也。即奇偶位次，而日月之交见矣。

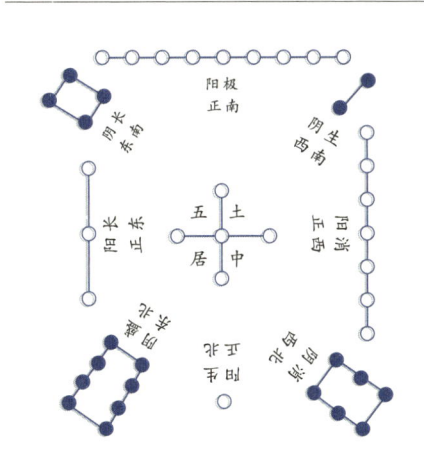

"九五"阳爻，象征善，阳爻在阳位得正，又在上卦的中位，又与下卦的"六二"阴阳相应，而且"六二"也是阴爻在阴位得正，在下卦的中位。这就是，中正与中正相应，善与善随和，当然可以信赖，非常吉祥了。

这一爻强调，应当择善追随，方能得吉。

【爻辞】 上六：拘系之，乃从维之；王用亨于西山。

【译文】先拘执系缚，后又捆起来，大王祭祀于西山。

【小象传】 象曰：拘系之，上穷也。

【译文】拘执系缚，是因为处在最高位了。

【解说】"拘"是拘束的意思，"从"是重叠的样子，"维"是束缚的意思。"西山"指岐山，在周朝都城西。"亨"与享相通，是祭祀的意思。

"上六"阴柔，已经到达追随的极限，向上再也找不到可以追随的对象，没有出路，就被"九五"、"九四"重重束缚，难以摆脱。绝对的随从就像被拘系、被捆绑着，于是周王在西山设祭以讨伐。《象传》说：之所以要拘系着，是因为"随"到达极致，发展至"上六"已经穷尽了。

这一爻强调，至诚是团结的根本。

蛊

阐释振疲起衰之道。

艮上　腐败
巽下　革新

【卦辞】蛊，元亨，利涉大川。先甲三日，后甲三日。

【译文】蛊卦，大亨通。有利于涉过大川险阻。从辛日到丁日这七天吉利。

蛊之天象图

　　上卦为艮为山，下卦为巽为风。风吹到山下，为山所阻，这就是蛊卦的卦象。风为山阻，木随风而落，之后便积渐不通，腐败生事。风为山所阻，但同时也能振而养育。物极必反，腐败到达极点，必会出现大的亨通。所以卦辞说："蛊，元亨。"

【解说】随卦倒转，成为蛊卦，彼此是"综卦"。随和容易同流合污，以致腐败；腐败就需要革新，革新需要随和众利，两者交互为用。

《序卦传》载："以喜随人者必有事，故受之以蛊。蛊者，事也。"

"蛊"是器皿中的食物，腐败生虫，象征社会秩序崩溃，陷入混乱，发生事端。与人随和，终于沉溺于安乐，以致腐败。发生事端，就必须以壮士断腕的决心，将腐败切除，才能治愈，而且还必须伴随着冒险。所以，占断原则上亨通，利于泅过大河。"先甲三日，后甲三日"不容易理解。一说，是适合于祭祀的日期。《礼记·曲礼》说：宗庙内的祭祀，在柔日。柔日，是十干，甲乙丙丁戊己庚辛壬癸中的偶数，甲的前三日与后三日，都是偶数的柔日。《汉书·武帝纪》元鼎五年的诏书中引用这一句，是指祭祀的日期。一说，甲是十干的开始，引申为事件的发端，甲的前三日是"辛"，同"新"，是自新的意思，甲的后三日为"丁"，是叮咛的意思。所以，被认为是君王在甲日颁布法令，必须在前三天作宣传，又于后三天反复叮咛。甲的前三日，是说事物盛极而衰，将要崩溃，事前就应当有自新精神，想到即将发生事端，制定正确的方针，尽力防患于未然；甲的后三日，是说事端在发生后，应当反复叮咛观察，留意不可重蹈覆辙，并及时挽救。总之，乐极生悲，盛极必衰，这正是有志气的人，施展抱负，值得冒险的大好时机，应当以自新精神，反复思考，叮咛从事。

蛊卦各爻所示自然之理

上九：山顶狂风大作，风向自如。
六五：风吹至山头，风力渐大。
六四：风往山上吹，卷动败叶。
九三：山下风力激荡。
九二：山下风力和缓。
初六：山下吹起微风。

【象传】彖曰：蛊，刚上而柔下，巽而止，蛊。蛊，元亨，而天下治也。利涉大川，往有事也。先甲三日，后甲三日，终则有始，天行也。

【译文】《象传》说：蛊卦，刚健在上而柔卦在下，巽顺而有所止，这就是蛊卦。蛊卦大通顺，而天下得以治理。利涉大川，是说前往会成就事业。在做大事之前，要考量现状，分析事态；在做大事之后，要讲究治理措施，预计到后果。事情终始相接，这就是天道运行的法则。

【解说】蛊卦的上卦是"艮",下卦是"巽"。"艮"是阳卦刚健,"巽"是阴卦柔顺,所以说上刚下柔。柔情不能上达,刚则止于自身,上下不能沟通,不久将发生混乱。以变卦来解释,蛊卦的上卦与贲卦的上卦相同。"初九"刚爻,上升到"二","六二"的柔爻,下降到"初";又是井卦的"九五"刚爻,上升到"上","上六"的阴爻,下降到"五";也是既济卦的"初九"与"六二"。"九五"与"上六",相互调换,都是刚上升柔下降,成为蛊卦,刚升柔降,以致疏远隔阂。再以上下卦来看,下卦"巽"是从,上卦"艮"是止,在下者屈卑顺从,在上者停止不前,必然就会腐败,因而,命名为"蛊"。

然而,腐败的本身,则包藏有元始与亨通,演变的结果天下又会重建秩序。"有利涉大川",是说天下混乱,有利于志士前往除弊济世。"先甲三日,后甲三日"是说混乱终了,又是太平开始,终而复始,是天道运行的规律。

【大象传】象曰:山下有风,蛊。君子以振民育德。

【译文】山下有风,这就是蛊卦的意象。君子从中受到启发,要振兴民风,培育民德。

【解说】上卦"艮"是山,下卦"巽"是风,风向山吹,为山所阻挠,不能畅达而回旋,草木果实散乱,是开始败坏的形象。这是说"蛊"卦的卦象是"山下有风"。据《左传·僖公十五年》记载,秦伐晋时,卜徒父占筮,就得到"蛊"卦。他解说:"蛊的内卦是风,外卦是山,一年到此,便是秋天,我们可以拾取落下的果实了。"

另一方面,风能振起万物,山能涵养万物。山下有风,又有振起养育之象。当事物败坏时,不能坐等,必须有所作为。因此,君子观此卦象,应当效仿

蛊卦各爻所示人事指引

上九:[超脱]坚持原则,有隐士般高尚的气节。
六五:[承德]挽救败坏的事业,应当任贤用能,重塑美好声誉。
六四:[严厉]挽救败坏的事业,必须严格彻底,不可过于宽纵。
九三:[和缓]挽救败坏的事业,不可刚强过度,要避免急躁。
九二:[缓劝]挽救败坏的事业,对过去不谴责,应缓和劝告。
初六:[维艰]挽救前人败坏的事业,必须在艰苦中奋进。

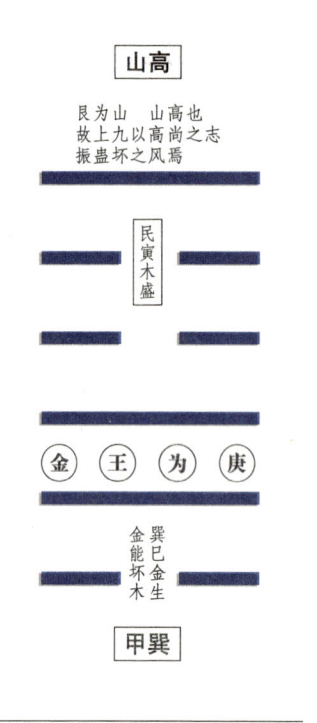

这一精神，振兴民风，培育道德。

【爻辞】初六：干父之蛊，有子，考无咎，厉终吉。

【译文】纠正父亲的弊政，儿子能继承父业，亡父没有过失，身处蛊中不免有危险，但终会吉利。

【小象传】象曰：干父之蛊，意承考也。

【译文】纠正父亲的弊政，目的是能继承父亲的事业。

【解说】"蛊"本是久绝不通、久而生事的意思。蛊的产生，不是一朝一夕的事，因此"蛊"是前人败坏的事业或留下的错误，于是各爻都说到父母。"干"是树干，引申为中坚的意思。"考"原意是老，指亡父。如《礼记·曲礼》中有"生曰父，死曰考"。"有子"是说有才干的儿子。

"初六"是蛊卦的开始，败坏还不严重，容易挽救，因而"初六"兢兢业业，开始挽救前人败坏的事业。这是儿子挽救父亲的事业的开始，有这样能干的儿子，就可以重振家业，使父亲免于灾祸。然而，挽救败坏的事业，必然困难重重，所以必须奋发勤勉，最后才能吉祥。《象传》说：儿子纠正父亲的错误，目的在于继承父亲的事业。

这一爻说明，挽救败坏的事业，必然要在艰苦中奋进。

【爻辞】九二：干母之蛊，不可贞。

【译文】纠正母亲的过失，不能太固执、太较真了。

【小象传】象曰：干母之蛊，得中道也。

【译文】纠正母亲的过失，得其中道才可行。

【解说】"九二"阳刚，在下卦的中位，象征有才干的儿子。"九二"与"六五"相应，"六五"是阴，以母亲比拟，这是儿子为母亲善后的形象。然而，刚强的儿子为柔弱母亲的失败善后，如若过分认真谴责，就会伤害亲情。下卦"巽"是顺、入，因而，应当缓和劝告，使母亲采纳自己的意见，不可操之过急，而严辞谴责。所以，《象传》说：纠正母亲的错误要以中庸的原则来应变，不能过于苛责。

这一爻说明，挽救败坏的事业，谴责过去无益，应以中庸原则，致力于将来。

【爻辞】九三：干父之蛊，小有悔，无大咎。

【译文】纠正父亲的弊政，有小的忧悔，但无大的灾祸。

【小象传】象曰：干父之蛊，终无咎也。

【译文】纠正父亲的弊政，最终没有灾祸。

【解说】"九三"阳爻在阳位，过于刚强，又离开了中位。这种性格刚强的儿子，为父亲的失败善后，难免急躁，以致懊悔。不过，"九三"在下卦"巽"中，有顺从的美德，而且阳爻在阳位得正。所以，只要对父亲柔顺，动机纯正，归根结底会没有灾祸。

这一爻说明，挽救败坏的事业，不可刚强过度。

【爻辞】六四：裕父之蛊，往见吝。

【译文】宽容父亲的弊政，往前发展下去有过失。

【小象传】象曰：裕父之蛊，往未得也。

【译文】宽容父亲的弊政，发展下去是没有好结果的。

【解说】"裕"是宽容的意思。"六四"阴爻在阴位，爻与位俱柔，过于

□ 此图之可以为书图

以天一为履，地二为右肩，天三为左三，地四为左肩，天五为中，地六为右足，天七为右七，地八为左足，天九为戴，而地十则散见于一九、二八、三七、四六之对待，此图之可以为书也。

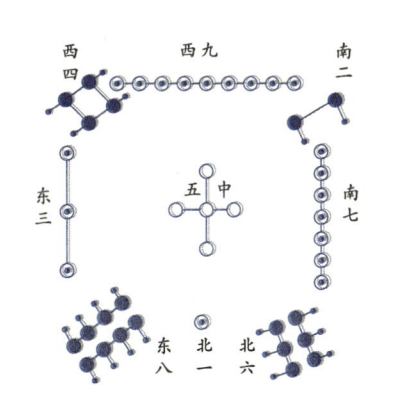

柔弱，不足以担当大任。又居艮止之体，柔者懦，止者怠。懦而又怠，只能增益其蛊，不可能治其蛊。以这种性格为父亲的过失善后，就会过于宽大，虽有心向前，却一无所获。因此，《象传》说：宽容父亲的弊政，发展下去没有好结果。

这一爻说明，挽救败坏的事业，必须严格彻底，不可过于宽容。

【爻辞】六五：干父之蛊，用誉。

【译文】纠正父亲的弊政，会受到称誉。

【小象传】象曰：干父用誉，承以德也。

【译文】纠正父亲的弊政而受到称誉，是因为能用道德来匡正。

【解说】"六五"阴爻柔顺，在上卦至尊的中位，下方又有相应的阳爻。"九二"，象征后面有刚毅的儿子做后盾，他如果继承父亲的事业，当会使声誉日隆。例如：殷代的太甲、周代的成王，都是柔弱的天子，但有伊尹、周公辅佐，都得到治国声誉。

这一爻说明，挽救败坏的事业，必须任贤用能。

【爻辞】上九：不事王侯，高尚其事。

【译文】不从事侍奉王侯的事业，孤高地以自己喜欢的方式生存。

【小象传】象曰：不事王侯，志可则也。

【译文】不从事侍奉王侯的事业，其志向可以效法。

【解说】前面的"爻辞"，都用"蛊"这个字，只有这一"爻辞"，没有"蛊"，以"事"字代替；因为"蛊"就是"事"。

"上九"阳爻刚毅，但在"上位无位"的位置，又在这一卦的最外面，象征淡泊，置身于事外。就是说，"上九"是刚毅的隐士，将浮世看成过眼云烟，孤高地以自己的方式生存，不为王侯做事。《象传》说：这是有他自己的志向，自己的原则。"不事王侯，高尚其事。"在《后汉书·逸民传》的序中，对本爻的爻辞加以引用，成为后世赞美隐士的话。

这一爻说明，人应有隐士般高尚的气节，坚持自己的原则。

临 阐释领导的原则。

☷ 坤上　迫临
☱ 兑下　临下

【卦辞】 临，元亨利贞，至于八月有凶。

【译文】 临卦，大亨通，占问有利，但到八月有凶险。

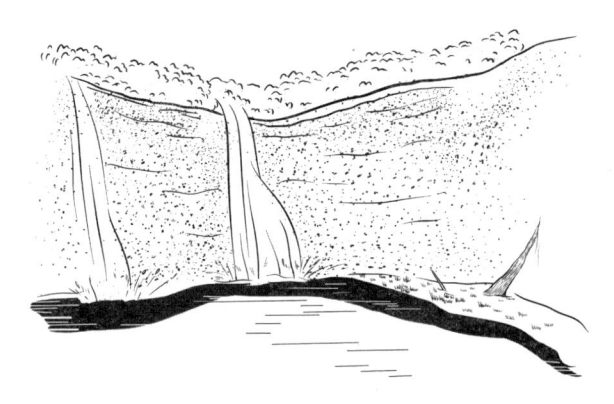

临之天象图

上卦为坤为地，下卦为兑为泽。高地下临湖泊，这就是临卦的卦象。地在上，与湖泊相互浸润。临卦是消息卦之一，象征十二月，阳气渐长，喻示春天即将来临，万事亨通。所以卦辞说："临，元亨利贞。"八月开始，阳气渐消，万物开始萧条。所以卦辞说："至于八月有凶。"

【解说】《序卦传》载："蛊者，事也。有事而后可大，故受之以临。临者，大也。"意思是说，因为发生事端，才可以大有发展。不能等待，应积极参与。

"临",本意是由上往下看。不仅要由上而下,还应采取主动,恩威并济地统御对方。此卦有监督、领导、统治的意思。"临卦"也是消息卦,代表十二月,阳渐渐成长,由下向上追阴,有进逼的意思,因而命名为"临"。临字本身,并没有大的含义,但卦形是阳成长变大,因此说是"大"。

将上下卦分开来看,下卦"兑"是悦,上卦"坤"是顺,愉悦而且顺从,顺从,就可以保证愿望亨通。又,"九二"阳刚,在下卦居中,与上卦的"六三"和"六五"阴阳相应,有前进的可能。因此,这一卦"元亨利贞"四德俱备。只要坚守正道,就有利。不过,阴阳相互消长,到了八月,又阴盛阳衰,就可能有凶险。时机稍纵即逝,必须把握好机缘。

临卦各爻所示自然之理

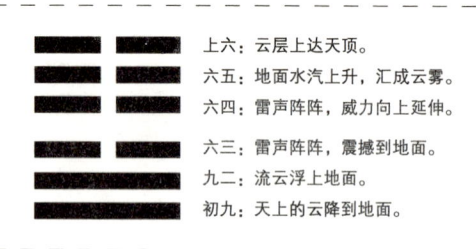

上六:云层上达天顶。
六五:地面水汽上升,汇成云雾。
六四:雷声阵阵,威力向上延伸。
六三:雷声阵阵,震撼到地面。
九二:流云浮上地面。
初九:天上的云降到地面。

【彖传】彖曰:临,刚浸而长。说而顺,刚中而应。大亨以正,天之道也。至于八月有凶,消不久也。

【译文】《彖传》说:临卦,阳刚之气逐渐增长。喜悦而柔顺,刚爻居中而得到广泛应和。因为守正,所以能大亨通。这是由天道决定的。到了八月有凶险,那时阳气渐消,局面不能长久。

【解说】临卦两阳爻在下,表明阳刚之气渐渐成长,逼近阴,所以称作"临"。下卦"兑"是悦,上卦"坤"是顺,象征临民者和悦而柔顺。"九二"阳爻刚毅,在中位,又与"六五"阴阳相应,因此强大、亨通,而且正当与天道一致。以上是指阳的成长期。但阴阳相互消长,阳不会永远强大,不久,阳的消退期就会到来。所以说,到八月就会有凶险。

关于"八月"的解释,一说:阳气开始于十一月的复卦,至四月的乾卦到达极盛时期。然后，从五月开始，阴又开始生成，阳逐渐消退，到六月遁卦已明显地阴长阳消，遁卦与临卦，阴阳爻恰好相反，称作"旁通"、"错卦"以象征性格相反。由十一月到六月，恰好是八个月，所以说"八月"。"八月"阳气消退，好景不能历久不衰，便会有凶险。

【大象传】 象曰：泽上有地，临。君子以教思无穷，容保民无疆。

【译文】 湖泽上面有高地，这就是临卦的意象。君子从中得到启发，应该对百姓进行不懈的教化，并包容蓄养民众。

【解说】 上卦"坤"是地，下卦"兑"是泽，泽上有高地，居高临下，是"临"卦的卦象。君子观此卦象，应当效法这一精神，就像湖泽浸润大地那样无休无止教化民众，同时，又像大地包容湖泽那样无限地容纳保护民众。

临卦各爻所示人事指引

上六：	[敦临]	施行仁政，不刻薄待民。
六五：	[知临]	调动智慧，任用贤能治理民众。
六四：	[至临]	执政得宜，用亲切的态度对待下属。
六三：	[甘临]	以守正戒惧的态度治理民众。
九二：	[怀柔]	以怀柔感化的方式感召民众。
初九：	[感召]	修持自身，以高尚的德行感召民众。

【爻辞】 初九：咸临，贞吉。

【译文】 用感化政策治理人民，守正吉利。

【小象传】 象曰：咸临贞吉，志行正也。

【译文】 用感化政策治理人民，守正吉利，因为心志和行为正当。

【解说】 "咸"通"感"，感化；"咸临"即"感化治民"的意思。这一卦，是阳盛逼阴的时期。"初九"与"六四"阴阳相应，有相互感召的关系；所以，"初九"不是以威势，而是以人格使"六四"感动服从。"初九"阳爻刚毅。阳爻在阳位得正，具备这种德行，因而纯正吉祥。《象传》说：这是因为心志和行为纯洁正当的缘故。

圣帝之本由敦朴
地之悠久博厚故耳

水蓄土中湿而生土曰智

兑口能甘

天气下临于地

地感天气之
临故曰咸临

□ 临象之图

"临"的卦象，本指君主统御民众。统御之术，在于对下施以仁德，对上天怀有诚心。对下施以仁德，则有两个阳爻在下方，如同天气感应到地面；对天怀有诚心，则会用智慧使行为中正，将敦厚朴实摆在首要位置，以柔和的手段成事。下卦兑代表的甘甜之意，说明只是能言而不能行，如同王者只是凭空降下诏谕，空洞地叮咛，但是并不真正布施仁德恩泽。这样怎么能够谈论施行仁德和怀有诚心的道理呢？

这一爻说明，领导应以高尚的人格感召民众。

【爻辞】九二：咸临，吉，无不利。

【译文】用感化政策治理人民，吉祥，没有不利的。

【小象传】象曰：咸临，吉无不利，未顺命也。

【译文】用感化政策治理人民，吉祥没有不利的，因为天下还未顺从王命。

【解说】"九二"正当阳德盛大的时候，也与"六五"阴阳相应。"六五"阴爻柔顺，"九二"阳爻刚毅，并处下卦中位，升进不会有障碍，因此，占断吉祥，没有不利。《象传》说："九二"阳爻在阴位为不正，为什么说吉祥没有不利呢？因为"九二"刚中而应，处境优于"初九"，《易》重视正，更重视中，尤其重视刚中，"无不利"是必然的。

这一爻说明，领导应重视对民众的怀柔感化。

【爻辞】六三：甘临，无攸利。即忧之，无咎。

【译文】凭着甜言蜜语的和悦态度来治理民众，没有利处。能为自己处境而忧虑，就不会造成危害。

【小象传】象曰：甘临，位不当也。即忧之，咎不长也。

【译文】凭着甜言蜜语的和悦态度来治理民众，因为"六三"的地位不当。能为自己处境而忧虑，灾害自然长不了。

【解说】"六三"在下卦的最上方，是在居高临下的地位。然而，"六三"阴爻柔弱。不中不正，又是下卦"兑"的主体。"兑"有悦的含义，因而，

"六三"是凭着甜言蜜语的和悦态度去临近别人，当然不利。不过，如果"六三"觉悟到自己这种态度的危险性，因而戒惧，立即改正，就可避免灾祸发生。《象传》说：这是由于"六三"阴居阳位不中不正，地位不当的缘故。

这一爻说明，领导者应谨言慎行，保持应有的戒严。

【爻辞】六四：至临，无咎。

【译文】亲近下属，用好的政策治理民众，不会有过失。

【小象传】象曰：至临，无咎，位当也。

【译文】亲近下属，用好的政策治理民众，不会有过失，因为所处位置正当。

【解说】"至"是最高、最优的意思。"六四"是阴爻在阴位，地位正当，而且与下方的"初九"阴阳相应。本身正当，又能任用贤能的"初九"，身在坤体之下，下与兑体最亲近，能亲切地临近下属，用好的政策治理民众，所以没有灾祸。

这一爻说明，领导应执政得宜，亲近下属。

【爻辞】六五：知临，大君之宜，吉。

【译文】用明智政策治理民众，这是君主应当采取的适宜政策，吉利。

【小象传】象曰：大君之宜，行中之谓也。

【译文】君主采取适宜政策治理民众，说的是施政适中。

【解说】"知"即"智"。"六五"在至尊的君位，阴爻柔顺，又在中位，与下方的"九二"刚爻阴阳相应，象征本身不必行动，完全委任下方的贤能，是凭智慧监临下属。对伟大的君王来说，这是最适宜的统治方法，因而吉祥。《象传》

□ **此书之可以为图图**

以履一为天一，右足为地六，右肩为地二，右七为天七，左三为天三，左足为地八，左肩为地四，戴九为天九，八方对待之数为地十，此书之可以为图也。

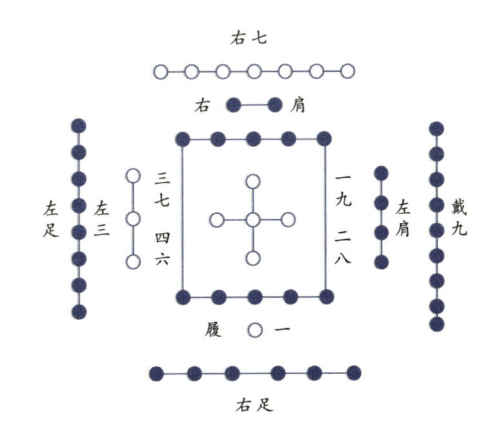

右七

右肩

三七　一九　　　戴
左　　　　　　左　九
足　四六　二八　肩

履　一

右足

说："六五"与"九二"都在中位，实行中正的德行，既不宽纵，亦不苛严，志同道合，所以适宜。

这一爻说明，领导制定政策要善用智慧，任用贤能。

【爻辞】上六：敦临，吉，无咎。

【译文】用仁厚的政策治理民众，吉利而无灾祸。

【小象传】象曰：敦临之吉，志在内也。

【译文】用仁厚的政策治理民众，自然吉利，"上六"关心天下百姓。

【解说】"敦"，仁厚。"上六"在这一卦的最上位，居高临下，但已经是终点，到达统治地位的极致。通常物极必反，并不吉祥。但在这一卦中，"上六"阴爻柔顺，对下方升进而来的两个刚爻，能够以柔顺的态度，敦厚相待。这对于身处上位的君主来说，仍会吉祥没有灾祸。《象传》说："上六"与"初九"、"九二"两个阳爻，本来不相应，但在这一卦中，只有两个阳爻，因而，不得不运用"内卦"的这两个阳爻。意思是说，用仁厚的政策治理民众，自然吉利，因为"上六"关注的是内政，是天下百姓。

这一爻强调，统治者应当行仁政，不可刻薄。

观

阐释让人瞻仰之道。

巽上　观看
坤下　展示

【卦辞】观，盥而不荐，有孚颙（yóng）若。

【译文】观卦，在祭祀时净手，未进献祭品时就恭敬虔诚，被人仰慕。

观之天象图

上卦为巽为风，下卦为坤为地。风吹行在大地上，这就是观卦的卦象。风行地上，无所不周，无微不至。祭祀开始之前就洗手，表现出恭敬虔诚，才会赢得尊重。所以卦辞说："观，盥而不荐，有孚颙若。"

【解说】这一卦，形象与临卦完全相反，彼此是"综卦"。"临卦"是由上往下看，"观卦"是由下往上看，彼此都在监视，所以临与观交互作用。

《序卦传》载："物大然后可观，故受之以观。""观"是展示与仰观的意思。这一卦阐释的是：将道义展示于众人之前，众人必然也对自己瞻仰。

"九五"在尊位，被四个阴爻瞻仰。"九五"也以中正的德行，展示于天下，所以命名为"观"。

"盥"是在祭祀前洗手。"荐"是奉献祭品。"孚"，诚信。"颙"，仰望。"颙若"是尊敬仰慕的意思。"卦辞"以祭祀作比拟，说在祭祀前，洗手时，要像奉献祭品一样虔诚严正，在人们的心目中，才能建立信仰，被恭敬仰慕。

这卦也是消息卦之一，代表八月，是阴长阳消的时期。

观卦各爻所示自然之理

上九：	风升到天顶，观照大地。
九五：	风及时离开地面，升往天上。
六四：	地面的劲风顺势而升。
六三：	风升到地面，周旋徘徊。
六二：	风流于地中，难以上升。
初六：	惠风浸入地下，抚育草木。

【象传】象曰：大观在上，顺而巽，中正以观天下。观，盥而不荐，有孚颙若，下观而化也。观天之神道，而四时不忒。圣人以神道设教，而天下服矣。

【译文】《象传》说：尊者在上被众人仰观，下顺从而上谦逊，以中正之道示天下，这就是观卦。在祭祀时净手，未进献祭品时就表现出恭敬虔诚，被人仰慕，百姓观此而得到教化。仰观天地的神妙法则，四时运行没有偏差。圣人根据天地神妙的法则设置教化，天下自然信服。

【解说】"九五"在尊位，以伟大的德行，在上位洞察一切，被万民瞻仰。内卦"坤"是顺，外卦"巽"是从。"九五"在外卦的中位，阳爻居阳位得正；因此，是以"中正"的德行，展示于天下。盥洗还没有奉献祭品，就被尊敬仰慕；是说在下者看到盛德，就被盛德感化的缘故。仰观神秘的天道，四时循环，不会有偏差，因而，圣人效法天的神秘法则，设立教化，顺应自然，则天下人自然就信服了。

【大象传】象曰：风行地上，观。先王以省方，观民设教。

【译文】风在大地上吹拂，这就是观卦的意象。先王从中得到启发，去八方巡视，观察民情民意，设立教化。

【解说】观卦的上卦"巽"是风，下卦"坤"是地，风行地上，遍及万物，这就是"观"卦的卦象。古时圣明的君王观此卦象，于是效法天地之精神，巡视各方，观察民情风俗，分别设教，以教化人民。

观卦各爻所示人事指引

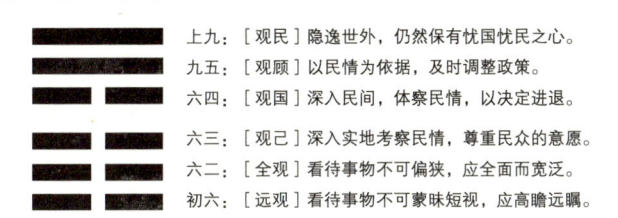

上九：[观民] 隐逸世外，仍然保有忧国忧民之心。
九五：[观顾] 以民情为依据，及时调整政策。
六四：[观国] 深入民间，体察民情，以决定进退。
六三：[观己] 深入实地考察民情，尊重民众的意愿。
六二：[全观] 看待事物不可偏狭，应全面而宽泛。
初六：[远观] 看待事物不可蒙昧短视，应高瞻远瞩。

【爻辞】初六：童观，小人无咎，君子吝。

【译文】像小孩一样观察问题，这对小人没有害处，而于君子有伤害。

【小象传】象曰：初六，童观，小人道也。

【译文】"初六"像小孩一样观察问题，这是小人看待问题的方法。

【解说】"观"在此应当作"看"解。卦辞是以"九五"为重心，因此是展示；各爻所说的，则是观看"九五"。"初六"阴爻柔弱，在最下位，仰观"九五"，距离遥远，因而，象征没有才识，不能高瞻远瞩，是儿童的仰视之道，当然幼稚。"小人"指庶民，庶民无知，这是必然的，所以说不算过失。但对身负教化责任的人来说，蒙昧短视则是耻辱。

这一爻说明，观察不可短视，应高瞻远瞩。

【爻辞】六二：阚观，利女贞。

【译文】从门里向外偷看，对女子守正有利。

【小象传】象曰：阚观女贞窥，亦可丑也。

【译文】从门里向外偷看，对女子守正有利，而在男子就是羞耻的事了。

【解说】"阚"同"窥"，窥视的意思。窥是由门缝中偷看。"六二"阴爻，在内卦，人既柔弱，光线又黑暗，观看"九五"，在其耀眼的光辉下，眼花缭乱，看不真切，好像是由门缝中偷看一般。古代社会，女子足不出户，对外面的事只能站在门里向外面浮光掠影地张望一下，对"九五"的教化也只是粗浅的了解。《象传》说：从门缝里偷看，有利于女子守正，但对堂堂的男子汉来说，从门缝中偷看，就太丑陋了。

这一爻，说明观察不可偏狭。

【爻辞】六三：观我生，进退。

【译文】反观自己，审视自己的言行，由得失境遇决定进退。

【小象传】象曰：观我生，进退；未失道也。

【译文】反观自己，审视自己的言行，由得失境遇决定进退；这样，就不失正道。

【解说】"生"，指生民，即老百姓。"观我生，进退"，就是说"观察我治下的老百姓，以决定进退"。上古时期，统治者有"采诗观风"的习俗，即通过采集民间歌谣，了解老百姓的想法。《象传》说：观察民间的风俗，以决定进退，这样，就不失正道。

这一爻强调，统治者要注意调查研究，尊重人民意愿。

【爻辞】六四：观国之光，利用宾于王。

【译文】观察到一国政治清明、发展繁荣、人民富足的一面，有利于追随王侯做事。

□ 观国之光图

观卦有两个阳爻，表面上看如同两个明灯高悬，其实五爻是一个熄灭了的"灯"，一个行将爆炸的"灯泡"。只有上面一盏亮着，而初爻则是个"灯下黑"，是一个"死角"。在观卦中，最能够感受到上爻的光明的是四爻，四爻不仅与上爻为邻，更因为它与上爻在时间上有直接联系，上为辛，四为壬，所以爻辞把这个爻说成是"观国之光"。

过中则志未平

阳位居中正

上巽下顺阴气宾服

阳位　不中

坤初为童乾终为女

【小象传】象曰：观国之光，尚宾也。

【译文】观察到一国政治清明、发展繁荣、人民富足的一面，说明他有尊崇贤能宾客的风尚。

【解说】"宾"即仕。"尚"即崇尚。古代有德行的人，前往朝廷入仕，天子以宾客的礼仪招待他，所以叫宾。

"六四"最接近"九五"。"九五"象征阳刚、中正、德高望重的君王，所以"六四"可观看到君王德行的光辉。但为什么说"观国之光"？因为由一国的风俗民情，就足以观察到君王的德行如何。今天所说的"观光"，语源就出自此处。

"六四"阴爻，又在上卦"巽"的最下方，性格柔顺，适合于辅佐君王；因而，出仕做官，有利。春秋时，陈国的敬仲，生下来时，占卜得到的便是这一爻。据《左传·庄公二十二年》记载，敬仲自己虽然逃亡他国，但三百年后，他的子孙田氏，却终于掌握了齐国的政权。

《象传》说：看一个国家的民情民意，就知道是否尊重贤士，是否值得贤士去辅佐该国的君王。

这一爻说明，应观察民情，了解民间疾苦，以决定退进。

【爻辞】九五：观我生，君子无咎。

【译文】反观自己，审视自己的言行，由得失境遇决定进退，君子没有灾祸。

【小象传】象曰：观我生，观民也。

【译文】观顾我自己的情况，就要先观顾民生。

【解说】"九五"阳爻，在至尊的中位，下面有四个阴爻仰观，是一位有德行的君王。这就是这一卦的主体。从君子来说，应当经常反省观察自己的日常作为，坚守中正，当然就不会有灾祸。

《象传》说：统治者只要观察民情民

□ **九畴本洛书数图**

一合九而为十，二合八而为十，三合七而为十，四合六而为十，此洛书以历数相合而为四十者也。若九畴，则以宝数相合而为五十矣。

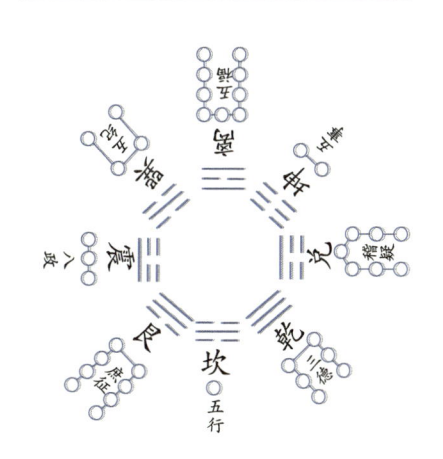

意，就知道老百姓生活的真实情况。

这一爻说明，统治者应当经常深入民间，了解实情，及时调整政策。

【爻辞】上九：观其生，君子无咎。

【译文】观察"九五"治下的民生，君子没有灾祸。

【小象传】象曰：观其生，志未平也。

【译文】观察"九五"治下的民生，心志未平。

【解说】"上九"阳爻，在尊位"五"的上方，象征高尚的隐士，虽超然于世俗，仍关心"九五"治下的百姓生存。他深知，了解民俗，知道百姓的真实想法，这样，制定出来的政策就必然符合民意。倘如此，君子当然就没有灾祸了。

《象传》说：观察"九五"治下的百姓，他心志未平。说明国家治乱未定，盛衰难卜，"上九"心中忧虑，志意难平。

这一爻说明，行为高尚、超脱的人同样有忧国忧民之心。

噬嗑

阐释施刑之道。

离上　咬合
震下　刑罚

【卦辞】噬嗑，亨。利用狱。

【译文】噬嗑卦，亨通。利于决狱断案。

噬嗑之天象图

上卦为离为火，下卦为震为雷，都是象征天阳。电闪雷鸣，击中物体使其燃烧，这就是噬嗑卦的卦象。电之明可以照物，震之威可以动物。噬嗑中有阳爻，象征咬合咀嚼，消除障碍。消除隔阂，才会亨通发达。所以卦辞说："噬嗑，亨。"

【解说】《序卦传》载："可观而后有所合，故受之以噬嗑。嗑者，合也。"意思是说，能够使人人仰慕，才能巩固领导地位，产生向心力，促成人人之间团结。

"噬"是咬，"嗑"是下颚与上颚合拢的样子；"噬嗑"是上下颚咬合，将吃的东西咬碎的意思。这一卦的卦象与颐卦相似，颐卦是张大口，上下颚相对，中间是空的形象，噬嗑卦，则在上下颚中间，加了一个阳爻，成为咬合咀嚼的形象，因此才这样命名。

这一卦的占断，是亨通。凡事不能亨通，必然中间有障碍。此卦将中间的障碍咬碎，当然就亨通了。卦形也象征刑罚，就是要铲除构成障碍的不良者。

本卦下卦"震"象征雷；上卦"离"象征火。火光照耀大地，象征光明。光明即能明察秋毫。《论语·子路》说："刑罚不能中肯，人民将手足不知所措。"强调刑罚必须明确公正。

这一卦的主体"六五"，柔爻居刚位，在外卦的中位，象征刚柔兼备，具备威吓、明察、适中的条件，因此，有利于执行刑罚。

噬嗑卦各爻所示自然之理

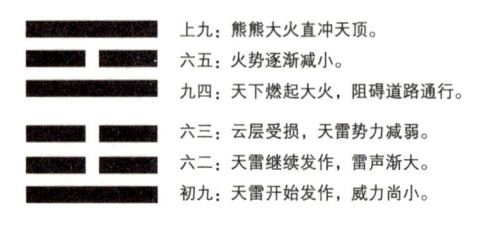

上九：熊熊大火直冲天顶。
六五：火势逐渐减小。
九四：天下燃起大火，阻碍道路通行。
六三：云层受损，天雷势力减弱。
六二：天雷继续发作，雷声渐大。
初九：天雷开始发作，威力尚小。

【彖传】彖曰：颐中有物，曰噬嗑，噬嗑而亨。刚柔分，动而明，雷电合而章。柔得中而上行，虽不当位，利用狱也。

【译文】《彖传》说：口中有物，这就是噬嗑卦的意象，经过咬合嚼碎才能亨通。刚柔兼济，执行法律严明，如雷电相合而事理彰显。"六五"柔爻占据中位向上运行，他处尊位虽不适当，但利于决狱断案。

【解说】这一卦的形象，是口中咬着东西，所以称作"噬嗑"。由于能咬合嚼碎，因此亨通。这一卦，阴阳各有三爻，象征刚柔相济。

由卦变来看，噬嗑卦由益卦变化而来。益卦的"六四"柔爻上升，到达"五"的中央位置；同时，原来在"五"位的刚爻，下降到"四"的位置，就成为噬嗑卦。若柔居上体，则言"上行"，若刚居下体，则言"来"。虽然"噬嗑"的"六五"，阴爻在阳位为不正，位置不当；然而，在上卦得中，对执行刑罚来说，仍然适当，所以有利。

【大象传】象曰：雷电，噬嗑。先王以明罚敕法。

【译文】雷电交加，这就是噬嗑卦的意象。先王受此启发，因而彰明刑罚，严正法律。

【解说】下卦"震"是雷，上卦"离"是火，即电，雷电交合，就是噬嗑卦的卦象，所以称作"噬嗑"。雷具备威吓力，火发出光明。古代的帝王观此卦象，效法这一精神，使刑罚彰明，法律严正。

噬嗑卦各爻所示人事指引

上九：[灭耳]罪行泛滥，必须施以重刑。
六五：[慎刑]恩威并济地施以惩戒，不可偏私。
九四：[艰贞]坚守正道，凡事三思而后行。
六三：[遇毒]摆正位置，减轻所受的伤害。
六二：[灭鼻]过失严重，必须施以严惩。
初九：[履校]小惩大诫，以免酿成大祸。

【爻辞】初九：屦（jù，音同"具"）校灭趾，无咎。

【译文】脚被戴上刑具，没过了脚趾，但没有大难。

【小象传】象曰：屦校灭趾，不行也。

【译文】脚被戴上刑具，没过了脚趾，"初九"不能行动了。

【解说】"屦"即履，这里作动词用，指穿在脚上。"校"（读jiào，音同"叫"）指枷。"屦校"是刑具穿在脚上。"灭"（读mò，音同"莫"），遮没的意思，不能释作创伤。

"初"与"上"，多指没有地位的人。此卦中，"初"与"上"是指受刑的人。"二"到"五"指有爵位的人，亦即施刑的人。《礼记·曲礼》说："刑不上大夫。"古代刑罚，只以庶民为对象，此爻即反映了这种情况。

"初九"相当于刑罚的开始,其罪行还不很严重,刑罚也轻,所以只罚戴脚镣,只遮没脚趾。为什么遭受刑罚而"无咎"?《系辞传》解释说:小的惩罚,使人戒惧,不敢犯大恶,对小人物来说,这就是福。这也就是说,恶行应及早制止,以免扩大,就可以避祸。《象传》说的"不行也",是警戒罪人勿在罪恶的路上走下去,指不再犯法的意思。

这一爻说明,对小罪要加以惩罚,以免蔓延成大恶。

【爻辞】六二:噬肤灭鼻,无咎。

【译文】施用刑罚就像吃肥肉,被割掉了鼻子,但没有大难。

【小象传】象曰:噬肤灭鼻,乘刚也。

【译文】施用刑罚就像吃肥肉,被割掉了鼻子,是因为"六二"凌驾在刚爻之上。

【解说】"肤",肥肉。如将肥肉盛在鼎中的祭品称"肤鼎"。

从爻位上看,"六二"阴爻凌驾于阳爻"初九"之上,所以《象传》载有"乘刚也"。阴卑阳尊,"六二"被"灭鼻",是因为他冒犯了阳尊。

这一爻,说明对稍微严重的犯罪必须重罚。

掩蔽其听
杜塞其明

左 右
耳 耳

阳噬阴 阴不灭
阴噬阳 阳不灭

变兑
毁鼻

左趾 右趾

噬嗑本以口为象
分而观之
则下有足械
上有何校象

□ 噬嗑身口象图

"噬嗑"本身是以口为象,而卦象上也体现了脚趾、鼻子、耳朵、眼睛,因为一身都是依赖口来养的。养之有道,则能得福,养之无道,则会得祸。如果祸多福少,是因为小人贪求的嗜好过多。"噬嗑"卦象先是电后是雷,电扬而雷震,正如舌头动而牙齿咀嚼,这是自然的道理。"噬嗑"卦与"贲"卦,都是腮中有物,"贲"卦取上颌停止之义,"噬嗑"取下颌运动之义。

【爻辞】六三:噬腊肉遇毒,小吝,无咎。

【译文】施用刑罚就像吃腊肉中毒,虽有小害,但无大难。

【小象传】象曰:遇毒,位不当也。

【译文】中毒,是因为"六三"所处位置不当。

【解说】"腊"（读"xī"，音同"昔"），坚刚之肉叫"昔"。今之"腊肉"，是将动物肉用盐浸腌后风干，并能存放较长时间，肉质同样坚硬。

"六三"阴爻柔弱，不在中位。而且阴爻在阳位为不正，所以《象传》说"位不当"。

腊肉能够存放较长时间，但时间太长也会腐烂变质。腊肉刚腐烂变质时，虽然有毒，但还不至于危及性命。古人以此作比喻，意思是："六三"中毒，是因为所处位置不当，但无性命之忧。

【爻辞】"九四"：噬干肺（zǐ，音同"子"）得金矢，利艰贞，吉。

【译文】施用刑罚就像吃带骨头的肉干一样艰难，肉中发现铜箭头，宜于在艰难中守正，吉利。

【小象传】象曰：利艰贞，吉，未光也。

【译文】宜于在艰难中守正，吉利，因为还未进入光明的境界。

【解说】"肺"是有骨头的肉，"干肺"比"腊肉"还要坚硬。"九四"接近君位，相当于断狱大臣；而且卦已经过了一半，罪恶扩大，必须施以严刑，相应地受刑者的反抗也会加强；因此，用咬"干肺"来比拟，以说明办最难办的案，制服最难制服的罪人。在这种困难的状况下，必须像金属一般刚强，像箭一般正直，坚守正道，最后才会吉祥。

"九四"阳爻，刚而且明，就难免过分果断；因而，必须警惕，不可轻

□ 九宫之图

图中交九宫之叙，即《洛书》之数也。一、三、七、九天数也，天数奇，奇之象圆参与三。其数左旋，始于一，居于正北。一三如三，故三次于正东；三三如九，故九次于正南；三九二十七，故七次于正西；三七二十一，而复于一。二、四、八、六地数也，地数偶，偶之象方两于二。其数右转起于西南。二二如四，故四次于东南；二四如八，故八次于东北；二八十六，故六次于西北；二六十二，而归于二。此阴阳左右运行自然之妙，而二七、四九易位，与《河图》不同者也。

图中一、三、五、七、九，而两仪、四象、八卦在其中矣。阳畅而阴和，阳实而阴虚，仪虽两而实三，象虽四而实五，卦虽八而实九，于以见天地间非阳不生、非阴不成，造化自然之本原也。

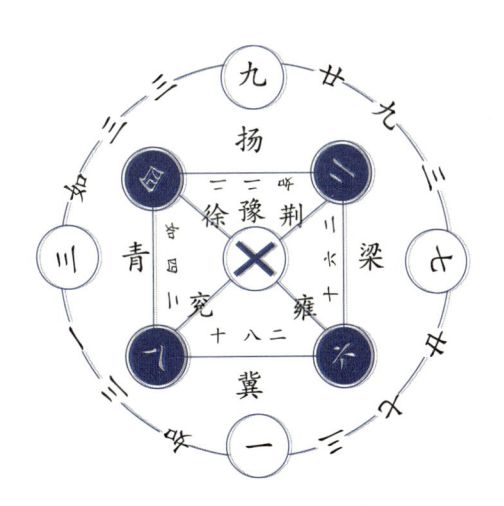

率。"九四"刚爻在阴位，易动感情；因而，以固守正道告诫。

这卦中，这是最好的一爻，但却以"艰贞"为条件，并不完全顺利。所以，《象传》说："未光也。"就是说尚未进入光明的境界。

这一爻强调，刑罚的困难，必须冷静果断，坚守正道，不可轻率。

【爻辞】六五：噬干肉，得黄金，贞厉无咎。

【译文】施用刑罚就像吃干肉，中毒，守正但感到危险，没有大难。

【小象传】象曰：贞厉无咎，得当也。

【译文】守正但感到危险，没有灾难，因为得正当之道。

【解说】"干肉"，指普通的肉干，与"腊肉"不同。"得黄金"，黄是中央之色，象征"六五"居中得中道，且在君位。金，刚物，有刚强的意思。"六五"以柔居刚，位于外卦至尊的中位，是君权刑罚，又能适中，自然易使人信服，所以用"噬干肉"比拟。裁决适中，又有刚毅的"九四"辅佐，不过，刑罚毕竟是不得已为之；因此，必须坚守正道，谨慎用刑，才不会发生过错。《象传》说：这是由于运用得当，因此才会"无咎"。也就是说，守正以防危险可免祸，这样就处事得当。

这一爻说明，刑罚是不得已的手段，必须刚柔并济，中正无私。

【爻辞】上九：何校灭耳，凶。

【译文】扛着刑具，割去耳朵，占断为凶险。

【小象传】象曰：何校灭耳，聪不明也。

【译文】扛着刑具，割去耳朵，是因为听不进告诫。

【解说】"何"同"荷"，是负荷的意思。"灭"是伤亡的意思。"聪"是指听觉敏锐。"上九"已达到刑罚的极限，罪大恶极，正如《系辞传》所说："累积的恶行，已经不可掩饰；罪状的重大，已经不可能消解。"爻辞说，颈上戴枷锁，割去耳朵，占断为凶险。《象传》说：被戴上木枷、割去耳朵，是因为他听不进告诫，终于犯了大罪。

这一爻告诫，犯罪到了泛滥的程度，结果必然凶险。

贲

阐释礼仪及返璞归真之道。

艮上　文饰
离下　归真

【卦辞】贲，亨。小利有攸往。

【译文】贲卦，亨通。有所行往可获小利。

贲之天象图

　　上卦为艮为山，象征地阴；下卦为离为火，象征天阳。山下有火，彼此相映，互为装饰，这就是贲卦的卦象。火在山下，明而止，意为文明而有节制。"贲"本意为装饰，只能依附于实质，因此只可获取小利。所以卦辞说："小利有攸往。"

【解说】"贲"是文饰的意思。这一卦，与噬嗑卦是"综卦"，上下相反，就是说恶要罚，善要饰，扬善罚恶，交互为用。《序卦传》载："物不可以苟合而已，故受之以贲。贲者，饰也。"物的聚合，必然有秩序与模式；人类也需要有礼仪与制度。这一卦,内卦"离"是明,外卦"艮"是止,以文明的制度,使每个人止于一定礼节,这就是人类集体生活必须的礼仪;所以称作贲卦。

由卦变来看,这一卦是损卦的"六三"与"九二"交换,或是既济卦的"上六"与"九五"交换,都是柔爻下降,装饰原来的刚爻;刚爻上升,装饰原来的柔爻;因而,命名为贲卦。

另外,损卦的"六三"与"九二"交换后,使内卦变成"离",这就是光明,因而亨通。并且,既济卦的"九五"与"上六"交换,使外卦变成"艮",即是上;外面有阻止,所以不可"大往",只能"小往"才有利。本来"贲"不过是装饰,虽然美化,毕竟附属于实质而存;因此,不能担当大任,也不可过分重视。

贲卦各爻所示自然之理

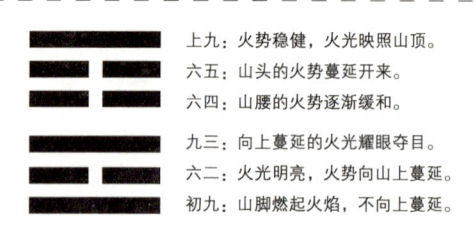

上九:火势稳健,火光映照山顶。
六五:山头的火势蔓延开来。
六四:山腰的火势逐渐缓和。
九三:向上蔓延的火光耀眼夺目。
六二:火光明亮,火势向山上蔓延。
初九:山脚燃起火焰,不向上蔓延。

【象传】 象曰:贲亨。柔来而文刚,故亨。分刚上而文柔,故小利有攸往,天文也。文明以止,人文也。观乎天文,以察时变;观乎人文,以化成天下。

【译文】《象传》说:贲卦亨通。柔爻下来文饰阳刚,所以亨通。阳爻上去文饰阴柔,所以行往可获小利,这就是天文。文明约束人类行为以止,这就是人文。观测天文,从而察知四时变化;观测人文,可以通过教化而成就天下之人。

【解说】 贲卦之所以亨通,是由卦变而来,损卦的"六三"柔爻下降,文饰原来的刚爻,所以亨通。又既济卦将"九五"刚爻割爱,上升文饰原来的柔爻;所以,前往某一个方向可以获得小利。将刚与柔交互文饰,犹如日月星辰的交互运行,成为天的文饰。这一卦,内卦"离"是明,外卦"艮"是止,文明约束人类行止,这就是人文。观察天文,以明察四季时序的变化,同样的,观察人的伦常秩序，可以教化天下，达到移风易俗的目的。

【大象传】象曰：山下有火，贲。君子以明庶政，无敢折狱。

【译文】山下有火，这就是贲卦的意象。君子从中受到启发，明察各项政务，不敢轻率折狱。

【解说】这一卦，上卦"艮"是山，下卦"离"是火，山下有火，是贲卦的卦象。火势被山阻挡，便不能蔓延。君子观此卦象，应当效法这一精神，明察政务中许多琐碎的小事，不轻率裁决诉讼。

内卦"离"是明，所以说明察庶政。外卦"艮"是止，即办案裁决都要谨慎，所以说不轻率折狱。

贲卦各爻所示人事指引

上九：	［白贲］	一切文饰都是虚无，应当返璞归真。
六五：	［重实］	相对外在的文饰，应更加重视实质。
六四：	［皤如］	文饰应注重实效，不在乎一时得失。
九三：	［永贞］	坚守正道，虽面对诱惑，也应及时抽身。
六二：	［贲须］	文饰应取法上者，与上位的人一同行动。
初九：	［贲趾］	身处下位，应贫贱不移，洁身自爱。

【爻辞】初九：贲其趾，舍车而徒。

【译文】文饰脚趾，舍弃车子不乘而徒步行走。

【小象传】象曰：舍车而徒，义弗乘也。

【译文】舍弃车子不乘而徒步行走，是说从道理上不能乘车。

【解说】趾是脚趾，人体的最低部分。"初九"阳刚，下卦"离"是明；因此，刚毅贤明的人，甘心在最下位，一心美化自己的行为，择善固守。这是装饰脚趾的形象。脚趾用来行走，行走与行为相通。像这样贫贱不移、洁身自爱的人，就是送给他不应当有的华丽的车，也不会坐，宁愿舍弃车，徒步行走。

《象传》说："舍车而徒"，是说从道理上不能乘车，因为"初九"柔居刚下，没有可以乘车的理由。

□ 贲天文之图

八卦的形成与天体运行所形成的季节更替有直接关系。贲卦在八卦中属艮宫。日为阳，月为阴，太阳月亮的运行照射，一阳一阴，孕育了万物。

这一爻，说明文饰应恰当。

【爻辞】六二：贲其须。

【译文】文饰胡须。

【小象传】象曰：贲其须，与上兴也。

【译文】文饰胡须，与上位的"九三"一同兴起、行动。

【解说】"须"指胡须。胡须在口边称髭，在两颊称髯，在下颌称须。贲卦"☰"以上的部分，其形状与颐卦相似，"六二"紧接在上面，相当于下颌的须。

《象传》说："六二"阴柔中正，与上方阳刚得正的"九三"接近，双方在上卦又都没有照应，因而异性相吸，关系密切，如果一起行动，便可得以同盛，就像须装饰下颌，与下颌一起行动一般。比拟人事，就是说，在没有应援时，应当追随接近的实权人物；就如"六二"文饰"九三"，和上位的人一同行动。

这一爻说明，文饰应取法上者。

【爻辞】九三：贲如濡如，永贞吉。

【译文】文饰光泽鲜美，长久守正吉利。

【小象传】象曰：永贞之吉，终莫之陵也。

【译文】长久守正吉利，最终不会有人凌驾于上。

【解说】"濡如"，是像须发打湿后的光泽。"陵"与"凌"同，指侵犯、欺侮。"九三"阳刚，在两个阴爻中间，被装饰得光泽柔润。贲至此已达到很盛的地步，因此叫做"贲如"。文饰太盛，未免有以文灭质之患，因此又叫"濡如"。然而，"六二"、"六四"都不是与"九三"相应的正当匹配，这样，虽然令人陶醉，却不能被诱惑，沉溺其中不能自拔只能坏事。所以，永远坚守正道，才能吉祥。《象传》说：永远守正则吉祥，这样才始终不会被人凌辱。

这一爻说明，不可被文饰迷失，要坚守正道。

【爻辞】六四：贲如皤如。白马翰如，匪寇婚媾。

【译文】文饰如白色的须发，白马如鸟儿般轻捷飞翔，不是盗寇，是来求婚的。

【小象传】象曰：六四当位，疑也。匪寇婚媾，终无尤也。

【译文】"六四"处于得正的位置，却心中多疑。不是盗寇，是来求婚的，最终不会有过失。

【解说】"皤如"，本来是指老人的白发，在此指不加修饰的白色。"翰如"，像鸟儿飞翔一般轻捷快速。"六四"本来与"初九"相应，应当相互装饰；可是，"九三"隔在中间，形成障碍，以致应当得到的装饰落了空。"六四"为了要与正当的配偶相聚，骑马如飞地奔驰前往，但"九三"阳刚得正，因此从中阻挡。"九三"并非敌寇，不过是想求婚。《象传》说："六四"因为"九三"的位置接近，因而怀疑其目的不正。可是"九三"并非逞强，只是求婚，"六四"阴爻居阴位得正，因而拒绝，最后不会怨尤。这就是说，在一时遭遇挫折，愿望达不到时，只要坚持初衷，最后仍然不会有怨尤。

这一爻说明，文饰重实效，不在一时得失。

【爻辞】六五：贲于丘园，束帛戋戋。吝，终吉。

□ 龙图天地已合之位图

上位象也，合一、三、五为"参天"，偶二、四为"两地"，积之凡十五，五行之生数也，即前象上五位。上五去四得一，下五去三得二，右五去二得三，左五去一得四，惟中五不动。《序言》载"天一居上为道之宗"者，此也。

下位形也，九、八、七、六，金、木、火、水之盛数，中见地十，土之成数也，即前象下五位。以中央六分开，置一在上六而成七，置二在下六而成八，置三在右六而成九，惟下六不配而自为六。《序言》载"六分而成四象，地六不配"者，此也。

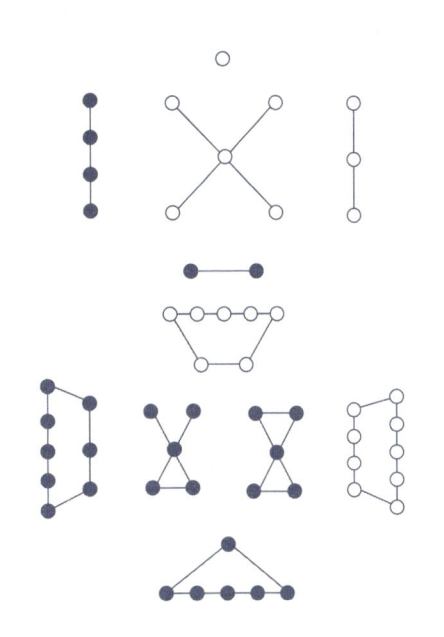

【译文】装饰山丘林园，送去微薄的束帛。有遗憾，但终会吉利。

【小象传】象曰：六五之吉，有喜也。

【译文】"六五"吉利，使人感到喜悦。

【解说】"束帛"是五匹一束的绢。"戋戋"是少的意思。

"六五"柔顺，在外卦得中，是这一卦的主爻。大凡装饰，内在实质，总重于外表的形式，"六五"在中央，象征重视内在实质，就像不去装饰人人注目的都市，而去装饰内在朴实的山丘林园。然而，"六五"阴爻，代表女性，女性则本性吝啬。以"六五"君王的地位，所赠送的礼物，不过是微薄的一束绢，当然寒酸吝啬；但礼轻人情重，实质重于装饰，虽然会小有遗憾，最后仍然会吉祥喜悦。

这一爻强调，实质应重过文饰。

【爻辞】上九：白贲，无咎。

【译文】装饰朴素，不会有什么过失。

【小象传】象曰：白贲无咎，上得志也。

【译文】装饰朴素，不会有什么过失，"上九"实现了返璞归真的愿望。

【解说】"上九"已是贲卦的极点，一切装饰，都由极端返回到一片空白，这就是所谓"绚烂之极而归于平淡"。上古时代的装饰反映的是当时的礼法制度。当礼法达到极致时，又恢复到朴素，所以说"白贲"。"上九"如果领悟到装饰的实质，恢复其本来面目，就会无咎。

上位无位，已是局外人立场。"上九"到达这一位置，已经领悟了一切，故放弃虚饰，悠然自得。所以《象传》说：这是"上九"实现了返璞归真的志愿。

这一爻强调，一切文饰都是虚无，应返璞归真。

剥

阐释应对败落的原则。

艮上　剥落
坤下　侵蚀

【卦辞】剥，不利有攸往。

【译文】剥卦，不利于有所行往。

剥之天象图

　　上卦为艮为山，下卦为坤为地，都是象征地阴。高山立于大地之前，这就是剥卦的卦象。从平顺的大地前进时，突遇高山。行动受阻，有剥落之象。这一卦是消息卦之一，象征九月，正是阳气剥落之时，不利于前行。所以卦辞说："剥，不利有攸往。"

【解说】《序卦传》载："致饰，然后亨则尽矣，故受之以剥。剥者，剥落也。"

　　"剥"是剥落、侵蚀的意思。一味注重文饰，到达极点，就完全形式化，成为虚饰，实质一无所存，不免就要剥落，进而返璞归真。这一卦，阴由下面成长，一连五个，残余的一个阳，也到了尽头，快要保不住了。剥卦也是消息卦之一，代表九月。

这一卦，阴盛阳衰；指小人得势，君子困顿的时刻。内卦"坤"是顺，外卦"艮"是止，顺从而不行动，这是剥落的情景；但大势所趋，只有顺从，谨慎隐忍；因此，此时不宜采取行动。

剥卦各爻所示自然之理

上九：崇山挺立，巍峨高耸。
六五：山从地面逐渐上升。
六四：地表剥落，山开始崛起。
六三：地表已被剥蚀殆尽。
六二：地表受到明显的剥蚀。
初六：地表开始受到剥蚀。

【彖传】彖曰：剥，剥也，柔变刚也。不利有攸往，小人长也。顺而止之，观象也。君子尚消息盈虚，天行也。

【译文】《彖传》说：剥，是剥蚀的意思，阴柔不断剥蚀改变了阳刚。不利于有所行往，是因为小人在生息长大。顺时而止，从观察卦象可以得到启发。君子推崇消长盈亏的自然规律而采取行动，这是符合天道运行规律的。

【解说】《彖传》说：剥是剥蚀的意思，是柔爻前进，侵剥阳刚，要使刚爻变成阴爻。君子不利于前往，因为象征小人的阴爻在增长。君子应当顺应时势，停止行动，这由内外卦的形象，就可以观得。君子应当明白，一切事物，必然有消长盈虚的现象，这是自然运行之道。

【大象传】象曰：山附于地，剥。上以厚下安宅。

【译文】山附着在平地上，这就是"剥"卦的意象。君子从中受到启发，要厚赐于下，培植根本，稳固统治的基础，才能安稳而居。

【解说】这一卦，上卦"艮"是山，下卦"坤"是地，山附着在平地上，这是"剥"卦的卦象。山本来高耸在地上，因为土剥落，才附着于地。以人事比

拟，在上位的人观此卦象，应当领悟这一道理，以宽厚的胸怀善待在下位的人，本身的地位才能安泰。因为世界上的一切事物，下层基础深厚，上层必然安泰，才不会发生剥落之象。这与《尚书》中"民惟邦本，本固邦宁"的思想一致。

剥卦各爻所示人事指引

上九：	［得舆］	身处危难时，支持德才兼备的君子。
六五：	［待善］	对严重剥落，应保持耐心，等待宵小改过自新。
六四：	［剥肤］	剥蚀已危及自身，必然凶险。
六三：	［远佞］	在剥落时，不可与小人同流合污。
六二：	［剥辨］	小人势力愈来愈强，邪恶将进一步侵蚀正直。
初六：	［剥足］	剥落是从下位开始，将渐及于上。

【爻辞】初六：剥床以足，蔑贞，凶。

【译文】剥蚀床腿，以邪灭正，凶险。

【小象传】象曰：剥床以足，以灭下也。

【译文】剥蚀床腿，因为消损了基础。

【解说】阴剥落阳，是由下方起事，"初六"是正当剥落的开始时刻，床从床腿开始剥落，邪恶开始侵害正直，因此凶险。《象传》说：剥蚀木床先剥床腿，这是因为剥落是从下开始，将渐及于上。

这一爻说明，剥落从下位开始，是渐进的。

【爻辞】六二：剥床以辨，蔑贞凶。

【译文】床板与床腿之间的榫（sǔn，音同"损"）头被剥蚀，占问有小凶险。

【小象传】象曰：剥床以辨，未有与也。

【译文】床板与床腿之间的榫头被剥蚀，是因为"六二"没有相助相应的人。

【解说】"辨"是床板的下方，床脚的上方。"蔑"，灭，没。剥落由下而

阳气之种

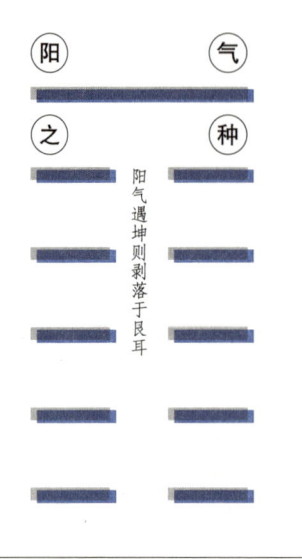

阳气遇坤则剥落于艮耳

□ 剥为阳气种图

复卦中最下一阳爻，即是剥卦最上一阳爻落于地下，因而有仅存的硕果没有被剥蚀的意象。因为它是"阳气之种"，是仅存的硕果，所以此阳爻就是种子，使树木于亥位生发，亥正好在八卦中属乾宫。树木有生命但还未开始生长，发芽则说明开始生长。还未发芽的种子，源于剥卦最上的一阳爻，而此时果实还长在树梢。

上，已到床身的下方，这就是，邪恶更进一步地侵蚀正直，愈加凶险。《象传》说：床板与床腿之间的榫头被剥蚀，已经危及床板，是因为"六二"没有相助相应的人。

这一爻说明，小人势力愈来愈凶。

【爻辞】六三：剥之，无咎。

【译文】剥蚀他，没有灾祸。

【小象传】象曰：剥之无咎，失上下也。

【译文】剥蚀他没有灾祸，是因为"六三"断绝了与上下阴爻的关系。

【解说】在这一卦中，唯一相应的是"六三"与"上九"。剥卦由"初"到"五"，都是阴爻，他们狼狈为奸，要剥落阳。只有"六三"不同流合污，要从狐群狗党中将自己剥落，脱身而出，并与"上九"的阳爻相呼应，支持君子行动，所以不会有灾祸。

"失"是断绝的意思。所以《象传》说："六三"与上下的阴爻断绝关系，结交"上九"的君子，因而无咎。

这一爻说明，在剥落的时刻，不可与小人同流合污。

【爻辞】六四：剥床以肤，凶。

【译文】床板已被剥蚀，危及到人的皮肤，凶险。

【小象传】象曰：剥床以肤，切近灾也。

【译文】床板已被剥蚀，危及到人的皮肤，灾难临近了。

【解说】《象传》说：到了"六四"，灾祸已经贴近"上九"本身了。床脚、床身都已剥落，现在到达床的表面，已危及到床上的人，必然凶险。

这一爻说明，小人的凶险已临身，没有闲暇讨论邪正，因此直接说凶。

【爻辞】六五：贯鱼，以宫人宠，无不利。

【译文】鱼贯而进，以宫人的身份受宠爱，没有不利的。

【小象传】象曰：以宫人宠，终无尤也。

【译文】以宫人的身份受宠爱，最终不会有过失。

【解说】"贯鱼"，是游鱼争进，头尾相衔，很有秩序。王弼注："贯鱼，谓此众阴也，骈头相次，似贯鱼也。""宫人"指后宫的嫔妃。"以"与率相同。"六五"在五个阴爻的最上方，又在尊位，所以她是皇后，其他的阴爻是嫔妃。"六五"率领后宫的嫔妃，像排列有序的鱼似的，按名分、依秩序，承受君王的宠爱，不会发生争风吃醋的不利现象。依照古时礼法，满月夜由皇后侍寝，满月前，由御妻、世妇、嫔、夫人，依身份由低开始侍君；满月后，由身份高的开始，依顺序每夜进御。这就是说，小人若能率领同伙从善，才不会有过失。所以《象传》说，率领宫女同受君宠，终无过失。

这一爻说明，剥落的时刻，无可救药，唯有期待小人改过从善。

【爻辞】上九：硕果不食，君子得舆，小人剥庐。

【译文】硕大的果实没有被剥蚀，君子得到车马，小人的房屋被剥蚀。

【小象传】象曰：君子得舆，民所载也。小人剥庐，终不可用也。

【译文】君子得到车马，因为受到

□ 龙图天地未合之数图

上位天数也，天数中于五分为五位，五五二十有五，积一、三、五、七、九亦得二十五焉。五位纵横见三、纵横见五，三位纵横见九、纵横见十五。《序言》载"中贯三、五、九，外包之十五"者，此也。下位地数也，地数中于六亦分为五位，五六凡三十，积二、四、六、八、十亦得三十焉。《序言》载"十分而为六，形地之象"者，此也。

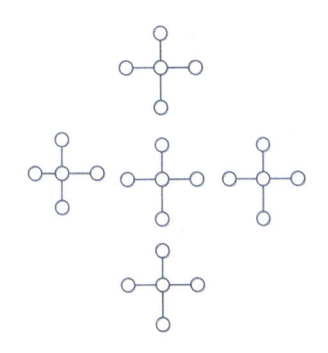

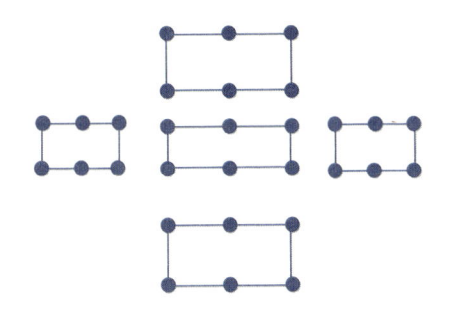

人民的负载。小人的房屋被剥蚀，是因为小人之道终不能用到最后。

【解说】"硕"是大的意思，"庐"指房屋。这一卦的卦形像房屋，一阳爻在上，是屋顶，其他的各爻是墙。到了"上九"，阳爻已经被剥落殆尽，只剩下了一个，硕果仅存，还没有被吃掉。言"不食"而不言"未食"，说明剩下一阳，并非诸阴不想食，是按照"消息盈虚"的天道规律，自然阳便不能尽剥。不过，"上九"变成阴，并非所有的阳就完全消失了，立即会由最下方的初爻，又产生一阳，成为复卦。即使是纯阴的坤卦，阳也没有完全消失，只不过还未显露。

总之，"上九"已是剥落的极点，是混乱已极的时刻，人民又渴望恢复太平，正期待有德有能的领袖出现。因而，当有德有能的君子出现在"上"的位置时，另外五个阴爻小民，就会兴奋，迫不及待地拥戴追随，就像得到可以乘坐的车。如果是阴险小人出现在上位，就成为极端的剥落，就像家的屋顶，也被剥落，仅存的硕果也保不住。所以，《象传》说：如果是君子，就受到人民的拥戴，在政位发挥作用；如果是小人，就连安身之所也会失去，真是没有指望了。

这一爻说明，在剥落的时刻，唯有支持君子，才能得救。

复

阐释在衰落中恢复的原则。

☷ 坤上　复归
☳ 震下　复来

【卦辞】复，亨。出入无疾，朋来无咎。反复其道，七日来复。利有攸往。

【译文】复卦，亨通。出行归来没有疾患，朋友来也没有灾祸。以七天为一个周期，来回复始。前往有利。

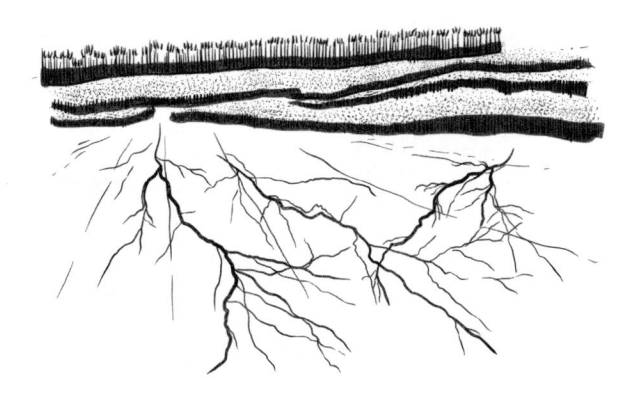

复之天象图

　　上卦为坤为地，象征地阴；下卦为震为雷，象征天阳。惊雷蕴藏于大地中，这就是复卦的卦象。复卦为十二消息卦之一，象征十一月。"复"是回来的意思，这里指阳气回复，同时象征正气回复，利于亨通。所以卦辞说："复，亨。"

【解说】复卦震下坤上，与剥卦是"综卦"，一剥一复，相互作用，卦形则上下相反。《序卦传》载："物不可以终尽，剥穷上反下，故受之以复。"

由卦形来看，剥卦的"上九"剥落，成为纯阴，代表十月的坤卦，这时，阴又在下酝酿，到了十一月的冬至，一个阳爻又在"初九"位出现，成为复卦。这样阴阳去而复返，使万物生生不息，所以亨通。由上下卦分开来看，内卦"震"是动，外卦"坤"是顺；阳在下方活动，而且阴在上方也很顺从，所以阳就自然而然地上升；因此出入没有妨碍，志同道合的朋友来，也没有灾难。

再由消息卦来看，复卦并不是直接从剥卦变来，从剥到复还须经过一个坤卦，到一阳复来的十一月的复卦，前后经过七个爻，将一爻看作一日。所以说，一阴发展到一阳复来，要历经"七日"。即是说，凶必定返回吉，危必定转为安，这是自然之道。

由这一卦开始，阳刚又开始增长，因此有利于积极行动。

复卦各爻所示自然之理

上六：植物成熟至极，开始凋零。
六五：植物成熟，结出累累果实。
六四：植物日渐成熟，开出花朵。
六三：植物不断成长壮大。
六二：植物长成小株。
初九：种子发芽破土。

【象传】象曰：复亨，刚反动而以顺行，是以出入无疾，朋来无咎。反复其道，七日来复，天行也。利有攸往，刚长也。复，其见天地之心乎？

【译文】《象传》说：复卦亨通，刚爻返回来，顺着轨道运动行进，所以说出行或返回都没有疾患，朋友前来也没有灾祸。在轨道上反复运行，以七天为一个周期，来回复始，这是天的运行规则。前往有利，是因为刚爻在向上增长。通过复卦，人们可以发现天地宇宙的运行规律。

【解说】复卦所以亨通，是由于阳刚在返回，再度生气蓬勃。并且，内卦"震"是动，外卦"坤"是顺，一阳发动，顺从自然规律向上行，因此，出入没有妨碍，朋友来也无咎。阴阳反复，是宇宙的自然法则。有利前往，是因为阳刚在生长。由这一复卦，就可以看出天地生生不息的意志。

儒家将"天地之心"解释为天地生生不息之心。但道家，则以"致虚极，守静笃，万物并作，吾以复观"的哲理，来解释天地之心。认为"有"的根本是"虚"；"动"的根本是"静"。但虚与有，静与动，并非绝对的，而超越虚与有、静与动之上，有相对的虚与静。宇宙万象，变化万千，这一切的有，必定由虚开始。动由静生；然后，又必定归于虚与静，这是宇宙的自然法则。唯有返回虚与静，才能看到天地之心。因而，天地的心是虚无、宁静，一无所有。老子的哲学思想，认为自然、人性的本来面目，都是最完美的，因而，在修养方面，也主张消除心知作用，使心空虚无知；摒除欲念，宁静沉默；只要返回到原来的虚无、宁静、一无所有的自然状态，就能看清一切。其实，"天地之心"正是"消息盈虚"，即不以人的意志为转移的自然规律。

【大象传】象曰：雷在地中，复。先王以至日闭关，商旅不行，后不省方。

【译文】雷在地中还没有出来，这就是复卦的意象。先王从中得到启发，冬至这天封关锁城，商人不得出关行走，君王也不到四方巡视。

【解说】这一卦，上卦"坤"是地，下卦"震"是雷，雷在地中，就是复卦的卦象。当阴阳相互激发时，才能产生雷，这时阳刚初起，力量不足以激发雷，还在培养时期，雷在地下，所以安静不动。因而，古代的君王观此卦象，应当在冬至这一天，将边界的关口关闭，不使行商通行，君王也不巡视四方。因为宇宙运行，在这时安静，人也要以静养动，不使初阳受到侵害。

在古代，国家大事，甚至君王的起居，都要因应季节决定。否则，人与天的行动不相配合，就会被认为将引起天灾。《礼记·月令》对配合每月天象的行事，详细地一一给予了规定，在十一月，君主就斋戒，隐蔽不出，以等待阴阳稳定。

复卦各爻所示人事指引

上六：[迷复] 恢复时期不能执迷不悟，要认清正道，顺势而为。
六五：[敦复] 恢复必须择善守正，以敦厚之心返回正道。
六四：[独复] 恢复时期，吉凶未定，必须坚持原则，为所当为。
六三：[频复] 恢复应当慎重，不可一错再错。
六二：[休复] 在恢复期，领导者应当亲贤能，远小人。
初九：[返正] 改过必须及时，才利于恢复。

乾坤交于亥而生阳于子

老阴数六少阳数七

数中于五六成于十
过则为七与一焉

□ 复七日图

此图讲复卦的演变过程。由乾卦经姤、遁、否、观、剥、坤，经过"七日来复"，再变为复卦，开始了"刚决柔"的过程。

【爻辞】初九：不远复，无祇（zhī，音同"知"）悔，元吉。

【译文】没走多远就返回正道，没有很后悔，大吉大利。

【小象传】象曰：不远之复，以修身也。

【译文】没走多远就提前返回正道，是为了修养自身。

【解说】"初九"是一阳复来这一卦的主爻，在卦的开始。"祇悔"，即大悔。事物在刚开始时，有过失，但不会严重，倘能够改善，不会有大的悔恨，最终得吉。所以说，不要走远就返回。《系辞传》引用这一"爻辞"说："颜回几乎没有过失。有不善，从来不会不知道；知道，从来不会再重犯。"这样当然不会后悔，大吉大利。

《象传》说：去之不远就返回，及早改过，修养自身，才是正道。

这一爻说明，改过必须及时，才利于恢复。

【爻辞】六二：休复，吉。

【译文】能够美好地返回，吉利。

【小象传】象曰：休复之吉，以下仁也。

【译文】能够美好地返回而获得吉利，是因为向下附合了仁德。

【解说】"休复"：休，即"美"、"好"。此句是承"初九"而言。"六二"柔顺中正，而且在"初九"的近邻，有从阳之志，犹如女子依附于男子。《象传》说："六二"向下附合了仁德的"初九"，具备了返回美和善的德性，所以吉利。

这一爻说明，在恢复时期，人君应当亲贤臣，远小人。

【爻辞】六三：频复，厉，无咎。

【译文】频繁地往返回复，有危险，但最终没有灾祸。

【小象传】象曰：频复之厉，义无咎也。

【译文】频繁地往返回复有危险，从道理上讲没有灾祸。

【解说】"六三"阴柔却在阳位，不中不正，又在内卦"震"即动的极点；所以，会把持不定。频频犯错，又频频改过。屡屡失败，当然危险。但每次都知道改过，所以《象传》说：频繁犯错有危险，但知错能改，从道理上讲应该没有灾祸。

这一爻说明，恢复应当慎重，不可一错再错。

【爻辞】六四：中行独复。

【译文】行至半路，独自返回。

【小象传】象曰：中行独复，以从道也。

【译文】行至半路，独自返回，以顺从正道。

【解说】"行"的本义是道路，"中行"与中途相同。"六四"被包围在群阴中，但其位得正，又只有他单独与"初九"相应，象征"六四"身在一群为非作歹的小人之间。在行进的中途，"六四"独自返回。《象传》说：这是为了改从正道。

这一爻辞没有吉或凶的断语。复卦，"初九"阳刚还非常微弱，还不能有所作为，吉凶还难以判断。然而，当在道义上不得不有所为时，吉凶就应当置之度外了。汉代董仲舒说："仁人正其义，不谋其利；明其道，不计其功。"这就是剥卦"六三"与复卦"六四"的寓意。

这一爻说明，在恢复时期，吉凶未定，必须坚持原则，为所当为。

【爻辞】六五：敦复，无悔。

【译文】怀敦厚之心返回正道，

□ 数体图

天地既交，数体以立。故天交于下，一居之，平视则北。地交于上，二居之，平视则南。三居东为阳，四居西为阴，五乃居中。自是六合一，七合二，八合三，九合四，十合五，一、二、三、四、五为自然之合，自一至十而数体备，由是而亿兆，皆十之积也。

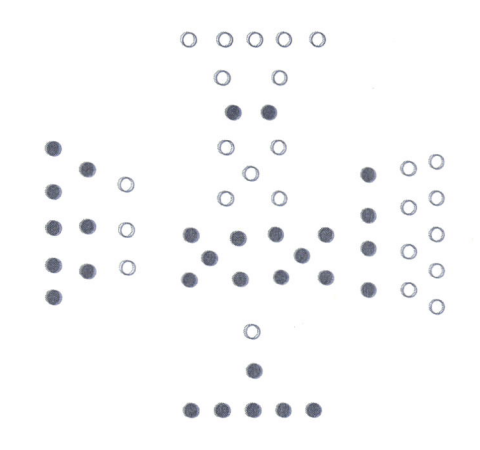

没有遗憾。

【小象传】 象曰：敦复无悔，中以自考也。

【译文】 怀敦厚之心返回正道，没有遗憾，是因为居中而能考察自省。

【解说】 "敦"即敦厚。"六五"在外卦"坤"的顺中得中，因而，中庸柔顺，又在尊位，当此返复的时刻，象征的是笃守原则，返回正道的人，当然不会后悔。

《象传》说：这是"六五"能以中庸之道自省。

这一爻说明，恢复必须择善守正。

【爻辞】 上六：迷复，凶，有灾眚（shěng，音同"省"）。用行师，终有大败，以其国君凶。至于十年，不克征。

【译文】 迷失归路，凶险，将有灾祸。若行军征战，最终有大败，国君也有凶险。今后十年也没有力量再出征。

【小象传】 象曰：迷复之凶，反君道也。

【译文】 迷失归路，遇到凶险，是因为背离了为君之道。

【解说】 "上六"阴柔不正，在复卦的极点，说明到最后还不能迷途知返，必然凶险，天灾人祸会相继而来。这时，若贸然行动，征战必败，其结果会累及国君，一直到十年之久，还不能讨伐敌人。

《象传》说：迷途不返有凶险，是因为背离了身为国君的阳刚复归之道。

这一爻说明，大势已到恢复时期，依旧执迷不悟，必然凶险。

无妄

阐释不虚妄的道理。

乾上　不虚伪
震下　望外

【卦辞】无妄，元亨，利贞。其匪正有眚，不利有攸往。

【译文】无妄卦，大通顺，占问有利。如果不守正道必有灾祸，前往不利。

无妄之天象图

上卦为乾为天，下卦为震为雷，都是象征天阳。天的下面有雷在运行，这就是无妄卦的卦象。雷在天下，依照自然规律运行。"无妄"意为没有胡思妄想、荒谬的行为，符合"元、亨、利、贞"四德。所以卦辞说："无妄，元亨，利贞。"

【解说】《序卦传》载："复则不妄矣，故受之以无妄。"妄与诚相反，是虚伪的意思。无妄，是没有虚妄的意思；阴即虚，阳即实。复卦指阴消之后阳又复长，复以后便是实，因此复卦之后接着是无妄。就是说依照道理，自然应当如此。《史记·春申君列传》中，将无妄写作"无望"，是不希望如此但却如此，是使人意外的意思。

由卦变来看，讼卦的"九二"与"初六"交换，成为无妄卦，讼卦的"九二"本来不正，降到初位才能得正；因为这一变动，由虚变实，自然而且合理，所以，称作无妄卦。

内卦"震"是动，外卦"乾"是健。这一卦的"九五"，刚健中正，又与内卦中正的"六二"相应。这样动而健的形象，非常吉祥，所以亨通、祥和、坚贞，四德具备。然而，若动机不纯正，将有灾祸，进取不利。

无妄卦各爻所示自然之理

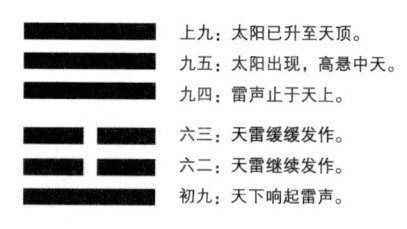

爻	自然之理
上九：	太阳已升至天顶。
九五：	太阳出现，高悬中天。
九四：	雷声止于天上。
六三：	天雷缓缓发作。
六二：	天雷继续发作。
初九：	天下响起雷声。

【象传】象曰：无妄，刚自外来而为主于内，动而健，刚中而应，大亨以正，天之命也。其匪正有眚，不利有攸往。无妄之往，何之矣？天命不佑，行矣哉！

【译文】《象传》说：无妄卦，刚爻从外卦来而成为内卦的主爻，行动刚健，阳刚居中而有应和，大通顺而且中正，与天道完全相应。若不正就有灾祸，前往不利。处于无妄之境而有所行往，出路在哪里呢？其行动是得不到上天佑助的。

【解说】无妄卦，是讼卦的"九二"，由外卦转来初位，成为无妄卦内卦的主爻。下卦"震"是动，上卦"乾"是健，此卦指行动刚健。"九五"刚爻得中，又与"六二"相应，所以大为亨通，有利守正，这就是天命。如果不正，即有弊害，就不能称作无妄。违背无妄的原则，要往何处去，那么就去吧，这是违背天命的，将得不到天的保佑。"天命不佑，行矣哉"，是说做事不符合规律，怎么能行得通呢？

【大象传】象曰：天下雷行，物与无妄。先王以茂对时，育万物。

【译文】天下雷声运行，这便是无妄卦的意象。先王从中得到启发，勉励百姓顺应天时，养育万物。

【解说】这一卦，上卦"乾"是天，下卦"震"是雷。天下雷动，阴阳相合，由此创生万物，并赋予合乎自然各不相同的本性，这就是无妄卦的卦象。因而，古代帝王观此卦象，就效法这一精神，配合季节时序，顺应自然，以养育万物。

"茂"，勉励。"对"，针对，顺应。古人重"时"，中国很早就实行的朔政制度规定，必须按季节安排活动，尤其是农事活动，各个季节做相应的工作，不可违背天时。

无妄卦各爻所示人事指引

上九：	[去妄]	已达穷途末路，前行遇灾，不逞强才能去除虚妄。
九五：	[勿药]	偶有小恙，不必服药也会康复，否则病情反而加重。
九四：	[守正]	刚健无私就是没有虚妄，坚守正道才能避灾免祸。
六三：	[招灾]	没有虚妄并不一定就能得到善报，祸福时常难以掌控。
六二：	[未富]	无妄就是在眼前做好分内的事，不存非分之想。
初九：	[无妄]	动必以天，行必守正，其志向方能得以实现。

【爻辞】初九：无妄，往吉。

【译文】没有虚妄，前往吉利。

【小象传】象曰：无妄之往，得志也。

【译文】没有虚妄，前往吉利，其志向得以实现。

【解说】"初九"阳刚，是内卦的主爻。原来讼卦不正的"九二"，降到初位得正，成为无妄卦的主体；因而刚毅、无妄，前往当然吉祥。所以，《象传》说：不妄为前往，才能得遂心愿。

这一爻说明，动必以天，行必守正，必然有利。

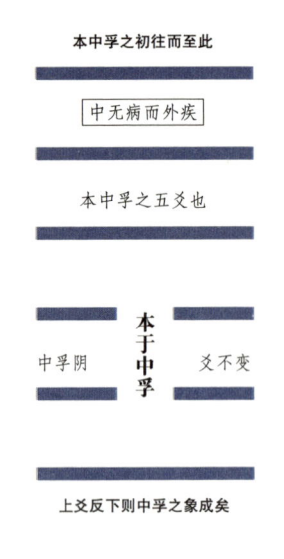

```
本中孚之初往而至此

中无病而外疾

本中孚之五爻也

中孚阴    本于中孚    爻不变

上爻反下则中孚之象成矣
```

□ **无妄本中孚图**

《周易》的每一卦象主要是阐述事物的变化及对应关系，如"中孚"卦用"诚为根，信为本"的概念，概括群体之道、治理之道、经营之道、谋略之道、处世之道和应变之道的思想内涵，这与"无妄"卦中刚健中正、依道而行、应天顺人、德美化行的卦意相应，把卦象与人的道德联系起来。

【爻辞】六二：不耕获，不菑（zī，音同"资"）畬（yú，音同"鱼"），则利有攸往。

【译文】不期望不耕耘就有收获，不期望刚开垦的田地就能丰收，这样，前往有利。

【小象传】象曰：不耕获，未富也。

【译文】不期望不耕耘就有收获，因为心中没有在意富贵。

【解说】"菑"，是开垦后一年、已经不生草的田；"畬"，是开垦后第二年的田，土质已变柔和。开垦后三年田，称作新田，已经是能够收获的熟田了。

"六二"柔顺中正，因应天时，顺应天理，没有分外的欲望，所以悠然自得，一切听其自然，而不强求。这种没有过分欲望的态度，就是无妄；所以，不期望不耕耘就有收获，不期望刚开垦的田地就能丰收。人如果奢望不劳而获，就是僭妄。听其自然，但求耕耘，不问过分收获，才能称得上无妄。所以，《象传》说：春不耕耘，秋不收获，是说"六二"未曾谋求富裕。

这一爻说明，无妄就是在眼前做好分内的事，不存非分之想。

【爻辞】六三：无妄之灾，或系之牛，行人之得，邑人之灾。

【译文】无缘无故碰到倒霉事，就如同拴着的一头耕牛，被路人牵走了，给村里人带来了损失。

【小象传】象曰：行人得牛，邑人灾也。

【译文】路人把牛牵走了，这是村里人的损失。

【解说】这一卦的六爻，都是无妄，但无妄并不一定就有好结果。"六三"阴爻在阳位不正，因而，遭受难以想象的无妄之灾，就像拴在村中的牛，被路人顺手牵走，村里的人蒙受了损失，受到诘问拘捕。这种无缘无故的灾害，难以预防。

这一爻，说明没有虚妄并不一定就能得到善报，祸福有时也难以掌控。

【爻辞】九四：可贞，无咎。

【译文】能够保持正固，就没有灾祸。

【小象传】象曰：可贞无咎，固有之也。

【译文】能够保持正固，就没有灾祸，这是因为"九四"自身具有正固。

【解说】"九四"阳刚，是上卦"乾"即健的一部分，所以刚健。"九四"在下卦没有相应和的朋友，表示没有私人之间的交往。这样刚健无私，也就是无妄。固守无妄的正道，所以没有灾祸。《象传》说：这种固守正道的德行，是"九四"原本就有的。此爻告诉我们，只有固守正道才能确保无灾祸。

这一爻说明，刚健无私就是没有虚妄。

【爻辞】九五：无妄之疾，勿药有喜。

【译文】无缘无故的疾病，不必服药，病也会好。

【小象传】象曰：无妄之药，不可试也。

【译文】无根无据的药，不可试服。

【解说】"九五"在上卦"乾"的中央，刚健中正，在尊位，又与下卦中正的"六二"相应，在无妄卦中，是最好的一爻。得此爻，就具备了君子的德行。为人不虚妄，正像健康的身体，虽然偶有小疾，也不必服药，只要守正安常，泰然处之，同样会康复。"有喜"指疾病不药自除。否则，会破坏正常的生命节律，成为

□ 数用图

体十而用九，理之自然。九可变，十不可变。今之因乘法可见也。其数一北而二南，阳三而阴二。阳左旋，阴右转。一在北。一而三之，三在东。三而三之，九在南。九而三之，七在西。七而三之，一复其本。二在西南。二而二之，四在东南。四而二之，八在东北。八而二之，六在西北。六而二之，二复其本。阴阳数交，自然定位，不可易置其一，而妙用无穷。或曰，一北二南，今二何为在西南？曰，是亦南也。阳数居四方，故阴数居四维，犹坎、离居中，而乾、坤居其旁。此图之形也，识者当以礼观。八数析位，因奠八方，五运于中，九位备矣。

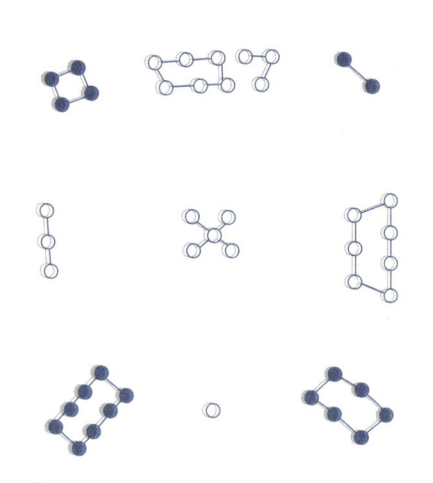

虚妄，反而使病情加重。

这一爻说明，不造作就是没有虚妄。

【爻辞】上九：无妄，行有眚，无攸利。

【译文】没有虚妄，行动也有灾祸，因此不利于有任何行动。

【小象传】象曰：无妄之行，穷之灾也。

【译文】没有虚妄，前行也要遇灾，这是由于"上九"已处于穷途末路。

【解说】"上九"绝不是虚伪的有妄，然而，由于位于无妄卦的极点，却位处穷极，不可向前。所以《象传》说：上九不妄为而动也有灾祸，是因为"上九"此时已经处于穷途末路之境，无处可往，强行前往则有灾。

这一爻说明，不逞强才能去除虚妄。

大畜

阐释君子养德蓄贤、应天行道的原则。

艮上　大蓄积
乾下　大阻止

【卦辞】大畜，利贞。不家食吉，利涉大川。

【译文】大畜卦，有利于占问。不在家闲居而食禄于朝廷，吉利，利于涉渡大川。

大畜之天象图

　　上卦为艮为山，象征地阴；下卦为乾为天，象征天阳。大山无所不包，甚至天也蕴藏其中，这就是大畜卦的卦象。大山敦厚，能蕴藏天下万物，"大畜"意为大的积聚，象征趋于完善，利于坚守正道。所以卦辞说："大畜，利贞。"

【解说】大畜卦，与无妄卦是"综卦"，卦形上下相反。没有虚妄就必然积善，要积善就必然没有虚妄，两卦相互为用。《序卦传》载："有无妄，然后可畜，故受之以大畜。"

"畜"，有蓄积与停止两种含义。内卦"乾"是纯阳的卦，外卦"艮"，阴多阳少，但也是阳卦。阳是大，所以说"大畜"。"乾"是健，"艮"是止，刚健前行的乾卦，被艮卦阻止，被阻止的对象大，阻止的力量也大，因此成为很大的阻碍，有蓄聚之象。这就是其被称作大畜卦的原因。另外，大畜卦内外卦都具备阳刚的德行，因而道德蓄积也很大。

由卦象来看，大畜卦是由需卦的"上六"与"九五"交换而成。就是说，大畜卦的"六五"本来在"上"位，但礼贤下士，将贤者抬举到自己的上方，不是坚守正道，这就是难以做到的，所以说"利贞"。"不家食"，是说不在家里吃自己耕种的粮食，而去做官吏接受俸禄。"六五"是招贤纳士的明君，贤者投奔于他，到朝中任官，协助君王治理天下，当然吉祥。本卦预示的，正是这一大有作为的时期。

"六五"又与内卦的"九二"阴阳相应，内卦"乾"是天，因而"六五"应天行道，没有任何艰险不能克服。因此，有利于冒险涉过大河。

大畜卦各爻所示自然之理

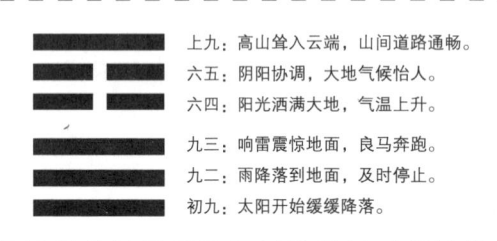

上九：高山耸入云端，山间道路通畅。
六五：阴阳协调，大地气候怡人。
六四：阳光洒满大地，气温上升。
九三：响雷震惊地面，良马奔跑。
九二：雨降落到地面，及时停止。
初九：太阳开始缓缓降落。

【象传】象曰：大畜，刚健笃实辉光，日新其德。刚上而尚贤，能止健，大正也。不家食吉，养贤也。利涉大川，应乎天也。

【译文】《象传》说：大畜卦刚健厚实，辉光交映，气象日新。刚爻居上，崇尚德行的高尚之人，又能停止刚健，使他不至于过于刚健，即得大畜之正道。不在家闲居而食禄于朝廷，这说明君子善于蓄养贤者。所谓利于涉渡大川，这体现了君主能够顺应天道的胸襟。

【解说】这一卦，下卦"乾"刚健，上卦"艮"停止，在应当停止的时刻停止，所以是笃实。由于具备刚健笃实的美德，所以光辉，而且气象日新。原来是"需卦"阳刚的"九五"，此时上升到"上"位，成为大畜卦，说明大畜卦的"六五"尊重贤者。而且，外卦"艮"是笃实，内卦"乾"是刚健，上下两体交互影响、渗透，辉光照映，使其才德逐日提高、蓄实。不坐食在家中，而且出仕为朝廷效力，一生吉祥，这是因为"六五"作为君王有崇高的德行，能任用贤能。《彖传》说：有利于冒险涉过大河，是因为"六五"与下卦的"九二"相应，下卦"乾"是天，顺应天理，当然能克服艰险，涉过大河。

【大象传】象曰：天在山中，大畜。君子以多识前言往行，以畜其德。

【译文】天被包容在山中，这就是大畜卦的意象。君子从中受到启发，应该记取前贤的言论事迹，以积蓄自己的美德。

【解说】下卦"乾"是天，包藏在上卦"艮"，即山中。天在山中，这就是大畜卦的卦象。君子观此卦象，应当效法这一精神，不断在道德学问等诸方面充实、蓄积，多领会前贤的言论行为，使自己的道德学问大有长进，并以此增长才干。

大畜卦各爻所示人事指引

上九：[疏通] 最有效的阻止方法是不阻止，而且提供更多疏通的道路。
六五：[除患] 问题形成之后再来阻止，必须抓住关键时机。
六四：[防患] 最有效的阻止方式，是止于未然。
九三：[艰贞] 在艰险之中谨慎前行，做好及时停止的万全准备。
九二：[机警] 积蓄更应当机警，需要停止时，应断然停止。
初九：[谨慎] 积蓄应当谨慎，得意时不可冒险前往。

【爻辞】初九：有厉，利已。

【译文】有危险，宜于止步不前。

【小象传】象曰：有厉利已，不犯灾也。

【译文】有危险，宜于止步不前，不要去招惹灾祸。

【解说】"已"是"止"的意思。内卦"乾"是健，三个阳爻，都勇往直

```
五谦虚权归上
乾
贞
```

□ **大畜吉凶图**

大畜卦谈的则是道德和智慧的蓄聚、培养，这可以说是人生最大的蓄聚，所以称之为"大畜"。德智的蓄养只有"守正"才会带来利益，这就是"利贞"的原则。"正"的概念，既包含自然原理的"真"，又包含社会伦理的"善"。"真"与"善"方为"正"，"伪"与"恶"则为"邪"。这样，以正道蓄聚德智，才是最大的财富，是物质、金钱所无法比拟的"大畜"。

前，但被外卦"艮"阻止。相对的，内卦的三个阳爻，是被阻止者，外卦的三个爻是阻止者。而且，"初九"与"六四"阴阳相应。这就是说，"初九"被"六四"阻止，以致前进有危厄，只有停止才会有利。《象传》说：有危险，宜于止步不前，不要去招灾惹祸。

这一爻说明，蓄积应当谨慎，得意时不可冒险前往的道理。

【爻辞】九二：舆说輹。

【译文】车厢从车轴上脱下来。

【小象传】象曰：舆说輹，中无尤也。

【译文】车厢从车轴上脱下来。但因"九二"居中，处世稳妥，故没有过失。

【解说】"舆"是车厢，"輹"是连接车厢与车轴的零件。"说"通"脱"。"九二"被相应的"六五"阻止，但"九二"在内卦得中，不偏激，能见机行事，会自动停止不前，就如轴与车分离，不能前进。看似不吉的断言，但《象传》说，因为"九二"得中，能够采取中庸的态度，及时停止，所以不会有过失。

这一爻说明，蓄积更应当机警，当需要停止时，应断然停止。

【爻辞】九三：良马逐，利艰贞。日闲舆卫，利有攸往。

【译文】骑着良马追逐，在艰险中坚守正道，才会有利。每日练习驾车护卫，有利于前往。

【小象传】象曰：利有攸往，上合志也。

【译文】有利于前往，因为符合"上九"的意愿。

【解说】"九三"纯阳，《说卦》载："乾为良马"，即指此。"日"，每日、经常。"闲"是指学习、训练。"舆"，作动词，指驾车。"卫"，防卫。

"九三"阳刚，在下卦"乾"，即健的极点，在上卦应当相应的"上九"，也是阳刚，而且在艮卦，又是止的极点，表明前面极端阻塞，难以通行。然而，"九三"与"上九"都是阳爻；"九三"骑着良马在追逐"上九"，二者都不会停止前进。可是，"九三"过于刚健，过分冒进，就可能陷入危险；因此，必须自己警觉艰险，坚守正道，才会有利。就像在追逐敌人之前，要先训练驾车的车夫，护卫的战士，并且使自己的车确实坚固耐用，再前往追逐，这样才会无咎。

《象传》说："九三"不停地前行，符合"上九"的意愿，因而"上九"不会阻止"九三"前进的步伐。

这一爻说明，在艰险中前行必须谨慎，应有可以及时停止的万全准备。

【爻辞】六四：童牛之牿，元吉。

【译文】小牛角上缚着防止顶人的横木，大吉大利。

【小象传】象曰：六四元吉，有喜也。

【译文】"六四"大吉大利，有喜庆。

【解说】"童牛"是还没有长角的小牛，"牿"是装在牛角上的横木，以防触伤人。"六四"阻止"初九"，但"初九"在最下位，力量弱，正像没有角的小牛，又装有防止触人的横木，因此"六四"毫不费力，就将"初九"阻止。这就是说，当恶行初始，还没有形成气势之前，尚容易将其阻止。《礼记·学记》中说：还没有发生，就要预先禁止。能防恶于未然，因此大吉。

这一爻说明，最有效的阻止方式，是止于未然。

□ 旧有此图（太极）

太极未有象数，唯一气耳。一气既分，轻清者上为天，重浊者下为地，太极生两仪也。两仪既分，则金、木、水、火、土四方之位列，两仪生四象也。水数六，居坎而生乾；金数九，居兑而生坤；火数七，居离而生巽；木数八，居震而生艮。四象生八卦也。

【爻辞】六五：豮（fén，音同"焚"）豕之牙，吉。

【译文】面对阉割了的公猪嘴里的牙，吉利。

【小象传】象曰：六五之吉，有庆也。

【译文】"六五"吉祥，是因为有喜庆。

【解说】"豮豕"是去势的猪。去势，即把公猪的睾丸阉割下来。"六五"要阻止"九二"，但"九二"比"初九"的力量强，因此用猪的牙打比方，但此时已经不容易阻止了。然而，"六五"柔顺中庸，在尊位，对面前有利牙的猪，并不正面阻止，而是找机会将猪去势，使其性情变得温柔，这样，就是有牙也不可怕了。即，凡事要用釜底抽薪的方法，才能从根本上解决问题，运用在政治上，也是如此。不过，这一爻只说吉，而不说大吉；因为当恶行已经形成，再去正本清源，毕竟不是防患于未然。

这一爻说明，问题形成之后再来阻止，必须抓住关键时机。

【爻辞】上九：何天之衢，亨。

【译文】位当四通八达的天街大道，亨通。

【小象传】象曰：何天之衢，道大行也。

【译文】位当四通八达的天街大道，道可大行无阻。

【解说】"何"同"荷"。"衢"本义是四通八达的道路。"上九"已经到了阻止的极点，不能再阻止刚健的下卦，莫如让其自由通过，就像浮在空中，肩负着通天大道，使下卦都畅通无阻。《象传》说：能像在天空一般畅通，使人人各尽所能，各取所需，用这种方法，大畜之道必然就可大行天下了。

这一爻说明，最有效的阻止方法是不阻止，而且提供更多疏通的道路，即进入自由之境。

颐

阐释颐养之道。

艮上　口
震下　养

【卦辞】颐，贞吉。观颐，自求口实。

【译文】颐卦，占问吉利。看他的脸色，就知道他能够自己谋生。

颐之天象图

　　上卦为艮为山，象征地阴；下卦为震为雷，象征天阳。高山下有惊雷响动，这就是颐卦的卦象。上止下动，正如饮食说话，主要是下颌动，上颌不动。"颐"与饮食相关，是养的意思。颐养只有采取正当方式，才能吉利。所以卦辞说："颐，贞吉。"

【解说】《序卦传》载："物畜然后可养，故受之以颐。颐者，养也。"

　　颐卦的形状，像是张开的口，上下牙齿相对，而且上止下动，就像人在吃饭，食物由口进入体内，供给营养，因此，有养的含义。将这一卦上下分开来看，上卦"艮"是止，下卦"震"是动。一个人能够自己谋生，自食其力，这是颐养的正道，当然吉祥。

观察一个人的颐养之道以及他自己如何谋生糊口，可以借此窥见他生活的另一面。卦辞强调颐养之道必须正当，才能吉祥。

颐卦各爻所示自然之理

上九：山顶的雷声响彻大地。
六五：雷声在山头徘徊。
六四：雷声迅速地延至山上。
六三：山腰响起雷声，仍有危险。
六二：山脚响起雷声，有危险。
初九：山下响起惊雷。

【彖传】彖曰：颐，贞吉，养正则吉也。观颐，观其所养也。自求口实，观其自养也。天地养万物，圣人养贤以及万民，颐之时大矣哉！

【译文】《彖传》说：颐卦所说的贞吉，是指以正道养生就吉利。观颐，是观察他如何养人，也观察他自养的方式。自己谋求食物，就是看他如何颐养自己。天地养育万物，圣人养育贤能者以及万民，颐卦的顺随天时的思想真是太宏大了！

【解说】颐卦，是说养人养己都须正当，这样才能吉祥。但正与不正并没有不变的标准，所谓正，全因所处时宜而定。"观颐"，是指观察他养人的方式。"自求口实"，是说观察他自己如何养活自己。"口实"，颐中物，谓其自养。天地养育万物，圣人养育贤能，并普及万民。天地万物都有自身兴衰的规律，四时阴阳的交迭，没有失位就是正，因此可见，养育也应因时制宜，颐的道理真是太伟大了！

【大象传】象曰：山下有雷，颐。君子以慎言语，节饮食。

【译文】山下有雷，这就是颐卦的意象。君子从中得到启发，应该谨慎言语，节制饮食。

【解说】这一卦，上卦"艮"是山，下卦"震"是雷，春雷在山下震动，是颐卦的卦象。君子观此卦象应当效法这一精神，言语谨慎，以修养德行；节制饮食，以荣养身体。

颐卦各爻所示人事指引

上九：[由颐]如果供养是广大的善行，值得冒险。
六五：[拂经]求养只要动机纯正，即使违背常理，也可权宜行事。
六四：[颠颐]求养只要光明正大，便不妨取之于民，当然也当用之于民。
六三：[拂颐]求养于上，颐养的手段不正当，即使目的正当也凶险。
六二：[循常]求养必须依循常理，不可违背原则。
初九：[自颐]自身有足够的才智，就不必求养于外。

【爻辞】初九：舍尔灵龟，观我朵颐，凶。

【译文】舍弃你手中的灵龟，看我嘴中咀嚼的食物，凶险。

【小象传】象曰：观我朵颐，亦不足贵也。

【译文】看我嘴中咀嚼食物，不能使自己富贵。

【解说】"龟"在古代用以占卜，龟可以多日不吃不喝，因此称"灵龟"。"朵"原义是树枝下垂，"朵颐"是下颚下垂，张口想吃东西的样子。"尔"指"初九"，"我"指"六四"。

"初九"阳刚，在最下位，是指社会下层中性格刚毅的人，论其才智，正如灵龟那样可以自养而不求养于外。"初九"却与"六四"小人相应，以致生贪，求养于外，结果凶险。

这一爻说明，临渊羡鱼，不如退而结网的道理。

【爻辞】"六二"：颠颐，拂经，于丘颐，征凶。

【译文】求养于下，违背了常理，到高坡上去乞求人家施舍，前往凶险。

【小象传】象曰：六二征凶，行失类也。

【译文】"六二"前往有凶险，因为他背离了养生的正道。

【解说】"颠"是颠倒。颐卦六爻中讲颠的是求养于下，讲拂的是求养于

艮止
于上

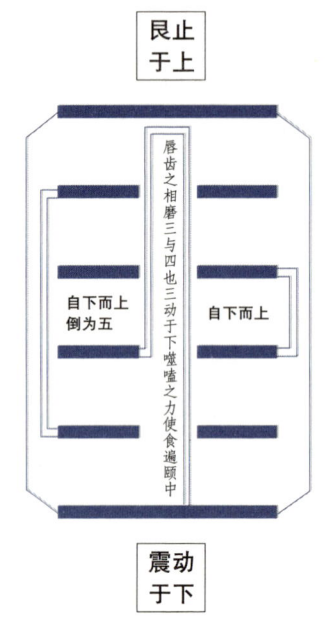

唇齿之相磨三与四也三动于下噬嗑之力使食遍颐中

自下而上倒为五　　自下而上

震动
于下

黑晕明龟象也　离为龟亦此意

□ 颐灵龟图

灵龟食欲不强，能够吐纳气息而致长寿。"初九"以刚居阳位得正，本可像灵龟那样以内质自养而不求养于外食。然而由于它象征下颚主动，易起口腹贪欲之心，又与"六四"相应，犹如以阳刚之实求养于阴虚。所以爻辞说：放弃了养生正道，贪于口腹之欲，必然是凶险的。

上。"拂"是违，"经"是常，"拂经"是违反常理。"丘"是高地，指"上"位。"六二"阴柔，象征女人不能单独生活，必须依附阳性的男人。于是，"六二"便求养于"初九"。然而，寻求在下方的"初九"供养，是颠倒违背常理的事情，因此又想寻求"上九"供养。但"上九"的地位太高，而且与"六二"不相应，没有供养的义务，前往必有凶险。《象传》说："初九""上九"都不与"六二"相应，并非同类；因此，向"上九"求养也不会有结果，而且危险。

这一爻说明，求养必须依循常理，不可违背原则。

【爻辞】六三：拂颐，贞凶。十年勿用，无攸利。

【译文】求养于上，虽为正应却也凶险。十年中得不到供养，向前发展无利。

【小象传】象曰：十年勿用，道大悖也。

【译文】十年中得不到供养，是因为从根本上背弃了颐养之道。

【解说】"六三"阴柔，不中不正，而且在下卦"震"即动的最高位置，象征不正当的行为已到极点。"六三"为达到目的，会不惜采用任何手段，这就违背了颐养的正道。由于颐养的手段不正当，即使颐养的目的正当也凶险；以致"六三"在今后十年的漫长时间里得不到供养。《象传》说：十年勿用，是因为完全违背了颐养之道。

这一爻，说明求养必须选择正当的手段。

【爻辞】六四：颠颐，吉。虎视眈眈，其欲逐逐，无咎。

【译文】求养于下，吉祥。像老虎一样目不转睛盯着猎物，追逐欲望强烈，没有灾祸。

【小象传】象曰：颠颐之吉，上施光也。

【译文】求养于下，吉祥，是因为上面施舍的恩泽广大。

【解说】"眈眈"，形容虎往下注视的样子。"逐逐"，形容急于得到的样子。"六四"阴柔，虽然在上卦处于养人的地位，可连自己也不能养，也只好颠倒向下求养于"初九"。不过，"六四"与"六二"不同，"六四"与"初九"都得正，而且阴阳相应，以柔顺正当的"六四"就养于刚正的"初九"，反而是理所当然的，所以说吉祥。然而柔弱的在上者，求养于刚强的在下者，就会有被在下者轻视的可能。因而，"六四"必须虎视眈眈，威而不猛，而且，要求必须愈来愈严格，才能确保无咎。《象传》说："六四"反过来向"初九"求养，是为了施与广大民众，为养天下而受了委屈，当然无咎。

这一爻说明，求养只要光明正大，便不妨取之于民，当然也当用之于民。

【爻辞】六五：拂经，居贞吉，不可涉大川。

【译文】违背颐养的常理，家居吉祥，但不可涉过大河。

【小象传】象曰：居贞之吉，顺以从上也。

【译文】家居吉祥，是因为顺随上面的意图。

【解说】"六五"阴柔不正，虽然在君位，却不能供养天下，只好求助于阳刚的"上九"；这样

□ 古太极图

正南纯阳方也，故画为乾；正北纯阴方也，故画为坤；画离于东，象阳中有阴也；画坎于西，象阴中有阳也；东北阳生阴下，于是乎画震；西南阴生阳下，于是乎画巽；观阳长阴消，是以画兑于东南；观阴盛阳微，是以画艮于西北也。

做，当然违反常理。不过，只要出发点是为了供养天下，动机纯正，坚持正道，就会如《象传》所说，柔顺地依从"上九"，信任对方，坐待成功，也会吉祥。"六五"阴柔，自己没有力量，不可以冒险行动。

这一爻说明，求养只要动机纯正，可以权宜行事。

【爻辞】 上九：由颐，厉吉。利涉大川。

【译文】 顺应颐养之道，虽经危难，但终获吉祥。有利于涉过大河。

【小象传】 象曰：由颐厉吉，大有庆也。

【译文】 顺应颐养之道，虽经危难，但终获吉祥，大有喜庆。

【解说】 在君位的"六五"，依赖"上九"以养万民，所以说，万民实际上是由"上九"所养。"上九"没有进位的可能，如果由于受君主信任，竟然凌驾于君主，不能不戒慎恐惊，以保吉祥。然而，"上九"刚毅，又在最上位，因此能够排除一切困难，毫无忌惮地救济万民。因此，《象传》说：大有吉庆。

这一爻说明，如果供养是广大的善行，也值得冒险。

大过

阐释置身非常时刻，应该采取非常之举的原则。

☱ 兑上　大的过度
☴ 巽下　非常行动

【卦辞】大过，栋桡。利有攸往，亨。

【译文】大过卦，栋梁弯曲将坍塌。有利于前往，亨通。

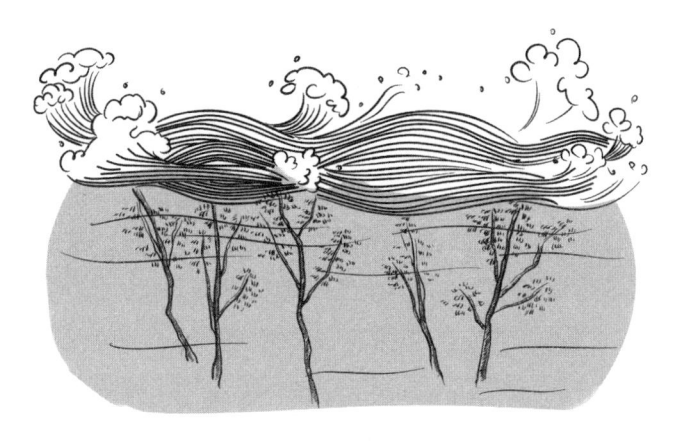

大过之天象图

上卦为兑为泽，下卦为巽为风。大水淹没树木，这就是大过卦的卦象。水本应在下，水高于木，有发展过度的含义。正如承重过度，房梁必会弯曲。所以卦辞说："大过，栋桡。"内卦"巽"是顺，外卦"兑"是悦，顺应时机，便可得到亨通。所以卦辞说："利有攸往，亨。"

【解说】大过卦与颐卦是"错卦"，阴阳爻完全相反。这一卦说：非常行动，需要非常给养，因此，养与过彼此交互为用。

《序卦传》载："不养则不可动，故受之以大过。"就是说，世间万物都养而后成，成而后能动，动则产生过的问题。

阳大阴小，由卦形来看，这一卦有四个阳爻，阳过度旺盛，是大得过度的形象，所以称作大过卦。

"栋"是屋梁上的脊木，"桡"是弯曲的木材。将这一卦形视作一根木材，中间坚实，两端软弱，用这种木材作栋梁，时间久了，便无法承受屋顶的重压，造成栋梁中部向下弯曲。卦辞用此来象征一个人虽然地位高，但不堪重任。则必须有所往，即有所作为才能转危为安，这也是本卦内刚外柔的形象。

这一卦，阳爻过度，但其中的"九二"与"九五"，在内外卦中，内卦"巽"是顺，外卦"兑"是悦。因而，做到中庸、顺从、使人快乐，便能够得到协助；因而前行有利，而且亨通。不过，前提是必须具备以上所说的德行，否则，房屋仍要倒塌。

大过卦各爻所示自然之理

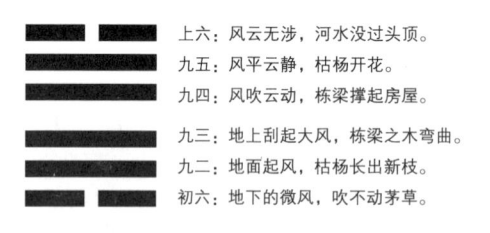

上六：风云无涉，河水没过头顶。
九五：风平云静，枯杨开花。
九四：风吹云动，栋梁撑起房屋。
九三：地上刮起大风，栋梁之木弯曲。
九二：地面起风，枯杨长出新枝。
初六：地下的微风，吹不动茅草。

【象传】象曰：大过，大者过也。栋桡，本末弱也。刚过而中，巽而说行，利有攸往，乃亨。大过之时大矣哉！

【译文】《象传》说：大过卦反映的是阳刚过程。栋梁弯曲，是因为两端支撑的力量太弱。阳爻不得其位，但能持守中正之道，行动谦逊而和悦，因而前往有利而且通达。大过卦关于把握时机的内涵真是太深奥了！

【解说】"大过"，是说阳刚过大、过度。栋梁弯曲，是因为木材的末端软弱，不胜负荷。这一卦，阳刚过度，但其中"九二""九五"得中，上卦是顺，下卦是悦，顺从而且和悦，因此前往有利，可以亨通。

栋梁弯曲所象征的现象，并不一定恶劣，凡事在不得不过度时，必然是处于非常状况。例如：古代的尧帝，将帝位让给平民舜；殷汤王、周武王的义举，都是非常"过度"的行为，也是不得不如此的非常手段。然而，置身于非常过度的时刻，就必须有非一般的才能，方能担得起"不得不如此"的使命。所以说，大过卦所象征的"因时制宜"的思想，确实有巨大的启发意义。

【大象传】象曰：泽灭木，大过。君子以独立不惧，遁世无闷。

【译文】泽水淹没了树木，这就是大过卦的意象。君子从中得到启发，应当坚定操守，无所畏惧，即使不为世用，隐身遁世，也无苦闷。

【解说】"灭"是淹没的意思。这一卦，上卦"兑"是泽，下卦"巽"是木，水漫过树木，将其淹没，这就是"大过"卦的卦象。君子观此卦象，应当效法这一精神，行一般人所不能行之事，不顾世人非难，特立独行，无所畏惧；即便不得已埋名遁世，也不会因此烦闷。

大过卦各爻所示人事指引

上六：[灭顶] 由于形势所迫，明知不可为而有为，以致遭逢凶险。
九五：[生华] 采取非常行动，手段仍应正当。
九四：[自持] 采取非常行动时，需要各方助力，但也不可被邪恶牵累。
九三：[谦逊] 人不可过于自信，这样会失去各方的助力。
九二：[新生] 非常时期，不能拘泥常规，应当集结力量，采取非常手段。
初六：[戒惧] 非常时期，行动应当非常慎重。

【爻辞】初六：藉（jiè，音同"借"）用白茅，无咎。

【译文】祭祀时，用白茅垫在下面，没有灾祸。

【小象传】象曰：藉用白茅，柔在下也。

【译文】祭祀时，用白茅垫在下面，是因为柔爻在下位。

【解说】"藉"，衬垫。宋代以前，高脚桌、椅还没有出现，人们都习惯席地而坐。祭祀时，大家将盛满供品的容器直接放在地上，铺上清洁的白色茅草，表示对神的恭敬。

如《象传》所说，"初六"阴柔，同时又在下卦"巽"，即顺的最下方，所以十分柔顺。虽然面临危机，戒慎恐惧，但如若处理危机像在祭祀时那样对神灵十分恭敬，谨慎行事，也不会有过失。

这一爻说明，在非常时期，行动应当非常慎重。

【爻辞】九二：枯杨生稊（tí，音同"提"），老夫得其女妻，无不利。

【译文】干枯的杨树上长出新枝，老夫娶少女为妻，没有什么不利的。

【小象传】象曰：老夫女妻，过以相与也。

【译文】老夫娶得少女为妻，是过了年纪才相遇的。

【解说】"稊"，是老根长出的新芽。"女妻"，少女一样的妻子。"九二"是这一卦四个阳爻中最下方的一爻，是阳刚渐老的开始。"九二"在上卦无应，与下面的"初六"接近，阴阳相吸，有亲近的可能。"九二"是渐老的阳，与"初六"结合，就像已经枯了的杨柳，因应下方的阴性，得到生气，重新长出新芽。以人事比拟，如同老人讨得年轻的妻子，可以生子，所以没有不利。

《象传》说：老夫娶得少女为妻，是在年龄已经很老时才与阴爻相遇。说明这爻很好，老夫晚年得妇，喻人绝处逢生。

这一爻说明，非常时期，不能拘泥常规，应当集结力量，采取非常手段。

【爻辞】九三：栋桡，凶。

【译文】栋梁弯曲，凶险。

【小象传】象曰：栋桡之凶，不可以有辅也。

【译文】栋梁有弯曲的凶险，是因为没能得到辅助。

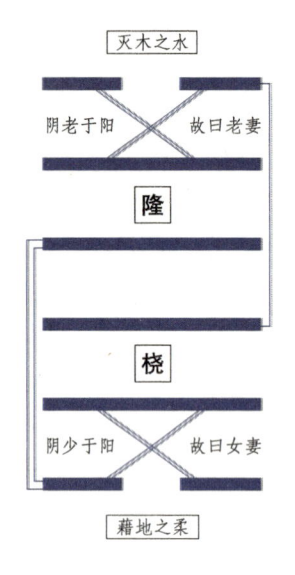

□ 大过栋隆桡图

"栋隆"意为房梁拱起支撑房顶。"栋桡"意为房梁弯曲而无辅。此图指正是因为"大过"才弥补了"栋桡"的不足，从而避免发生房屋垮塌的局面。"大过"并不是以篡权为目的，而是因为国君能力不够，要暂且代理，这也是"利有攸往，亨"的前提条件，离开了这个前提，"大过"就是罪大恶极，且凶。

【解说】"栋"是房顶中央的栋梁,"九三"、"九四"二爻在大过卦的中央,因此用栋梁比喻。"九三"刚爻在刚位,过刚则易折,就如栋梁下弯,将有倒塌的危险。"九三"虽然与"上六"阴阳相应,但由于"九三"以刚居刚,过刚而不中,所以《象传》说:"上六"虽然有心辅助,却也帮不上忙,因而凶险。

这一爻说明,非常规的行动虽然必要,但也潜藏着危机。人不可过于自信,这样会失去各方的助力。

【爻辞】九四:栋隆,吉;有它,吝。

【译文】栋梁拱起支撑房顶,吉利;但有另外的灾难。

【小象传】象曰:栋隆之吉,不桡乎下也。

【译文】栋梁拱起支撑房顶,吉利;使它不向下弯曲。

【解说】"九四"阳刚,但在阴位,虽然大过卦阳刚盛大过度,而"九四"却刚柔兼备,就像栋梁高高隆起,能负担重荷,所以吉祥。不过,"九四"与"初六"阴阳相应,阴柔的"初六"前来辅助时,就会使本来刚柔均衡的"九四"变得过于柔和,以致因他人的牵连,蒙羞受辱。

《象传》说:不向下弯曲,所以吉祥,是指不要被下卦的"初六"牵连的意思。

这一爻说明,在采取非常行动时,固然需要各方的助力,但也不可被邪恶牵累。

□ 易有太极图

天地之初,一气而已。云太极者,一气未分之初欤?一气既分,轻清者为天,重浊者为地,是生两仪也。两仪既分,则金、木、水、火四方之位列,是生四象也。万物出乎震而齐乎巽,得天三地八生成之数,震阳木巽阴木之象也。木生火,天七火之成数,万物皆相见,离为南方之卦也。火生土,阴极于二,故坤位西南,万物皆致养焉,故曰致役乎坤。土生金,说乎兑,战乎乾,得四九生成之数,兑阴金乾阳金之象也。金生坎水,正北方之卦,于时为冬,万物归根,复命之时也。水受制于土,故艮居东北,万物之所成终,而所成始也。元而贞,贞而元,无有已也。艮也者,其造化循环之枢欤?

【爻辞】九五：枯杨生华，老妇得其士夫，无咎无誉。

【译文】干枯的杨树开了花，老妇得了个少壮的男子为夫，没有过失，也没有荣誉。

【小象传】象曰：枯杨生华，何可久也。老妇士夫，亦可丑也。

【译文】干枯的杨树开了花，怎么能长久？老妇得了少壮的男子为夫，也不光荣。

【解说】"士夫"，指青年男子。"九五"在一连四个阳爻的最上方，位于阳刚盛大的极点，下卦又无应者，以致与上方的阴爻变得很亲近。但"上六"是这一卦的终极，已经衰老，过度阳刚的"九五"与已经衰老的"上六"结合，就像枯萎的杨树开花，老妇嫁给壮男，即或无咎，也不光荣。

《象传》说：枯萎的杨树开花，怎么能够长久？老妻少夫，也没有什么光荣的。

这一爻说明，采取非常行动，手段仍应正当。

【爻辞】上六：过涉灭顶，凶，无咎。

【译文】涉大河却被水淹没了头顶，凶险，但没有灾祸。

【小象传】象曰：过涉之凶，不可咎也。

【译文】对因涉大河而被水淹没了头顶的凶险，不能指责。

【解说】"上六"已经是这一卦的终极，又是阴爻，软弱无力，却又过分地要有所作为。由于缺乏自知之明，当然凶险，就像渡河不知深浅，盲目涉过，以致蒙受灭顶之灾。不过，虽然遭逢凶险，但依然是一次壮举，况且结果无害，不必责怪。所以《象传》说，不可咎。

这一爻说明，一个人在采取非常行动时，往往明知不可为，但由于形势所迫，又不得不有所为，以致遭逢大的凶险，这也是无可奈何的事。

坎

阐释突破险难时应步步为营的原则。

坎上　陷阱
坎下　重重险难

【卦辞】习坎，有孚，维心亨，行有尚。

【译文】坎卦，有诚信，所以内心通达，前行必受嘉尚。

坎之天象图

上下卦都是坎，象征雨、水。暴雨降至洪水之中，这就是坎卦的卦象。前水至而后水又至,象征重重艰险。正如道路曲折，坎坷不平。面对重重险阻，内心通达明澈，前往行动才会得到吉利。所以卦辞说："习坎，有孚，维心亨，行有尚。"

【解说】《序卦传》载："物不可以终过，故受之以坎。坎者，陷也。"

"坎"，陷阱。"习"，重，本义指鸟重复学习飞行，此处指本卦中两"坎"相重叠。

这一卦，上下卦都是坎卦，一阳陷在二阴中，而且两个重叠，象征险难重重。卦辞通常都直接说出卦名，但这一卦加了一个习字。因为除了"乾""坤"两卦之外，在上下卦相同的"纯卦"中，此是最先出现的一卦，因此特别指出，以提醒占卜者注意。

"坎"上下是阴爻，中间是阳爻，阴虚阳实，象征心中实在，象征诚信，意思是：诚信能使上下豁然贯通。这一卦，虽然是重重险难的形象，但也只有在重重险难中，方能显出人性的光辉。这种超越重重险难，意志坚定而不退缩的刚毅行为是崇高的。《孟子·尽心上》中所说的"人的德行、智慧、学识，经常是存在于患难中"，就是这个意思。

坎卦各爻所示自然之理

上六	水浪滔天，席卷村庄。
九五	水势浩荡，但流向平稳。
六四	水势上涨，大船可以航行。
六三	水流成灾，冲毁农田。
九二	水流向失常，淹没道路。
初六	水流向不正，阻碍前行。

【彖传】 彖曰：习坎，重险也。水流而不盈，行险而不失其信。维心亨，乃以刚中也。行有尚，往有功也。天险，不可升也；地险，山川丘陵也。王公设险以守其国。险之时用大矣哉！

【译文】《彖传》说：习坎，就是说险阻重重。水流没有穷尽，行动中遇到险阻而不失诚信。心能亨通，因为刚健中正。行有嘉尚，是说前往能成就功业。天险不可逾越，地险有山川丘陵。王公们设置险阻用以守卫自己的国家。坎卦因时而用的内涵真是太伟大了！

【解说】"习坎"，是重重险难的意思。坎卦的形象，与古字的水相似。所以说，当水流时，前面就有凹陷，必定先流满，然后才溢出。正如《孟子·尽心上》所说：流水的性质，不流满坑穴，不会再往前流。水就像这样，不论前方有多少阻障，决不违背这一本性，坚定地信守，一直往前流注。所以，卦辞说"有孚"，以启示无论经过多少险难，也不可失去信守。"维心亨"是说"九二"、"九五"都阳刚得中，具备刚毅中庸的德行，不论前面有任何险难，心中也能够豁然贯通。"行有尚"是说"九二"与"九五"，以刚中的德行前进，必然会成功。天高得不能逾越，地是以山河丘陵为险阻。王公效法天地，设置人为的险阻，以加固国防，可见险难因时制宜的效用，真是太伟大了！

【大象传】象曰：水洊（jiàn，音同"见"）至，习坎。君子以常德行，习教事。

【译文】水连续不断流来，这就是坎卦的意象。君子从中得到启发，应该不断修养自己的德行，熟习教化事务。

【解说】"洊"，屡次，再。"至"，来到。坎卦是水，这一卦由两个水重叠，所以说水不分昼夜，滚滚而来。水不断流来，就是重坎之卦的卦象。君子观此卦，应当效法这一精神，片刻不可耽误，不断进修自己的德行、学业，熟习教化事务，以做到《孟子·尽心上》中所说的"穷则独善其身，达则兼济天下"。

坎卦各爻所示人事指引

上六：[慎行] 三思而后行，谨慎地脱离险境。
九五：[不盈] 虽有脱险的希望，但也应把握最有力的时机。
六四：[坦诚] 在险难中，应不拘泥于常规，坦诚地面对难关。
六三：[待时] 在重重险难中，不可妄动，应先求自保以待时变。
九二：[逐步] 在险难中，不可操之过急，应设法逐步脱险。
初六：[守正] 依循正道，避开重重阻。

【爻辞】初六：习坎，入于坎窞（dàn，音同"旦"），凶。

【译文】面临重重困境，陷入坎中之坎，有凶险。

【小象传】象曰：习坎入坎，失道凶也。

【译文】重重困境中陷入坎中之坎，迷失了道路，凶险。

【解说】"窞"，深坑。"坎窞"是险中之险。"初六"柔弱，在坎卦重重的最下方，陷在最底层，无法脱身，所以凶险。《象传》说："初六"以柔居初，不正，即不守正道。到这种地步，已经没有了脱险的方法，凶险到了极点。

这一爻告诫，必须依正道办事，不可深陷于险中，以致不能自拔。

【爻辞】九二：坎有险，求小得。

【译文】坎中有险阻，求取小有所得。

【小象传】象曰：求小得，未出中也。

【译文】求取小有所得，但还没有从危险中走出。

【解说】"九二"也在艰难中，可前方也有险阻。不过，"九二"阳刚得中，虽然不能完全克服险难，但所求不大时，仍可达到目的。《象传》说：这是由于还在危险中没有脱难的缘故。

这一爻告诫，在险难中，不可操之过急，应逐步设法脱险。

【爻辞】六三：来之坎坎，险且枕。入于坎陷，勿用。

【译文】进退都是险而深的坑穴，人落入坑穴深处，不要盲目行动。

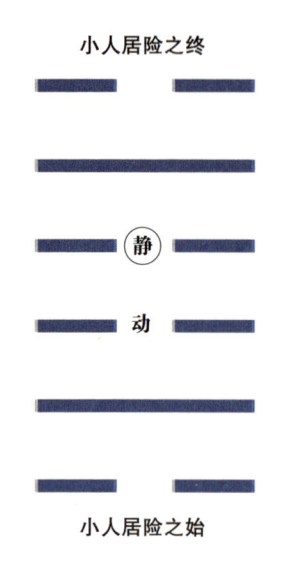

习坎行险图

小人居险之终

静
动

小人居险之始

坎卦象征人不能心存恶念。其中的阴阳，象征善恶的起点，动静的标准。阳动则阴静，阳善则阴恶。"六三"以阴居阳，所以为恶才会放大；又因为陷于二阴之中，因此都沾染了恶的习气。"六四"以阴居阴，达到静的极点，因此其性情反而至诚；又居于二阳之间，因此都感染了善的习气。"二五"虽然以阳居中位，但陷于二阴之间，沾染其气也是不能避免的。

【小象传】象曰：来之坎坎，终无功也。

【译文】进退都是险而深的坑穴，最终不会成功。

【解说】"来"，自上往下来；"之"，自下往上去。"来之坎坎"，前后临险的意思。"六三"阴柔，不正不中，而且夹在上下两个坎卦的中间，进退皆险。"六三"处境既险，却又依赖奸险小人，这就陷入了危险深处，任何行动都不会有用。所以《象传》说，进退都是险而深的坑穴，终究不会成功。

这一爻告诫，在重重险难中，不可妄动，应先求自保以待时变。

【爻辞】六四：樽酒簋（guǐ，音同"轨"）贰，用缶，纳约自牖（yǒu，音同"有"），终无咎。

【译文】一樽酒，两簋饭食，用瓦缶作祭器，从窗户纳进简单的祭品，最终没有灾祸。

【小象传】象曰：樽酒簋贰，刚柔际也。

【译文】一樽酒，两盘供品，恰好在刚与柔之间。

【解说】"樽"，指酒器，"簋"，指古代用于盛放煮熟饭食的器皿，圆口，双耳；"缶"，没有经过文饰的瓦器；"贰"即二；"纳"，收入，放进；"约"，俭约。"牖"，窗子。古人的居室一般是户在东，牖在西。牖是室内唯一采光的地方，即唯一的明处。"纳约自牖"指从明处与君结交。

"六四"接近尊位的"九五"，本来君臣之间的界限非常严格，但在险难的时刻，刚强的君与柔顺的臣，省去了一切繁文缛节，相互坦诚相见。两人见面的情形是：一樽酒，两簋饭食，用瓦缶作祭器，从窗户送进来简单的祭品，最终没有灾祸。就是说，不经由常规程序，以质朴无华、坦诚相见的方法，启发君王的明智。只有这样，才能渡过险难，而没有灾祸。

《象传》说：这是刚与柔能够坦诚地来往，合作无间的缘故，"际"是两墙相合的界线，有相合相亲的含义。

这一爻说明，险难中，应不拘泥于常规。

【爻辞】九五：坎不盈，祗既平，无咎。

【译文】水流入坎里还未满出，只齐平，不会有灾祸。

【小象传】象曰：坎不盈，中未大也。

□ 易有太极图一

此图本来无一字。邵子："若问先天一字无"；马明衡："吾在鸿蒙未判中"；苏伯厚："欲求象外无穷意，都在先天未画中"；王伯安："始信心非明镜台，须知明镜亦尘埃。人人有个圆圈在，不向蒲团坐死灰。"

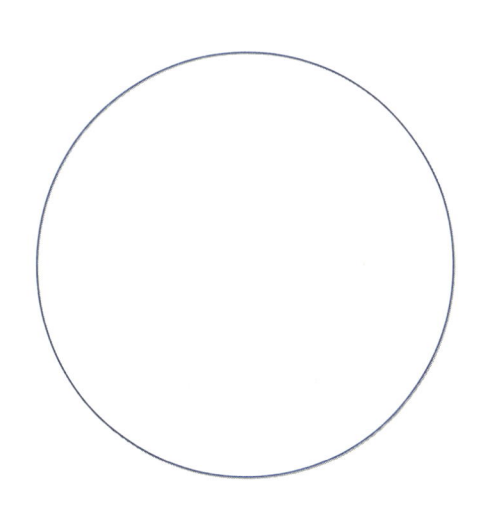

【译文】水流入坎里还未满出，因为居中但还未光大。

【解说】"盈"，满，溢。"九五"在上卦"坎"的中央，水还在流入，没有溢出，还不能脱险。但"九五"阳刚中正，而且在尊位，虽面临艰难，却以拯救天下为己任，无论德行与地位，"九五"都无与伦比。再者，"九五"已在接近坎卦结束的位置，相当于流入坎中的水已到达平面，不久即可溢出，即将脱险，所以无咎。

《象传》说："九五"虽然得中，但还未光大，意即水还未满。

这一爻说明，虽然有希望脱险，但也应把握最有利的时机。

【爻辞】上六：系用徽纆，寘（zhì，音同"志"）于丛棘，三岁不得，凶。

【译文】用绳子捆起来，放在荆棘之中，三年不能出来，凶险。

【小象传】象曰：上六失道，凶三岁也。

【译文】"上六"迷失道路，三年都会遭遇凶险。

【解说】"系"是缚，"徽"是三股拧成的绳。"纆"是两股拧成的绳，"寘"通"置"。

"上六"阴柔，在坎卦的终极，就像用绳索重重束缚，放置在荆棘丛中，三年都无法走出，所以凶险。《象传》说：这是因为"上六"迷失了道路，即以阴爻居险之极，时位不济，以致遭受三年的凶险。

这一爻意在告诫，在险难中轻举妄动，会愈陷愈深，最后会无以自拔。

离

阐释在遇险时依附他人的原则。

离上　附着
离下　上升的太阳

【卦辞】 离，利贞，亨，畜牝牛，吉。

【译文】 离卦，有利于占问，亨通，蓄养母牛得吉利。

离之天象图

　　上下卦都是离，象征太阳。天上的太阳正要落下，地下又有太阳要升起，光明紧密衔接，这就是离卦的卦象。"离"也有依附之意，坚守光明的正道，才会亨通。所以卦辞说："离，利贞，亨。"如母牛般无私奉献，将会吉利。所以卦辞说："畜牝牛，吉。"

【解说】 离下离上，离卦也是"纯卦"，同时，与坎卦是阴阳爻完全相反的"错卦"，遇险必须攀附，攀附才能脱险，彼此交互为用。

《序卦传》载："陷必有所丽，故受之以离。离者，丽也。"

"离"即"丽"，依附的意思。离卦的卦象是：中间的一个阴爻依附于上下两个阳爻，因而命名为离卦。离卦又象征火，火内部空虚，外表光明，相当于中间阴虚，外面阳实的卦形，而且，火又必定附着在燃烧的物体上。离卦又代表太阳，有光明的含义。天地间的物体，必定依附在某种物体上，才得以存在，但依附的对象，必须正当。人依附的对象，如夫妻、朋友等，也无不如此。所以说，坚守正道才有利，才能亨通。母牛是非常温驯的动物，比喻柔顺的德行。这就是说，依附必须坚守正道，才能有利、亨通；确立了依附对象之后，必须具备柔顺的德行，才能吉祥。

离卦各爻所示自然之理

上九：朝阳再次升起。
六五：太阳完全落下，黑夜袭来。
九四：太阳西斜，余热席卷大地。
九三：午后太阳开始下落。
六二：太阳从地平面升起。
初九：太阳即将升起，晨光熹微。

【象传】象曰：离，丽也。日月丽乎天，百谷草木丽乎土，重明以丽乎正，乃化成天下。柔丽乎中正，故亨，是以畜牝牛吉也。

【译文】《象传》说：离，是附丽的意思。日月附丽于天，百谷草木附丽于土，重叠不断的光明附丽于正道，于是化育成就天下万物。柔爻附丽在中正的位置上，所以亨通；因此，蓄养母牛得吉利。

【解说】"丽"是并排的两头鹿，有相互依附的含义；丽又与离同音，因此离与丽，是附着的意思。日月依附于天上，各种谷物草木依附于土，万物都有依附的对象，但依附对象必须正当。

这一卦，是两个离卦重叠。离卦代表光明，因此，此卦象征双重的光明。"六二"得正，又上下光明，且依附正当的对象，所以能够教化天下，达到移风易俗的目的。"六二"与"六五"，又都以柔爻依附在中位，"六二"又在正位，柔顺中正，因而亨通。就像蓄养柔顺的牝牛一般吉祥。

【大象传】象曰：明两作，离。大人以继明照于四方。

【译文】光明连着光明，这就是离卦的意象。大人从中得到启发，用连续不断的光明照耀四方。

【解说】"以"，依顺，遵循。这一卦，是由两个代表光明的离卦组成，象征无限光明。光明连着光明，这就是"离"卦的卦象。大人观此卦象，应当效法这一精神，继承前人的明德，并且世世代代推广下去，不断地以光明磊落的德行照临四方。

离卦各爻所示人事指引

上九：[断然] 对邪恶应当断然排除。
六五：[忧惧] 心怀忧惧，应柔和、中庸地去依附。
九四：[宽缓] 依附应当柔和宽缓，不可采取胁迫的手段。
九三：[知命] 顺应天命，乐观地看待生死得失。
六二：[中正] 依附应本着中正的原则。
初九：[恭谨] 依附应先谨慎恭敬，不可轻率冒进。

【爻辞】初九：履错然，敬之无咎。

【译文】步履错杂，谨慎警觉，就会没有灾祸。

【小象传】象曰：履错之敬，以辟咎也。

【译文】向前行走，谨慎警觉，可以避免灾祸。

【解说】"履错然"是足迹错杂的样子，"辟"与"避"同。"敬"通"警"。"初九"阳刚积极，在离卦的开始，象征聪明，又急于上进。然而，在开始的时刻，方向未定，横冲直撞，脚步错乱，就有陷入危险的可能。因而警告，必须谨慎，不可妄动，才能如《象传》所说，避免灾难。

这一爻说明，依附应先谨慎恭敬，不可轻率冒进。

【爻辞】六二：黄离，元吉。

【译文】依附着大地，大吉大利。

【小象传】象曰：黄离元吉，得中道也。

上卦为继明象

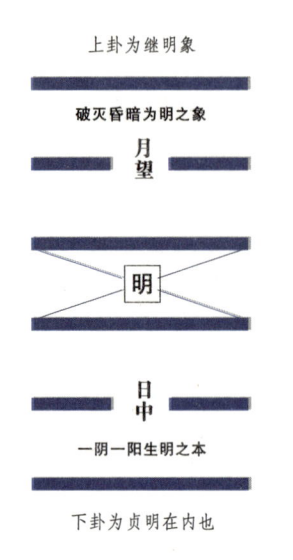

破灭昏暗为明之象

月望

明

日中

一阴一阳生明之本

下卦为贞明在内也

□ 离继明图

离卦上下卦都是离，下卦象征了"离"的贞正，上卦象征了"离"的悔悟，下卦的离是贞正之明，上卦的离是后继之明。月亮因为追求太阳才会取得光明。每当日月合朔的时候，月亮会被太阳的光芒包含，之后会继续追求太阳的光明。离代表日不代表月，但是在离卦两相重合的时候则有月的意象产生，所以叫两明前后相继。

【译文】依附着大地，大吉大利，因为居中而得正道。

【解说】"黄"是土色，土在五行的中央，所以是中色。"六二"在内卦的中位，因而附着于中色；"六二"又是阴爻居阴位得正，具备中正的德行，当然大吉。

这一爻说明，依附应本着中正的原则。

【爻辞】九三：日昃之离，不鼓缶而歌，则大耋（dié，音同"蝶"）之嗟，凶。

【译文】面对西斜的太阳，不是敲着瓦盆唱歌，而是徒作垂老之人的嗟叹，凶险。

【小象传】象曰：日昃之离，何可久也。

【译文】西斜的太阳，怎么长得了呢？

【解说】"昃"是日西斜的景观，"离"是明，"耋"是七八十岁的老人。"九三"阳爻居阳位得正，但它处下卦的终点，光明几近终点。它以刚居刚，但没有中德，不能正确地对待老和死的问题。夕阳西垂、升降生死，本是自然常理，所以，人当风烛残年，就应当敲着酒坛高歌，欢度余年，知天乐命，否则，就难免自怨自艾，徒然悲伤了，这样当然凶险。

这一爻说明，生死是自然常理，应当知天乐命。

【爻辞】九四：突如其来如，焚如，死如，弃如。

【译文】刚盛之势突然而来，如烈火般燃烧，很快如死一般沉寂，最终被毁弃。

【小象传】象曰：突如其来如，无所容也。

【译文】刚盛之势突然而来，无地可容。

【解说】"如"，同"然"，有样子、状态的意思。"九四"在上下两个"离"，即两个太阳（西沉的太阳和即将升起的太阳）的连接处。前面的太阳已经西沉，后面的太阳，正在升起的微妙时刻。然而，"九四"阳刚，居上体之初，象征后一个太阳初升之时。太阳升起来了，明亮的阳光是如此耀眼，犹如火之骤起，它压迫着阴柔的"六五"。这象征着前一位君王崩逝，后一位君王继位。此时，也正是那些有权势的奸臣威胁君位的时刻。像这样的奸雄，必然将被太阳焚灭，死无葬身之地。

这一爻说明，依附不可刚猛昏暴，不可采取胁迫的手段。

【爻辞】六五：出涕沱若，戚嗟若，吉。

【译文】涕泗滂沱，悲戚嗟叹，吉利。

【小象传】象曰：六五之吉，离王公也。

【译文】"六五"的吉利，因其依附于王公。

【解说】"沱若"即滂沱的样子，比喻涕泗横流的样子。"六五"柔弱不正，在君位，被上下的阳刚逼迫，以致流泪悲伤叹息。幸而"六五"在外卦得中，以柔而中庸的性格，虽然处境危险，但能日夜忧惧，也正因为如此，反而能化险为夷，所以吉祥。《象传》说："六五"的吉祥，是因为他附着王公，由于王公地位尊贵，奸险小人难免有所顾忌。

这一爻说明，依附应当警惕忧惧，运用柔而中庸的原则。

□ 易有太极图二

（图下注：阳动用行，根阴中静，阳变成男；阴静体立，根阳中动，阴合成女。）

天道此立，地道此立，人道此立，不特人，物物亦有此图，故曰一物各具一太极，万物统体一太极。

【爻辞】上九：王用出征，有嘉折首，获匪其丑，无咎。

【译文】君王出兵征伐，有斩首之功，有俘获敌众，没有灾祸。

【小象传】象曰：王用出征，以正邦也。

【译文】君王出兵征伐，是为了安定邦国。

【解说】"丑"是类的意思。"上九"已达光明的顶点。他居高临下，能够明察每一角落，而且行动果断。"上九"用兵征伐，是为了安定国家，因此，他不滥杀无辜。除了首恶外，对俘获的同党则不追究，所以无咎。《象传》说：这是整饬国家的必要手段，所以不会受到责备。

这一爻说明，对邪恶应当断然排除。但安邦定国才是最终目的，因此，在战争中只杀首恶，不究附从。

下 经
XIAJING

　　下经三十四卦从咸、恒开始，咸为交相感应，喻指男女婚配交感；恒为恒久，喻男女白头到老。夫妇关系是人伦之始，《序卦传》载："有天地然后有万物，有万物然后有男女，有男女然后有夫妇，有夫妇然后有父子，有父子然后有君臣，有君臣然后有上下，有上下然后礼仪有所错。"易经全部六十四卦由乾、坤二卦产生，上经三十卦至离卦结束，从咸卦开始三十四卦为下经。咸、恒二卦是又一个开始，从人到家庭、社会，层层递进，渐次展开，相反相成、纷繁复杂。

　　下经结束于既济、未济，既济与未济表示事物相对完成又没有终止，无穷无尽。《易经》思维的和谐性、系统性在这里得以清晰展现。

咸 阐释以夫妇感应原则处事的道理。

兑上　感应
艮下　夫妇之道

【卦辞】咸，亨，利贞，取女吉。

【译文】筮得咸卦，亨通，占问有利，娶女吉祥。

咸之天象图

上卦为兑为泽，下卦为艮为山。山上有湖泊，这就是咸卦的卦象。湖泊与高山二者相感相通，因而亨通。所以卦辞说："咸，亨。"上卦"艮"是止，下卦"兑"是悦，坚定不移地追求，以诚挚的态度使对方喜悦感动，才会长久吉利。所以卦辞说："利贞，取女吉。"

【解说】《序卦传》载："有天地，然后有万物；有万物，然后有男女；有男女，然后有夫妇；有夫妇，然后有父子；有父子，然后有君臣；有君臣，然后有上下；有上下，然后礼仪有所错。"

　　《易经》的"上经"从创始宇宙万物的天地说起，乾坤二卦被看作易之蕴、易之门；"下经"则以人伦发端的男女关系说起，咸、恒二卦又是一个开始，与第一个开始相比，层次较低，包含在由第一个开始展开的全部过程之中。

　　"咸"通"感"。为什么不直接说"感"？因为感字去掉心，成为咸，象征无心的自然感应。这是异性间自然、必然的现象。"咸"又有"皆"的意思，因为万物皆有感应，因而以皆与感的含义命名为"咸"。

　　这一卦，下卦"艮"是少男，上卦"兑"是少女，象征少男谦虚追求少女。而且，从卦德看，"艮"是止，"兑"是悦，表示爱情不能三心二意，应当坚定不移地追求，以诚意使对方喜悦感动。

　　男女相互感应，进而爱慕，是自然现象，因而亨通。但动机必须纯正，固守正道，婚姻才会吉祥。

咸卦各爻所示自然之理

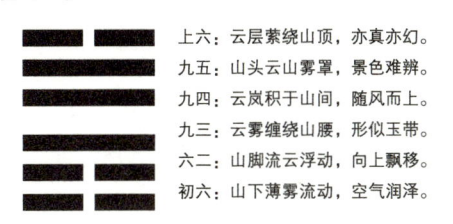

上六：云层萦绕山顶，亦真亦幻。
九五：山头云山雾罩，景色难辨。
九四：云岚积于山间，随风而上。
九三：云雾缠绕山腰，形似玉带。
六二：山脚流云浮动，向上飘移。
初六：山下薄雾流动，空气润泽。

【彖传】彖曰：咸，感也。柔上而刚下，二气感应以相与。止于说，男下女，是以亨利贞，取女吉也。天地感而万物化生，圣人感人心而天下和平。观其所感，而天地万物之情可见矣。

【译文】《彖传》说：咸，是感应的意思。阴柔居上而阳刚处下，阴阳二气相互感应而结合在一起。止于喜悦，男子对女子态度谦下，因此卦辞说，亨通，占问有利，娶女吉祥。天地交感而万物育化生长，圣人感化人心而天下和谐太平。观察这种相互感应的现象，就可以把握天地万物的规律。

【解说】咸是感的意思。上卦"兑"，阳多阴少，是"阴卦"；下卦

"艮"，阳少阴多，是"阳卦"；所以，此卦是上柔而下刚。从卦的性格来看，下卦"艮"是止，上卦"兑"是悦；从卦的象征来看，下卦是少男，上卦是少女。不论这一卦的性格与象征如何，都有阴阳相互感应而相爱的含义。因此亨通，占问有利，娶妇吉祥。也指素不相识的少年男女，能够相互感应，一见钟情，结为终身夫妇，这完全是自然的必然现象。同样，天与地相互感应，因而变化生成万物。圣人以至诚感应万民，因而使天下太平。观察这一感应的法则，就可以发现天地万物的规律。

【大象传】象曰：山上有泽，咸。君子以虚受人。

【译文】山上有泽，这就是咸卦的意象。君子从中受到启发，应该虚怀若谷，容纳他人。

【解说】咸卦的形象，下卦"艮"是山，上卦"兑"是泽。上方泽中的水向下渗透，下方山上的土吸收水分而滋润，因而相互感应沟通。山上有泽，山泽相互感应，这就是咸卦的卦象。君子观此卦象，应当效法这一精神，像山一样，虚心接纳他人。唯有虚心，不存丝毫成见，才能广泛地与他人感应沟通。

老庄哲学最重视一个"虚"字，认为在能够看到的"有"的世界的深处，还有一层更高的"无"的境界，"无"比"有"更重要。因此，应当虚心，不可自满。

咸卦各爻所示人事指引

上六：[至诚] 应当以至诚感应，不可玩弄口舌。
九五：[随和] 孤僻虽然安全，但无法与外物感应沟通。
九四：[无私] 内心光明正大，消除私心，就不会有任何疑虑。
九三：[自主] 应当有主见，不可盲从。
六二：[安居] 虽然发生了感应，但不可妄动，不可强求。
初六：[静待] 感应已经开始，但感应微弱，未到积极行动时。

【爻辞】初六：咸其拇。

【译文】感应到脚拇趾。

【小象传】象曰：咸其拇，志在外也。

【译文】感应到脚拇趾，心想着向外走。

【解说】"拇"是大脚趾。最初的感应，来自大脚趾。

"初六"在咸卦的最下方，象征人体最下方的大脚趾。"志在外也"指"初六"与外卦的"九四"阴阳相应。虽然大脚趾已有感应，但"初六"居下，又以阴居阳，所以失位；"九四"也不得正，不易相感，因此感应仍然微弱，不足以使全身移动，想前行但还不能前行，因而吉凶未定。不过，这一卦所说的感应，大体上是指无心的、自然的感应。正确的策略是，静待发展，不可主动。

这一爻说明，感应已经开始，但还未到积极行动时。

【爻辞】六二：咸其腓，凶，居吉。

【译文】感应到腿肚子，凶险，安居则吉利。

【小象传】象曰：虽凶居吉，顺不害也。

【译文】虽然凶险，但安居则吉利，顺应就不会有危害。

【解说】"腓"是腿肚。当人走动时，腿肚先动，脚才跟着动。

"初六"是大脚趾，在上方的"六二"，就相当于腿肚。当感应在腿肚时，若腿肚要动，脚就跟着动，这样就会妄动，妄动就有危险。幸而"六二"阴柔得正，又在下卦的中位，由于中正，又缺乏主动性，因而不会妄动，所以才得以平安。

《象传》说：顺从柔顺的本性，就不会有害。"六二"虽然与"九五"相应，却不可强求，应等待"九五"来求。

这一爻说明，虽然发生感应，但不可妄动，不可强求。

【爻辞】九三：咸其股，执其随，往吝。

【译文】感应到大腿上，执意随着小腿而动，前往不吉利。

【小象传】象曰：咸其股，亦不处也。志在随人，所执下也。

【译文】感应到大腿上，也不安处。一心想随着人动，他所执意追求的就过于卑下了。

【解说】"九三"在"六二"的上方，相当于大腿。大腿随着脚行动，自己没有主动能力。当下方的脚趾与腿肚要行动时，大腿也不能不动。不过，

泽气上通

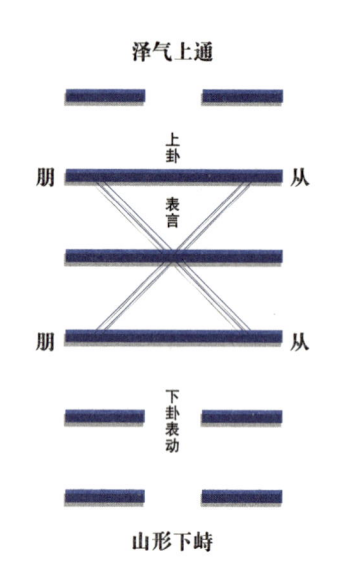

上卦
朋　表言　从

朋　　　　从

下卦表动

山形下峙

□ 咸朋从图

　　咸卦有三个阳爻，"九四"居中，象征中心之气。一气居中，所以湖泊中的云气蒸腾到山上，山上的泉水流入湖泊，这就是"山泽相感"。"九四"与上下两个阳爻交好，难免会凭空臆测、绝对肯定、拘泥固执和自以为是，所以互相之间会心意不定地往来。

　　"九三"阳刚，有主见，又在内卦"艮"的顶点，性格是止，因而，能够静修发展，而不妄动。若以阳刚之才跟随"初六"和"六二"阴柔的小人妄动，就会被羞辱。就是说，不可盲目跟随别人，应当有自己的主见，才不会蒙羞。

　　《象传》说：感应到大腿，也不可妄动，应当静修，因为"九三"已不能静待。一心追求所随之人，这样的操守是卑下的，所执著的就未免过于低劣了。

　　这一爻说明，应有主见，不可盲从。

　　【爻辞】九四：贞吉悔亡，憧憧往来，朋从尔思。

　　【译文】守正吉利，没有忧悔，来来往往，只有同类的人会相从。

　　【小象传】象曰：贞吉悔亡，未感害也。憧憧往来，未光大也。

　　【译文】守正吉利，没有忧悔，因此没有感受到灾祸。心神不宁，往来不停，是因为心地不够光明正大。

　　【解说】"九四"在"九三"的大腿上方，"九五"颈背肉的下方，一连三个阳爻的正中间，相当于心脏。心脏是人最敏感的部分。这一爻，也是咸卦的主体，但"爻辞"中为什么没有说明心脏？因为人心本来就不可捉摸。

　　"九四"阳爻居阴位不正，因此，当心有所感而起了反应时，就必须坚持纯正，才会吉祥，并且可将本来容易后悔的本性消除。如果心神不定，往来不停，犹豫不决，就不能得到多数人的赞成，结果便只有少数几个朋友。

　　《象传》说：坚持纯正吉祥，可消除后悔，是因为这样感应到的，不会是私欲。往来不停，心神不定，是因为心地不够光明正大。孔子在《系辞传》中，又将这句话引申说：天下在想什么？天下都想回到同一地方，却走不同的路，目的一致，而思虑却有百种。天下在想什么？太阳去了月亮来，月亮去了太阳来，日月相互推移，就产生光明。冬天去了夏天来，夏天去了冬天来，寒暑相互交替，就成为一年。过去的事情已经消退，未来的事情正在出现，缩与伸相互感应，这样才会产生利益。

也就是说，内心保持纯洁守正的态度，就可以与万物感应沟通，天地间无穷的往来，也完全出自无心的感应。

这一爻说明，消除私心，心地正大光明，就不会有任何犹豫。

【爻辞】九五：咸其脢（méi，音同"眉"），无悔。

【译文】感应到背脊，没有忧悔。

【小象传】象曰：咸其脢，志末也。

【译文】感应到背脊，心志未动。

【解说】"脢"是背脊肉，即脊柱两旁的肌肉。"九五"在"九四"的心脏上方，"上九"的颚、颊、口的下方，相当于背脊肉。背脊肉又在心脏的后方，当手、脚、口这一切都遵照心的命令行动时，唯独背脊肉，不加理会而且又在背后，看不到外物，不会被引诱。所以，当感应在背脊肉时，反应最迟钝，甚至没有反应。像这种孤僻不被外物所动的态度，当然就不能与外在广大的世界感应沟通，但同时，也不会与外界发生纠葛，所以说没有忧悔。

《象传》说：以这种对外物完全无动于衷的态度处世，虽然安全，但相对的，也不能感动他人，志向就太小了。

这一爻说明，孤僻虽然安全，但无法与外物感应沟通。

【爻辞】上六：咸其辅、颊、舌。

【译文】感应到牙床、两颊和舌上。

【小象传】象曰：咸其辅、颊、舌，

□ 太极河图图

阳外圆以象天，阴内方以象地。阳抱阴，阴复抱阳，性所以无弗善，命所以纽乾坤也。太极中有阴有阳，未尝有数；《河图》奇偶之多寡，从阴阳老少而生耳，有上下左右对待之义焉。

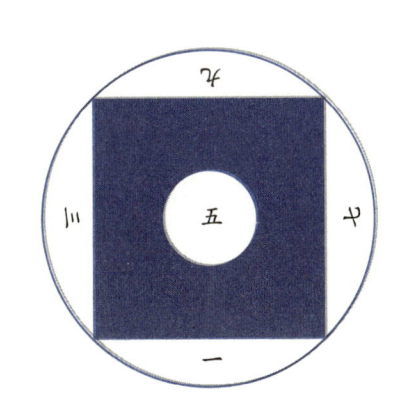

滕口说也。

【译文】感应到牙床、两颊和舌上，只能信口开河。

【解说】"辅"是唇齿相辅的辅，即颚。颚、颊、舌，在人体的最上部，又在上卦"兑"中。《说卦传》说："兑"有悦盲、口舌的含义，而颚、颊、舌都是用来说话的。"滕"通"腾"，《说文解字》解释为张口骋辞的样子。

"上六"已经是咸卦的终极，又是上卦"兑"的终了，以动人的言语，取悦于人，使其感动，但缺乏诚意，是小人的行为。"上六"是阴爻，代表小人，频频用口舌去诱骗他人，不是君子该有的态度。所以《象传》说：这是在玩弄口舌。

这一爻说明，应当以至诚感应，不可玩弄口舌。

恒

阐释刚柔相济、各守其道才能恒久的道理。

震上　恒久
巽下　恒常

【卦辞】恒，亨，无咎。利贞，利有攸往。

【译文】筮得恒卦，亨通，没有灾祸，利于占问，前往有利。

恒之天象图

　　上卦为震为雷，象征天阳；下卦为巽为风，象征地阴。雷起风发，这就是恒卦的卦象。"恒"意为长久，拥有恒心，自然会亨通畅达，能避灾免祸。所以卦辞说："恒，亨，无咎。"以恒心坚持正道，才有利于前进。所以卦辞说："利贞，利有攸往。"

【解说】将咸卦倒过来，便成为恒卦。咸和恒彼此是"综卦"，感应短暂，恒久长远，短暂与恒久相互为用。

　　《序卦传》载："夫妇之道，不可以不久也，故受之以恒。恒者，久也。"

"恒"是恒常、永久的意思。下卦"巽",象征长女;上卦"震",象征长男。咸卦是男在女的下方,女尊男卑,象征男女、阴阳相互感应。这一卦,女在男的下方。古人认为,男尊女卑,是夫妇间的常理,所以命名为"恒"。占得这一卦,只要有恒心,坚持自己的意志,就能够亨通。但动机必须纯正而且持续,才能无往而不利。

恒卦各爻所示自然之理

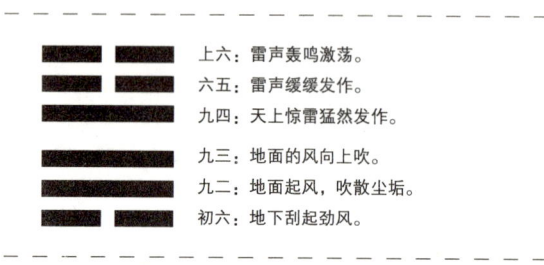

上六:雷声轰鸣激荡。
六五:雷声缓缓发作。
九四:天上惊雷猛然发作。
九三:地面的风向上吹。
九二:地面起风,吹散尘垢。
初六:地下刮起劲风。

【彖传】彖曰:恒,久也。刚上而柔下,雷风相与,巽而动,刚柔皆应,恒。恒亨,无咎,利贞,久于其道也。天地之道,恒久而不已也。利有攸往,终则有始也。日月得天而能久照,四时变化而能久成,圣人久于其道而天下化成。观其所恒,而天地万物之情可见矣。

【译文】《彖传》说:"恒"是长久的意思。阳刚在上而阴柔在下,雷与风相互配合,顺理而运动,刚爻和柔爻都能上下应合,这就是恒卦。恒卦亨通,没有灾祸,利于守正,这是说要持守恒常之道。天地之道,永恒长久而不停止,前往有利,终结之后就会有新开始。日月遵循自然规律运行而长悬久照,四季运动变化而长久地成就万物,圣人持久地效法自然而培育教化天下。观察恒卦,就可以知晓自然和人类社会的现象及规律。

【解说】上卦"震"是阳卦,下卦"巽"是阴卦。刚上而柔下,即男尊女卑,在古人看来,是夫妇间的常理。而且,上卦"震"是雷,下卦"巽"是风,雷与风相互助长,雷乘风而行,风因雷而增强;另外,下卦"巽"是顺,上卦"震"是动,顺应自然法则而行动,这便是天地的常理。这一卦,"初"与"四"、"二"与"五"、"三"与"上",都刚柔相济,这也是常理,因此能够恒久。

恒久必然成功，因此，筮得此卦，必然亨通，不会有灾难。但必须以坚持纯贞为前提，才会有利。卦辞说，坚持的必须是正道，就像天地之道，由于纯正，因而恒久，无往不利；就像日月，依循自然法则，便能长久普照万物；四季依循自然法则，而能变化久远，生成万物；圣人永久坚持正道，而能教化天下，建立秩序。只要认真体察这一恒久的道理，就可以知晓自然和人类社会的现象及规律了。

【大象传】象曰：雷风，恒。君子以立不易方。

【译文】雷与风相配合，这就是恒卦的意象。君子从中受到启发，立身处世应持守正道，永不改易。

【解说】上卦"震"是雷，下卦"巽"是风，雷与风运动于天地之间，相互助长，象征恒久，这就是恒卦的卦象。君子观此卦象，就应当效法这一精神，日常行动，虽然可以临机应变，但立身处世的大原则必须坚持，不能改变方正的德行。

恒卦各爻所示人事指引

上六：[恒德] 以恒心和毅力对局面进行控制。
六五：[因时] 所处立场不同，坚守的德行也应不同。
九四：[守正] 坚持正道，及时调整。
九三：[固志] 立身处世不可违背原则，要恒久保持良好德行。
九二：[中正] 动机纯正，行事恰到好处。
初六：[守恒] 恒久之道必须长期坚持，不可急于求成。

【卦辞】初六：浚恒，贞凶，无攸利。

【译文】过分追求恒久之道，固执则有凶险，毫无好处。

【小象传】象曰：浚恒之凶，始求深也。

【译文】过分追求恒久之道有凶险，是因为在初始阶段就探求得太深。

【解说】"浚"是深的意思，引申为过度、过分。"初六"与"九四"相

振取震动之义

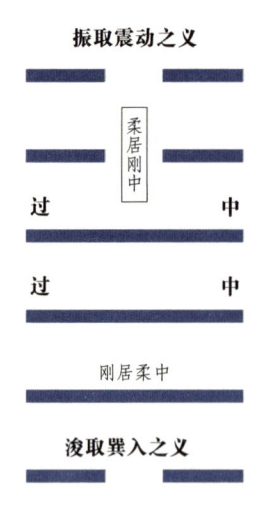

柔居刚中

过　　　中

过　　　中

刚居柔中

巽取巽入之义

□ 恒久之图

恒卦有长久的意思，刚柔相济是恒常之理。恒卦中，上卦"震"是雷，下卦"巽"是风，一"动"一"顺"，相互助长；"九二"刚爻居柔位，"六五"柔爻居刚位，都是刚柔相济，并且居中得正；而"初"与"四"、"二"与"五"、"三"与"上"，也是刚柔相济。这样看来，有天意相助，必能保持恒久。

应，阴阳相应是常理。下卦"巽"是入，因此"初六"必定会深入追求。但"九四"是上卦中唯一的阳爻，即上卦的主体，而且上卦"震"是动，因此，刚强的"九四"，一心力争上游，不会理会"初六"。何况"初六"在最下方，中间又有"九二"、"九三"两个阳爻阻挡。在这种情势下，虽然与"九四"相应，但若不顾一切，强求深入，即或动机纯正，也有凶险，深入不会有利。

《象传》说：这是"初六"在开始的位置。开始就要深求，欲速不达，因此凶险。

这一爻说明，恒久之道必须长期坚持，不可急于求成。

【卦辞】九二：悔亡。

【译文】悔憾之事消失。

【小象传】象曰：九二悔亡，能久中也。

【译文】"九二"没有悔憾之事，因此能长久并保持中正。

【解说】"九二"阳爻在阴位不正，本来是会后悔的，但"九二"在下卦的中位，不偏不倚，保持中正，因而会使后悔消除。

《象传》说：这是因为"九二"能久居中位，能够坚持中正的缘故。

这一爻强调，中正、中庸原则的重要性。

【卦辞】九三：不恒其德，或承之羞，贞吝。

【译文】不能恒久保持道德品行，或将受到羞辱，占问会有遗憾。

【小象传】象曰：不恒其德，无所容也。

【译文】不能恒久保持道德品行，因此无处可以容纳。

【解说】"九三"阳爻在阳位得正，但过于刚强，而且离开中位，又与"上六"相应，以致不满现状，一心上进，不安己位，不能坚守固有的德行，或许将会蒙羞。因而占问有遗憾。

《象传》说：这是因为不能恒久保持道德品行，以致不被人容纳。

孔子在《论语·子路》中说："不恒其德，或承之羞。"当是由此处引用。

这一爻说明，立身处世的原则不可违背。

【卦辞】九四：田无禽。

【译文】田猎没有收获。

【小象传】象曰：久非其位，安得禽也。

【译文】长久处于不适当的位置，怎么能猎到禽兽呢？

【解说】古人在田野里打猎，故"田"又指"田猎"。后来，为了把"田野、田地"之"田"与"田猎"之"田"的意思区别开，"田猎"之"田"写作"畋"。但《周易》没有"畋"字，因此二者通用。

"九四"阳爻在阴位不正，而且不居中，因此，正如狩猎不会有任何擒获。

《象传》说：无论有怎样的恒心，长久处于不适当的位置，也不能猎到禽兽。

这一爻强调，坚持正道，才不会劳而无功。

【卦辞】六五：恒其德，贞。妇人吉，夫子凶。

【译文】恒久坚守自己的德行，正固。女人吉利，男人凶险。

【小象传】象曰：妇人贞吉，从一而终也。夫子制义，从妇凶也。

【译文】女人守正吉利，所以应当终身跟随一个丈夫而不改变。男人应因时制宜，积极进取，如果像女人那样墨守成规就危险了。

【解说】"六五"阴爻柔顺，又在中

□ 太极洛书图

有方、有物、有聚、有分；不畸于阳，不畸于阴；以五为轴，以十为毂，以一、二、三、四、六、七、八、九为辐，两仪、四象、五行、八卦、九畴，太极中隐隐毕见，有终始流行不已之情焉。

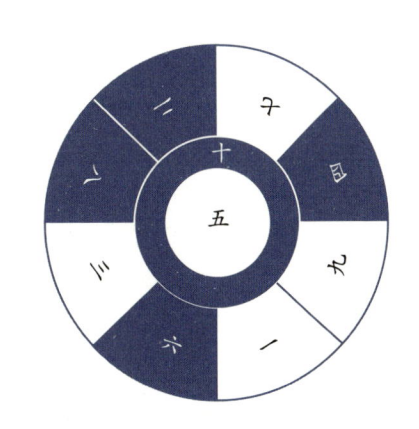

位，且与下卦居中的"九二"阳爻阴阳相应，说明应当永久坚守柔顺服从的德行。柔顺服从是妻子的正道，坚持这一纯正的德行，才会吉祥；但对丈夫来说，却不是应有的德行，因而会有凶险。

《象传》说：妻子应当永久坚守顺从的德行吉祥，因为妻子一生应当顺从一个丈夫。但身为丈夫，衡量事理，应当因时制宜，以行事的正当与否为依据，努力地有所作为，如像女人那样墨守成规就危险了。

这一爻说明，立场不同，所应坚守的德行也不同。

【卦辞】上六：振恒，凶。

【译文】动摇而不再坚持恒久之道，凶险。

【小象传】象曰：振恒在上，大无功也。

【译文】"上六"动摇而不再坚持恒久之道，不能成就事功。

【解说】"上六"是上卦最上方的一爻，已经到达这一卦的极点，同时也是震的终极。上卦"震"是动，因而经常动荡不安；而这一爻又以阴居阴，宜静不宜动，所以动则凶险。

《象传》说：在上位，就应当具备恒久的德行，经常动荡不安，缺乏恒心，就不能成就大事。

这一爻说明，居上位者应能控制局面，否则会给社会带来不安。

遁

阐释退避之道。

乾上　退避
艮下　隐遁

【卦辞】遁，亨，小利贞。

【译文】筮得遁卦，亨通，占问小事有利。

遁之天象图

上卦为乾为天，象征天阳；下卦为艮为山，象征地阴。山高而天退，天下有山，这就是遁卦的卦象。山不论多高，也不能接近天。"遁卦"也是消息卦之一，象征六月，此时，阴气渐长、阳气渐消，退避才可实现通达，但隐蔽毕竟有消极之感，因此只可获取小利，所以卦辞说："遁，亨。小利贞。"

【解说】《序卦传》载："恒者，久也。物不可以久居其所，故受之以遁。遁者，退也。"

"遁"是隐遁、退避的意思。这一卦的形象，是阴由下方成长，阳退避，所以命名为"遁"。这也是消息卦之一，代表六月。

这一卦，阳刚在"九五"的君位，与下方的"六二"阴阳相应。"九五"象征君子虽然有救世之心，却正当下方，有象征两个小人的阴爻在生长，这正是君子不得不退避的原因。不过，以"九五"高洁的操守，他的影响力仍然会发挥作用，因此可亨通。但隐遁毕竟是一种消极的人生态度，因而，卦辞说占问小事有利。

遁卦各爻所示自然之理

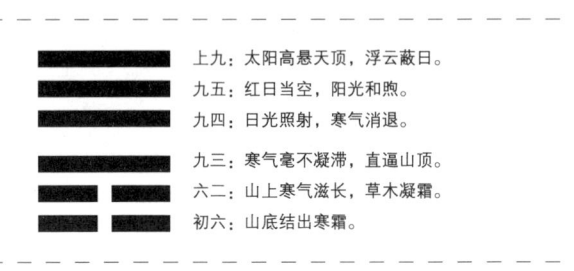

爻位	自然之理
上九	太阳高悬天顶，浮云蔽日。
九五	红日当空，阳光和煦。
九四	日光照射，寒气消退。
九三	寒气毫不凝滞，直逼山顶。
六二	山上寒气滋长，草木凝霜。
初六	山底结出寒霜。

【彖传】彖曰：遁，亨，遁而亨也。刚当位而应，与时行也。小利贞，浸而长也。遁之时义大矣哉。

【译文】《彖传》说：遁卦所说的亨通，是说处于遁卦之时，只有隐遁才能亨通。刚健居尊得位又有应援，随着时势而运行。小事利于持守正固，这是因为阴柔的力量在慢慢增长。遁卦因时制宜的道理太伟大了。

【解说】退避而能亨通，是说一个人应当退避时要果断退避，这样才能亨通。"九五"阳爻在阳位，又在上卦的中位，既得位又得正，与下卦处于中正位置的"六二"阴阳相应。这时"九五"的态度，不只是退避，而且要把握时机，考虑采取行动的可能性。小人的力量有逐渐增长之势，因而必须守正才有利。小人渐进，是君子决定进退最困难的时刻，因而遁卦所启示的顺时而动的意义非常伟大！

在我国，自古对隐士的品行评价很高。儒家虽然热心政治，主张经世济民，但在乱世，也主张隐遁，这在正史所载的隐者传记中随处可见。

【大象传】象曰：天下有山，遁。君子以远小人，不恶而严。

【译文】天的下面有山，这就是遁卦的意象。君子从中得到启发，应该远避小人，不露厌恶之情又能与之严格分清界限。

【解说】这一卦，上卦"乾"是天，下卦"艮"是山。山不论多高，也不能接近天。山高而天退，天下有山，这就是遁卦的卦象。君子观此卦象，应当效法这一精神，自觉远避小人，但也不应显露出憎恶小人的情绪，而是以庄重严肃的态度使小人不能接近。

遁卦各爻所示人事指引

上九：[肥遁]怡然自得，超凡脱俗。
九五：[嘉遁]难以退隐，就中正地隐遁于世俗之中。
九四：[好遁]果断选择隐遁，不贪恋权位。
九三：[脱赘]抛却牵绊，决然隐退。
六二：[固志]顺应时机，保有坚定的意志。
初六：[待机]小人得势之时，君子应退则退，等待时机。

【爻辞】初六：遁尾，厉，勿用有攸往。

【译文】尾随在他人后面隐遁，有危险，不要尾随。

【小象传】象曰：遁尾之厉，不往何灾也。

【译文】尾随在他人后面隐遁有危险，如果不尾随，又有什么灾难呢？

【解说】"初六"是遁卦的末尾，先隐遁的已经隐遁到上方，迟疑不决的落在了后面。在小人得势之际，跟在别人后面隐遁当然危险，但不能因此就采取积极向前的行动。

《象传》说：尾随在他人后面隐遁有危险，但不可采取积极向前的行动，隐忍待机，哪里还有灾害呢？

这一爻说明，小人得势，应退则退，君子应待时机。时机不到，不可妄动。

【爻辞】六二：执之用黄牛之革，莫之胜说。

与二嘉妃
与初交好

二居中而顺牛象
初为尾而三为革

□ 遯象之图

遯卦由乾变来，直接从乾卦发展而成，是一柔下生，柔爻再向上一位即为遯卦。遯卦是十二消息卦中六个柔长刚退的卦之一，二柔长成，逼退四刚，与一年中阴阳消长的十二个月对应，十二月斗纲建月中末的农历六月，天气由热变冷，阳气逐渐要被阴气取代，这是一个不可逆转的自然规律，君子法天，要知时而退。

【译文】被用黄牛皮拧成的绳子系住，没有人能解脱得了。

【小象传】象曰：执用黄牛，固志也。

【译文】被用黄牛皮拧成的绳子系住，但仍要固守中正之志。

【解说】"说"在此当"脱"解。"六二"阴爻在阴位得正，又在下卦中位，而且与同样中正的"九五"阴阳相应。"六二"洁身自爱，柔顺地追随"九五"，而且意志坚定，就像用黄牛的皮革捆缚，坚固难脱。黄是中色，牛性情柔顺，也象征"六二"的中正及对"九五"的柔顺。

《象传》说：用黄牛的皮革捆缚，是象征意志坚定正固。这一爻说明，应有坚定中正的意志。

【爻辞】九三：系遯，有疾厉，畜臣妾吉。

【译文】被系住而不能隐遁，像疾病缠身一样危险，但蓄养臣子及侍妾吉利。

【小象传】象曰：系遯之厉，有疾惫也。畜臣妾吉，不可大事也。

【译文】被系住不能隐遁而致危险，是因患病而疲惫。蓄养臣子及侍妾吉利，是说此时不可以办大事。

【解说】"系"是系累、牵制的意思。"臣妾"，古时男奴为臣，女奴为妾。"九三"阳爻在阳位，刚强而得正，但却被下方的两个阴爻拖累，在应当隐遁时却迟疑不决，就像疾病缠身一样危险。在这种情况下，蓄养奴婢吉利。因为奴婢只做身边杂事，随时可以遣走，不会成为累赘。

《象传》说：应当隐遁，被拖累以致迟疑不决的危险，就像生病已经疲惫不堪。蓄养臣子及奴婢吉利，是说此时不能做大事，只能如此而已。

这一爻说明，不可被拖累，应断然隐遁。

【爻辞】九四：好遁，君子吉，小人否。

【译文】时机恰当时应好好隐遁，君子吉利，小人则不然。

【小象传】象曰：君子好遁，小人否也。

【译文】君子在时机恰当时应好好隐遁，小人则不然。

【解说】"九四"阳爻，又是上卦"乾"的一部分。性格刚健，虽然与"初六"的小人相应，但在应当隐遁时，却能摆脱并断然隐去，所以称作"好遁"。君子能够做到这一地步，当然吉祥，然而，小人却难以做到。

这一爻说明，在应该隐遁时不可眷恋高位，应断然隐退。

【爻辞】九五：嘉遁，贞吉。

【译文】值得嘉赏的隐遁，守正吉利。

【小象传】象曰：嘉遁贞吉，以正志也。

【译文】值得嘉赏的隐遁守正吉利，因为"九五"能够持守中正之志。

【解说】"嘉"是美的意思。"九五"阳刚中正，虽然与下卦的"六二"相应，但"六二"也柔顺中正，不会成为累赘，"九五"能够随时无牵无挂地隐遁，因此称作"嘉遁"。但以"九五"的位置与"上"位比较，仍然不能完全摆脱世俗，因而，必须持守中正，才会吉祥。《象传》说：所以吉祥，是"九五"能持守中正之志。

这一爻说明，不能摆脱世俗，就应刚毅、中正地隐遁于世俗之中。

□ **天地自然河图**

天地自然之图，伏羲时，龙马负而出于荥河，八卦所由以画者也。易曰河出图，圣人则之，书曰《河图》在东序是也。此图世传蔡元定得于蜀之隐者，秘而不传，虽朱子亦莫之见，今得之陈伯敷氏。尝熟玩之，有太极函阴阳，阴阳函八卦自然之妙，实万世文字之本原、造化之枢纽也。

【爻辞】上九：肥遁，无不利。

【译文】高飞远走而隐遁，没有什么不利的。

【小象传】象曰：肥遁，无不利；无所疑也。

【译文】高飞远走而隐遁，没有什么不利，因为"上九"没有疑虑挂碍。

【解说】"肥"，充大宽阔，有余裕的意思。"上"位通常有达到极点、过度、穷途末路的含义；但以等级来说，已经超出"五"的君位之上。"上"象征摆脱世俗，无位却崇高的隐士，所以称作"肥遁"。"上九"达到这一超越世俗、置身世外的地位，本身又刚健，而下面又没有相应的拖累，因此，无论进退都没有牵挂，过着悠然自得、平和隐遁的生活，没有任何疑虑，因此也没有什么不利的。

在六朝赞美隐士的诗文中，常常引用"嘉遁""肥遁"这两个名词。据《南史·阮孝绪传》记载，有名的占卜家张有道，为隐士阮孝绪占卜，就便占得遁卦的"上九"。

大壮

阐释使人壮大之道。

震上　壮大
乾下　隆盛

【卦辞】大壮，利贞。

【译文】筮得大壮卦，有利占问。

大壮之天象图

上卦为震为雷，下卦为乾为天。雷奋迅于天上，这就是大壮卦的卦象。雷震于天上，象征无穷的力量。这一卦，也是十二消息卦之一，象征二月，正是阳气强盛，春意盎然之时。阴气渐消，阳气渐长之时，坚守正道，才能亨通畅达。所以卦辞说："大壮，利贞。"

【解说】遁卦倒过来，成为大壮卦，相互是"综卦"。此卦表明，逃避是消极手段，壮大自己，积极有为才是根本。遁卦和大壮卦二者相互为用。

《序卦传》载："物不可以终遁，故受之以大壮。"

这一卦，也是消息卦，代表二月。连续四个阳爻，表示成长壮大。"大"代表阳，"壮"表示盛，即阳隆盛，因此命名为"大壮"。阳象征君子，君子壮大，当然亨通，无往而不利。然而，声势隆盛壮大，就必须反身修己、严守纯正；否则，就有可能陷于横暴。所以说，坚守纯正，才会有利。

大壮卦各爻所示自然之理

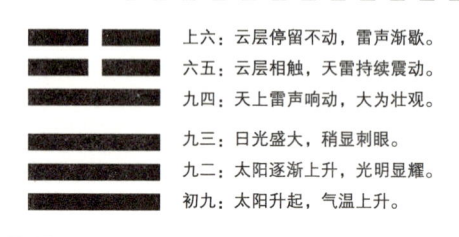

上六：云层停留不动，雷声渐歇。
六五：云层相触，天雷持续震动。
九四：天上雷声响动，大为壮观。
九三：日光盛大，稍显刺眼。
九二：太阳逐渐上升，光明显耀。
初九：太阳升起，气温上升。

【彖传】彖曰：大壮，大者壮也。刚以动，故壮。大壮利贞，大者正也。正大而天地之情可见矣。

【译文】《彖传》说：大壮卦，是说阳刚盛壮。刚健而动，因此盛壮。阳刚盛壮则利于守正，就是说盛大必须持守中正。中正而盛大，就可以知晓天地万物的规律了。

【解说】大壮，是说阳刚壮盛。由上下卦来看，下卦"乾"，纯阳最刚健。上卦"震"，性格好动，刚健又有行动，因此壮盛。壮盛须持守中正才有利。意思是：不但要大，而且要守正。唯有以中正的态度，才可以知晓天地万物的规律；而天地的法则，就是正大。

【大象传】象曰：雷在天上，大壮。君子以非礼弗履。

【译文】雷在天上轰鸣，这就是大壮卦的意象。君子从中受到启发，不要去做那些不合礼仪的事。

【解说】这一卦，上卦"震"是雷，下卦"乾"是天。雷在天上轰鸣，声势壮大；因而，命名为"大壮"。《象传》说：雷在天上，这就是"大壮"卦的意象。君子观此卦象，应当效法这一精神，从事轰轰烈烈的事业。但君子的强大，不在于是否胜过他人，而在于克制自己；克制自己，就必须实践礼仪。因此，不合乎礼仪的事不要去做。

老子说："自胜者强。" 孔子在《论语·颜渊》中也说："克己复礼以为仁。"并对这句话作了进一步阐释："非礼勿视，非礼勿听，非礼勿言，非礼勿动。"

大壮卦各爻所示人事指引

上六：[待机] 认真审视现状，守正自保以待时机。
六五：[止步] 及时止步，坦然面对壮大后的衰退。
九四：[守正] 坚守纯正，用柔顺调和自身的壮大。
九三：[克己] 不可利用壮大之势，逞强任性。
九二：[守正] 追求壮大应坚守中庸之道，克制内心的欲望。
初九：[量力] 追求壮大也应量力而行，不可妄动。

【爻辞】初九：壮于趾，征凶，有孚。

【译文】脚趾强壮，一味前行有凶险，最终将应验。

【小象传】象曰：壮于趾，其孚穷也。

【译文】脚趾强壮，穷困是必然的。

【解说】"趾"是人体最下方的脚趾，用来走动向前；因此，脚趾强壮，象征一个人有强盛的进取意图。"征"是往。"孚"是信、必的意思。脚趾虽然有前进的强盛意图，但还不足以带动全身，因而前行凶险。"初九"虽然是阳爻在阳位得正，但与"九四"阳阳不能相应，上方没有援引，所以，前行凶险。

《象传》说：脚趾强壮，必然穷困。

这一爻说明，追求壮大也应当量力而行，不可妄动。

【爻辞】九二：贞吉。

【译文】守正吉利。

【小象传】象曰：九二贞吉，以中也。

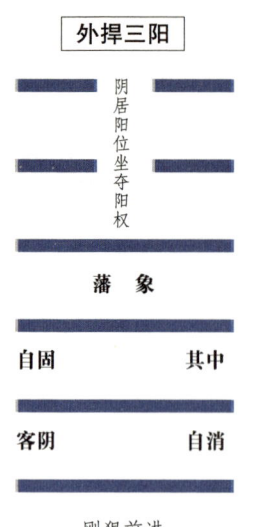

```
外捍三阳
阴居阳位坐夺阳权
藩 象
自固    其中
客阴    自消
刚狠前进
有羊触象
四为之捍
```

□ 大壮羊藩图

大壮卦直接从泰卦发展变化而来，泰之刚爻向上长一位，变大壮。泰的上卦是坤，坤为地，变为大壮，上坤的下界已被刚爻占去，"六五"与上长的刚爻相接，故有丧葬之象。

【译文】"九二"守正吉利，因为持守中庸之道。

【解说】"九二"阳爻在阴位不正，但在下卦的中位，虽然位置不当，却有中庸的德行。一个事物壮大时，往往容易过度，因而，具备中庸的德行十分重要。只有坚守纯正，克制内心欲望，才会吉祥。

这一爻说明，追求壮大应当取中庸之道，面临大事，要善于克制自己内心的欲望。

【爻辞】九三：小人用壮，君子用罔，贞厉。羝（dī，音同"低"）羊触藩，羸（léi，音同"雷"）其角。

【译文】小人利用自己的强壮凌弱，而君子不这样，否则占问有危险。有如公羊顶撞藩篱，头角被挂住。

【小象传】象曰：小人用壮，君子罔也。

【译文】小人利用自己的强壮凌弱，君子不会这样做。

【解说】"罔"是亡，假借为"无"。"羝羊"即公羊。"藩"是篱。"羸"与"累"同义，是挂住无法摆脱的意思。

"九三"是阳爻在阳位得正，但此卦已经一连三个阳爻，且又离开了中位，刚强过度。小人会利用这种过度刚强的气势，欺凌他人，但君子不会这样做。就好像公羊去抵触藩篱，角被挂住，永远无法摆脱。

《象传》说：小人利用自己的强壮欺凌弱小，君子不会这样做。

这一爻说明，不可利用壮大，逞强任性。

【爻辞】九四：贞吉，悔亡。藩决不羸，壮于大舆之輹。

【译文】守正吉祥，忧悔之事消亡。车輹坚固，冲破藩篱，将羊角解脱出来。

【小象传】象曰：藩决不羸，尚往也。

【译文】冲破藩篱，将羊角解脱出来，继续前往。

【解说】"决"，撞开缺口，"羸"，挂住。"壮"，指车輹坚固。"輹"，车厢底部连接车厢车轴的零件。这是一个倒装句，应为"壮于大舆之輹，藩决不羸"。

"九四"已经超过本卦的一半，连续四个阳爻重叠，象征非常壮大。但"九四"阳爻在阴位不正，因此，如果继续下去，就会后悔。不过，正因为阳爻在阴位，并非极端刚强，只要坚持纯正，仍然可以吉祥，可以消除忧悔。又因为前方都是柔爻，"九四"像一头公羊，因为将藩篱决溃，角才会不被挂住；又像坚固的车輹利于前行。《象传》说：在这种情形下，公羊冲破篱笆而未被缠着角，是比喻"九四"前进顺利，可以继续前往。

这一爻，说明事物壮大之时更要坚持纯正。

【爻辞】六五：丧羊于易，无悔。

【译文】羊在田边丧失了，没有什么不好。

【小象传】象曰：丧羊于易，位不当也。

【译文】羊在田边丧失了，是因为所处位置不当。

【解说】这一卦之所以用羊来象征，是因为将大壮卦每两爻合并成一爻，就成为兑卦，外柔内刚，是羊的象征。"易"是场，即田畔。朱熹《本义》："或作疆场之场"，亦通。"六五"阴爻在中位，柔弱中庸，已丧失了壮大性格，因此用象征大壮卦的羊在田边丢失来比喻。"六五"此时已经不能再向前，但也不会发生不好的结果。

《象传》说：羊所以在田畔丧失，是因为"六五"阴爻在阳位，位置不当所致。

这一爻说明，又进入物极必反、壮大衰退的时期，不可能再积极向前了。

□ 伏羲太极生两仪图

伏羲初画二仪图仿《河图》，阳自一而三，阴自二而四为之，其中所虚即太极也。其左白者阳，右黑者阴，则两仪也，故曰"易有太极，是生两仪"。

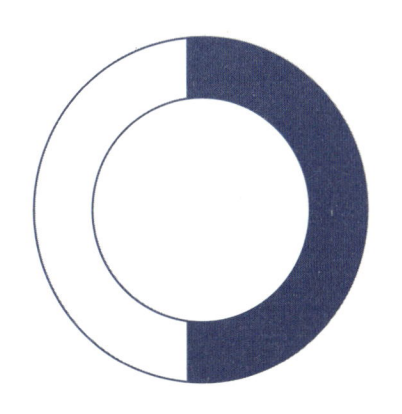

【爻辞】上六：羝羊触藩，不能退，不能遂，无攸利，艰则吉。

【译文】公羊冲撞藩篱卡住了角，进退两难，很不利，艰苦忍耐就会吉利。

【小象传】象曰：不能退，不能遂，不详也。艰则吉，咎不长也。

【译文】"上六"进退两难是因为对形势没有详审。艰苦忍耐就会吉利，灾祸是不会长久的。

【解说】"详"是祥的意思。"遂"，义为进、荐。上位已是大壮卦的终极，好比有公羊抵触藩篱，角被挂住，不能后退，而"上六"阴爻，力气不足，又不能穿破藩篱，而且逞强冒进也不会有任何利益。所幸"上六"是柔爻，能够以柔弱与命运对抗；只要忍耐以待时机，结果还是会吉祥。

《象传》说：进退两难，这是"上六"对形势没有详审的缘故。及时觉悟处境的艰难，忍耐待机，也会吉祥，灾祸是不会久的。

这一爻说明，既不能进，又不能退，就应当及时觉悟。既然艰难已经到来，就应该守正自保，以待时机。

晋

阐释求晋升之道。

离上　前进
坤下　晋升

【卦辞】晋，康侯用锡马蕃庶，昼日三接。

【译文】筮得晋卦，康侯得到天子赏赐的众多良马，一日之内被天子三次接见。

晋之天象图

　　上卦为离为日，象征天阳；下卦为坤为地，象征地阴。旭日从地面上升起，这就是晋卦的卦象。地面太阳的光芒会越来越明盛。"晋"是前进、上升的意思。得到众多良马作为赏赐，甚至一天之内，三次被召见。所以卦辞说："晋，康侯用锡马蕃庶，昼日三接。"

【解说】《序卦传》载："物不可以终壮，故受之以晋。晋者，进也。""晋"即前进、上升，是诸侯升进到天子面前，接受褒奖的形象。"康侯"使人想到周武王的弟弟卫康叔。周建国后，卫康叔被封于卫，《书经》中的《康诰》，就是当时周公写给康叔的训诫。不过《卦辞》是周文王写的，在周建国以前，文王已经逝世，不可能指康叔。因而，历代注释都将康侯当作普通名词，解释成使国家安康的侯爵。"锡"是赐，"蕃庶"，数目繁多；"接"，接见。

这一卦，上卦"离"象征太阳，性格是依附；下卦"坤"象征大地，性格柔顺；是太阳普照大地，万物柔顺依附的形象。从人事上看，象征诸侯恭顺地依附天子，所以说，将自己国家治理得安康的诸侯，晋见天子，报告地方政情，得到褒奖，赏赐许多马，而且在一天中，天子就三次接见，给予极大礼遇。意思是说，忠于职守的人，就能被人赏识，得到晋升，飞黄腾达。

晋卦各爻所示自然之理

上九：太阳直达天顶。
六五：太阳升至中天，日辉盛极。
九四：浮云蔽日，阳光稍显暗淡。
六三：太阳升进，风和日丽。
六二：太阳升起，日光温暖和煦。
初六：朝阳东升，驱散黑暗。

【象传】象曰：晋，进也。明出地上，顺而丽乎大明，柔进而上行，是以康侯用锡马蕃庶，昼日三接也。

【译文】《象传》说：晋卦，是升进的意思。太阳的光辉升起在地面上，大地顺从附丽于光明，柔顺地前进向上运行，因此康侯得到天子赏赐的众多良马，一日之内被天子三次接见。

【解说】卦名"晋"，是升进的意思。以卦象来看，上卦"离"象征太阳、光明，下卦"坤"是大地，寓指太阳升到地面上的形象。从卦象上看，上卦"离"是依附，下卦"坤"是柔顺，表示万物柔顺地依附伟大的太阳。从卦变上看，观卦的"六四"柔爻升进，与"九五"的刚爻交换位置，成为晋卦。用人事比喻，是指治理国家安康的侯爵，晋见天子，得到许多赏赐的马，受到一天中接见三次的荣宠，这也是"晋"的象征。

【大象传】象曰：明出地上，晋。君子以自昭明德。

【译文】太阳从地平线上升起，这就是晋卦的意象。君子从中受到启发，应该使自己的德行日益彰显。

【解说】上卦"离"是太阳，下卦"坤"是大地。太阳出现在大地上，普照万物，这就是晋卦的意象。君子观此卦象，应当效法这一精神，使自己本来所具有的光明的德行愈加显明。

"昭"是显明的意思。《大学》载："大学之道，在明明德。"《左传·桓公二年》载："人君者，将昭德塞远，以临昭百官。"两句话含义大抵相同。

晋卦各爻所示人事指引

上九：	［慎行］	升进须有妥善策划，并谨慎实施。
六五：	［磊落］	光明磊落，不顾虑得失，前往必然有利。
九四：	［果断］	遇事不能贪婪而首鼠两端，游移不定。
六三：	［众允］	升进必须以获得众人的信赖为前提。
六二：	［中正］	暂时不得升进也不必忧虑，中正必有成功之日。
初六：	［守正］	前进必须动机纯正，即使失败，内心也坦然。

【爻辞】初六：晋如摧如，贞吉。罔孚，裕无咎。

【译文】升进和退守适时，能守正就吉利。虽不能取信于人，但以宽裕的态度自处，也不会有灾祸。

【小象传】象曰：晋如摧如，独行正也。裕无咎，未受命也。

【译文】升进和退守适时，独自行进在正道。富裕没有灾祸，是因为"初六"还没有被任命。

【解说】"晋"，同"进"，即升进；"摧"，退的意思；两个"如"是语辞；"罔"，同"无"；"孚"，同"信"；"裕"，富裕。这一卦的卦名为"晋"，当然各爻都要前进。但"初六"是阴爻，在最下位，力量弱，虽然与"九四"阴阳相应，但"九四"阳爻在阴位不正，并不能给"初六"以声援，"初六"如果前进，必遭挫败。不过，"初六"只要坚实纯正，仍会吉祥；即使

离象明德

康侯

四居不正之位将据有众阴

坤象有土
众信于三

□ 晋康侯之图

从此图的卦象看,上卦"离"为太阳,性格是依附;下卦"坤"为大地,性格柔顺;太阳普照大地,万物柔顺依附的形象。从人事上看,为诸侯恭顺地依附于天子。此图意为:把自己国家治理得安康的诸侯,可以晋见天子。

不能取信于人,只要心里坦然,面对现实,也不会有灾难。

《象传》说:升进会挫败,但自己走的是正道,心地坦然,不会有灾难;因为"初六"还没有被任用,没有责任,所以能够无忧无虑,悠然自得。

这一爻说明,升进时必须动机纯正,即使失败,内心也坦然。

【爻辞】六二:晋如愁如,贞吉。受兹介福,于其王母。

【译文】升进有忧愁,但守正能吉利。在祖母那里受到如此大的福祉。

【小象传】象曰:受兹介福,以中正也。

【译文】受到如此大的福祉,是因为能持守中正之道。

【解说】"兹",此,指前面卦辞"锡马蕃庶";"介",大的意思;"王母",祖母。《尔雅·释亲》载:"父亲的母亲为王母。"

"六二"阴爻居阴位得正,又在下卦中位,中而且正,当然会升进。但"六二"与"六五"阴阴不能相应,因而上方缺乏援引,"六二"前途艰难,不能不忧愁。不过,虽然孤立无援,只要坚守纯正,仍然吉祥。

祖母指"六五"。"六五"阴爻在尊位,相当于祖母。

《象辞》说:承受如此洪福是因为"六二"在中位,阴爻得正的缘故。

这一爻说明,暂时不得升进,也不必忧虑,中正必然有成功之日。

【爻辞】六三:众允,悔亡。

【译文】得到众人信赖,"六三"的悔意消失了。

【小象传】象曰:众允之志,上行也。

【译文】得到众人信赖，因为"六三"有上行之志。

【解说】"允"是信的意思。"六三"阴爻在阳位不正，又不在中位，当然会后悔。可是，下方的两个阴爻，志同道合，也要升进，因此得到众人的信赖与支持。基于此，"六三"本来应该后悔的，但最终悔意也消失了。

这一爻说明，前进须以获得众人的信赖为前提。

【爻辞】九四：晋如鼫（shí，音同"石"）鼠，贞厉。

【译文】像鼫鼠般贪婪并且进退犹疑，坚持下去会有凶险。

【小象传】象曰：鼫鼠贞厉，位不当也。

【译文】坚持像鼫鼠般贪婪并且进退犹疑有凶险，是因为位置不当。

【解说】《诗经·魏风·硕鼠》载："硕鼠硕鼠，无食我黍。""鼫鼠"即硕鼠，偷吃作物的野鼠。

"九四"阳爻居阴位，离开中位，不中不正，却又晋升到高位；由于缺乏道德，地位高反而更加贪婪有害，就像田间的野鼠。另外，鼫鼠的特点是首尾两顾，遇事犹疑不定，此爻以此喻"九四"所处的窘境。《象传》说：遇事犹疑不定，坚持下去不作改变有危险，这是由于"九四"阳居阴位不中不正，地位不当。

这一爻说明，遇事不能像鼫鼠那样贪婪并且首尾两顾，犹疑不定。

【爻辞】六五：悔亡，失得勿恤，往吉，无不利。

【译文】忧悔之事已经消亡，不要忧虑得失，前往吉祥，没有不利的。

【小象传】象曰：失得勿恤，往有庆也。

【译文】不要顾虑得失，前往有喜庆。

【解说】"恤"，忧虑的意思。"六五"阴爻在阳位不正，结果应当后悔。但"六五"处在上卦中位，是"离"卦的主爻，下卦"坤"

□ 伏羲两仪生四象图

伏羲初画四象图仿《河图》，七九之阳，六八之阴，皆自内而外，盖即前图，而一纵一横也。天下之物左阳右阴，上阳下阴，合之而左之上为太阳，左之下为少阳；右之下为太阴，右之上为少阴。易曰"两仪生四象"。

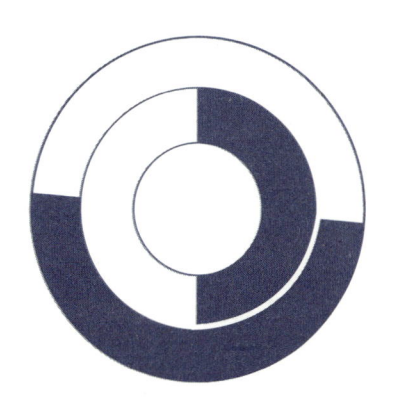

是顺；因此，"六五"是以光明磊落的态度，高居君位，下面又有服从的形象，原本的后悔之事也会因此消失。"六五"大可不必为得失担忧，前往吉祥，没有不利。所以《象传》说：不要顾虑得失，前往有喜庆。

这一爻说明，光明磊落，不顾虑得失，前往必然有利。

【爻辞】上九：晋其角，维用伐邑，厉吉无咎，贞吝。

【译文】升进到角的高度，只能征伐属邑，虽有凶险但也吉利无害，占问小有不利。

【小象传】象曰：维用伐邑，道未光也。

【译文】只能征伐属邑，是因为王道还未光大。

【解说】"邑"是自己封地上的村镇。

"上九"已经晋升到极点，又是刚强的阳爻，因而用动物的角象征。升进到角的高度，已达顶点，本来已经没有上升空间，但由于本身刚强，只能讨伐叛乱的村镇，虽然危险，但结果仍然吉祥。不过，自己领地上的村镇，平时应当善加治理，不使其发生叛乱；但既已发生叛乱，就不得不加以讨伐，虽然是正当处置，但仍然有失中正之德。《象传》解说道：这是采取的措施不够光明正大；即使以此得以升迁，但晋升之道尚未光大。

这一爻说明，升进须有妥善策划，并谨慎实施；等到发生偏差再行改正，即使不失败，也是失德。

明夷

阐释在遭遇苦难和残害时的求吉之道。

坤上　光明负伤
离下　韬晦时期

【卦辞】明夷，利艰贞。

【译文】筮得明夷卦，占问艰难之事吉利。

明夷之天象图

　　上卦为坤为地，象征地阴；下卦为离为日，象征天阳。落日逐渐没入地下，这就是明夷卦的卦象。明藏于晦中，表面上是晦，实际上是明。光明被大地掩藏、压制，必然受到伤害，处境艰难。所以卦辞说："明夷，利艰贞。"

【解说】明夷卦与晋卦互为"综卦"。前进须冒险，难免负伤，伤则促使反省，有利于前进，这就是明夷卦与晋卦的相互为用。《序卦传》载："晋者，进也。进必有所伤，故受之以明夷。夷者，伤也。"

"夷"与痍相同，伤痍、创伤的意思。这一卦，上卦"坤"是大地，下卦

"离"是太阳。太阳沉没于地下,象征光明受到伤害;因此,命名为"明夷"。

这一卦的主爻"六五",虽然在上卦的中位,但阴爻柔弱,又包围在上下的阴爻中,象征贤者的明德被挫伤,处境非常艰难;唯有觉悟处境的艰难,刻苦忍耐,坚守正道,韬光养晦以自保才会有利。

明夷卦各爻所示自然之理

上六：黎明时分,曙色暂显昏暗。
六五：黎明之前,极度黑暗。
六四：子夜时分,月上中天。
九三：黑夜无光,生机受损。
六二：太阳逐渐隐到地平线下。
初九：日落西山,飞鸟饥倦。

【彖传】彖曰：明入地中,明夷。内文明而外柔顺,以蒙大难,文王以之。利艰贞,晦其明也。内难而能正其志,箕子以之。

【译文】《彖传》说：光明隐入地中,这就是明夷卦。内含文明而外能柔顺,用这种方法度过大难,周文王就是这样。在艰难中守正有利,把智慧德行收敛隐藏起来。家族内部患难而能坚定志向,箕子就是这样。

【解说】这一卦,上卦"坤"是大地,下卦"离"是太阳,太阳沉入地中,是光明被挫伤的形象。从卦的性格来看,内卦"离"是文明,外卦"坤"是柔顺,以这种内心明智、外在柔顺的性格,就能经受住大难。周文王就是如此。当蒙受被暴君纣囚禁在羑里的大难时,他将内在的明智隐藏在心里,而外表显得非常柔顺,最后安全脱险。在艰难中坚守正道有利,是说应当收敛光芒,在国家蒙受大难时,只有内心能够光明正大。箕子就是如此。当侄儿纣王暴虐无道,明知无可救药时,就装疯避祸。这里,文王、箕子指"六五",纣王指"上六"。

【大象传】象曰：明入地中,明夷。君子以莅众,用晦而明。

【译文】光明隐入地中,这就是明夷卦的意象。君子从中受到启发,应在临众治事时外表昏愚而内里精明。

【解说】这一卦，上卦"坤"是大地，下卦"离"是光明。光明进入地中，象征其受到挫伤。太阳普照万物，但光芒过度强烈则万物逃避，这与宽容的德行相背离。光明隐入地中，这就是"明夷"卦的卦象。君子观此卦象，应当领悟这一意义，当面临群众时，就要隐藏智慧，以平易的态度接近，才会被接纳，而且会收到明治之功。这就是利用昏暗隐藏明智的道理。

老子说："其政察之，其民缺缺。"政治上的措施也是如此。如果明察秋毫，巨细无遗，表面上好像严密，实际上却会因法令过度烦琐苛细，而使民心变得浇薄。古代帝王戴的冠，前面有珠帘，遮住视线，两边有棉球，塞住耳朵，就是表示帝王不想让自己过于耳聪目明。

明夷卦各爻所示人事指引

上六：［守正］心存敬畏，不因自身居高位而违背原则。
六五：［中正］身在晦暗中，自身也应光明中正。
六四：［弃暗］当断则断，即使付出巨大牺牲，也应弃暗投明。
九三：［慎行］遭受重创时，慎重地使用非常手段。
六二：［避灾］敏锐地察觉到危险，并迅速躲避。
初九：［韬晦］在困境中收敛锋芒、韬光养晦。

【爻辞】初九：明夷于飞，垂其翼。君子于行，三日不食。有攸往，主人有言。

【译文】光明伤损时，像鸟一般垂下翅膀飞行。君子出走，已经三天没有进食了。有所前往，主人有责言。

【小象传】象曰：君子于行，义不食也。

【译文】君子要走，在道义上不能接受君王的俸禄。

【解说】"明夷"，光明伤损。这一卦，是明德被挫伤，邪恶残害正义之象。"初九"就像鸟在飞行中负伤，双翼下垂。但"初九"在这一卦的开始，飞得高，距离远，负伤不重，还能飞离险境。如同君子舍弃一切，奋力逃亡，这就难免受苦。三天没有进食、没有投奔的地方，被讥笑为不识时务，当然会有闲言碎语。

上卦坎体

与上共居天位有箕子之象

阳爻之策三十六故有日象

一六皆属水也

□ 明夷箕子图

此卦为光明被挫伤的形象。从卦的性格来看，内卦"离"是文明，外卦"坤"是柔顺。以内之明智、外貌之柔顺的性格，就能承受磨难。这幅图的意思是：箕子在艰难中守正有利，把智慧德行收敛隐藏起来，内部患难而能坚定志向。

《象传》说：君子避世出走，理应不求禄食。

一说：这是指伯夷不吃周朝的谷粮。君子坚持自己的理想，不能被社会接纳，彷徨没有归宿；即便出任官吏，君王也会说：你的理想与现实不合。君子遭到非难，为了坚持正义，唯有不接受君主的俸禄。又，在《左传》昭公五年的记事中，鲁国的叔孙豹出生时，卜楚丘替他占筮，得到这一卦，最后叔孙豹病倒时，果然有恶人三天不给他食物，叔孙豹就此饿死。

这一爻说明，在正义被残害的苦难时期，唯有韬光养晦以求自保。

【爻辞】六二：明夷，夷于左股，用拯马壮，吉。

【译文】光明伤损时，伤了左腿，幸得壮马拯救，吉利。

【小象传】象曰：六二之吉，顺以则也。

【译文】"六二"的吉利，是因为柔顺中正，能够遵循法则的缘故。

【解说】负伤在左大腿，幸好右腿还可以行走；若得到壮马的拯救，迅速逃离险地，当然吉祥。

"六二"比"初九"更进一步，负伤也较重。"初九"还可以飞，"六二"已经行动困难了；不过，迅速、及时地挽救，仍然会吉祥。

《象传》说："六二"之所以吉祥，是因为阴爻居阴位得正，又在中位。柔顺中正，能够遵循法则的缘故。

一说，是指周文王拯救殷商遗民。

这一爻说明，邪恶的残害已经逼近，君子应当迅速逃避灾难。

【爻辞】九三：明夷于南狩，得其大首，不可疾，贞。

【译文】光明伤损时往南方狩猎，擒获了大首领，但行事不可急躁冒进，要做到稳健持重、坚守正道。

【小象传】象曰：南狩之志，乃大得也。

【译文】往南方狩猎的志向，必然能获得大收获。

【解说】"九三"阳爻居阳位，又是下卦"离"的最上爻，因而最明智。但"九三"笼罩在完全阴暗的上卦下面，而"上六"又昏暗，于是，"九三"不得不将明智隐藏起来，百般忍耐。然而，这样做难以长久，"九三"开始向南方征讨。古代认为南上北下，南方是光明的方位。"九三"向上攻击，开创光明，俘虏了罪魁祸首"上六"。"九三"这一行动是非常之举，必须慎重，不能操之过急。

有人认为，此爻指周文王受纣王之命南征，采用稳健的策略，结果大获全胜。

《象传》说：往南方狩猎，才能够大展抱负。

这一爻说明，在遭受严重的创伤时，应当采取非常行动，才能够得到挽救；但在采取非常行动时应慎重。

【爻辞】六四：入于左腹，获明夷之心，于出门庭。

【译文】进入左腹之中，获知伤害光明的暴君的心意，于是退出宗族远遁。

【小象传】象曰：入于左腹，获心意也。

【译文】进入左腹之中，获知了暴君的心意。

【解说】"门庭"，指家庭。"出于门庭"，是说微子离开自己的家族——商王朝，投奔周人。"入于左腹，获明夷之心，于出门庭。"意思是进入心腹之中，才能获知伤害光明的暴君的心意。这样接近暴君，虽有危险，但留在家中反而招祸；因此，一旦获知暴君伤害光明的心意，即使背弃家族，也要弃暗投明。

□ **伏羲四象生八卦图**

伏羲初画八卦图，由四象而加四阳四阴以成八卦，鹤山即谓之《先天环中图》也。其左乾一、兑二、离三、震四，其右巽五、坎六、艮七、坤八，皆自上而下。天下之物，左阳右阴，上阳下阴，前阳后阴；伏羲既合左右上下为四象，而前白后黑难加，故析为四阳四阴而周加之；其四阳即前，四阴即后也。

一说，这是指殷纣王的兄长微子，他看到纣王残暴昏庸，屡谏不听，知道纣王心意已不可挽回，就离开宫廷，逃往周国避难，得以延续殷代的后裔。

这一爻说明，明知要付出巨大牺牲，也应弃暗投明。

【爻辞】六五：箕子之明夷，利贞。

【译文】箕子伤其自身明德，利于守正。

【小象传】象曰：箕子之贞，明不可息也。

【译文】因为有箕子一般的守正，光明是不会熄灭的。

【解说】《史记·宋微子世家》记载，纣王暴虐，箕子言谏不听，有人劝他逃亡。箕子说："为臣下者，君主不听谏言就离去，岂不是暴露了君王的罪行，让自己讨好于人民？我不忍这样做。"于是，就披头散发，假装疯狂，沦为奴隶，故意伤害自己以避祸。因此爻辞说"箕子之明夷"，就是伤害自己的明德以守正的意思。

这一卦，上卦"坤"全部是阴爻，"六五"又在最中央，是最黑暗的时刻；而且，又最接近昏暗的"上六"。但"六五"却能不失其坚贞，就像箕子，在最暴虐黑暗的时刻，依然能够明辨是非，坚持正义。

《象传》说：箕子的固守正义，说明光明不可熄灭。

这一爻说明，愈在黑暗时刻，愈应坚持正义，明辨是非。

【爻辞】上六：不明晦，初登于天，后入于地。

【译文】不见光明却只有晦暗，起初升上天，后来入于地。

【小象传】象曰：初登于天，照四国也；后入于地，失则也。

【译文】起初升上天，照耀四方；后来入于地，是因为失去了正义的原则。

【解说】"上六"是纯阴上卦的最后一爻。这时，昏暗已达到极点。在这一位置，开始像登上天堂，最后却堕入地狱，这是因为没有光明就必然走向黑暗的缘故。

《象传》说：开始登上像天一般高的地位，光芒四射，照耀各国；最后坠落地中，是因为违背了正义原则。

这一爻指，纣王暴虐，开始威震四方，后来穷兵黩武，以至灭亡。说明一个人无论有多大的权势，只要违背了正义原则，必然失败。

家人

阐释治家之道。

巽上　家庭
离下　伦理

【卦辞】家人，利女贞。

【译文】筮得家人卦，女子占问有利。

家人之天象图

上卦为巽为风，象征地阴；下卦为离为火，象征天阳。火焰使热气上升，形成风，这就是家人卦的卦象。外部的风来自于内在的火，风与火相互助益，各安其位，各司其职，持守贞正之道，才能吉利。所以卦辞说："家人，利女贞。"

【解说】《序卦传》载："伤于外者必返其家，故受之以家人。""家人"是指一家人，说明家庭中的伦理道德。

这一卦，外卦的"九五"与内卦的"六二"都得正，象征男人主外，女人主内，各守正道，所以名为"家人"。卦辞特别强调主妇在家庭中的重要性，主妇正，则一家正；由家庭延伸到家庭以外，也必然正。

家人卦各爻所示自然之理

上九：风行天上，云团汇聚。
九五：火借风势，升上天空。
六四：风火相济，火势愈发旺盛。
九三：火借风势，风助火威。
六二：地上燃起火焰，烹食即熟。
初九：地下火起，火势微弱。

【象传】象曰：家人，女正位乎内，男正位乎外。男女正，天地之大义也。家人有严君焉，父母之谓也。父父子子、兄兄弟弟、夫夫妇妇，而家道正。正家而天下定矣。

【译文】《象传》说：家人卦，象征女子要端正自己在内的位置，男子要端正自己在外的位置。男女的位置摆正了，这才是天地之间最大的道理。家人中要有严正的君长，这就是父母。做父亲的要像父亲的样子，做儿子的要像儿子的样子，做兄长的要像个兄长，做弟弟的要像个弟弟，做丈夫的要像个丈夫，做妻子的要像个妻子，这样，家道就端正了。家道正，天下就安定了。

【解说】一家人中，女在内，地位正，男在外，地位也正，男女在家庭内外各有正当的地位，这就是天地间的大道理。家庭中有严厉的君长，就是父母。一家人，父母、子女、兄弟、夫妻各尽本分，则家庭的伦理道德，就纳入了正轨；所有的家庭，都走入正轨，则天下安定。

儒家，以孝悌为一切道德的根本。因此，如果能以孝悌原则端正每一个家庭，延伸到整个国家，国家也必然端正。 以此推之，家庭规范的延伸，即可成为一个国家的政治规范。在《论语》"为政篇"中，有人问孔子："先生为什么不从政呢？"孔子回答说："《书经》中不是说孝顺吗？孝顺父母，友爱兄弟，使这一道理，实行于每一家庭中，使家人正心修身，就是从政，又何必一定要做官才说是从政呢？"不过，孝悌出自骨肉亲情，要使其成为规范，就必然要求严格家庭成员之间的相互关系，所以《象传》强调："家庭中有严厉的君长，那就是父母。"

【大象传】象曰：风自火出，家人。君子以言有物而行有恒。

【译文】风从火中生出，这就是家人卦的意象。君子从中受到启发，说话要有事实根据，行为要有一定的准则。

【解说】这一卦，内卦"离"是火，外卦"巽"是风，火使热气上升，成为风。它告诉我们，一切事物必须以内在为本，然后才能延伸到外部。风生于火，这就是"家人"卦的意象。君子观此卦象，应当效法这一精神，了解一切事物都发生于内而形成于外的道理。说话必有事实根据，行动必有一定法则，而且也应有始有终。

家人卦各爻所示人事指引

爻位	主题	指引
上九	[威信]	用诚心感化家人，用威严端正礼仪。
九五	[和睦]	顺应人心，与家人和睦相处。
六四	[顺正]	严守正道，为人谦逊，主持家务井井有条。
九三	[严治]	亲则生狎，用严肃的态度治家。
六二	[守正]	坚守中正，悉心打理家事。
初九	[防患]	于家应防患未然，才能保持和谐。

【爻辞】初九：闲有家，悔亡。

【译文】家中早就做好防范，忧悔之事消失。

【小象传】象曰：闲有家，志未变也。

【译文】家中早就做好防范，在志向变乱之前就存有防范之心了。

【解说】"闲"是防范的意思。"初九"为这一卦的开始，阳爻在阳位，刚毅得正，说明在家庭中能够防患于未然，就不会有后悔的事情发生。

《象传》说：在家庭中防患于未然，是指家人在志向变乱之前就存有防范之心了。《颜氏家训·教子》说：教导媳妇，应当在刚来之时；教导儿女，应当由婴孩时开始。在大家庭中，容易发生摩擦，造成悔恨；所以，在开始的时候，就要防患于未然。

这一爻说明，治家应防患于未然，才能保持和谐。

【爻辞】六二：无攸遂，在中馈，贞吉。

【译文】不离家外出，在家中负责烹饪供应食物，守正吉祥。

【小象传】象曰：六二之吉，顺以巽也。

【译文】"六二"之所以吉利，是因为具备柔顺、谦逊的品德。

【解说】"遂"，《广雅·释诂》载："遂，往也。"又，《春秋元命包》载："遂，出也。""无攸遂"，意思是"不外出离家"。"馈"是供给食物的意思。"中馈"，指在家中负责烹饪供应食物。"六二"阴爻居阴位，过于柔顺，本来并不能主动促成任何事物；但得正，又在内卦的中位，柔顺中正，是主妇应有的德行，因而，在家庭中，对主持烹饪供应食物的主妇来说，此爻则是正当吉利的。《象传》说：六二的吉祥，是由于具备柔顺、谦逊的品德。

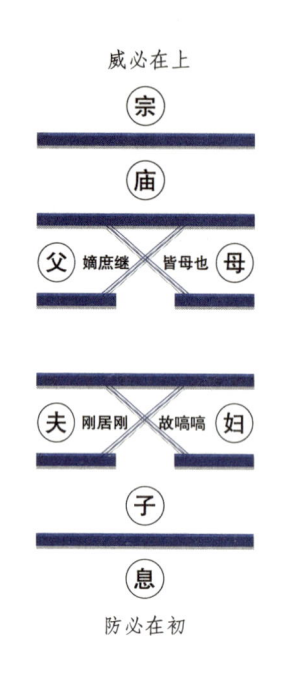

威必在上

宗

庙

父 嫡庶继 皆母也 母

夫 刚居刚 故嗃嗃 妇

子

息

防必在初

□ 家人象图

从卦象上来看，内卦"离"为火，外卦"巽"是风，火使热气上升，成为风。风生于火，这就是"家人"卦的意象。以人伦来看，祖宗居上，其下是宗庙、父母、夫妇、子女。

的品德。

这一爻说明，主妇应具备柔顺谦逊的中正之德。

【爻辞】九三：家人嗃（hè，音同"贺"）嗃，悔厉吉。妇子嘻嘻，终吝。

【译文】对家人高声训斥，虽有忧悔但会转为吉利。妻子孩子嘻嘻哈哈，最终有害。

【小象传】象曰：家人嗃嗃，未失也。妇子嘻嘻，失家节也。

【译文】对家人高声训斥，虽过于严厉，却未失去正道。妻子孩子嘻嘻哈哈，家中就缺少节制了。

【解说】"嗃"，《说文解字》徐铉新附字云："严酷貌，从口，高声"，意思是高声斥责的发怒声，与"嘻嘻"相对。"嘻嘻"，喜乐过度之义。"九三"在内卦的最上位，是一家之主的形象。但刚爻居刚位，过于严厉，以致一家人之间全都冷冰冰的。治家过于严厉，难免有悔，但结果仍会吉祥。相反，若治家不严厉，妻儿整天嘻嘻哈哈，最后就会招致羞辱。因此，治家宁可失之于严厉，不可失之于松懈。

《象传》说：一家人冷冰冰的，虽然过于严厉，但并未失去正道。如果治家不严，妻子儿女笑嘻嘻的，家中就失去节制了。

这一爻说明，治家宁可严，不可宽。

【爻辞】六四：富家大吉。

【译文】家庭富足大吉。

【小象传】象曰：富家大吉，顺在位也。

【译文】家庭富足大吉，是因为"六四"柔顺又居正位的缘故。

【解说】"六四"阴爻居阴位得正，又是外卦"巽"——谦逊、顺从的开始。既能严守正道，为人又谦逊，主持家务井井有条，当然会使家庭富足，因此大吉。《象传》说：这是因为巽卦"六四"柔顺，又阴爻居阴位得其正位的缘故。

这一爻，说明理家应顺从本分。

【爻辞】九五：王假有家，勿恤，吉。

【译文】君主来到家里，不用忧虑了，吉利。

【小象传】象曰：王假有家，交相爱也。

【译文】君主来到家里，一家人相亲相爱。

【解说】"假"同"格"，是至、到的意思。读音"gé"，音同"格"。《礼记·祭统》载："王假有庙"，作"到达"之意解。"恤"是忧。

"九五"刚健、中正、在君位，又与内

□ 太极一变图

太极动而生阳，静而生阴，分阴分阳，两仪立焉，则奇偶之画所自形也，故曰"太极生两仪"。此太极一变而得之者也。

卦柔顺中正的"六二"阴阳相应，象征"九五"是王者，来到"六二"的家里，优恤其家人，一家人相亲相爱，无忧无虑，结果当然吉祥。

一说，"假"与"嘏"通用，是"大"的意思。君王拥有天下的大家庭，使天下人相亲相爱。

这一爻说明，一家人应当相亲相爱，和睦共处。

【爻辞】上九：有孚威如，终吉。

【译文】有诚信和威望，最终吉利。

【小象传】象曰：威如之吉，反身之谓也。

【译文】有威望而吉利，说的是"上九"能反身自律。

【解说】"威如"，有威严的样子。"上九"刚爻，在这一卦的最上位，象征一家之主的家长。"上九"又是这一卦的最后一爻，它代表了治家的法则。治家不可缺少诚信，家长以诚信治家，必能感化家人，使其一心向善。何况，治家的对象，是自己的亲人，往往容易溺于亲情，过度慈爱，以致缺乏威严，变得礼仪不足，而显得散漫。因此，家长必须诚信，而且威严，如此治家才会吉祥。《象传》说：威严所以吉祥，是说自己应当反省，严于律己，以身作则，就能使家人尊敬，自然产生威严，因而都能够服从。《孟子·尽心下》说：自己做不到的，就不能要求妻子。《孟子·离娄上》说：不能诚实反省，就不能得到父母欢心。又说：诚实反省，是最大的快乐。

这一爻说明，治家的基本原则在诚信与威严。

睽

阐释对离与合、异与同的运用原则。

离上　乖离
兑下　乖异

【卦辞】睽，小事吉。

【译文】筮得睽卦，占问小事吉利。

睽之天象图

上卦为离为火，下卦为兑为泽。火焰向上燃烧，湖水向下渗透，这就是睽卦的卦象。火居上而上行，泽居下而下渗，两者相互背离。因此，"睽"有背离、不和的意思。谨慎处理，保有原则，做小事还是会吉利的。所以卦辞说："睽，小事吉。"

【解说】睽卦与家人卦的形象上下相反，彼此相互是"综卦"。家和则诸事利，不和则一切乖离，两卦连接得非常巧妙。

《序卦传》载："家道穷必乖，故受之以睽。睽者，乖也。""睽"是目不相视，违背、乖异、背离的意思。合必有离，离必有合；同中有异，异中有同；有效运用离合异同的必然法则，才能因应变化，有所作为，本卦的意思是：做小事可得吉祥。

睽卦各爻所示自然之理

上九：太阳升上天顶，云遇热化雨。
六五：太阳高悬于天，风和日丽。
九四：乌云蔽日，复被风吹散。
六三：云层被阳光穿透。
九二：云反复出现，遮蔽阳光。
初九：云化为雨，润泽大地。

【彖传】彖曰：睽，火动而上，泽动而下。二女同居，其志不同行。说而丽乎明，柔进而上行，得中而应乎刚，是以小事吉。天地睽而其事同也，男女睽而其志通也，万物睽而其事类也。睽之时用大矣哉！

【译文】《彖传》说：睽卦，离火燃烧而居上，兑泽流动而处下，就像两个女子同处一室，但志向却相背。喜悦地附丽于光明，柔顺地向上行进，占据中位又与刚健相应合，因此小事吉利。天地分离，但化育万物的事理却相同；男女性别不同，但相互追求的心志却相通；万物形态各异，但运动变化的规律却是相似的。睽卦因时而用的道理太伟大了。

【解说】睽卦，从卦形来看，上卦"离"是火，下卦"兑"是泽，火向上燃烧，泽水向下浸渗。从象征意义来看，上卦是中女，下卦是少女，二女同住在一起，意志和行动不协调，有背离的倾向。从卦的性格来看，下卦"兑"是悦，上卦"离"是附、明；是愉快、依附明智的意思。从卦变来看，离卦的"二"与"三"爻交换，中孚卦的"四"与"五"爻交换，或家人卦的"二"与"三"及"四"与"五"爻交换，都是柔爻前进上升，成为睽卦，使"六五"在中位，与"九二"的刚爻相应，得以稍微补救；因此说大事不可，小事吉祥。

总之，从万物运动变化的规律来看，事物形态虽然相背，但二者之间也存在同一性，如天与地，形象各不相同，但成长的过程，都相互类似。正是因为有睽，世间万物才会有类，有类才会有合。假如没有睽，将会天地混沌，男女不分，万物无类，合也将无从谈起。由此可见，睽卦因时而用的道理太伟大了。

【大象传】 象曰：上火下泽，睽。君子以同而异。

【译文】 火在上，泽在下，这就是睽卦的意象。君子从中受到启发，应该异中求同，同中求异。

【解说】 "同而异"的阐释，与明夷卦《大象传》的"用晦而明"的含义相似。这种相反相成的法则，在《老子》中常常看到。睽卦的上卦"离"是火，下卦"兑"是泽；火向上烧，水往下流，性质背离。上为火，下为泽，这就是"睽"卦的卦象。君子观此卦象，应当效法这一精神，在异中求同，同中求异。从人事上看，一个人既要顺应大势，但也要坚持自己的原则和独立的人格。

睽卦各爻所示人事指引

上九：	[慎思]	不过度猜疑，要看清真相再做决定。
六五：	[合作]	携手强劲的后盾，共同消除灾祸。
九四：	[互信]	在困难中心意相通，互相勉励。
六三：	[终同]	坚持异中求同，结果必然合同。
九二：	[求同]	顺时权变，做到大礼不辞小让。
初九：	[包容]	不回避恶人，以包容的态度泰然相处。

【爻辞】 初九：悔亡，丧马勿逐自复。见恶人，无咎。

【译文】 忧悔的事情消失了，丢失马匹不用去追赶，它自己会回来。见到恶人，不会有灾祸。

【小象传】 象曰：见恶人，以辟咎也。

【译文】 谒见恶人，是为了避免灾祸。

【解说】 "辟"即避。"初"与"四"本当阴阳相应，但"初九"、"九四"都是阳爻，不能相互应援，本来会出现忧悔的结果。但在背离的情状下，应当相合的却背离，应当背离的反而相合。本爻中，本应相互排斥的"初九"、"九四"反而相互应援，使忧悔的事情消除了。正如丢失的马匹，不必去

解群阴疑成阴阳配合之道也

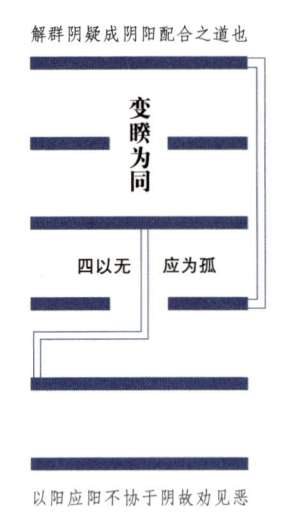

变睽为同

四以无　应为孤

以阳应阳不协于阴故劝见恶

□ 睽卦象图

上为火，下为泽，这就是"睽"卦的卦象。从卦的性格来看，下卦"兑"是悦，上卦"离"是附、明；有愉快、依附明智之意。从卦变来看，离卦的"二"与"五"爻交换，中孚卦的"四"与"五"爻交换。都是柔爻前进上升，成为睽卦。

追寻，它自己就会回来。"初九"认为没有应援，不可能上升，但却意外得到"九四"的应援。从人事上看，一个人身处社会，为了避祸免灾，有时也不得不与"恶人"来往。这爻启示我们：世事难料，一个人只有宽大包容，在危难中才会有意外的应援到来；即使是恶人，也不必完全排斥，适度交往，反而可以避祸。如《论语·阳货》中记载，孔子回拜鲁国的奸臣阳货，就是这个道理。

这一爻说明，异中有同，即使正邪之间，也不例外。

【爻辞】九二：遇主于巷，无咎。

【译文】在小巷中遇到主人，不会有灾祸。

【小象传】象曰：遇主于巷，未失道也。

【译文】在小巷中遇到主人，说明"九二"没有迷失正道。

【解说】"主"是主人，指"六五"。《春秋》说：礼仪齐全的会见称为会，礼仪简约的会见称为遇。"九二"与"六五"阴阳相应，本来应当会合，但在背离的状况下，"九二"却不能见到"六五"。于是"九二"到处寻找，结果不是在大道上，而是在小巷中遇到主人。爻辞说，在小巷中遇到主人，不会有灾祸。

《象传》说："九二"在小巷中寻找主人，似乎不妥；但"九二"与"六五"本来就当相应，现在刻意寻求，是一时权变；而且所寻求的是自己的主人，因此虽然礼仪简约，但也并不违背原则。

这一爻说明，应主动积极地去异中求同。

【爻辞】六三：见舆曳，其牛掣，其人天且劓，无初有终。

【译文】遇见一辆牛车，车夫往后拽，牛往前拽，车夫是受了刺额割鼻刑罚的人。此爻预示开始不顺利，但最终会有好结果。

【小象传】象曰：见舆曳，位不当也。无初有终，遇刚也。

【译文】遇见一辆牛车，车夫往后拽，是位置不当。开始不好但有好结果，因为"六三"最终能与刚爻"上九"遇合。

【解说】"天"本来指头顶，即巅的意思，这里指在额上刺字的刑罚。"劓"是削去鼻子的刑罚。

"六三"与"上九"相应，应当前往"上九"处。但"六三"本身阴柔，前后受到刚爻的牵制，就像自己的车，后方被"九二"拖住，前面拉车的牛，又被"九四"阻止，因而使"六三"与"上九"背离。于是，"六三"本人就像遭受刺额、削鼻的刑罚般愤怒。不过，艰难终会消除，开始虽然不利，最后仍然有好的结果，终于还是会见到"上九"。

《象传》说：车被牵制，是因为"六三"阴爻居阳位，位置不当。开始不利，但最后终于会遇见刚爻"上九"。

睽卦的"爻辞"，都是解说开始乖离，最后仍然合而同。它启示我们，离而合，合而离是必然法则。在背离的时刻，不可懊恼，应当于异中求同，结果也必然合而同。

【爻辞】九四：睽孤，遇元夫，交孚，厉无咎。

【译文】乖离孤独之时，遇到贵人，相互信任，虽处危险之境，也不会有灾祸。

【小象传】象曰：交孚无咎，志行也。

【译文】相互信赖没有灾祸，意志相通而前行。

【解说】"元"是大，"元夫"是大丈夫的意思，这里引申为贵人，指"初九"。"四"应当与"初九"阴阳相应，但因都是阳

□ 太极再变图

阳分而为阴阳，曰阳中之阳，阳中之阴；阴分而为阴阳，曰阴中之阴，阴中之阳。阳中之阳，阴中之阴，是为老阳老阴；阳中之阴，阴中之阳是为少阳少阴。此四象之画所自成也，故曰"两仪生四象"。此太极再变而得之者也。

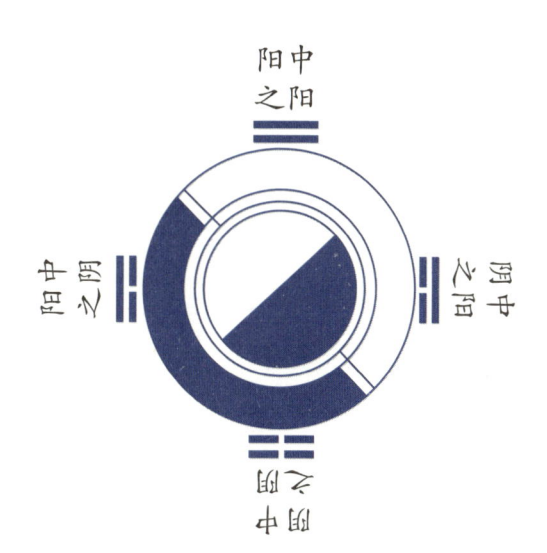

爻，不能应援；"九四"前后又被阴爻包围，以致孤立。不过，"九四"与"初九"虽然同为刚爻，应当相应却未相应，但"初九"刚毅，是大丈夫，只要相互信任，就能够彼此帮助，即使有危险，最后也会平安，不会有灾祸。

《象传》说：相互信任，就不会有灾祸；"九四"与"初九"意志相通，因而能一同前行。

这一爻说明，互信是异中求同的根本。

【爻辞】六五：悔亡，厥宗噬肤，往何咎。

【译文】忧悔的事情消失了，主人使其食肉，前往当然没有灾祸。

【小象传】象曰：厥宗噬肤，往有庆也。

【译文】主人使其食肉，前往有喜庆。

【解说】"厥"是其，"宗"是宗族的意思，"肤"，指柔软容易嚼食的肉。"六五"阴爻在阳位，不正而且柔弱，但却身在尊贵的君位，当然会导致忧悔。不过，"六五"在上卦的中位，与下卦的"九二"阴阳相应，可以得到"九二"的应援，使忧悔之事消除。"厥宗"，指应援的"九二"。在"九二"前面形成阻碍的"六三"阴柔不正，因而"九二"就像咬柔软的肉一般，很容易就将其排除，并前去与"六五"会合。"六五"得到"九二"强有力的支援，当然前进就不会有灾难。所以《象传》说，前往会有吉庆。

这一爻说明，同道之人合作就能产生力量。

【爻辞】上九：睽孤，见豕负涂，载鬼一车，先张之弧，后说之弧；匪寇婚媾，往遇雨则吉。

【译文】乖离孤独之时，看到满身污泥的猪，又看到一辆车子满载鬼怪，先张弓要射，后来又放下了弓箭，原来那不是强盗，而是送婚的队伍，前往遇雨就会吉利。

【小象传】象曰：遇雨之吉，群疑亡也。

【译文】遇雨则吉祥，很多疑问也消失了。

【解说】"负"是背的意思，"涂"是泥。"弧"是弓，"说"通"脱"，这里引申为"放下"。"上九"与下卦的"六三"相应，但"六三"前后都有刚爻牵制，不能前往与"上九"会合。此时，"上九"已到达睽卦的极点，因而，开始刚愎不明，满腹猜疑，以致孤立自身。"六三"被刚爻包围，就像陷在泥淖中的猪，背上涂满污泥。"六三"虽然没有背叛，但"上九"却猜疑之极，就像看到一车可怕的鬼。起先张弓要射，后来又迟疑，将弓弦放松。不过，"六三"本来与"上九"相应，不是仇敌，是朋友，最后，猜疑澄清，两人终于相结合。就像遇到雨，洗去了泥污，才看清真相，变为吉祥。所以《象传》说：如遇雨则吉祥，说明"上九"的种种猜疑都消除了。

这一爻说明，不可过度猜疑，要看清事实与真相再作决定。

蹇

阐释面对困境时的处事原则。

坎上　跛脚
艮下　困难

【卦辞】蹇，利西南，不利东北，利见大人，贞吉。

【译文】筮得蹇卦，利于向西南方行进，不利于向东北方行进，遇贵人有利，占问吉利。

蹇之天象图

　　上卦为坎为水，下卦为艮为山。水从高山之上往下流，这就是蹇卦的卦象。山重水复，险象环生，进退维谷。因此，"蹇"有前行不便、处境困难的意思。遇到困难，应排除不利因素，寻找有利因素。所以卦辞说："蹇，利西南，不利东北。"

【解说】《序卦传》载："乖必有难，故受之以蹇。蹇者，难也。""蹇"原义是跛，引申为前进不便、有困难的意思。这一卦，下卦"艮"是山、止，上卦"坎"是水、险。山高水深，前面有险，一旦遭遇困难，便停止不前，这就是"蹇"。屯卦因动而生难，蹇卦因止而发难，两者含义不同。

依《说卦传》的解释，坤卦在西南，艮卦在东北。但在本卦中，没有坤卦，从卦形上看不含西南；因而，汉代易学家就将此卦形做各种变换，以解说西南。实际上，《易经》中的象征，并不固定，凡是一阳二阴的卦形都是由坤卦演变而来。因此，上卦的"坎"，也可以看作"坤"，指西南。"坤"是地，卦德顺，容易行走，所以说"利西南"；下卦"艮"，指东北。"艮"是山，卦德止，行走困难，所以说"不利东北"。其含义是：在困难时，应当用柔，不宜用刚。

"蹇"，也同样是困难的意思。克服困难，需要伟大人物的协助，而且必须坚持正道，才能得救。幸而"九五"刚健中正，象征伟大人物，"六二"以上的五爻，又都得正，所以吉祥。

蹇卦各爻所示自然之理

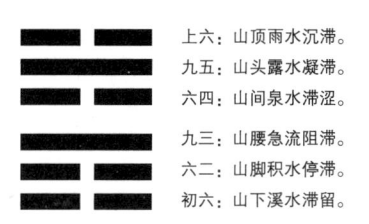

上六：山顶雨水沉滞。
九五：山头露水凝滞。
六四：山间泉水滞涩。
九三：山腰急流阻滞。
六二：山脚积水停滞。
初六：山下溪水滞留。

【象传】象曰：蹇，难也，险在前也。见险而能止，知矣哉。蹇，利西南，往得中也；不利东北，其道穷也。利见大人，往有功也。当位贞吉，以正邦也。蹇之时用大矣哉。

【译文】《象传》说：蹇卦是艰难的意思，艰险在前面。遇见艰险而能停止下来，真是明智啊。蹇卦，向西南方向行走有利，因为前往能够得到中位；向东北方向行走不利，因为其结果必然道路困穷。遇贵人有利，是说往西南行走能够取得成功。身当其位，守正吉利，可以正定邦国。蹇卦因时而用的意义太伟大了。

【解说】上卦"坎"是险，所以前面有险；下卦"艮"是止，见到危险，立即止步，这是君子明智的举动。从卦变上看，小过卦 ䷽ 的"九四"与"六五"交换，就成为蹇卦 ䷦；象征"九四"向前，就能到达上卦中位的中正位置；如果后退，就进入下卦"艮"，停止就无路可走了。上卦"坎"是由"坤"演变而来的，"坤"的方向在西南，所以说往西南方向行走有利。下卦"艮"的方位在东北，所以说往东北方向行走不利。当置身于困境时，遇到贵人给以协助，才能继续前进，获得成功。这一卦，"六二"以上的五个爻都得正，所以说，位置正当，即能守正，就一定吉祥，就可以整饬邦国。从这个意义上看，蹇卦因时而用的意义太伟大了。

【大象传】象曰：山上有水，蹇。君子以反身修德。

【译文】山上有水，这就是蹇卦的意象。君子从中受到启发，在遇到艰险时应反省自身，以修养德行。

【解说】下卦"艮"是山，上卦"坎"是水，山上有水，就是"蹇"卦的卦象。山是险阻，水不易涉过，都是困难。君子观此卦象，应当效法本卦的精神，在遭遇困难时，必须反过来追问自己，发生困难的原因何在？并且从修养自身品行入手去克服困难。

《孟子·离娄上》说：当行动达不到效果时，一切都应从反省自己开始。

蹇卦各爻所示人事指引

上六：[亲贤] 结合贤能，克服前行中的艰险。
九五：[守正] 持正守德，等待朋友前来相助。
六四：[合力] 冒险犯难，应结合有实力的同仁。
九三：[退守] 遭遇险阻，应退守自保。
六二：[相救] 陷入危险时，应奋不顾身，彼此相救。
初六：[待机] 不轻率冒进，善于等待时机。

【爻辞】初六：往蹇，来誉。

【译文】前往有险阻，退回来有好处。

【小象传】象曰：往蹇来誉，宜待也。

【译文】前往有险阻，退回来有好处，此时应该等待。

【解说】"往"是前进上升，"来"与"往"相反，是回来停留在原处。"初六"阴爻居阳位，柔弱不正，又与上卦的"六四"阴阴不能相应；勉强前行，必将陷入上卦"坎"的危险中，因而，前往是自寻烦恼。只有洞察形势，深知眼前所处之境，从而返回来停留原地，以待时机，才会得到好处。

这一爻说明，不可轻率冒险，要善于等待时机。

【爻辞】六二：王臣蹇蹇，匪躬之故。

【译文】君王的臣子处于重重险阻之中，但都不是他自身的原因造成的。

【小象传】象曰：王臣蹇蹇，终无尤也。

【译文】君王的臣子处于重重险阻之中，但最终没有过错。

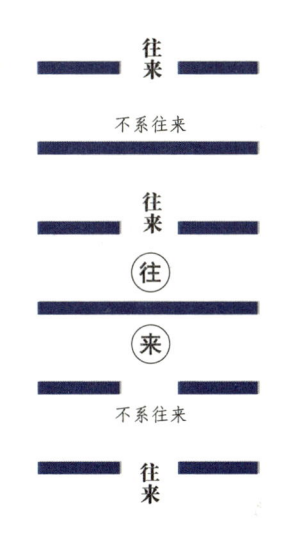

【解说】"蹇蹇"，犹如说"重重险阻"。"匪躬"，"匪"通"非"；躬，自身；故，缘故。"六二"阴爻居阴位得正，在下卦中央，与上卦同样中正，在尊位的"九五"相应。从卦象看，应当可以顺利前行。然而，上卦"坎"是险，"九五"又正陷在险地的中央，身处蹇难之时，处在臣位的"六二"便只有冒险，不问成败，奋不顾身，前往营救。

《象传》说：君王的臣子尽力以蹇济蹇，这样不论结局如何，最后都不会有过错，因为臣子所做的一切不是为了自己，是为了君国。后世，将"匪躬"解为忠臣报国，就出自此爻。

这一爻说明，陷入危险时，唯有奋不顾身，彼此相救，才不会遗憾终身。

【爻辞】九三：往蹇来反。

【译文】前往遇到险阻，又返了回来。

□ 蹇往来之图

上卦"坎"是险，下卦"艮"是止。从卦变上看，小过卦的"九四"与"六五"交换，就成为蹇卦。此图之意在于：为了避开危险之境，冒险求升迁莫如退守，以求自身安全，故往来于两个阴爻之间而获喜悦安泰。

【小象传】象曰：往蹇来反，内喜之也。

【译文】前往遇到险阻，又返了回来，内卦阴爻喜悦。

【解说】"九三"在内卦的最上位，也是内卦唯一的阳爻，因此成为其他两个阴爻的依靠。然而，"九三"与外卦的"上六"相应，便一心想要升进。但上位无位，而且"上六"柔弱无力，不能给以强有力的援应，在这种情形下，"九三"若不顾一切，奋力向前，以求自己升进，必然充满险阻。好在"九三"能认清形势，决定返回内卦，这一行动不但使内卦的两个阴爻喜悦，而且"九三"自身也能安泰。

这一爻说明，冒险求升进莫如退守，这也是安身之道。

【爻辞】六四：往蹇来连。

【译文】前往遇到险阻后返回原地，与众人同心联合。

【小象传】象曰：往蹇来连，当位实也。

【译文】前往遇到险阻后返回原地，与众人同心联合，因为"六四"居位得正实力得到充实。

□ 太极三变图

四象之阴阳复分，而八卦成列，则三才之画具矣。乾与坤对，离与坎对，兑与艮对，震与巽对，故曰"四象生八卦"。此太极三变而得之者也。

【解说】"六四"已经踏入上卦"坎"的险地，进退两难。但"六四"阴爻居阴位得正，怀有济世救人之心。"六四"的近邻"九三"，也阳爻居阳位得正，两人志同道合。"来连"，指"六四"前行遇到险阻，退回来连接阳刚"九三"，这样，才能合力冒险犯难，拯救世人。"当位实"，指"六四"阴爻居柔位；"九三"阳爻居刚位。"六四"得到阳刚"九三"之助而充实了自己的力量。

这一爻说明，冒险犯难，应当结合有实力的同仁。

【爻辞】九五：大蹇，朋来。

【译文】遭遇重大险阻，有朋友前来相助。

【小象传】象曰：大蹇朋来，以中节也。

【译文】遭遇重大险阻，有朋友前来相助，是因为"九五"坚守中正的节操之故。

【解说】"大蹇"指非常艰难的意思。"九五"虽居君位，但陷入了上卦"险"的正中央。形势非常艰难。不过，"九五"刚健中正，与下卦"六二"相应。因此，"九五"虽境况艰难，但必定会有同样持守中正之道的人前来营救，这个营救者就是"六二"。在这卦中，即使形势良好时，也从不说吉，因为"九五"还没有脱离险境，不能断言吉凶。

《象传》说：由于持守中正的节操，因此会有同仁前来救援。

这一爻说明，"德不孤，必有邻"，持守正德的人，必然能得到朋友的援助。

【爻辞】上六：往蹇，来硕，吉。利见大人。

【译文】前往遇到险阻，退回来成果丰硕，吉利。遇见贵人有利。

【小象传】象曰：往蹇，来硕，志在内也。利见大人，以从贵也。

【译文】前往遇到险阻，退回来成果丰硕，因为"上六"的意愿是与内卦结合。遇见大人有利，是说"上六"要依附尊贵的阳刚"九五"。

【解说】"上六"已到本卦顶端，要前行也没有地方可去，只会徒增烦恼，故言"往蹇"。但"上六"若回来依附阳刚"九五"，共挽时艰，就会取得丰硕成果，故言"来硕"。此时，艰难已经过去，一切都变得吉祥了。"大人"指"九五"。只有遇到"九五"那样刚健中正、身居高位的人物才会有利。

《象传》说："上六"的意愿是与内卦结合。追随居君位的高贵的"九五"才会吉祥有利。

这一爻说明，要克服前进中的困难，必须与贤能结合。

解

阐释解除困境的方法。

䷧ 震上
坎下　解除困难

【卦辞】解，利西南。无所往，其来复吉。有攸往，夙吉。

【译文】筮得解卦，往西南行进有利。若无所前往，返回来吉利。若有所前往，提前行动有利。

解之天象图

　　上卦为震为雷，下卦为坎为雨。雷声阵阵，雨水潇潇，这就是解卦的卦象。雷雨大作，象征困难解除。"西南"是坤卦的方位，这里借指大地。要解除困难，要像行走于平坦大地上一样，采用简易平缓的办法。所以卦辞说："解，利西南。"

【解说】解卦，是与蹇卦形象上下相反的"综卦"。困难必须解除，但解除后又容易耽于安乐，产生困难，"难"与"解"相反相成。《序卦传》载："物不可以终难，故受之以解。解者，缓也。"

这一卦，内卦"坎"是阴，外卦"震"是动，表示要行动，走出困难，使困难解除；所以，命名为"解"。

解卦来自升卦☷☴，升卦的"三爻"与"四爻"交换，就成为解卦☳☵。升卦的上卦"坤"，方位在西，"九三"升入西南的"坤"，成为解除困难的解卦，所以说西南有利。其意是说，解除困难应当用柔。西南方的"坤"是大地，大地平坦宁静，为了解除困难，就应当恢复正常生活，一切从简，施政宽大，使人民得到休整，这样才有利。同时，不宜再有任何行动，应回到原来的地方休养，才会吉祥。解除困难，应当迅速行动，不可使纷扰持续过久。

解卦各爻所示自然之理

上六：雷雨消失，地上尘垢尽除。
六五：雷雨势弱，再逐渐增强。
九四：雷雨复烈，将尘垢尽数洗净。
六三：雷雨减弱，道路泥泞。
九二：雷雨大作，泽被大地。
初六：雷声阵阵，雨水潇潇。

【**彖传**】彖曰：解，险以动，动而免乎险，解。解，利西南，往得众也。其来复吉，乃得中也。有攸往，夙吉，往有功也。天地解而雷雨作，雷雨作而百果草木皆甲坼。解之时大矣哉。

【**译文**】《彖传》说：解卦，在险境中运动，动就能脱离险境，这就是解卦的意象。解卦，利于向西南方向行进，因为往西南方行进可以得到众人拥戴。无所前往，返回来吉祥，因为得到中道。有所前往，提前行动则吉利，是因为前往一定能建立功业。天地舒解就会产生雷雨，雷雨发生而百果草木的种子就会破壳而出，萌动生长。解卦因时致用的含义太伟大了。

【**解说**】"甲坼"是草木发芽时种子裂开的样子。解卦由下卦"坎"的阴与上卦"震"的动构成，寓指行动就能脱离危险，所以称作解卦。西南是坤卦，性格平易。以平易的方式解除困难，可以得到大众的拥护。而且，升卦☷☴的"九三"与"六四"交换，上升进入西南的坤卦，成为解卦☳☵，坤卦象征众，所以说得众。如果没有前往的去处，回来便吉祥。由于"九二"在内卦得中，以中庸之道，就能够解除困难。有前往的去处，则愈快愈好，不要犹豫，因为前往可以成就事功。这是指"九二"。这一卦，下卦"坎"是水；上卦"震"是雷，象征大自然的法则。由秋至冬，阴阳不通，冻结闭塞；当闭塞到极点，春天到来，一切解除，便发生雷雨；各种植物的种子，坚硬的壳破裂，会再度萌芽。因此，《象传》说：解卦因时致用的含义太伟大了。

【大象传】象曰：雷雨作，解。君子以赦过宥罪。

【译文】雷雨兴动，这就是解卦的意象。君子从中受到启发，应该赦免、宽宥有罪的人。

【解说】"过"，指过失，"宥"是宽恕、轻罚的意思。雷雨发生，大自然的闭塞现象解除，这就是"解"卦的卦象。君子观此卦象，应当效法这一精神，赦免那些有过失的人，宽恕、轻罚那些有罪的人。《后汉书·陈宠传》说：到除夕，如果死刑还没有执行完毕，春天已经到来，就要延迟到第二年的冬天才执行。就是说，人的行为，必须因应自然之道。

解卦各爻所示人事指引

上六：[迅猛] 找准时机，迅猛地驱除邪恶。
六五：[脱困] 与君子结交，断绝与小人的往来。
九四：[除恶] 彻底断绝邪恶，获取贤能的信任。
六三：[名实] 谨守本分，不能僭越。
九二：[中正] 以中庸正直的手段解除困难。
初六：[并济] 解除困难之处就应刚柔并济，自处得宜。

【爻辞】初六：无咎。

【译文】没有灾祸。

【小象传】象曰：刚柔之际，义无咎也。

【译文】刚柔相济，从道理上讲应该没有灾祸。

【解说】"义"在此当道理解。这一卦，是解除困难的时刻。"初六"柔爻，在最下方，为柔顺，而且位置不显著，因此安全。同时，"初六"与上卦的"九四"阴阳相应，虽然不会大吉，也不会有灾难。

《象传》说：在"初六"与"九四"刚柔相应的状态下，从道理上讲应当不会有灾祸。

这一爻说明，在解除困难之初就应当刚柔并济，自处得宜。

【爻辞】九二：田获三狐，得黄矢，贞吉。

【译文】田猎获得三只狐狸，并得到黄色的箭矢，守正吉利。

【小象传】象曰：九二贞吉，得中道也。

【译文】"九二"占问吉利，是因为持守中正之道。

【解说】"黄矢"是装有黄色箭头的箭。狐，狐狸，让人中邪的动物，象征小人。这一卦有四个阴爻，除了在君位的"六五"外，还有三个阴爻，所以说应驱逐迷惑君主的三个小人。猎获三只狐狸，也是其意。另外，"黄"是大地的颜色，在木火土金水五行中居中。箭是直的，象征在驱逐小人时，须采取中正之法。驱逐小人，是为了伸张正义，因此必须坚守正道，才会吉祥。

这一爻说明，解除困难必须把握中正原则。

【爻辞】六三：负且乘，致寇至，贞吝。

【译文】背着东西乘坐在车上，招来强盗，一直这样会有过失。

【小象传】象曰：负且乘，亦可丑也；自我致戎，又谁咎也？

【译文】背着东西乘坐在车上，这实在是丑异的事；这是自己招来的兵戎之灾，又能怨谁呢？

阴居阳阳居阴故悖乱也

三据阳位而拇故射而获

拇　　　象

卦四阴而三为孤一为黄矢

六五是也

重浊之阴
居于地下
不与阳争

□ 解出坎险图

解卦的内卦"坎"是阴，外卦"震"是动，表示要行动，走出困境，使困难解除。在险境中运动，动就能脱离险境，这就是解卦的意象。此卦来自升卦，升卦的"三"与"四"交换，就是解卦。由于重浊的阴气居于地下，不与阳气相争。这样，要解出困境必须从坎出。

【解说】《系辞传》说：背负物件是卑贱小人的事，车是大人乘坐的器物。卑贱小人，乘坐大人用的车辆，强盗就想夺取。

"六三"是阴爻，象征小人位于下卦的最高位，而且阴爻居阳位不正。品德与地位不相称，必然会招致想盗取这一地位的人出现，因而，一直这样不利。

《象传》说：背着东西乘坐在车上，这实在是丑异的事，说明乘坐者超越了自己的身份。这是自己招来的兵戎之灾，又能怨谁呢？后世用"负乘"形容地位与身份不相称的人，就是出自这一爻辞。

这一爻说明，避免灾难，名和实必须相符合。

【爻辞】九四：解而拇，朋至斯孚。

【译文】切离脚拇指，朋友才会到来并得到朋友的诚信。

【小象传】象曰：解而拇，未当位也。

【译文】切离脚拇趾，这是因为"九四"处位不正的缘故。

【解说】"解"的原义，是用刀将牛角切离，"而"，即"尔"、"你"的意思，这里指"九四"。"拇"，足大脚趾。指在最下方的"初六"，"初六"与"九四"阴阳相应，又在最下方，所以说是人的大脚趾。"九四"与"初六"，位都不正，二者都是以不正相应。不过，"九四"是阳爻，象征君子；"初六"是阴爻，象征小人。两人虽然上下相应，却不能成为同志。"九四"只有断然与"初六"切断关系，朋友才会来到自己身边，并对自己产生信心。就是说，只有切断与小人的关系，才会得到君子的信任。

《象传》说：切离脚拇趾，这是由于"九四"处位不正的缘故。"九四"应当得正却不正，有惋惜的意思。

这一爻说明，除恶务尽，才能得到君子的信任与支持。

【爻辞】六五：君子维有解，吉。有孚于小人。

【译文】君子的束缚解除，吉利。小人也将得到报应。

【小象传】象曰：君子有解，小人退也。

【译文】君子得到解脱，小人会自行远离。

【解说】"维"，系、缚的意思，"孚"除有诚信意思外，还有验证、报应的含义。这一卦，有四个阴爻，阴爻代表小人，其中只有"六五"在君位，是君子；但容易与其他三个阴爻的小人混淆。君子应当只与君子交往，必须远离小人，结果才会吉祥；君子解除了束缚，小人就将得到报应。

所以，《象传》说，君子的困难得到解除，小人会自行远离。

这一爻说明，君子势长，小人必然势消。

【爻辞】上六：公用射隼于高墉之上，获之，无不利。

【译文】王公射下高墙上的猛禽，非常有利。

【小象传】象曰：公用射隼，以解悖也。

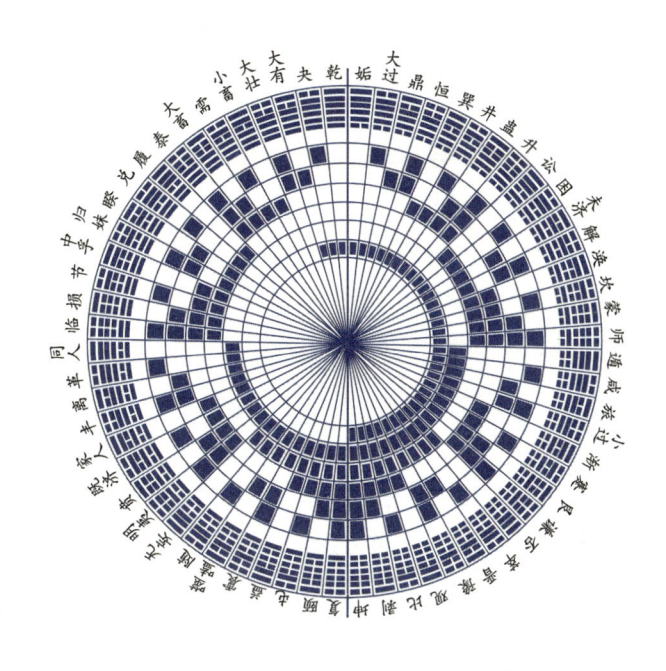

□ 太极六变图

大传曰："八卦成列，象在其中矣。因而重之，爻在其中矣。"《说卦》曰："分阴分阳，迭用刚柔。故易六位而成章。"此八卦重而为六十四卦，太极六变而得之者也。

【译文】王公射落了猛禽，以此解除悖乱。

【解说】《系辞传》对这一爻解释说：隼是猎物，弓箭是打猎的工具，而且必须是人在射。君子将猎具藏在身上，待时而动，一旦时机成熟，行动迅猛，怎么会不利呢？

"上六"是这一卦的最高位，但地位不及"六五"的君位，所以称公，即"王公"的意思。"隼"是恶鸟，象征小人，这里指"六三"。"高墉"，高墙，指"上六"在最高位。这一爻，是解卦终结的一爻，因而一切困难都已经解除。"上六"对贪得高位却不相称的小人"六三"，他虽然站在高墙上，射隼一般将其射落，这样做，也不会有什么不利的。

"悖"是叛乱。《象传》说：王公将隼射落，以解决叛乱。

这一爻说明，对邪恶应采取断然手段。

损

阐释应对减损的原则。

艮上　减少
兑下　损失

【卦辞】损,有孚,元吉,无咎,可贞,利有攸往。曷之用?二簋可用享。

【译文】筮得损卦,有诚信,大吉大利,没有灾祸,利于占问,前往有利。二簋之食可用来做什么呢?可以用做祭祀。

损之天象图

上卦为艮为山,下卦为兑为泽。山下有湖泊,这就是损卦的卦象。湖泊在山下,水汽向下浸润则有损下之象。一旦蒙受损失,保有诚意,顾全大局,能大吉大利。所以卦辞说:"损,有孚,元吉,无咎。"坚持正道,就能顺利前行。所以卦辞说:"可贞,利有攸往。"

【解说】《序卦传》载:"缓必有所失,故受之以损。"

"损"是减的意思。这一卦,来自泰卦,下卦减少一个阳爻,上卦增加一个阳爻，就成为损卦䷨，即下损上益。人民的财富减损，君主的财富增加，但重点在于减损，所以称作损卦。与这一卦相对的，是上损下益，仍然是以下为准，故称作益卦。减损不能完全视作恶，为治理国家，有时必须使人民有某种程度的减损。但取之于民，须用之于民，才能获得人民信任，为人民所接受。一个政策使大众利益减损，本应是不吉利、不能持久的，但卦辞认为，只要为君的有诚信，从长远看是对大众有利，就会吉祥。

"曷"通"何"，"簋"是方形的竹盘。减损应当怎样运用呢？以祭祀为例，只要有诚意，用两竹盘的祭品就足以祭祀。形式上虽然减损，但虔敬的心，仍然会被神接受。也就是说，当有所减损时，只要有诚信，终会大吉；甚至以最简约的方式也不会有妨碍。

损卦各爻所示自然之理

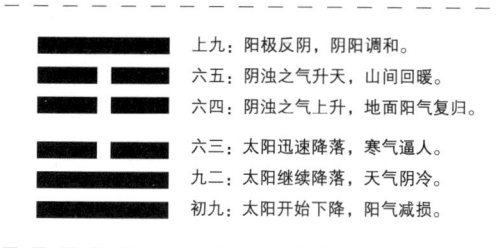

上九：阳极反阴，阴阳调和。
六五：阴浊之气升天，山间回暖。
六四：阴浊之气上升，地面阳气复归。
六三：太阳迅速降落，寒气逼人。
九二：太阳继续降落，天气阴冷。
初九：太阳开始下降，阳气减损。

【象传】象曰：损，损下益上，其道上行。损而有孚，元吉，无咎，可贞，利有攸往。曷之用？二簋可用享。二簋应有时，损刚益柔有时。损益盈虚，与时偕行。

【译文】《象传》说：损卦，减损下卦而增益上卦，运行的方向是由下往上走。减损只要有诚信，就大吉大利，没有灾祸，利于占问，前往有利。二簋之食可用来做什么呢？可以用做祭祀。用二簋祭祀应当把握时机，减损阳刚，增益阴柔也要适时而行。因为减损增益、盈满亏虚，都是遵循客观规律运行的。

【解说】"损而有孚，元吉。"本卦的主旨就是：有诚意地减损自己去增益别人，会大吉大利。一般的社会现实是损人利己，而本卦则是损己利人。"簋"是古代的一种祭器，内圆外方，里面盛放当年所产的黍稷稻粱。祭祀规模以八簋为盛，四簋为中，二簋为简。因此，本卦"二簋可用享"是相当俭省的。虽说只有两竹盘就可以用来祭祀，但并不是说一切文饰、形式都可以废除。礼仪应当以虔敬为本，但虔敬也必须借形式才能表达。因而，以两个竹盘祭祀，应当依时机而定，根据实际情况选择实质与形式。那种为形式而形式的虚饰才使其减损。同样的，过刚就应当减损，过柔就应当增益，这都受时机等因素的制约。减损、增益、盈余、亏虚随着时机的变化而变化，因此，在实际运用时，也应当随着时间的演变做适当处置，不能违反自然规律而自行之。

【大象传】象曰：山下有泽，损。君子以惩忿窒欲。

【译文】高山之下有大泽，这就是损卦的意象。君子从中受到启发，应惩戒怒气，杜绝私欲。

【解说】损卦的上卦"艮"是山，下卦"兑"是泽，减损大泽中的土以增益山，所以山高泽低，这就是"损"卦的卦象。君子观此卦象，应当效法这一精神，对自己的愤怒，应当自我惩戒，对自己的私欲，必须自行扼制，以减损人欲，增益天理。这段话其实是从道德方面立论的。山高而泽深，泽越深就愈显出山的高大。《象传》以此比附一个人的道德修养，意思是：减损自己身上无益的东西，使其如泽一样低；增益自己的道德，使其如山一样高。

《老子》载："损之又损，一直到无所作为。"意思是：应当将有为、聪明、欲望减损，恢复到无为无欲的自然状态。从《易经》的"谦"、"损"、"艮"、"节"各卦中，我们可以发现，老子思想与儒家思想有相通之处。

损卦各爻所示人事指引

上九：［行善］以自己的积余使他人受益。
六五：［虚心］中正谦和，损己益人以获得支持。
六四：［迅速］迅速减损缺陷，以求增益。
六三：［独行］权衡利弊，独自一人前往行事。
九二：［不损］坚守正道，既保全自己又助益他人。
初九：［量力］时机恰当，根据自身能力前往助益。

【爻辞】初九：已事遄（chuán，音同"船"）往，无咎。酌损之。

【译文】已经开始损减，迅速前往，没有灾祸。斟酌减损。

【小象传】象曰：已事遄往，尚合志也。

【译文】已经开始损减，"初九"迅速前往，上行以合"六四"之志。

【解说】孔颖达："已，竟也；遄，速也。""已事"，是说已经开始了损减之事。"尚"通"上"。

"初九"已是损下益上的时刻，与上卦的"六四"阴阳相应。"初九"本身刚健有余，"六四"则阴柔不足；于是，"初九"会停止自己的工作，急速去协助"六四"。这是舍己为人的善行，不会有灾祸。不过，在损益之间，应当斟酌力量，适度而行。

《象传》说：因为上方的"六四"与"初九"阴阳相应，损减已经开始，"初九"迅速前往，上行以合"六四"之志。

这一爻说明，应损则损，但须量力适度而行。

【爻辞】"九二"：利贞，征凶，弗损益之。

【译文】利于守正，若出征则有凶险，不损伤自己而使他人受益。

【小象传】象曰：利贞，中以为志也。

【译文】"九二"利于守正，是因为他以持守中正为志向的缘故。

【解说】"九二"阳爻刚毅，以阳居阴位，本来不正，但在下卦中央，中庸而不妄进，因而持守中正有利；若向外征伐则有凶险。不损伤自己而使他人受益，这样，不仅能助益对方，而且对自己也是有益的。

《象传》说："九二"利于守正，是因为他以中正为志向的缘故。

这一爻强调，不损而益的道理，在实践中，应当灵活运用，不可拘泥。

□ 损用中图

损卦的象辞提到"与时偕行"，"六五"的爻辞提到"十朋之龟"。损卦的与时偕行，是说应当减损的时候就减损，而使天下人不以为他吝啬。提到龟，是指用龟甲占卜所得到的启示，臣民对其无所违拗。

春

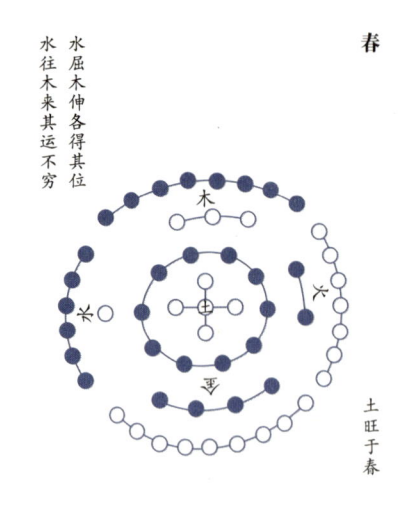

水往木来其运不穷
水屈木伸各得其位

木

水　　火

土

土旺于春

□ 五行四季图·春

　　五行之时进时退，各司其事，不容所先，不容所后也。时乎春也，木进则水退，亦可言"水往而木来"，盖因五行进退之一往一来，无有穷已，莫知其始，莫知其终也。

【爻辞】六三：三人行，则损一人；一人行，则得其友。

【译文】三人同行共事，必减损一人；一人独往做事，反而能得到朋友的帮助而成功。

【小象传】象曰：一人行，三则疑也。

【译文】一人做事事易成，三人同行共事就会相互猜疑。

【解说】损卦☷☶是由泰卦☷☰转变而来，泰卦的下卦，减少一个阳爻，上卦增加一个阳爻，就成为损卦。这就是说，泰卦下卦的三个阳爻，损失了一个，以此喻三人行必减损一人。同时，泰卦的上卦，有一个阴爻下降，阴阳相遇，以此喻一人独往做事，反而能得到朋友帮助而成功。《象传》说：一人做事事易成，三人共事就会相互猜疑。因为不知道应当与哪一人结为同志，其中的一人，就会与另外一人结伴而去。这就是说，三人行，损有余而益不足。三人行必然要减损一人，而一人行则能增益。

这一爻说明，损有余而益不足的原则。

【爻辞】六四：损其疾，使遄有喜，无咎。

【译文】疾病减轻，很快痊愈，没有灾祸。

【小象传】象曰：损其疾，亦可喜也。

【译文】疾病减轻，是可喜的事情。

【解说】"疾"指疾病，这里引申为缺点。"使"是假定的意思。"有喜"，指病愈。"其"指"六四"。

从"六四"的角度看，是想从相应的"初九"处得到助益。"初九"是刚毅的君子，"六四"是阴柔的小人——在人格上有缺陷。因此，可以利用"初九"的优点，减损"六四"的缺陷。不过，就像治病，愈快治疗，治病的机会愈大，所以应当急速，在积恶不深时，就加以纠正，才会有可喜的结果，因而不会有灾难发生。

这一爻说明，以损增益，行动必须迅速。

【爻辞】六五：或益之，十朋之龟，弗克违，元吉。

【译文】有人送价值十朋的大龟相助，不能拒绝其意，大吉大利。

【小象传】象曰：六五元吉，自上佑也。

【译文】"六五"大吉大利，这是来自上方的保佑。

【解说】"或"，不定代词，指有人。这里指大人、贵人。"十朋"，指古代贝币，用绳串起，一串五贝，两串为一朋。"十朋"，价值百贝。"十朋之龟"，自然是珍贵的大龟了。"上"指"上九"。

"六五"阴爻中虚，柔顺虚心，而且位于这一卦的君位。正当损下益上的时刻，对这样的君主，天下人都会减损自己，使君主增益，这是理所当然的事，就是用价值十朋的大龟占卜，结果也是如此。这就是说，柔顺中正又谦虚的人，会得到大多数人支持，所以说大吉大利。

《象传》说："六五"大吉大利，这是来自上方的保佑。

这一爻说明，虚心自损，才能以损增益，必将得到大多数人的支持。

【爻辞】上九：弗损益之，无咎，贞吉。利有攸往，得臣无家。

【译文】不损害自己而使他人受益，没有灾祸，守正吉利。利于前往，成为朝廷大臣而不再赋闲在家。

【小象传】象曰：弗损益之，大得志也。

【译文】不损害自己而使他人受益，最终会大获成功。

【解说】"弗损益之"与"九二"爻辞的句字相同，但由于地位不同，含义也不同。"上九"是损卦的结束，是损极而益的时刻。"上九"刚爻在最上位，如果使用强力使下面受损，那就形同掠夺。"上九"本身是阳爻，形象充实，并不需要使下面受损；相反，"上九"应以自己的积余，使下面的人受益才对。只有这样持守中正，才会吉祥。若前往做事，成为朝廷大臣而不再赋闲在家，这样，会使天下人都受益。

《象传》说：这样做，最终会大得其志，就可以大展平生抱负了。

这一爻说明，一个人应多行善事，多帮助他人，这样，既能实现自己平生抱负，又会大吉大利。

益 阐释增益的原则。

巽上　增多
震下　受益

【卦辞】益，利有攸往，利涉大川。

【译文】筮得益卦，有利于前往，涉过大川顺利。

益之天象图

上卦为巽为风，象征地阴；下卦为震为雷，象征天阳。风吹云动，伴随雷电，这就是益卦的卦象。风雷激荡，使万物得益，同时，风雷相助互长。"巽"也象征木，风吹木动，有行船的象征，有利于冒险犯难。所以卦辞说："益，利有攸往，利涉大川。"

【解说】《序卦传》载："损而不已必益，故受之以益。""益"与"损"含义相反，两卦卦形也相反，彼此是"综卦"。"损"与"益"，一损一益，相反相成。这一卦，是将否卦 的上卦减少一个阳爻，下卦增多一个阳爻而成。

上损下益，象征统治者减损财富，使人民增益。益卦的"六二"与"九五"都中正而且相应，加之下卦"震"是动，所以前进有利。上卦"巽"是风、木，下卦"震"是动。被风吹动的木，是船的象征，因而，用涉过大河有利来比喻，暗示可以冒险犯难。

益卦各爻所示自然之理

上九：阳极反阴，阴浊之气汇聚。
九五：风行进于空中，风吹云动。
六四：风行进于天下，拂动草木。
六三：天雷缓缓降落，威力向外延伸。
六二：天雷继续降落，万物祥和。
初九：风雷交加，相互增益。

【彖传】彖曰：益，损上益下，民说无疆。自上下下，其道大光。利有攸往，中正有庆。利涉大川，木道乃行。益动而巽，日进无疆。天施地生，其益无方。凡益之道，与时偕行。

【译文】《彖传》说：益卦，就是减损上面而增益下面，这样，民众就会喜悦无比。处在上位的尊重处在下位的，增益之道就会大放光明。利于前往，益道能持守中正因而有福庆。涉过大川顺利，因为木舟能在水上行进。益卦下方动而上方随顺，日复一日向前无可限量。上天施授，大地化育，天地创造的利益没有穷尽。大凡增益的道理，要根据自然运行的规律进行。

【解说】益卦是减损上方，增益下方，使人民得到无穷的快乐。由上而下，使人民受益，使其道义大放光明。前进有利，因为"六二"与"九五"都持守中正，所以吉庆。涉过大川险阻顺利，是因为上卦"巽"是木与风，二者相应。下卦"震"是动，木在水上漂浮，被风吹动，象征木制的船发挥了功用。内卦"震"是动，外卦"巽"是顺，顺从道理而行动，必然每天都有增益，并能一直到无穷。另外，否卦的"九四"与"初六"交换，成为益卦。否卦的上卦"乾"是天，下卦"坤"是地，这是天施与地一个阳，地为天生一个阴，使万物无限增益的形象。大凡使他人增益的道理，都要根据自然运行的规律进行。

【大象传】象曰：风雷，益。君子以见善则迁，有过则改。

【译文】风与雷结合在一起，这就是益卦的意象。君子从中得到启发，应该向贤善靠近，有过失就改正。

【解说】益卦的上卦"巽"是风，下卦"震"是雷，风愈强烈，雷也愈响亮；雷愈响亮，风也愈急速；风与雷相互助长，增益气势，这就是"益"卦的卦象。君子观此卦象，应当效法这一精神，见到他人比自己优秀善良，就应当毫不迟疑，像风一般立即追随；自己有过失，就应当毫不犹豫，像雷一般果断改过；这样，就能增益自己。

益卦各爻所示人事指引

上九：	[知足]	坚持与人为善，不贪图利益。
九五：	[施惠]	以诚意施惠于众，努力实现抱负。
六四：	[守正]	遵循天道、行为守正以获助益。
六三：	[有孚]	动机纯正、带有诚意地向外求助。
六二：	[顺]	坚持柔顺中正，安心接受助益。
初九：	[受惠]	安守本分，接受正当的助益。

【爻辞】初九：利用为大作，元吉，无咎。

【译文】利于做大事，大吉大利，没有灾祸。

【小象传】象曰：元吉无咎，下不厚事也。

【译文】"初九"大吉而无灾祸，是因为身处下位不必过分有所为。

【解说】"大作"，指大事。厚，深，也可训为"大、重"等。

"初九"在最下位，本来不能有所作为，但正当上损下益的时刻，由于"六四"的施与，使"初九"增益，就会回报，可以担当大任。

但如《象传》所说，身处下位不必过分有所为。即使要做，也必须以"元吉"为先决条件。这就是说，大事必须绝对是善事，尽力做到最好，才不会有过错。

这一爻说明，处于上位者要多施与下面帮助，才能成就大事。

【爻辞】六二：或益之，十朋之龟，弗克违，永贞吉。王用享于帝，吉。

【译文】有人赠送价值十朋的大龟，不能推辞拒绝，长久守正必定吉利。君王祭祀天帝吉祥。

【小象传】象曰：或益之，自外来也。

【译文】有人赠送价值十朋的大龟，是说这是来自于外，不是自己主动索取的。

【解说】"或益之，十朋之龟，弗克违。"在损卦"六五"的爻辞中，也有同样的句子。损卦倒过来，成为益卦；所以，益卦的"六二"相当于损卦的"六五"，但益卦受益的在下位。"六二"柔顺、虚心、中正，与"九五"相应，因而，任何人都会施以助益，就是用价值十朋的大龟相赠，结果也不会拒绝。不过，"六二"柔爻居柔位，过于柔弱；又特别强调必须永远坚守正道，才会吉祥。古代君王祭祀天帝时，须先行占卜，如果得到这一爻，举行祭天的大典必会吉祥。

《象传》说："六二"的增益，是来自于外，意思是："十朋之龟"并不是自己主动索取的。从卦象看，即否卦 ☰ 的外卦，减少一个阳爻，使内卦增多一个阳爻，成为益卦。

这一爻说明，柔顺、谦虚、中正，必然能得到助益。

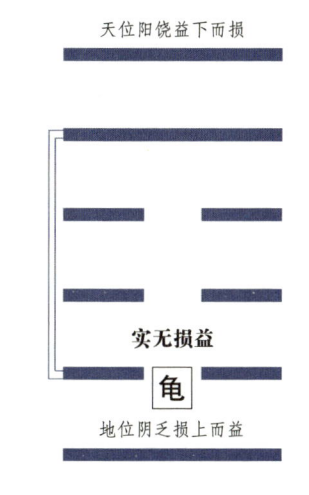

天位阳饶益下而损

实无损益

龟

地位阴乏损上而益

□ 益用中图

同损卦一样，益卦的卦辞也提到"与时偕行"，"六二"的爻辞也提到"十朋之龟"。益卦的与时偕行，是说应当增益的时候就增益，而使天下人不以为他骄奢。提到龟，同样是指用龟甲占卜所得到的启示，臣民对其无所违拗。

【爻辞】六三：益之，用凶事，无咎。有孚，中行，告公用圭。

【译文】用财物去祸，这样做当然没有灾祸。有诚信，行为持守中正之道，用圭璧作为信物告之王公。

【小象传】象曰：益用凶事，固有之也。

【译文】用财物去祸，是本来应该这样做的。

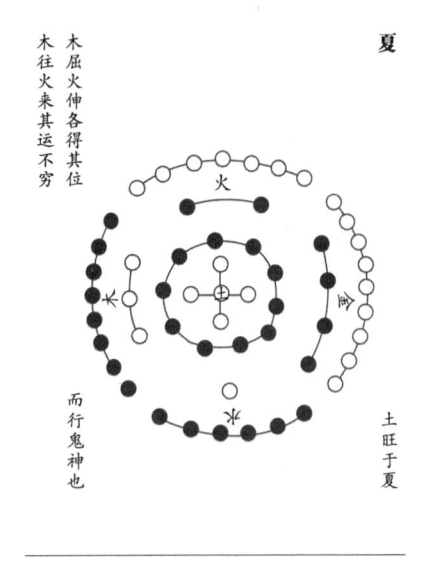

夏

木屈火伸各得其位
木往火来其运不穷
而行鬼神也
土旺于夏

□ 五行四季图·夏

五行之时进时退，各司其事，不容所先，不容所后也。时乎夏也，火进则木退，亦可言"木往而火来"，盖因五行进退之一往一来，无有穷已，莫知其始，莫知其终也。

【解说】在《周礼·大宗伯》中有"以凶礼哀邦国之忧"的记述。周代有这样的惯例，当诸侯各国发生君侯死亡、人民饥饿、天灾、战乱等重大事故时，就报告天子，并通知邻国，请求援助。这一惯例，到春秋时依然盛行。《左传》《国语》中，可以见到很多这样的事例。派往邻国的使者，通常都带着信物，前往邻国请求援助。这段"爻辞"，说的便是这种情况。

"六三"在下卦的最上位，与上卦邻接。下卦"震"是动，所以"六三"自动前往，向"六四"请求援助。对君子来说，求助于人被认为是不体面的，但发生紧急事故时则是例外。在请求邻国提供援助时，应有两个条件：第一，行为必须持守中正之道；第二，在向王公报告时，须带着圭作为信物。这里的王公，指"六四"。《礼记》说：大夫拿在手上的圭，是为了表示守信。圭用玉制成，方正而有棱角，以象征诚信。

所以《象传》说：用财物去祸，是本来应该这样做的。

这一爻说明，诚实地求助，并不违背原则。

【爻辞】六四：中行，告公从，利用为依迁国。

【译文】行中正之道，告诉王公获得遵从，利于依顺天意迁徙国都。

【小象传】象曰：告公从，以益志也。

【译文】告诉王公获得遵从，用以增强心志。

【解说】"六四"爻辞与"六三"爻辞意义连贯。"公"指"六四"，而前来求告的是"六三"。当否卦☷变为益卦☴时，自己损失一个阳，增益下卦就是"六四"。求告本身是损己利人的高尚行为，王公当然会听从。前一爻，"六三"是将凶事告诉邻国，实际上并不限于凶事，有吉事时，也会告诉邻国，相互赠送贺礼，获得增益。不过，行为必须中正。但由于"六四"不在中位，因而要特别强调这一点。若能依顺天意迁徙国都，以获得强大友善的邻国庇护，当然是有利的。例如《左传·隐公六年》的记事中，就有"我周东迁，依靠晋、郑"的记载。

由卦象来看，"六四"是由否卦 ䷋ 的"初"，迁到"四"，成为益卦，因而有迁都之象。

《象传》说：王公这一行为，可以增强心志。

这一爻说明，行为持守中正是获得助益的条件。

【爻辞】九五：有孚惠心，勿问元吉。有孚，惠我德。

【译文】有诚信施惠之心，不用占问，大吉大利。有诚信，人皆以仁爱之心回报我的仁德。

【小象传】象曰：有孚惠心，勿问之矣。惠我德，大得志也。

【译文】有诚信施惠之心，就不用占问了。人皆以仁爱之心回报我的仁德，抱负得以实现。

【解说】"惠心"是指施与恩惠的心。"九五"在中央君位，阳爻居阳位，因而刚毅中正。下卦，又有同样中正的"六二"相应，因而，"九五"有力量，也有诚意，对民众布施恩惠，用不着问卜，就知道这是非常吉祥的。当然，民众必然会以诚意回报，使自己的志向得到满足。

《象传》说：人皆以仁爱之心回报我的仁德，这样可大获成功。

这一爻说明，施即受的道理。

【爻辞】上九：莫益之，或击之。立心勿恒，凶。

【译文】没有人来相助，反而有人来攻击。立善之心不恒久，凶险。

【小象传】象曰：莫益之，偏辞也。或击之，自外来也。

【译文】没有人来相助，因为背离了益卦损己益人的原则。有人来攻击他，这是来自外部的力量。

【解说】"上九"阳刚，已经到达益卦的极点，但仍贪得无厌，要求他人奉献。这时，不但没有人响应他，反而引起众怒，大家对他群起而攻之。正如《论语·里仁》所说：行为只放纵在利益上，就会招致许多怨恨。何况，只看重利益，意志必然摇摆不定，结果当然凶险。《系辞传》说：在危险时行动，人民不会参与；在疑惧中说的话，人民不会响应；彼此意志不能沟通，而有所要求，人民也不会支持；不支持，凶险自然就要来临！

《象传》说：没有人来相助，因为背离了益卦损己益人的原则。有人来攻击他，这是来自外部的力量。

这一爻告诫，人不可贪得无厌。

夬

阐释决断小人的原则。

兑上　切断
乾下　决裂

【卦辞】夬，扬于王庭，孚号有厉。告自邑，不利即戎，利有攸往。

【译文】筮得夬卦，占卜者在朝廷上说，卦兆验证告之，有属邑的人前来报告凶险之事，但不利于兵戎，利于前往做其他事情。

夬之天象图
　　上卦为兑为泽，下卦为乾为天。雨施大地，滋润万物，这就是夬卦的卦象。泽气上天，决注成雨。这一卦也是十二消息卦之一，象征三月，喻示仍有阴气未退散，因此被告知有潜在的危险。所以卦辞说："夬，扬于王庭，孚号有厉。"

【解说】《序卦传》载："益而不已必决，故受之以夬。夬者，决也。"
"扬于王庭"，《广雅·释诂》，"扬，说也"。此句是说占卜者在王庭占断卦兆。"孚号","孚"指验,报;"号",告诉。"邑",指属邑。

"夬"本来是指拉弓时戴在大拇指上的护套,弦由护套上弹离,因此有决口、决断的意思。大凡夬旁的字,如决、快、诀、缺等,都有离的含义。夬卦有五个阳爻,一个阴爻,是强大的阳将阴切断的形象,所以称作夬卦。这一卦,也是消息卦,代表三月。

本卦阳盛,象征君子势力强大,仅有少数小人,正待驱除。卦辞说,占卜者在王庭占断卦兆,说将有属邑之人前来报告凶险之事,不利于兵戎,利于前往做其他事情。说明王庭已经预感到地方形势不稳,有小人作乱。但因为君主居中得位,有民众的广泛支持,因而并不担心王庭有倾覆之险。

本卦显示,面对危险,不可贸然用武,应做好万全准备,才可以发动攻击。

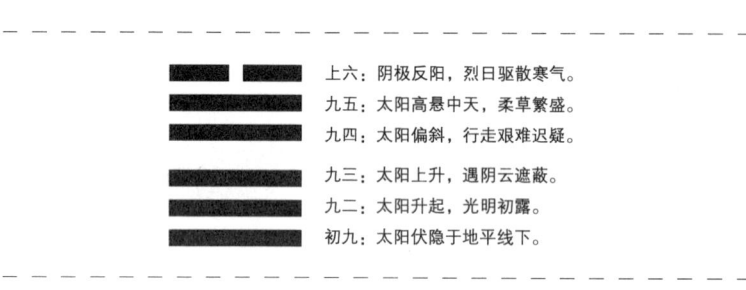

夬卦各爻所示自然之理

上六:阴极反阳,烈日驱散寒气。
九五:太阳高悬中天,柔草繁盛。
九四:太阳偏斜,行走艰难迟疑。
九三:太阳上升,遇阴云遮蔽。
九二:太阳升起,光明初露。
初九:太阳伏隐于地平线下。

【象传】 象曰:夬,决也,刚决柔也。健而说,决而和。扬于王庭,柔乘五刚也。孚号有厉,其危乃光也。告自邑,不利即戎,所尚乃穷也。利有攸往,刚长乃终也。

【译文】《象传》说:夬,就是决断的意思,表示以刚断柔。刚健而喜悦,决断而温和。小人得志于朝廷,卦象是一个阴爻凌驾于五个阳爻之上。有危险仍能坚守诚信,那么危险就会转为光明了。从属邑传来不利出兵的消息,因为崇尚武力是行不通的。利于前往,因为阳刚必定增长,最终要结束阴爻凌驾于阳爻之上的局面。

【解说】"夬"即决,从卦形上来看是阳刚将阴柔决断的形象。从上下卦的性格来说,下卦"乾"是健,上卦"兑"是悦。虽然可以刚健地勇往迈进,但在做法上，仍应当使人心悦诚服。先于朝廷上宣扬，一个阴爻的小人，高坐在许多阳爻的君子头上，就已经是罪恶，况且卦兆已经显示，危险就在眼前。这样做，才能提高警惕，使君子的作为发扬光大。面对危险，不能马上诉诸武力。而且，这一卦再上升一步，最后的阴爻，也将变为阳爻，就成为纯阳，即最吉利的乾卦☰，阳刚的生长，最终要结束阴爻凌驾于阳爻之上的局面。

【大象传】象曰：泽上于天，夬。君子以施禄及下，居德则忌。

【译文】泽水到了天上，这就是夬卦的意象。君子从中得到启发，应该施惠于天下，最忌自居其德。

【解说】夬卦的上卦"兑"是泽，下卦"乾"是天，泽中的水蒸发，升到天上，化为雨水而降，这就是"夬"卦的卦象。君子观此卦象，应当效法这一精神，将恩泽施与在下的人民，但不可因为有恩德于下便自以为是。因为一切恩泽，都来自天赐，并非个人的才德。

夬卦各爻所示人事指引

上六：[决去] 坚持到底，对待邪恶狠厉决绝。
九五：[中正] 坚持中庸正直，决断时干脆利落。
九四：[审慎] 不急不缓，审慎地作出决断。
九三：[隐忍] 表面上镇静隐忍，暗中进行决断。
九二：[警觉] 持守中正之道，防范警惕小人。
初九：[全策] 计出万全，准备充分再行决断。

【爻辞】初九：壮于前趾，往不胜，为咎。

【译文】健壮的力量来自前脚趾，力尚难胜任，有灾祸。

【小象传】象曰：不胜而往，咎也。

【译文】不能胜任而前往，必然有灾祸。

【解说】此卦从"大壮卦"变来，"大壮卦""初九"爻辞是"壮于趾"，"夬卦"刚爻比"大壮卦"向前长了一位，因而说"壮于前趾"，意思是：前面的脚趾健壮。"初九"是下卦"乾"，即刚健的一部分，所以壮大，意气洋洋，

一阴附君位二阳从一阳应

引羊而进则悔亡

羊

阴阳相应为雨为恶为阴

触藩之羊　施壮于兑

□ 夬决之图

此卦阳盛，象征君子势力强大，仅有少数小人，正待驱除。夬，就是决断之意，表示以刚断柔。阐释的是决断小人之道。如图所示，牵羊前行，没有忧悔。山羊果决行于中道，无害，但最终引羊小人被决断。

急着要往前走。然而，"初九"在最下位，心有余而力不足，并不能胜任决断小人的使命，因此，事先必须有万全之策，否则就会失败。《象传》说：不能胜任而贸然前行，必然是灾难，就是这个道理。

这一爻说明，决断小人，先要有万全准备。

【爻辞】九二：惕号，莫夜有戎，勿恤。

【译文】惊惧呼号，夜晚有兵戎，但没有危险，不必忧虑。

【小象传】象曰：有戎勿恤，得中道也。

【译文】有兵戎不必忧虑，因为"九二"能持守中道。

【解说】"惕"是惊惧、忧惧的意思，"莫"是"暮"的本字。"恤"是忧患。"九二"正处在要将小人决断的时刻。"九二"刚爻居柔位，象征刚柔并济，不会行动冒进；而且，"九二"又在内卦的中央，能持守中正之道，只要"九二"能时刻忧惧警惕，及时呼号，防范敌人袭击，就没有忧虑。即使敌人夜间来攻击，也不必担心失败。

这一爻说明，决断小人，应提高警觉，防范小人反击。

【爻辞】九三：壮于頄（qiú，音同"求"），有凶。君子夬夬独行，遇雨若濡，有愠，无咎。

【译文】壮勇见于颜色，有凶险。君子决断而独行，遇雨淋湿了衣裳，有怒气，没有灾祸。

【小象传】象曰：君子夬夬，终无咎也。

【译文】君子决断，最终没有灾祸。

【解说】"頄"，指面颊。"九三"是刚爻，而且在一连三个刚爻的上方，超过了中位，显得刚强过度。因此，"九三"决断的决心，会显现在脸上，招致小人憎恨，给以回击，结果遇到凶险。在这一卦中，"九三"是唯一与上卦阴阳相应的一爻，而相应的"上六"却是阴柔的小人。"九三"虽有决断小人的决心，却被其他刚毅君子怀疑，以为他在与小人妥协。"九三"就像在单独行动中遇雨，被淋湿而心中气忿。不过，"九三"是有坚定决心的君子，最后还是要将小人决断。

东晋的温峤，表面上服从逆臣王敦，却暗地里备战，一旦时机成熟，就一举将王敦消灭。这一历史事件与本卦的寓意相同。总之，在面对恶人时，明显地露出敌意，必将招祸。应当不动声色，最后将其决去。这样做，虽暂时会被人误解，但总有一天会真相大白，因此，君子对此不必介意。

这一爻说明，决断小人，应隐忍不动声色，在暗中进行。

【爻辞】九四：臀无肤，其行次且。牵羊悔亡，闻言不信。

【译文】臀部皮肤受伤，行走艰难。牵羊前行，没有忧悔，听到的话不相信。

【小象传】象曰：其行次且，位不当也。闻言不信，聪不明也。

【译文】行走艰难，是因为所处位置不当。听到的话不相信，是因为听觉不明，把听到的忠言当成了耳边风。

【解说】"次且"即赼（zī，音同"资"）趄、徘徊不前的意思。"九四"阳爻居阴位，又不在中位，说明心中迟疑，坐立不安，就像屁股上的皮肤剥落，无法坐稳；以致进进退退，迟滞不前。况且，上卦"兑"是羊，牵羊的要诀是跟在后面，让羊自由自在地走，如果在前面拖拉，羊就不会前进。因此，要像牵羊一般，不可争先，跟随其他的阳爻前进，才不至于后悔。不过，在决断小人时，大都会采取行动，即使听到

□ 五行四季图·秋

五行之时进时退，各司其事，不容所先，不容所后也。时乎秋也，金进则火退，亦可言"火往而金来"，盖因五行进退之一往一来，无有穷已，莫知其始，莫知其终也。

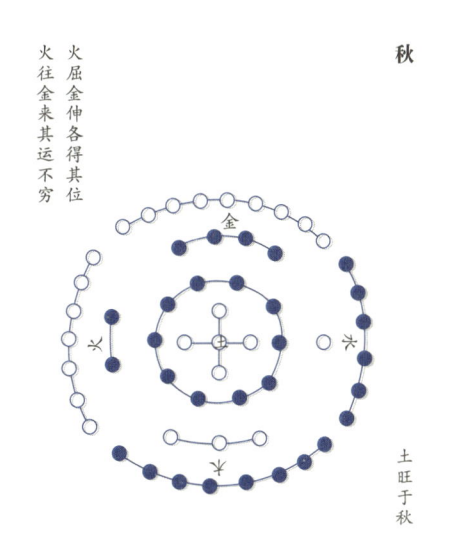

火屈金伸各得其位
火往金来其运不穷

秋

金

火　火

水

土旺于秋

这样的忠告，恐怕也不会相信。

《象传》说：行走艰难，是因为"九四"的地位不当；不听忠告，是因为听觉不明，将听到的忠言当成了耳边风。

这一爻说明，决断小人，既不可迟疑，也不可贸然行动。

【爻辞】九五：苋陆夬夬，中行无咎。

【译文】坚定地挖除商陆，由于行于中道，没有灾祸。

【小象传】象曰：中行无咎，中未光也。

【译文】行于中道，没有灾祸，是居中位还未光大。

【解说】"苋陆"，即商陆，王弼注："苋陆，草之柔脆者也。"这种看似弱小的植物实际上再生能力很强，这里用以比喻敌对势力或是小人难以根除。"九五"在这一卦五个阳爻的最上方，是这一卦的主爻，也是决断小人的主角。"九五"与小人"上六"接近，敌对势力很难斩草除根，看似危险，但"九五"毕竟阳爻居阳位，在上卦中央的君位，性格刚毅中正，有将"上六"决断的决心，其行为又不失中正之道，因而不会行动偏激，不会有灾难。

《象传》进一步解释："九五"接近小人"上六"，最理想的手段，是以感化的方式，使其改过迁善。但是除恶务尽，必须以果断的力量将其决断，虽然没有违背中正的原则，但毕竟没有将中正之道发扬光大。

这一爻说明，决断小人必须把握中正原则。

【爻辞】上六：无号，终有凶。

【译文】不用号叫，最终会有凶险。

【小象传】象曰：无号之凶，终不可长也。

【译文】用号叫有凶，最终不会长久。

【解说】"上六"阴爻，是要被决断的小人，在众阳爻穷追不舍的情形下，就是大声呼号，也不会有人理会，最后自然难逃凶险。《象传》说：小人即使高居于君子的头上，最后也不能长久。

这一爻说明，小人迟早会被决去。

姤

阐释应对邂逅的原则。

乾上　邂逅
巽下　相遇

【卦辞】 姤，女壮，勿用取女。

【译文】 筮得姤卦，女子壮硕，不宜娶之。

姤之天象图

上卦为乾为天，象征天阳；下卦为巽为风，象征地阴。天下有风，吹遍大地，这就是姤卦的卦象。风吹遍天地间各个角落，与万物相遇，使万物茂盛。这一卦也是消息卦之一，象征五月，阴气渐长。阴象征小人，也可比喻为女子。所以卦辞说："姤，女壮，勿用取女。"

【解说】 这一卦，与夬卦是形象相反的"综卦"。夬卦是切离，姤卦是相遇。《序卦传》载："决必有所遇，故受之以姤。姤者，遇也。"
"姤"，邂逅，意外相遇的意思。但逅是在道路上相遇，姤则是男女相遇。

这一卦也是"消息卦",代表五月。

姤卦,一阴与五阳相遇,即一个女人,周旋在五个男人之间。"女壮,勿用取女。""取",通"娶"。郑玄释此句云:"壮健以淫,故不可取。"意思是:健壮的女人,必然淫秽,不守贞节,因此,不可以娶来做妻子。

姤卦上乾下巽,巽为长女,古代不娶长女的说法即源于此。

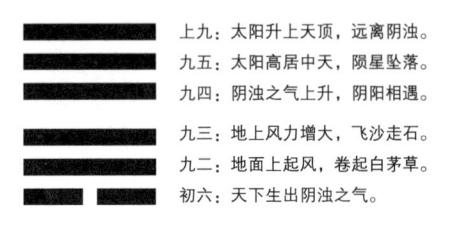

姤卦各爻所示自然之理

上九:太阳升上天顶,远离阴浊。
九五:太阳高居中天,陨星坠落。
九四:阴浊之气上升,阴阳相遇。
九三:地上风力增大,飞沙走石。
九二:地面上起风,卷起白茅草。
初六:天下生出阴浊之气。

【彖传】彖曰:姤,遇也,柔遇刚也。勿用取女,不可与长也。天地相遇,品物咸章也。刚遇中正,天下大行也。姤之时义大矣哉。

【译文】《彖传》说:姤,是相遇的意思,阴柔与阳刚相遇。不宜娶女,是说不能与健硕的女子长久相处。天地阴阳相遇,各类物种尽皆茂盛,都彰显出来。刚爻持守中正之道,教化政令就能畅行于天下。姤卦因时顺宜的道理太伟大了。

【解说】姤,是相遇的意思。一个柔爻遇到五个刚爻,一女心系五男,其情不专。阳爻不可将其娶为妻子,如娶之,则不能长相厮守。而且从卦形上看,也是阴柔侵入阳刚的形象。不过,邂逅也不一定都是坏事,天与地相遇,各个种类的物种才彰显出来。刚爻持守中正之道,刚柔相济,相辅相成,就能使其抱负大展于天下。

【大象传】象曰:天下有风,姤。后以施命诰四方。

【译文】天下吹拂着风,这就是姤卦的意象。君主从中受到启发,发布政令传告四方。

【解说】"后",指后主,即继位的天子。这一卦,上卦"乾"是天,下卦"巽"是风。天上的风吹拂大地,人及自然万物都能感受到它的存在,这就是"姤"卦的卦象。君王观此卦象应当效法这一精神,施行命令,告知四方。

姤卦本是不贞的卦,无论卦辞、爻辞都不吉祥。然而,《象传》《象传》却都往好的方向解释。这是说,世界上没有绝对的善恶,因时机与运用的不同,恶行也有善用的一面。

姤卦各爻所示人事指引

上九:[远争]不与小人纷争,虽然孤单,但安全。
九五:[隐忍]面对消长,应当隐忍以把握有利时机。
九四:[包容]包容才可获得广大民众的支持。
九三:[远佞]即使孤立无援,也应远离小人。
九二:[止祸]限制小人的影响,不让其与宾客接触。
初六:[戒备]防备小人,在其势力形成前严厉制止。

【爻辞】初六:系于金柅(nǐ,音同"你"),贞吉。有攸往,见凶,羸豕孚蹢躅。

【译文】像金属制的车刹控制住车子行进,占问吉利。前往会遇到凶险,因为系缚住的猪还在挣扎行动。

【小象传】象曰:系于金柅,柔道牵也。

【译文】像金属制的车刹控制住车子行进,是说阴柔上行之道被牵制住了。

【解说】"姤"是车轮的刹车。"羸",瘦。"蹢躅",徘徊不前的意思。

"初六"是在纯阳下面开始发生的阴,只要将这一个阴爻阻止,小人的势力就无法形成。所以,就像金属制的车刹控制住车子行进那样,一定要将小人制止,这样才能坚持正道,吉祥无咎。如果姑息、容许小人向上走,君子就会受到小人侵害,进而发生凶险。但小人不会甘于寂寞,虽然只有一个阴爻,像一只瘦弱的猪,可是这只猪却不断徘徊,以待时机,乘隙而进。因此,君子不能不严加戒备。

《象传》说:之所以要用金属制的车刹系绊,是为了牵制阴柔。

```
无用之角
上穷于姤

四远于初不能包鱼

鱼
象
```

□ 姤遇之图

姤卦，一阴与五阳相遇，即一个女人，在五个男人之间周旋；即一个柔爻遇到五个刚爻，一女心系五男，其情不专。此卦上乾下巽，巽为长女，古代"不取长女"的说法即出于此。从卦形上来看，也是阴柔侵入阳刚的形象。

这一爻说明，对小人应戒备，在其势力形成之前就要严厉制止。

【爻辞】九二：包有鱼，无咎，不利宾。

【译文】白茅草将鱼包起，没有灾祸，但对宾客不利。

【小象传】象曰：包有鱼，义不及宾也。

【译文】白茅草将鱼包起，从道理上讲不应再让给宾客。

【解说】"包"是指茅草做的草袋，《诗经·召南》中有"田野中有死獐，用白茅草包起"的句子。

"九二"与"初六"密接，即相遇。"初六"虽然与"九四"阴阳相应，但在这一卦，相遇比相应更受重视。"九二"是阳，"初六"是阴，想要上行的"初六"被"九二"包围，不能动转，就像白茅草将鱼包起一样。鱼是水中生物，属阴。"九二"用包起来的方法，使小人的祸害不会扩散，就是遇到小人，也不会有灾难。"宾"指其他的阳爻，若不加制止，使小人与宾客接触，就难免被勾引，坠入圈套。

这一爻说明，应防止小人扩大其影响，以免其他人被诱惑。

【爻辞】九三：臀无肤，其行次且，厉，无大咎。

【译文】臀部没有皮肤，行动艰难，有危险，但无大害。

【小象传】象曰：其行次且，行未牵也。

【译文】行动艰难，但"九三"的行动并没有被完全牵制住。

【解说】臀部没有皮肤，行动趑趄。在夬卦"九四"的"爻辞"中，也有同样的句子。夬卦反过来成为姤卦，夬卦的"九四"相当于姤卦的"九三"。"九三"刚爻居刚位，过于刚强，离开内卦的中位，不能持守中正之道，以至于一味追求异性。阳追求阴，本是自然欲望，但下方的"初六"已经与"九二"相遇，在向上方寻求，"上九"又阳刚，不能相应；因而，使"九三"进退两难，以致坐立不安，趑趄不前。不过，不能与阴柔相遇，也就不会受到小人伤害。所以说虽然孤立无援，有危险，但不会有大难。

《象传》说："九三"虽然趑趄，但仍然在前进，行动没有被完全牵制住。

这一爻说明，即使孤立无援，也不可与小人结伴。

【爻辞】九四：包无鱼，起凶。

【译文】包中无鱼，兆示有凶事。

【小象传】象曰：无鱼之凶，远民也。

【译文】无鱼兆示的凶事，是因为远离了民众。

【解说】"九四"本来与"初六"阴阳相应，但"初六"遇到"九二"而被阻止，不能前来。"初六"阴，以鱼比喻，"九四"的包中没有鱼，是因为远离民众的结果。"初六"是阴柔小人，在此指小民。远离小民，虽然不会有灾难，但也说明自己缺乏度量，不能包容；所以用包中无鱼比喻。这其实也是一种兆示，象征在民心背离的情况下，处处充满凶险。

这一爻说明，包容才能获得广大民众的支持。

【爻辞】九五：以杞包瓜，含章，有陨自天。

【译文】用杞柳把瓜包起来，内含美质，预示陨星从天而降。

【小象传】象曰：九五含章，中正也。有陨自天，志不舍命也。

【译文】"九五"内含美质，能持守中正之道。有陨星从天而降，象征"九五"立志不放弃自己的使命。

□ 五行四季图·冬

五行之时进时退，各司其事，不容所先，不容所后也。时乎冬也，水进则金退，亦可言"金往而水来"，水又往而木又来，而土则寄旺于四时之间，亦可言"土运行于四时之季"，盖因五行进退之一往一来，无有穷已，莫知其始，莫知其终也。

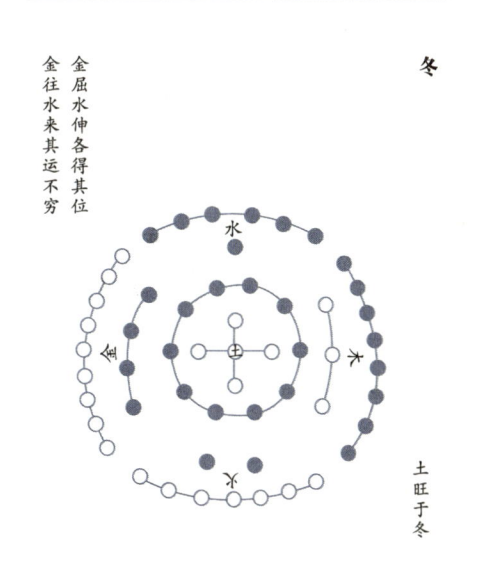

金屈水伸各得其位
金往水来其运不穷

冬

土旺于冬

【解说】"杞",指杞柳,生长在河边,枝叶十分柔软,可以编制成器物。"含章",是将美质隐含于内的意思。"九五"刚健中正,在君位,是这一卦的主体,满怀正义与力量,下面即使有小人捣乱,也不会有大碍,反而能够将小人包容。瓜匍匐在地上,甜美但容易腐烂,属于阴,用来比喻机灵、谄媚、容易引起腐败的小人。用杞柳条编成的筐包起,比喻"九五"的品德与力量,足以防止腐败于未然。阴与阳,即小人与君子的胜败,是不可避免的变化常态;因而,"九五"以自己的美德包容万物,冷静防范小人的扩张。当不利于小人的时机到来时,小人就会像陨星自然而然地坠落。

《象传》说:阴的产生,是自然的必然现现象,这是天命,难以违反。就像陨星从天而降,自行坠落。"九五"应持守中正之道,立志不放弃自己的使命。

这一爻说明,阴阳消长是一种自然常态,不可违背,应隐忍以把握最有利的时机。

【爻辞】上九:姤其角,吝,无咎。

【译文】遇到硬角顶触,有遗憾,但没有灾祸。

【小象传】象曰:姤其角,上穷吝也。

【译文】遇到硬角顶触,因处于上卦极点,有遗憾。

【解说】"角"指动物最上方的部位,"角"而且刚硬,"上九"就像动物的角,刚强而且在卦的最上方。上位无位,所以"上九孤立",虽然是在相遇的时刻,但与"初六"相距遥远。本身又刚强不肯屈就,因而更难与"初六"相遇。不与小人接触,虽然有偏安一隅的遗憾,却没有被小人影响的顾虑,不会有灾难。《象传》说:因为已经到达上方的极点。进无可进,只能偏安一隅,就难免会有遗憾。

这一爻说明,远离与小人的纷争,虽然偏狭,但安全。

萃

阐释让人聚集、服从之道。

兑上　聚集
坤下　服膺

【卦辞】萃，亨。王假有庙，利见大人，亨利贞。用大牲吉，利有攸往。

【译文】筮得萃卦，为祭享祖先，君王来到宗庙祭祀，将遇到贵人，亨通，占问有利。用大牲体祭祀吉祥，有利于前往。

萃之天象图

上卦为兑为泽，下卦为坤为地。地上的水流汇聚成泽，这就是萃卦的卦象。"萃"是聚集的意思，具备了"亨、利、贞"三种美德。所以卦辞说："萃，亨利贞。"用大的牲体祭祀，最能表示诚意，利于前进。所以卦辞说："用大牲吉，利有攸往。"

【解说】《序卦传》载："物相遇而后聚，故受之以萃。萃者，聚也。"前一卦是相遇，因此，这一卦便是聚集。

"萃"，聚集的意思。这一卦，下卦"坤"是顺，上卦"兑"是悦，愉悦而且顺从，象征因安居乐业而聚集。又：上卦"兑"是泽，下卦"坤"是地，水在地上聚集成泽，滋润万物，为民造福，此也是聚集。另外，这一卦的"九五"刚毅中正，相应的"六二"柔顺中正，二者中正聚集，相得益彰；因此，名为"萃"，以象征万物汇萃聚集。

"假"是至的意思。占得这一卦，王可以进入宗庙祭祀。宗庙是祖先灵魂聚集的场所，也是子孙精神集中的所在，象征一心一德。人群聚集就需要治理，否则会陷入混乱。这时，品德高尚的伟大人物就出现了，他们领导民众，给天下带来福祉，自然吉利而亨通。不过，聚集应以动机纯正为条件，动机不纯正的聚集，会造成祸乱，有害无益。

"用大牲吉"，"大牲"指用牛作为祭祀品。《说文解字》载："牛，大牲也。"在祭祀祖先时，奉献大的牺牲，虽然看似浪费，但这样会吉祥。下卦"坤"是牛，象征大的牺牲。聚集使物资丰富，就可以积极前往，以推动伟大的事业。

这一卦，可以说无往不利，但不可忘记，应以动机纯正为有利的先决条件。

萃卦各爻所示自然之理

上六：阴阳失调，风云变幻。
九五：阴阳调和，万物生长繁茂。
九四：阴阳向上汇聚，脱离本位。
六三：阴阳相冲，难以圆满。
六二：阴阳汇聚，力量明显增强。
初六：阴阳开始汇聚，稍显紊乱。

【象传】彖曰：萃，聚也。顺以说，刚中而应，故聚也。王假有庙，致孝享也。利见大人，聚以正也。用大牲吉，利有攸往，顺天命也。观其所聚，而天地万物之情可见矣。

【译文】《彖传》说：萃卦，聚集的意思。和顺又喜悦，阳刚居中而有应合，所以能够聚集。君王来到宗庙，是为孝敬祖先而举行祭祀之礼。将遇到贵人，亨通，这是因为是按照正道来聚集。用大牲体祭祀吉祥，有利于前往，这是顺应了天道。观察聚集之道，就可窥见天地万物的运动规律了。

【解说】 萃，是聚集的意思。由上下卦看，下卦"坤"是顺，上卦"兑"是悦，象征愉悦和服从。此卦"九五"本身刚毅中正，又与同样中正的"六二"相应，因而都有聚集的含义。君王到宗庙祭祀，将表达孝心的祭品奉献给祖先，这是对孝道的尊崇。君王持守正道，能得到贵人相助，当然能够一路亨通。用大的牺牲，前往有利。是说当聚集丰富之后，就有力量使礼仪隆重，可以积极从事建设，这也是顺从天意的。所以象传说，观察聚集之道，就可窥见天地万物的运动规律了。

【大象传】 象曰：泽上于地，萃。君子以除戎器，戒不虞。

【译文】 大泽汇聚于地上，这就是萃卦的意象。君子从中得到启发，应该修治兵器，警戒意外事件的发生。

【解说】 "除戎器"，"除"是修治的意思。"戒不虞"，"不虞"，即意想不到的事情。因为大泽汇聚于地上，有可能决溃泛滥，故如此说。

这一卦，上卦"兑"是泽，下卦"坤"是地，水聚集地上，成为泽。一般来说，凡物聚则有夺，人聚则有争。君子观此卦象，应当整备武器，以戒备不虞事件的发生。

萃卦各爻所示人事指引

上六：[自省] 被遗弃时，应当反省，不应怨天尤人。
九五：[中德] 以德服众，才使万众归心。
九四：[终美] 用美好的结果弥补动机的不纯正。
六三：[志同] 遵循正道，结交志同道合的人。
六二：[有孚] 坚守中正，以诚信积聚力量。
初六：[固志] 坚定意志，带有诚意地前行。

【爻辞】 初六：有孚不终，乃乱乃萃。若号一握为笑，勿恤，往无咎。

【译文】 有诚信但不能始终坚持，于是一会儿悖乱，一会儿聚集。开始号啕

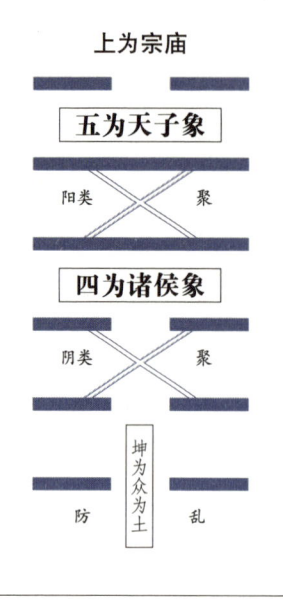

上为宗庙

五为天子象

阳类　聚

四为诸侯象

阴类　聚

坤为众为土

防　乱

□ 萃聚之图

"萃"成为一卦，表明相同种类的事物会聚在一起。两个阳爻身居尊位，"九五"为天子，"九四"为诸侯，向下统御臣民，"上六"尊奉着宗庙的威严，防止民众叛乱的道理则寄托于初爻；惩罚失去民心的意象，则寄托于"上六"。萃指事物在秋天成熟之后萃聚到一起。本来上卦兑卦代表秋天，而兑卦以最上的阴爻为主。如今西南面的坤气运行到了兑所在的西方，此时阴爻众多，因此由两个阳爻来做统帅，而最上的阴爻则失去了民心。

大哭，而后又破涕为笑，不必担忧，前往没有灾祸。

【小象传】象曰：乃乱乃萃，其志乱也。

【译文】一会儿悖乱，一会儿聚集，说明心志已乱。

【解说】"初六"与"九四"阴阳相应，"初六"一心要向前与"九四"会聚；但二者之间有两个阴爻阻挡，形成障碍。因而，"初六"虽然有诚意，但也难有结果。然而，如果"初九"呼号求援，不被二阴诱惑，"九四"听到，就会伸出援手，两人握手就可以破涕为笑。因此爻辞说，不必担忧，前往没有灾祸。

这一爻说明，正当的会聚，不可动摇意志，应当坚定向前。

【爻辞】六二：引吉，无咎。孚乃利用禴（yuè，音同"月"）。

【译文】引入吉祥，没有灾祸。有诚信，春季"薄祭"有利。

【小象传】象曰：引吉无咎，中未变也。

【译文】引入吉祥没有灾祸，因为"六二"持守中正而未改变。

【解说】"禴"，指殷周时期的春祭。"禴"，即薄祭的意思。"六二"与"九五"阴阳相应，当然要相聚，但距离远，自己又陷在两个阴爻的包围中，必须要有"九五"的援引，才能相聚，从而吉祥以免灾祸。而且，"六二"阴爻居阴位，在下卦中位，柔顺、虚心、中正；相应的"九五"，又是阳爻居阳位，在上卦中间的君位，刚健、中正、诚实；犹如春季祭祀，只要诚心诚意，祭祀虽然简单，神灵也会降福，"九五"也必然会援引"六二"。

《象传》说："六二"虽然在下卦的中位，但却包围在两个阴爻中间，可能受其影响，使中正的德行发生变化，因此警告说，趁中正的德行还没有改变，立即给以援引才会吉祥，没有灾难。

这一爻说明，保有诚信，必然可以聚集力量。

【爻辞】六三：萃如，嗟如，无攸利，往无咎，小吝。

【译文】似相聚，似叹息，很不利，前往没有灾祸，但有小麻烦。

【小象传】象曰：往无咎，上巽也。

【译文】前往没有灾祸，因为"六三"顺从于"上六"。

【解说】"萃如"，是要相聚的状态，"嗟如"，是叹息的样子。"巽"在此不是卦名，而是顺的意思。

"六三"是阴柔小人，不中不正，在上方也没有应援，不得已，想与近邻会聚；可是，下面的"六二"与"九五"相应，上方的"九四"也与"初六"相应，以致没有人与他会聚，只有叹息，得不到任何利益。唯一的出路，是与"上六"相聚。"上六"是上卦"兑"，"兑"即"悦"，处于最上方的阴爻，性情柔顺，当然会接受容纳，所以，前往不会有灾难。不过，"上六"与"六三"都属于阴，同性相斥，到底不是圆满的结合，出于无奈，不得不与已在极端而且无位的阴爻结成伴侣，这多少会有羞辱之感。

这一爻的含义，是说身边即使有坚强有力的援助者，但若其行为不正，宁可舍弃，而与远方虽不得势但志同道合的朋友结交，才会有利。

【爻辞】九四：大吉，无咎。

【译文】非常吉利，没有灾祸。

【小象传】象曰：大吉无咎，位不当也。

□ 伏羲八卦方位图

一如标竿，故有专有直。一实故主乎施，一奇为阳之仪，一偶为阴之仪。一虚故主乎承，一如门扇，故有禽有辟。此一阳对一阴于下，太阳对太阴于上也，故曰"雷风相薄"。

【译文】大吉利而没有灾祸，是因为"九四"知道自己处在不当的位置上。

【解说】"九四"阳爻居阴位不正，但与君位的"九五"接近，上可与刚健中正、强而有力的"九五"相聚，下可与一群阴爻相亲；这就是说，"九四"手中掌握着一群柔顺的群众。由于这些条件齐备，反而使地位不正的"九四"无往不利。不过，这只限于在结果大吉的情况下，才会没有灾难。因为地位不当，动机不正，倘若结果不是大吉，仍然会有灾祸。也就是说，只有善良的结果，才可以弥补动机的不纯正。

《象传》说：大吉利而没有灾祸，是因为"九四"知道自己处在不当的位置上。

这一爻说明，动机不纯正时，唯有使结果尽善尽美才会吉祥。《易经》并不局限在动机上，最后的定论仍然要看结果。

【爻辞】九五：萃有位，无咎。匪孚，元永贞，悔亡。

【译文】聚合而保有地位，没有灾祸。不能取信于众，一旦开始恒守持正，就可以消除忧悔。

【小象传】象曰：萃有位，志未光也。

【译文】聚合而保有地位，但志向还不够光大。

【解说】"九五"刚毅、中正，又在君位，其德行足以使天下人聚集在他的治下，当然不会有灾难。但如果天下人仍然不能信任自己，那就要以至善的行为，恒守持正，以感化民众，这样就可以消除忧悔。《象传》说：虽然聚合而保有地位，但自己的志向还未光大。

《论语》说：远方的人不服时，就要致力于德政，使他们前来归顺。此爻的主旨是：人的威望如果不能服众，就必须以德行来号召，才能使万民归心。

这一爻强调，以德服众的重要性。

【爻辞】上六：赍（jī，音同"机"）咨涕洟（tì，音同"替"），无咎。

【译文】悲叹涕泣，没有灾祸。

【小象传】象曰：赍咨涕洟，未安上也。

【译文】悲叹涕泣，因为不安于上位。

【解说】"赍咨"，悲伤的怨声；"涕"，流泪，"洟"，流鼻涕。"上六"已是萃卦的终结,柔弱而没有地位,想要聚集同道,却没有人追随,因而悲伤而涕泣。《象传》说:这是因为高高在上,孤立无援,以致不能心安。因此,"上六"在悲痛中应当反省:为什么会孤立无援而导致发生灾难?怎样才能不发生灾难?

这一爻说明,在被群众遗弃时,应当反省,不可怨天尤人。

升

阐释求升进之道。

坤上　上升
巽下　生长

【卦辞】升，元亨，用见大人，勿恤。南征，吉。

【译文】筮得升卦，大亨通，会见到大人，不必忧虑。南行吉利。

升之天象图

上卦为坤为地，下卦为巽为木。树木在大地上向上生长，这就是升卦的卦象。"升"是上升的意思。上卦"坤"与下卦"巽"都是顺，因此上升过程非常顺利。所以卦辞说："升，元亨。"南方是八卦的上位，又是离卦的方位，象征光明、吉利。所以卦辞说："南征，吉。"

【解说】这一卦，与萃卦是形象相反的"综卦"，聚集是被动地结合力量，升进则是主动地有所作为，两卦相反相成。

《序卦传》载："聚而上者谓之升，故受之以升。"

"升"，上升的意思。升卦来自解卦☳，解卦的"六三"上升，与"九四"交换，就成为升卦☷。上升本身就有通达的含义，加之下卦"巽"与上卦"坤"都是顺，因而，在上升过程中必然顺利，不会有任何阻碍。又由于"九二"为刚爻，在下卦居中，又与"六五"相应，这也是非常亨通的形象。以"九二"的刚毅、中正的德行，必然能够得到伟大人物的援引，无须担忧。南方是人自然面对的方位，在先天八卦图中处在上方位置，会见伟大人物，就要往上方前进，所以说，往南方走吉祥。

升卦各爻所示自然之理

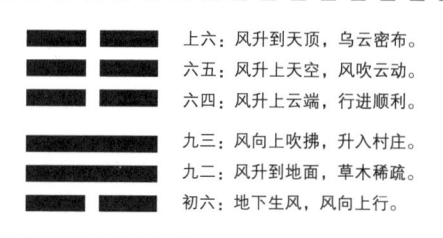

上六：	风升到天顶，乌云密布。
六五：	风升上天空，风吹云动。
六四：	风升上云端，行进顺利。
九三：	风向上吹拂，升入村庄。
九二：	风升到地面，草木稀疏。
初六：	地下生风，风向上行。

【彖传】彖曰：柔以时升，巽而顺，刚中而应，是以大亨。用见大人，勿恤，有庆也。南征吉，志行也。

【译文】柔顺并依时势而升进，顺利而和顺，刚强居中，有应于上，因此非常通达。会见到大人物，不必忧虑，有喜庆。南行吉利，能够完成升进的心愿。

【解说】"初六""用见大人"，大人指"九二"。阴爻"初六"，诚信而守时，升进至四、至五、至上。升卦，无论由上下卦的性格，或从整体卦形来说，都是非常亨通的形象。升进途中会见到伟大人物，勿须担忧，会大有吉庆。向南方前行吉祥，是说要将自己的志向，通行于天下。

【大象传】象曰：地中生木，升。君子以顺德，积小以高大。

【译文】地中长出树木，这就是升卦的意象。君子从中受到启发，应当循序渐进地修养德行，如同树木由小长大。

【解说】这一卦，上卦"坤"是地，下卦"巽"是木，地里生出树木，不断长大升高，这就是升卦的卦象。"君子以顺德，积小以高大。"意思是：君子受到卦象的启发，认识到道德的修养也要像树木生长一样，循序渐进，由小至大，累积成大德，使自己一天一天成长起来。

升卦各爻所示人事指引

上六：[节制]升进必须有节制，否则后力不济。
六五：[守正]只要坚守正道、任用贤能，就能顺利升进。
六四：[循正]沿正当途径升进，当然吉祥。
九三：[勇进]虽入无人之地，却没有任何疑虑，故能大胆前进。
九二：[有孚]升进中，只要心怀诚信，不必拘泥于形式。
初六：[追随]在升进中，应追随志同道合的前辈。

【爻辞】初六：允升，大吉。

【译文】心存诚信就会升进，大吉大利。

【小象传】象曰：允升大吉，上合志也。

【译文】心存诚信就会升进，从而大吉大利，"初六"与居于上位的两个阳爻志愿相同。

【解说】"允"是信、诚的意思。"初六"阴爻柔顺，在最下位，是下卦"巽"的主爻。巽卦是顺，在上升时，柔顺的"初六"如果单靠自己的力量，则不能上升。"初六"只能追随上面接近的两个阳爻，才能跟着上升，这样也会非常吉祥。《象传》所说的"上"，即指上方的这两个阳爻，与"初六"志同道合，可以追随其上行。

这一爻说明，在升进中应追随志同道合的前辈，才会顺利。

【爻辞】九二：孚，乃利用禴，无咎。

【译文】有诚信，薄祭也有利，没有灾祸。

【小象传】象曰：九二之孚，有喜也。

【译文】"九二"心存诚信，有好运。

【解说】这一"爻辞"与萃卦的"六二"相同。萃卦"六二"柔顺中庸，与刚健中庸的"九五"相应。这一卦，刚中的"九二"与柔中的"六五"相应，这与人神相互感应的情形相似。对神只要诚心诚意，哪怕简单的祭祀，也会获得保佑，不会有灾难。所以《象传》说：由于"九二"诚意，会有好运。

这一爻说明，升进中，关键是要心怀诚信，不必拘泥于形式。

【爻辞】九三：升虚邑。

【译文】升进到无人的村落。

【小象传】象曰：升虚邑，无所疑也。

【译文】升进到无人的村落，这是没有疑虑的。

【解说】"虚邑"，指无人的村落。阳爻的中央充实，阴爻的中央空虚，上卦"坤"全部是阴爻，所以空虚；坤卦又是地，因而用空虚无人的村落比拟。"九三"刚毅，一心升进，而前方又是空虚无人的村落，没有任何疑虑，因而可以放心大胆地前进。

这一爻说明，应当勇往前行。

【爻辞】六四：王用亨于岐山。吉，无咎。

【译文】文王祭享于岐山，吉利，没有灾祸。

【小象传】象曰：王用亨于岐山，顺事也。

【译文】文王祭享于岐山，顺事天帝。

【解说】随卦"上六"的爻辞说："王用亨于岐山"，岐山的位置在周国首都的西方，故称西山；亨，通"享"，祭祀。自古以来的注释家大都说，随卦的"上六"与这一爻，是指周文王逃避夷狄侵略，移住到岐山下。

古代祭祀，依社会等级划分。帝王祭天地，诸侯祭山川。"四"是诸侯的位置，但王这一称谓，并不限于帝王，诸侯也称王。

□ 升阶之图

升卦的下卦巽最下的阴爻，与上卦坤的三个阴爻是连为一体的。巽卦的一个阴爻沉滞，而两个阳爻升腾，即初爻依附两个阳爻升腾，在上的三个阴爻又与之一体，因此有允升之象。允的意思是被人信任。

莫富于地

自坤入兑阴极日冥

天

阶

上三爻　坤阴为顺　为虚邑

自信曰孚

信于人曰允

"六四"柔顺得正，可以顺利升进，就像文王到岐山祭祀，吉祥，没有灾难。因为祭祀必然诚心诚意，只要诚心诚意，任何事都可以成功；所以，在升卦中也以祭祀比喻。《象传》说：君王祭祀于岐山，是顺事天帝的事。顺事天帝，当然吉祥，没有灾难。

这一爻说明，应沿正当途径升进。

【爻辞】六五：贞吉，升阶。

【译文】持守正道就吉利，步步高升。

【小象传】象曰：贞吉升阶，大得志也。

【译文】持守正道就吉利，步步高升，而且十分得志。

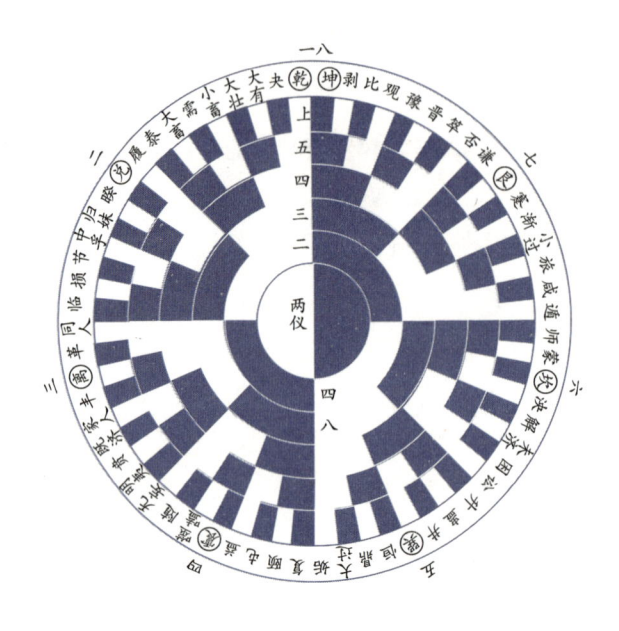

□ 洪紫微迈六十四卦生自两仪图

孔子云：天地定位，山泽通气，雷风相薄，水火不相射。八卦相错者此也，非止乎此也。八卦之中，分列五十六卦，亦皆首尾相错。夬与复相错，睽与革相错，其余相次至于谦、剥，皆相错，又非止乎此也。乾与坤相伏，故相对。夬与剥相伏又相对，其余相次至于复、姤，悉皆两两相伏也。阳根于阴，阴根于阳，阴阳之精互藏其宅。洪紫微此图，其自然之理，盖出于伏羲八卦次序图，因而重之而为六十四也。

【解说】"六五"阴爻居阳位，本来并不适当，但与下方的"九二"相应，如能得到刚毅有力的人辅助，就能登上君位。不过，"六五"本身柔弱，必须坚守正道，才能吉祥。正如沿着高阶稳步上升，所以"六五"能够顺利登上王座。

这一爻说明，只要用贤，得到有力辅助，就可以顺利升进。

【爻辞】上六：冥升，利于不息之贞。

【译文】昏昧升进，持守正道不能停止。

【小象传】象曰：冥升在上，消不富也。

【译文】昏昧升进，处在上位，消耗过度，力量就不足了。

【解说】"冥"是昏昧的意思。"上六"阴爻，柔弱无力，上升到了极点，便头昏目眩，摇摇欲坠。因此，坚持正道不能停止，才会有利。《象传》说：盲目上升到极点，消耗过度，力量就不足了。

这一爻告诫，升进必须有节制，否则会后力不继。

困 阐释解救穷困之道。

兑上　穷困
坎下　危难

【卦辞】困,亨。贞,大人吉,无咎;有言不信。

【译文】筮得困卦,亨通,大人占问吉祥,没有灾祸;但眼前仍有灾祸而未消除。

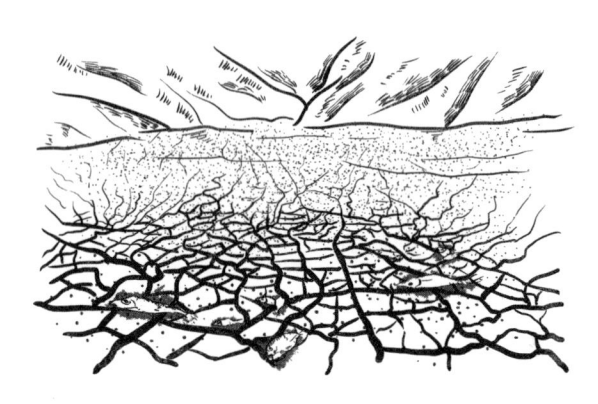

困之天象图

上卦为兑为泽,下卦为坎为水。湖水下渗,湖泊干涸,这就是困卦的卦象。泽中无水,象征身处困顿。身陷困境,仍能亨通,因为身处正道。所以卦辞说:"困,亨,贞。"在困境中得到吉祥,但眼前还有未消除的灾祸。所以卦辞说:"大人吉,无咎;有言不信。"

【解说】《序卦传》载:"升而不已必困,故受之以困。"

"困"是穷困的意思,指进退不得的时刻。这一卦,下卦"坎"阴多阳少;上卦"兑",阳多阴少,象征阳被阴掩蔽。本卦中,"九二"阳爻被"初六"、

"六三"的阴爻掩蔽，"九四""九四"阳爻也被"上六"的阴爻掩蔽，象征君子被小人围困，所以称作困卦。

再以卦的性格来说，下卦"坎"是阴，上卦"兑"是悦，象征陷身于穷困，仍然自得其乐，因为坚守自己的原则，贯彻了自己的理想，所以也能通达。如此坚守正道，唯有君子才能做到，因而吉祥，没有灾祸。

"有言不信"是解本卦的难点。"言"通"愆"，灾祸的意思。朱骏声的《六十四卦经解》认为，"信"同"伸"，引申为开解、解除。按朱骏声的观点，此句当解为：眼前有灾祸而未消除。

困卦各爻所示自然之理

上六：云困于天顶，难以疏散。
九五：风云交困，随后纾解。
九四：乌云困日，掩蔽光芒。
六三：水困于地上，荆棘密布。
九二：水困于地中，不能取用。
初六：水困于地底，幽深昏暗。

【彖传】彖曰：困，刚揜（yǎn，音同"演"）也。险以说，困而不失其所，亨，其唯君子乎？贞大人吉，以刚中也。有言不信，尚口乃穷也。

【译文】《彖传》说：困卦，是讲阳刚被掩蔽，虽身处险境，但能从容自乐，处于困境而不失其所守，亨通。这大概只有君子才能做到吧？持守中正的大人吉利，因为刚爻而居于中位。眼前有灾祸而未消除，是因为崇尚言辞而无行动。

【解说】"困，刚揜也。""揜"同"掩"，指被掩蔽住。"刚掩"，指刚爻被掩蔽起来。从卦象上看，"九二"被"初六""六三"包围；"九四"、"九五"被"六三""上六"包围。刚爻表示君子，柔爻表示小人。君子被小人包围起来，处在困境中，因此叫困卦。君子虽然身陷困境，但仍然乐观；他能正确对待个人遭遇，不会因为身处困境而放弃自己的理想，改变自己的志向和操守。正因为君子在困境中能坚守正道，不失操守，故能亨通吉祥。

本卦中，"九二"与"九五"都是刚爻，而且处在中位，因此他们有刚毅中正的德行。但眼前仍有灾祸而未消除，说明是崇尚言辞而无行动，因此，面对困境，君子尚应隐忍。

【大象传】象曰：泽无水，困。君子以致命遂志。

【译文】大泽干枯无水，这就是困卦的意象。君子从中受到启发，应当舍命以成就志愿。

【解说】这一卦，上卦"兑"是泽，下卦"坎"是水，泽中的水漏到下面，泽中缺水，因而穷困。泽中缺水，就是"困"卦的卦象。君子观此卦象，应当效法这一精神。在穷困中，应不惜牺牲生命，以达成自己的理想。《论语·子张》中说的"士见危致命"就是这个意思。

困卦各爻所示人事指引

上六：[悔悟] 解救穷困，手法不正当反而会愈陷愈深。
九五：[中正] 解救穷困，必须有坚定的意志和刚正的品德。
九四：[量力] 解救穷困，不可操之过急，应审慎从事，量力而行。
六三：[慎守] 侥幸妄进，必然穷困，必须谨慎自守。
九二：[谨慎] 身处困局中要万事谨慎，不可得意忘形。
初六：[明智] 在极端的困境中必须极端隐忍，不可浮躁。

【爻辞】初六：臀困于株木，入于幽谷，三岁不觌（dí，音同"迪"）。

【译文】坐困在木桩之上，进入幽暗的深谷，三年不得相见。

【小象传】象曰：入于幽谷，幽不明也。

【译文】进入幽暗的深谷，幽暗不见光明。

【解说】"株木"是树砍掉后留下的树桩，"觌"是见的意思。"初六"是阴柔小人，在下卦"坎"即阴的最底下，说明穷困已极。臀部是身体的最下方，坐在树桩上，臀部肯定不舒服。爻辞以此来比喻坐不安稳，难以长久忍受。最底层当然也最黑暗，"初六"像是进入了昏暗的深谷，见不到光亮，三年也走不出来。这是象征穷困到了极点，也兼有智慧不明、本身昏庸的意思。

这一爻说明，在极端的困境中必须明智，极端隐忍，不可浮躁。

【爻辞】九二：困于酒食，朱绂（fú，音同"福"）方来，利用亨祀。征凶，无咎。

【译文】受困于酒食，然而禄位即将到来，有利于祭祀，但前行仍有凶险，原地不动则没有灾祸。

【小象传】象曰：困于酒食，中有庆也。

【译文】虽受困于酒食，但"九二"居中位，因而有喜庆。

【解说】"朱绂"，古代贵族祭祀时穿着的服装，这里比喻禄位。有人认为，"朱绂"是君王用来遮蔽膝部的服饰。录于此，以备一说。

此处"困于酒食"，历来说法颇多。李光第《周易折中》载："小人以身穷为困，君子以道穷为困。"此卦中，"九二"不是穷困，而是道困；君子政治抱负不能施展，每天沉湎于酒食，也会造成困扰。"朱绂方来"，是说意外获得高贵禄位，对祭祀是很有利的。但也只适合用于祭礼，平时享用，过于招摇，就会凶险，应当谨守本分，才没有灾难。

兑金利于坎水

葛藟在上

蒺藜柔而刚也

木株在下

□ 困蒺藜葛藟株木图

困卦是由兑卦和坎卦相重而成的。兑对应秋季，而坎对应冬季。兑卦的阴爻，象征秋意刚刚开始而蔓草还未凋零。因此称为"葛藟"（藤蔓）之困。"六三"则象征秋冬之交，藤蔓的叶子脱落而刺却留存下来了，因此称为"蒺藜"（带刺的植物）之困。"初六"在坎的最下方，正是大寒时节。蔓草为冰霜所杀而没有残存的生命，留存下来的不过是株木。因此这就是"困"的三爻系于草木的意象。

《象传》说：虽被酒食困扰，但"九二"刚毅居中，会有意外的吉庆。

通常"二"与"五"阴阳相应，是吉利的象征，但小畜卦与困卦由于阳刚被阴柔所克，"二""五"同是阳爻时才能志同道合，亨通吉利。

这一爻说明，君子被"道困"所扰，处于困局中要谨慎对待，不可得意忘形。

【爻辞】六三：困于石，据于蒺（jí，音同"极"）藜（lí，音同"黎"）。入于其宫，不见其妻，凶。

【译文】困在巨石与蒺藜之中。进入宫室，见不到妻子，有凶险。

【小象传】象曰：据于蒺黎，乘刚也。入于其宫，不见其妻，不祥也。

【译文】处在蒺藜的包围中，是因为凌乘阳刚的缘故。进入宫室，见不到妻子，是不祥之兆。

【解说】"蒺藜"，一种带刺的植物。"六三"阴柔，不中不正，难安于位，想前进但有像巨石般的"九四"阻挡，又无力突破；想后退，又有如蒺藜般的"九二"断后，难以有所作为。不得已，"六三"只有转身回家，但又见不到妻子。"妻"指相应的"上六"。但"六三"与"上六"都是阴爻，同性相斥，终于找不到安身之所，所以凶险。

《系辞传》说："不应当穷困却穷困，名声必然蒙羞；不应当占据却占据，自身必然危险；既羞辱又危险，死期就要到来，又怎么见得到妻子呢？"由此可见，不中不正，企图侥幸妄进的小人，必然会陷入凶险。

这一爻说明，侥幸妄进，必然穷困。

【爻辞】九四：来徐徐，困于金车，吝，有终。

【译文】徐徐而来，受困于金车，虽小有不利，但有好结果。

【小象传】象曰：来徐徐，志在下也，虽不当位，有与也。

【译文】徐徐而来，志在救援下面的"初六"，虽然所处位置不当，但会得到应援。

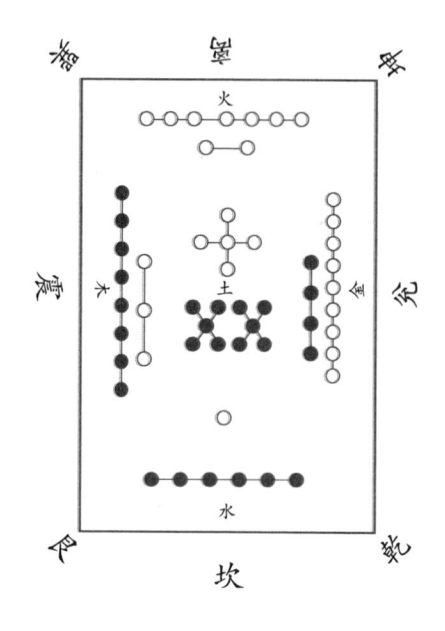

□ 伏羲则洛书之数定卦位图

《洛书》一六水数，厥卦惟坎，厥方惟北；二七火数，厥卦惟离，厥方惟南。三八木数居东，卦则震、巽隶之；四九金数居西，卦则乾、兑隶之；五与十居中，土数也，卦则坤、艮隶之，寄位东北与西南。数与卦相合，卦与方相应，五行以之而序，八卦以之而定，四方以之而奠。此八卦之象合《洛书》之数然也。

【解说】"九四"与"初六"相应。"初六"隐在幽谷中，以"九四"的立场，应当加以援救。可是，"九四"以阳爻居柔位，地位不正，力量不足，中间又有"九二"的铁车阻碍，以致援救行动迟缓，不得不徐徐行进。

"九二"是刚爻，相当于金属，下卦"坎"，依《说卦传》的解释，象征轮，所以爻辞说"金车"。"九四"援救"初六"行动迟缓，虽然蒙羞，但邪不胜正，最后仍然能够排除"九二"的阻碍，达到目的。

《象传》说：徐徐而来，是指"九四"志在援救下方的"初六"，虽然"九四"的地位不正，但与"初六"有相应的关系，最后也能达到目的。

这一爻说明，解救穷困，不可操之过急，应当量力而为，审慎行动。

【爻辞】九五：劓（yì，音同"艺"）刖（yuè，音同"月"），困于赤绂，乃徐有说，利用祭祀。

【译文】将受劓刑、刖刑，被禄位所困，但能慢慢摆脱困扰，祭祀有利。

【小象传】象曰：劓刖，志未得也。乃徐有说，以中直也。利用祭祀，受福也。

【译文】将受劓刑、刖刑，因为"九五"尚未得志；慢慢会摆脱困扰，因为"九五"有中正之德；祭祀有利，"九五"将得到上天的福佑。

【解说】"劓"，割去鼻子的刑罚，"刖"，砍去足的刑罚。"赤绂"，即朱绂，古代贵族祭祀时穿着的服装，这里比喻禄位。依《说文解字》，朱是天子的颜色，赤是诸侯的颜色。"乃徐有说"，"说"通"脱"，是说慢慢能够解脱。

困卦，正当阳刚处于穷困的时刻。"九五"阳爻被"上六"与"六三"的阴爻包围，困在当中，就像被"上六"削去鼻子，又被"六三"砍掉脚。但代表阳刚的君子被代表阴柔的小人如此折磨，并非穷困之象。在困境中，"九五"反而更加惕励奋发；却被小人怀柔，赠以崇高爵位，穿上红色官服，才是真正地被穷困。不过"九五"刚毅中正，经过时间考验，终有一天，会慢慢解脱。而要摆脱这种困局，祭祀最好。

《象传》说：将遭受削鼻砍脚的刑法，是因为"九五"尚未得志。"乃徐有说，以中直也"，强调"九五"在上卦中位，中正刚直可以慢慢摆脱困境。"利用祭祀，受福也"是说祭祀可以得到神灵保佑。

这一爻说明，要有经得起考验的坚定意志，以及中正刚直的高尚品德。

【爻辞】上六：困于葛藟（lěi，音同"磊"），于臲（niè，音同"聂"）卼（wù，音同"务"），曰动悔。有悔，征吉。

【译文】被葛藟所困，处在高危之地，如行动就会后悔。有悔悟，前行吉利。

【小象传】象曰：困于葛藟，未当也。动悔有悔，吉行也。

【译文】被葛藟所困，是因为位置不当。行动会后悔，有悔悟则前行吉利。

【解说】"葛藟"，是葛与蔓，攀附缠绕的蔓生植物，"臲卼"，动摇不安的样子，这里引申为危险之地。"上六"是阴柔的小人，穷困到极点，就像被葛蔓缠绕，无法挣脱，陷入动摇不安的险地。这时，采取行动，就会后悔，但如果能够悔改，前进仍然吉祥。

《象传》说：困于葛蔓，是因为位置不当。行动会后悔，但能够悔悟则会吉祥。因为此时上六已处在困卦的最上位，再向前行，就可以走出困卦了。

这一爻说明，解除穷困，手段不正当反而会愈陷愈深，也提醒人们须时时反省。

井

阐释用贤、养贤的道理。

坎上　水井
巽下　用贤

【卦辞】井，改邑不改井，无丧无得，往来井井。汔（qì，音同"气"）至亦未繘（jú，音同"局"）井，羸其瓶，凶。

【译文】筮得井卦，城镇居民变迁，但井不会变迁，因此，井没有丧失什么，也没有获得什么，人们来来往往，水井依然是水井。汲绳将桶提至井口但又未出井口之时，汲桶被倾覆破裂，凶险。

井之天象图

上卦为坎为水，下卦为巽为木。木桶从井中提水上行，这就是井卦的卦象。世事变迁，水井的功能永远都不会改变。井水源源不断地被汲引到地面，上行养人，经久不竭，正是自然的无私奉献。所以卦辞说："井，改邑不改井。无丧无得，往来井井。"

【解说】井卦，是与困卦形象完全相反的"综卦"，困与养，一反一正。

《序卦传》载："困乎上者必反下，故受之以井。"

井字的篆书，中间有一点，井是井框，中间的一点是吊桶。井又有围的意思。《孟子》说到古时的井田法时说："方一里的田，划分成井字形的九等份，四周的八份是私田，中间是公田，可掘井共用。"《司马法》中说：四处井田令成一邑，全村的人，都到井边汲水，最后形成了交易场所，这就是"市井"一词的来历。井在古人生活中，占有非常重要的地位。"井井"，意思是：水井依然是水井。王弼注此句云："不渝变也。""汔"，几乎、将要的意思。"至"，即至井，指汲绳将桶提至井口。"繘"，指汲水用的绳。"汔至亦未繘井"，意思是：汲绳将桶提至井口但又未出井口。"羸"，倾覆或失败的意思。

这一卦，上卦"坎"是水，下卦"巽"是入，水桶进入井中汲水，象征水井。城镇可能有变迁，但井不会变动，人们来来往往汲水，而井水依然不变。汲水的水桶几乎到达井口时，因为吊绳没有伸开，以致阻扰，使水桶翻覆破裂，所以凶险。此卦寓指用贤的道理永远不变。用贤即使无功，但也不会有过。从人事方面看，井，象征用人的通道，应该畅通无阻，作为造福人民的工具，不可毁弃。一个人，在处理事务中，应当遵循成例，不可任意变更，这样，即使没有功，也不会有过，进退就不会有改变；另一方面，此卦也告诫我们应当小心谨慎，做事始终如一，以免功亏一篑。

井卦各爻所示自然之理

上六：风调雨顺，水源不竭。
九五：天降大雨，水源充盈洁净。
六四：天降小雨，井水充裕。
九三：风从地面上升，井水清洌。
九二：地面起风，水井干枯。
初六：风行于地下，水井淤塞。

【象传】象曰：巽乎水而上水，井。井养而不穷也。改邑不改井，乃以刚中也。汔至亦未繘井，未有功也。羸其瓶，是以凶也。

【译文】《象传》说：进入水下而向上提水，这就是井卦的意象。井水养人而永不穷竭。城镇居民变迁，但井不会变迁，这象征井有如君子，持守刚健中正之道。汲绳将桶提至井口但又未出井口，说明井水的养人作用还未实现。水桶被倾覆，因此有凶险。

【解说】上卦"坎"是水，下卦"巽"是入，进入水中，将水汲上，所以说是井。井以水养人，而汲之不尽。"改邑不改井，乃以刚中也"是说"九二"占据下卦中位，"九五"占据上卦中位，二者都是刚爻。刚爻居中，不易改变，所以说邑改而井不改。快到达井口时，吊绳没有伸开，是说功败垂成，徒劳无功。水桶翻覆破裂，因此有凶险。

【大象传】象曰：木上有水，井。君子以劳民劝相。

【译文】木在下而水在上，水本在井底，却可汲取上升，这就是井卦的意象。君子从中受到启发，于是慰劳民众，鼓励人民互助。

【解说】下卦"巽"是木，上卦"坎"是水，木下水上，井水上升，这就是井卦的意象。一说，树木由根部汲取水分，到达末梢，与井的作用相似；又说，此是指以木制的水车取水。总之，井水是人类的生命之源，能上行养人。君子观此卦象，应当效法这一精神，鼓励人民勤劳，并相互协助，以维持并改善生活。

井卦各爻所示人事指引

- 上六：[有孚] 身处最高位时，更应诚心诚意为民服务。
- 九五：[施惠] 贤者应当施惠众人，为他人造福。
- 六四：[待机] 贤者应当不断进修充实，以待时机。
- 九三：[求贤] 领导者应当求贤，不拘一格发掘人才。
- 九二：[韬晦] 若无应援，不妨韬光养晦以待良机。
- 初六：[应时] 为人处事要合时宜，否则将被淘汰。

【爻辞】初六：井泥不食，旧井无禽。

【译文】水井被淤泥填塞，不能食用，水井废旧，也没有禽兽来汲水。

【小象传】象曰：井泥不食，下也。旧井无禽，时舍也。

【译文】水井被淤泥填塞，不能食用，是说"初六"在下方，其位置不能养人。水井废旧连禽兽也不来汲水，只有被人舍弃。

【解说】"禽"，即禽兽，或水栖动物。此是代指水井已经废旧，人们不能从中有所获益。

这一卦，刚爻象征井水涌出，往上升进，吉祥。"初六"是阴爻，在最下位，相当于井底泥沙。井中只有泥沙没有水，当然不能供给饮水。水井废旧连禽兽也不来汲水，当然只有被人舍弃了。

《象传》说：井中有泥，不能食用，是指"初六"在此爻的最下方，象征旧井不能获得水，不能养人。

这一爻说明，不合时宜的人，将被淘汰。

【爻辞】九二：井谷射鲋，瓮敝漏。

【译文】在井底射鱼，水瓮破漏了。

【小象传】象曰：井谷射鲋，无与也。

【译文】在井底射鱼，九二上无应援之人。

【解说】"井谷"，井中、井底。《释文》载："谷者，中央无者也。""鲋"是鲫鱼，也有人说指泥鳅、小鱼之类。"九二"刚毅中正，象征涌出的水。但"九二"与上卦的"九五"阴阳不相应，而与下面的"初六"阴爻又邻接，以致井水漏失，不能上升。水井干枯，残留在井底的水只能供鲫鱼等小鱼生存，就像漏水的破瓦瓮，失去了效用。

上古时期，渔人多用弓箭射鱼，这在古籍中有记载。近年考古中发现的一些岩画，也有射鱼的场面，可证此说。

《象传》说：在井底射鱼，但上方没有援引，因而无法升进。"与"是应援的意思。

这一爻说明，野有遗贤，不妨韬光养晦。

□ 井水用图

井卦之所以用两个阳爻象征泉水，因为水是借助天的阳气而生成的。因为坎卦代表冬天，因此坎中的阳爻象征了寒泉，所以又叫"太阳寒水"。下卦巽中的两个阳爻，一个居于地位，但是趋向下方，是位于谷底而不在井中，一个虽然居于人位，但在井壁之下，汲水也到达不了上方，不像"九五"的水将要在井壁上方溢出。

井口曰幕　溢水之泉汲者先之
井中曰甃　深便可汲故曰可汲
阳在下　漏泉象
井底曰泥

【爻辞】九三：井渫（xiè，音同"谢"）不食，为我心恻，可用汲。王明，并受其福。

【译文】井水淘干净，但没人食用，我心为之伤悲。可以用来汲水，君王英明，使民众一同获得福祉。

【小象传】象曰：井渫不食，行恻也。求王明，受福也。

【译文】井水淘干净，但没人食用，行人亦感到伤悲。祈求君王贤德英明，使民众共同享受福祉。

【解说】"渫"是将井中的泥沙挖出，使井水清洁的意思。"九三"阳爻居阳位得正，在下卦的最上位，不是井底泥沙，已是清澈的水，但仍不能饮用，未免可惜。爻辞用可以汲取饮用的水比喻野有遗贤，但却不能被国家所用。而明智的君王，应当将这些贤士提拔任用。这样，无论对国家、民众都有好处。

《象传》中的"行恻"，是说行人都觉得惋惜的意思。

这一爻说明，应当求贤，发掘人才。

【爻辞】六四：井甃（zhòu，音同"皱"），无咎。

【译文】砌好井的内壁，没有灾祸。

【小象传】象曰：井甃无咎，修井也。

【译文】砌好井的内壁，没有灾祸，因为是修治井。

【解说】"甃"，指砌好井的内壁。"六四"阴爻居阴位得正，但柔弱无力，不能大量供水，这是因为正在砌井壁，不久就可以修好，不会有灾难。从人事上看，就是指一个人应该不断进修，充实自己，这样才不会没有出头之日。

这一爻说明，贤者应不断进修充实，以待时机。

【爻辞】九五：井洌，寒泉食。

【译文】井水清洌，寒泉可供饮用。

【小象传】象曰：寒泉之食，中正也。

□ 河图

以五为主，六八为足，二四为肩，左三右七，戴九履一。

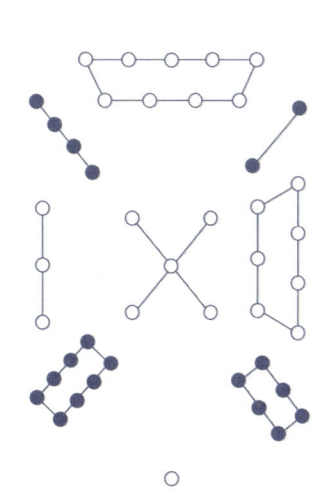

【译文】寒泉可供饮用，因为爻位中正。

【解说】"洌"，清洌，洁净。"九五"刚毅，表示水大量涌出。因为所处位置得中，象征井有充足的供水能力，可以保证人人都有清洌、洁净的泉水可饮。以人事作比喻，就是说，"九五"具备了阳刚中正的德行，能普遍施惠众人。

这一爻说明，贤人应当为全民造福。

【爻辞】上六：井收勿幕，有孚元吉。

【译文】汲取井水不加盖，有诚信，大吉大利。

【小象传】象曰：元吉在上，大成也。

【译文】上位大吉大利，大功告成。

【解说】"收"，汲取的意思，"幕"指盖子。"上六"是井卦的最上位，象征由井中将水取上来，到达最上位，完全发挥井的功能。井水既然汲取不尽，就没有必要加盖，干脆开放给众人使用。水的来源必须可靠，确实能够源源不绝地供水，才能如此。以人事作比喻，就是说，当一个人处在最高位置时，就应当诚心诚意为民众服务，这才是最大的善行，也是最大的吉祥。

通常上位无位，"五"才是尊位，但井的性质不同，以上位为尊。

这一爻说明，越是身居高位，越应为民众谋福祉。

革

阐释变革的原则。

兑上　变革
离下　改革

【卦辞】革，己日乃孚，元亨，利贞，悔亡。

【译文】筮得革卦，己日取信于人，大亨通，利于占问，忧悔之事消亡。

革之天象图

　　上卦为兑为泽，下卦为离为火。泽居上而成雨，与在下的火势相较，这就是革卦的卦象。任何事物必须新老交替、不断发生变革，才能不断进步。改革一开始，总是充满艰难曲折，时间过半时，才能有所成就。所以卦辞说："革，己日乃孚。"

【解说】《序卦传》说："井道不可不革，故受之以革。"

"革"原义是皮革。兽皮经过加工，制成柔软的皮革，含有改革、变革的意思。这一卦，上卦"兑"是泽，下卦"离"是火，兽皮在水中浸，在火上烤，制成皮革。而且，下卦的形状像是灶，上卦的形状像是被灶烘烤的皮，两个阳爻是皮的坚实部分，上面的一个阴爻，像是要除去的毛及松软的部分。制成的革，使原来的兽皮面目一新，而内在的实质没有改变。意思是说，王朝可以改变，风俗习惯、文物制度可以改革，但治国的根基原则不会改变。

"己日"的解释，众说纷纭，但由蛊卦的"先甲三日"，巽卦的"后庚三日"等推断，当是指十干中的己。在十干中，己日已经越过中央，是盛极而衰必须变革的时刻；因此，己日有"变革之日"的含义。

变革，必须抓住时机，在历史的关键时刻采取行动，才能得到民众的信赖与支持。这一卦，内卦"离"是明，外卦"兑"是悦，寓指明智使人悦服，因此具备元、亨、利、贞四种美德。变革是非常行动，必然会导致一些令人忧悔的事件。但因为具备了以上四种德行，就可以使忧悔消弭于未然。就是说，在实施变革时，动机必须纯正，行动必须正当，这样才会得到民众的信赖与悦服；变革的意图，才能圆满实现；一些难以避免的忧悔也可以消除，否则就可能事与愿违，留下无尽忧悔。

革卦各爻所示自然之理

上六：阴极反阳，阴冷渐渐散去。
九五：太阳高悬中天，日照强烈。
九四：风云变幻，云开见天。
九三：乌云蔽日，阳光难以穿透。
六二：地上燃起熊熊火焰。
初九：地下燃起微弱的火苗。

【象传】象曰：革，水火相息，二女同居，其志不相得，曰革。己日乃孚，革而信之。文明以说，大亨以正，革而当，其悔乃亡。天地革而四时成，汤武革命，顺乎天而应乎人，革之时大矣哉。

【译文】《象传》说：革卦，水与火共处，相灭相消。两个女子同居一室，心志不相容，于是发生变革。己日能取信于人，是说变革取得了人们的信任。政治清明，人民喜悦，变革大亨通，是因为持守正道。变革适当，忧悔就会消弭。天地间阴阳的变化形成了四时节令，商汤王、周武王的变革，顺从天道、应合人心，革卦因顺时势的思想太伟大了。

【解说】革卦，从卦形上看，上卦"兑"是泽，有水；下卦"离"是火，水浇到火上，一旦熄灭，又会重新燃起，这就是变革的形象。上卦"兑"是少女，下卦"离"是中女，两个女人同住一起，意见会彼此冲突，这一点与睽卦相似。不过，睽卦是两人分离，这一卦则彼此不能相让，终于发生家庭革命。当变革的时机成熟，才能得到群众信赖。改革者，应以下卦"离"的文明德行，使民众悦服，改革的意图才能够大亨通，使改革在正常的轨道上运行。改革的方式，必须正当，才能将忧悔消除。天地因阴阳变化而形成四季，人类社会的变革也应依循大自然的法则进行。商汤王、周武王的变革，顺应天时，因应民心，是势所必然的行动。革卦显示的因顺时势的思想，就是对上述历史事件的总结。

《象传》的"顺乎天而应乎人"这句话，被后人简缩为成语"顺天应人"，成为中国社会几千年来革命者常用的口号。大体上，儒家对革命持肯定态度。孟子说："天子受天命而成为天子，但天命的有无，则显示在民心的向背，违反民心的天子，就丧失了天命，必然被民心所归的新受命者取代。"

【大象传】象曰：泽中有火，革。君子以治历明时。

【译文】水泽中有火，这就是革卦的意象。君子从中受到启发，应该修治历法，审明时令。

【解说】"历"，即历法。这一卦，上卦"兑"是泽，下卦"离"是火。泽中有火，水盛大，使火熄灭，火盛大，使水蒸发消失；二者相克，不能调和，由

革卦各爻所示人事指引

上六：［豹变］变革完成后，应当从细微处入手，给大众休养的时间。

九五：［虎变］变革必须彻底，真正利民才会取得民众的信赖与支持。

九四：［有孚］在变革中，必须诚信，才能取得民众的信赖与支持。

九三：［三思］变革即使势在必行，也应非常谨慎。

六二：［待机］变革必须等待时机成熟才能进行。

初九：［束己］变革时机未到，必须约束自己。

此产生变革。泽中有火，是"革"卦的卦象。君子观此卦象，应当效法这一精神，制定历法，以明确显示季节变化，使人民据以耕种作息。

【爻辞】初九：巩用黄牛之革。

【译文】用黄牛皮绳牢固地约束自己。

【小象传】象曰：巩用黄牛，不可以有为也。

【译文】用黄牛皮绳牢固地约束自己，不可有所作为。

【解说】"巩"，固的意思，意即用皮革捆扎结实。"黄牛之革"指黄牛皮，指用黄牛皮做成的绳子。"初九"在本卦的最下位，与上方的"九四"不能相应，因而不能积极作为。"初九"要巩固防卫自己，因此，爻辞用黄牛的皮革做比喻。黄是中色，有中庸的德行；牛有顺从的德行。意思是：应以中庸、顺从的德行，约束自己，不可贸然行动，变革必须极其慎重。

这一爻，说明变革时机未到之时，必须先约束自己，不要轻举妄动。

【爻辞】六二：己日乃革之，征吉，无咎。

【译文】己日进行变革，进取必然吉祥，没有灾难。

【小象传】象曰：己日革之，行有嘉也。

【译文】己日进行变革，"六二"前行必有嘉赏。

【解说】"六二"柔顺中正，是下卦的主爻。下卦"离"是明，因而"六二"具备文明的德行，是变革主体。"六二"可以发动变革，在变革中可以得到"九五"的应援，但改革必须时机成熟；要等待事物盛极而衰，腐败已经显露时，才能发动。如果"六二"抓住了时机，进取前行就吉祥，不会有灾难。

这一爻说明，变革必须等待时机成熟。

【爻辞】九三：征凶，贞厉，革言三就，有孚。

【译文】继续前行有凶险，守正不变，也有危险，变革前须反复研究，才能取得信任。

【小象传】象曰：革言三就，又何之矣。

【译文】变革须多次研究，才能取得信任，"九三"无须匆匆前行。

【解说】"革言三就"的含义，一是说，变革必须慎重，须再三研究。

"三"，多次的意思。待大家意见一致，认为可行，才能行动；一说，指武王革命成功之后，并不立即实施政令，先宽恕箕子等人，才采取三项安抚措施。

"九三"刚爻居刚位，过于刚强，又离开中位，到达下卦的最上位，表示操之过急，若这时前进，即使行为正当也有危险。然而，"九三"的位置正在上下卦的分离处，从时机上来说，又必须采取行动。因而，经过再三详细审议，待意见一致时再行动，这样才能得到群众信赖，获得成功。

这一爻说明，变革即使势在必行，也应非常谨慎，再三考虑。

【爻辞】九四：悔亡，有孚改命，吉。

【译文】忧悔已经消失，诚信改变了旧的天命，吉利。

【小象传】象曰：改命之吉，信志也。

离火铸冶兑金

金成器则为虎变

金从革

炉鞴

□ **革卦炉鞴鼓铸图**

革卦虽有用煮器将生食煮熟的意象，但还是以熔炉的意象为主，即用下卦离代表的火来冶炼上卦兑代表的金，而金正具有变革的特性。革卦之后就是鼎卦，因为将金冶炼之后才能铸成鼎。夏后氏铸鼎，而商汤、周武王沿袭了这个习俗，以此来珍藏鼎中之气，因此本卦也有商汤、周武王革命的意象。

【译文】诚信改变了旧的天命，吉利，因为"九四"心志诚信。

【解说】"九四"阳爻居阴位不正，所以会忧悔。但在时间上，变革已经走过一半路程；上卦的"水"与下卦的"火"，由势均力敌已到逆转的边缘，这时，正是天命转变的时刻。从另一个方面看，"九四"阳爻居阴位，象征刚柔兼备；既不畏怯，亦不妄进，这正是改革家的性格，在变革中，必须诚信，才能得到群众信赖与支持，才能扭转天命，才会吉祥。

这一爻说明，改革者的性格、时间因素以及诚信的重要性。

【爻辞】九五：大人虎变，未占有孚。

【译文】大人变出虎一般的文采，不须占问而有孚信。

【小象传】象曰：大人虎变，其文炳也。

【译文】大人变出虎一般的文采，是说"九五"文采彪炳。

【解说】"变"，指野兽夏季脱毛，色彩变浅，到冬季毛又变厚，显得光泽美丽。"文"，指斑纹、文采的意思；"炳"，指光辉闪耀。

"九五"阳刚中正，在君位，是革卦的主体，相当于伟大人物。变革之前，领导变革的伟大人物必须自己先行改革，然后影响周围的人，最后推行于天下；这样，改革才能成功。任何一场改革，都不是修补装饰，而是要使社会面貌焕然一新。伟大的改革，就像老虎的斑纹，到了秋天，变得光泽鲜明。老虎在野兽中，是最有威严的王者，相当于人间的伟大人物，所以此爻用老虎比拟。改革彰显出大人的美德，因此必然得到群众信赖与支持。

这一爻说明，变革必须彻底，而非修饰，并且再三强调，改革只要真正利民，必然会取得群众信赖与支持。

【爻辞】上六：君子豹变，小人革面。征凶，居贞吉。

【译文】君子变出豹子一般的文采，小人也换了新的面貌，进取前行有凶险，持守正道吉祥。

【小象传】象曰：君子豹变，其文蔚也。小人革面，顺以从君也。

【译文】君子变出豹子一般的文采，文采蔚然。小人换了新貌，随顺君主

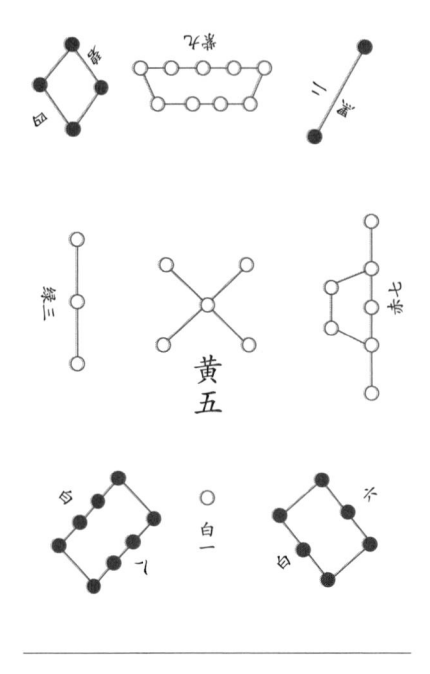

□ 河图数图

戴九履一，左三右七，二四为肩，六八为足，五为腹心，总四十五。纵横数之，皆十五也。天五居中央，圣人观之遂定八卦之象。

而变。

【解说】君子比大人低了一级,豹也比虎的文采次一等。

"上六"是革卦的极点,表示变革已经完成。这时,君子应当随着时代的演进,继续革新自己;就像豹子的斑纹,随着季节变得鲜艳光彩、纹理细密。庶民也应革除邪恶,温顺地追随君子,才能享受变革的成果。在改革完成之后,不可再采取积极行动,像"虎变"一样大张旗鼓地进行改革,应当像"豹变"一样从细微处入手,给大众喘息休养的时间,以适应新生活。所以说,进取前行有凶险,安静如同无所作为,才会获得吉祥。

还有一解释说:君子受到圣王感召,于是,内在气质发生改变,像豹的斑纹变化显示在外。一般大众,不可能内在气质发生改变,而人性本善,一般大众只要表面改变,能够服从君王就行了。如果对大众要求过分,反而凶险。君子只要固守正道,就会吉祥。

实际上,"君子豹变"这句话,含有以上两种意思。

这一爻说明,变革成功以后,上下都应当改头换面。君王应予民休息,以适应新生活。

鼎 阐释养贤用人之道。

离上　食器
巽下　贤器

【卦辞】鼎，元吉，亨。

【译文】筮得鼎卦，大吉利，亨通。

鼎之天象图

上卦为离为火，下卦为巽为木。木上燃着火焰，这就是鼎卦的卦象。木上燃火，有烹饪之象，化生为熟，有更新创始的意思。以木生火，以鼎烹食，意味着吉利。食物经过鼎煮变熟，喻示亨通吉利。所以卦辞说："鼎，元吉，亨。"

【解说】鼎卦的卦形，与革卦完全相反，彼此是"综卦"。革是去旧，鼎是更新，二者相反相成。

《序卦传》载："革物者莫若鼎，故受之以鼎。"

"鼎"是煮食物的器具。生硬的食物，经过鼎煮，都会变软变熟，因而，本卦含有"更新"的寓意。从鼎卦的卦形看，也十分像鼎。"初爻"是阴爻，像鼎的脚，"二爻"、"三爻"、"四爻"是阳，阳爻为实，中实容物，像鼎的腹，"五爻"像鼎的耳，"上爻"像鼎的铉。从上下卦的象征意义看，下卦"巽"是木，上卦"离"是火，象征燃木煮物。古代，鼎不但是煮食物的器具，也是代表君王权威的宝物，同时兼有祭器、供养贤士的器皿等作用。鼎上的花纹，有镇邪的作用。上古时期，人们往往将法律条文刻在鼎上，以显示律令的威严。前朝灭亡后，新登基的君王，第一件事情就是铸鼎，颁布法律，以象征新时代的开始。朝代变更，称为鼎革。这一卦，来自巽卦。巽卦的"六四"与"九五"交换，成为鼎卦。柔爻上升到"五"位，与下卦的"九二"阴阳相应，成为吉利的卦形，因此大亨通。本卦象征贤士被君王赏识，应天命而成大业。

鼎卦各爻所示自然之理

上九：风和日丽，晴朗而洁净。
六五：太阳高居中天，光芒万丈。
九四：乌云遮蔽阳光，暗无天日。
九三：乌云化雨，降落到地面。
九二：地上生风，飞沙走石。
初六：地下生出劲风，吹散尘垢。

【彖传】彖曰：鼎，象也。上木巽火，亨饪也。圣人亨以享上帝，而大亨以养圣贤。巽而耳目聪明，柔进而上行，得中而应乎刚，是以元亨。

【译文】《彖传》说：鼎卦的形象是以木入火，烹煮食物。圣人烹煮食物以享祭天帝，同时，烹煮丰厚的食物奉养圣贤。谦逊而耳聪目明，柔顺向上升行，占居中位与刚健的"九二"应合，因此大亨通。

【解说】鼎卦，是说卦的形状像鼎。下卦"巽"是木，上卦"离"是火，木放入火内燃烧，燃烧而假之以器，所以是鼎。圣人用鼎烹饪，以祭祀天帝。大量烹饪食物，以供养贤人。而且，内卦"巽"是顺，外卦"离"是目、明，"六五"相当于鼎的耳目，象征内心谦逊、顺从、耳目聪明。鼎卦来自巽卦☰，"六四"柔爻升进到"五"，占有中位，又与下卦的"九二"相应，成为吉利的卦形，因此大为亨通。

【大象传】象曰：木上有火，鼎。君子以正位凝命。

【译文】木柴之上燃烧着火焰，这就是鼎卦的意象。君子从中受到启发，应该端正职守，谨守天命。

【解说】"凝"是聚、成的意思。这一卦，上卦是火，下卦是木，木上面有火，是烹饪的形象，这就是"鼎"卦的卦象。鼎的形状，端正稳重，君子观此卦象，应当效法这一精神，以庄重态度，完成天赋使命，巩固政权。

鼎卦各爻所示人事指引

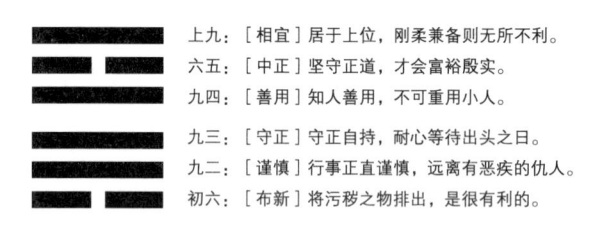

上九：[相宜] 居于上位，刚柔兼备则无所不利。
六五：[中正] 坚守正道，才会富裕殷实。
九四：[善用] 知人善用，不可重用小人。
九三：[守正] 守正自持，耐心等待出头之日。
九二：[谨慎] 行事正直谨慎，远离有恶疾的仇人。
初六：[布新] 将污秽之物排出，是很有利的。

【爻辞】初六：鼎颠趾，利出否。得妾以其子，无咎。

【译文】鼎足颠倒，将污浊之物倒出，很有利。新娶妾而且生子，没有什么过失。

【小象传】象曰：鼎颠趾，未悖也。利出否，以从贵也。

【译文】鼎足颠倒，没有背离正理。将污浊之物倒出，很有利，可以追随贵人。

【解说】"否"，"臧否"之否，是恶、失的意思。"初六"在鼎卦的最下位，相当于鼎的脚。"初六"与上卦的"九四"阴阳相应，以致鼎脚向上，因而翻倒。"初六"翻倒本不是好现象，但"初六"是卦的开始，鼎还没有开始煮食物，鼎翻倒，先将鼎中残留的渣滓污物倒出，反而有利。譬如娶妾，容易引起家庭纠纷，本来不是好事；但若娶妾并让其生了个儿子，有了后嗣，反而就成了好事，因此不会有什么过失。

《象传》说：鼎颠倒，反而有利于污物倒出，以去旧布新，利于"初六"追随上卦"九四"的贵人，并不违背常理。

这一爻说明，除旧布新是为了储备人才。

【爻辞】九二：鼎有实，我仇有疾，不我能即，吉。

【译文】鼎中有食物，我的仇人正患疾病，不能接近我，吉利。

【小象传】象曰：鼎有实，慎所之也。我仇有疾，终无尤也。

【译文】鼎中有食物，谨慎地行往自己所到之地，不要走错方向。我的仇人正患疾病，"九二"终能上行而没有怨尤。

【解说】"九二"阳爻，阳为实。"九二"又在下卦的中位，相当于鼎腹，是鼎中装满食物的象征。"仇"指"初六"，阴阳本来应当相互吸引，但"初六"阴爻居阳位不正，所以说染有疾病。"九二"惧怕传染，因而仇视。"九二"刚毅中正，"初六"是小人，"九二"也不应接近。

铉
颠倒观之则耳铉为趾
左耳　　右耳
鼎口有盈满戒
以阳居阳位故浮有脂膏也
骨肉皆沉故曰鼎实也
颠之则　鼎足居下　为两耳

□ 鼎火用图
　　井卦中"九五"之水将要满溢，而鼎中之物则要防止满溢，这就是德行决定器物的变化。因为井卦性情稳定，而鼎卦有颠倒之象。鼎卦的卦象中，鼎铉、鼎耳、鼎足都是具备的，但欠缺了一个鼎足，所以初爻才说鼎足颠倒，鼎倒下而鼎足就位于最上方。鼎颠倒之后最下的阴爻反而有两个鼎耳的意象，因此"六五"叫做"黄耳"，是为了和初爻区别开来。

《象传》说：鼎中充实，是说本身有才能，但对进行的方向，仍然要谨慎。自己的仇人有恶疾，只要坚守正道，就不会被感染，最后也就不会有怨尤。

【爻辞】九三：鼎耳革，其行塞，雉膏不食，方雨亏悔，终吉。

【译文】革除陈旧的鼎耳，移动鼎有困难，山鸡的肉不能食用，天将下雨，悔事消除，最终吉利。

【小象传】象曰：鼎耳革，失其义也。

【译文】革除陈旧的鼎耳，是说"九三"失去了作为鼎耳的意义。

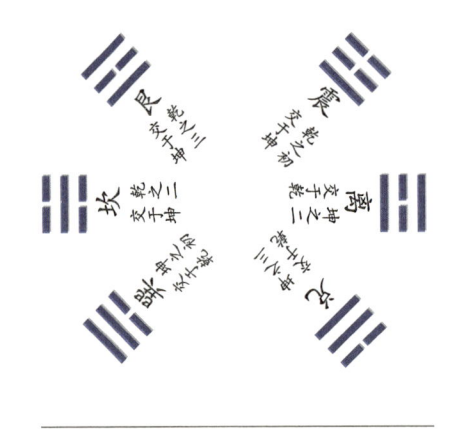

□ 六卦乾坤之神图

《说卦传》曰："神也者，妙万物而为言者也。动万物者莫疾乎雷，桡万物者莫疾乎风，燥万物者莫熯乎火，说万物者莫说乎泽，润万物者莫润乎水，终万物始万物者莫盛乎艮。"故水火相逮，雷风不相悖，山泽通气，然后能变化，既成万物也。朱子曰："此去乾坤而专言六子，以见神之所为。"

【解说】"革"有去的意思。"方"与"将"同。"九三"阳爻充实，如同鼎中装满食物。但刚爻居刚位，又离开中位，过于刚强，与相当于鼎耳的"六五"并不相应，就像鼎失去了耳，因此用革字。"九三"在上下卦的交接处，也有正当变革的含义。鼎没有耳，拿起来不方便，所以行动受阻，象征人才没有出路。"雉"是山鸡，脂肪的味道很美。古时有用腊山鸡作陪鼎，即副菜的礼节。上卦"离"是鸟，因此用雉比喻。山鸡做的美肴不能食用，是说得不到君王"六五"的爵禄。虽然遭遇如此，但"九三"位置得正，只要坚守正道，将来会与"六五"相遇，总有施展抱负的一天。"九三"是阳爻，"六五"是阴爻，阴阳相和成为雨，可使上卦"离"的火亏损，因此，预料中的忧悔可以消除，最后仍然吉祥。《象传》说："九三"原有作为鼎耳的意义，因为鼎卦整体上以"六五"为耳，以致"九三"失去了作为鼎耳的意义。

这一爻说明，贤能不被重用时，应坚守正道，终有出头之日。

【爻辞】九四：鼎折足，覆公悚（sù，音同"素"），其形渥，凶。

【译文】鼎足折断，打翻了王公的肉羹，衣服被沾污，凶险。

【小象传】象曰：覆公悚，信如何也。

【译文】打翻了王公的肉羹，怎么取信于人呢？

【解说】"悚"是用八珍煮成的肉羹。"形渥"，一说是刑剭，是重刑的意思；但与前面两句的意思似乎不连贯。一说是"湿淋淋"的意思，接前面两句的意思，引申为"衣服被肉羹沾污"，似乎更为贴切。

"九四"与下卦的"初六"阴阳相应，但"初六"是阴柔小人。"九四"将重要的工作交给"初六"，"初六"必然成事不足，败事有余。就像折断鼎足，打翻了王公的美食，弄得衣服沾污。《系辞传》引用这一"爻辞"说："才能薄弱，而地位尊贵，欠缺智慧，而图谋大事；能力不足，而职责重大，就很少不会有灾祸了。"这就是说，当才能不足以当大任时，必然凶险。《象传》说：打翻了王公的肉羹，怎么取信于人呢？

这一爻说明，应知人善用，不可重用小人，小人不可以担当重任。

【爻辞】六五：鼎黄耳金铉，利贞。

【译文】鼎器有黄色的鼎耳，加上金属制的贯穿鼎耳、用来提鼎的杆子，占问有利。

【小象传】象曰：鼎黄耳，中以为实也。

【译文】鼎器是黄色的鼎耳，"六五"持守正道因而富裕殷实。

【解说】"铉"是横贯鼎耳以举鼎的杆子。由卦形看，"六五"相当于鼎耳。"黄"是中色，"五"在上卦的中位，所以说是金黄色的耳。"金铉"，即金属制的贯穿鼎耳、用来提鼎的杆子，指"上九"。"六五"阴爻，本身中虚，但鼎耳的位置适中，又配上刚实坚硬的鼎杆，抬鼎的时候自然能保持中立，不会倾斜。在如此有利的条件下，占问当然有利。

《象传》说："六五"持守正道，因而富裕殷实。

这一爻说明，刚毅的臣与明智的君相遇，二者相得益彰。

【爻辞】上九：鼎玉铉，大吉，无不利。

【译文】鼎器配上了玉做的用来提鼎耳的杆子，非常吉利，无所不利。

【小象传】象曰：玉铉在上，刚柔节也。

【译文】玉做的鼎环在上位，"九五"刚柔适宜。

【解说】"上九"在鼎卦的最上方，相当于用来提鼎耳的杆子。"上九"阳爻居阴位，刚柔相宜，就像坚硬又温润的玉，刚毅而又不失温情，并且古代玉象征王权，能通天通神，当然大吉而无往不利。

这一爻说明，刚柔兼备又居于上位，无往不利。

震 阐释应对意外震惊之道。

☳ 震上　震动
☳ 震下　戒惧

【卦辞】震，亨。震来虩(xì，音同"细")虩，笑言哑哑。震惊百里，不丧匕鬯（chàng，音同"唱"）。

【译文】筮得震卦，亨通。雷电震动，令人恐惧，然后笑语声声。响雷震惊百里之远，但有人却不失落手中的匕和酒杯。

震之天象图

上下卦都是震，象征天阳。惊雷闪电轰鸣盛大，这就是震卦的卦象。上下卦皆雷，响声更加巨大，可消除沉闷之气，使万事万物亨通畅达。所以卦辞说："震，亨。"堪当大任，震动来临之时也不会惊慌失措。所以卦辞说："震惊百里，不丧匕鬯。"

【解说】《序卦传》载："主器者莫若长子，故受之以震。震者，动也。"

前一卦"鼎"是祭器，祭祀祖先，应由长子担任；因此，震卦象征长子，含义是动。

"虩虩"是壁虎，引申为恐惧；"哑哑"是笑声；"匕"是匙；"鬯"是黍米酒，浸泡郁金草，洒在地上，以香气请神降临。

震卦☳，象征大地的坤卦☷，由最下方发生一阳，使大地震动；也有阴阳交合，发生雷电；又有纯阴的象征母亲的坤卦，与纯阳的象征父亲的乾卦首次交媾得子的形象。因此，象征地震、雷震、震撼、震动或长子。

震动，本身就能亨通。当地震来时，人人恐惧，但唯有警惕自励，知道戒惧，以后才能从容谈笑。当然，也可以解释为当灾难来临，恐惧万分，过后就忘记，谈笑自若。也就是说，如果不知警惕，将有大难临头。震雷响起，百里之内震惊，但虔诚祭祀的人，手中的酒匙却没有掉落。卦辞以此比喻平时戒慎恐惧，当突然遭受震吓时，不会惊慌失措，却能从容镇定。震卦象征担任祭祀主角的长子，所以用手持"匕鬯"比喻。

震卦各爻所示自然之理

上六：	雷震及时消失。
六五：	雷在天上震动，产生灾祸。
九四：	天雷剧烈发作，震落下地。
六三：	雷震减缓，雨水冲刷大地。
六二：	天雷继续发作。
初九：	天雷发作，天下震动。

【象传】象曰：震，亨。震来虩虩，恐致福也。笑言哑哑，后有则也。震惊百里，惊远而惧迩也。出可以守宗庙社稷，以为祭主也。

【译文】《象传》说：震卦亨通。雷电震动，令人恐惧，是说因恐惧能招致福佑。笑语声声，是说雷震之后便有法则可遵循。震惊百里之远，是说不论远近，人们都惊恐失态。国君的长子具备处变不惊的修养和气度，将来可以接替国君主持宗庙祭祀，担当起领导国家的重任。

【解说】震卦表现的就是在震动中得以亨通。雷震声响，战战兢兢，因恐惧而知戒备，后来就会幸福。笑语声声，是因为能够记取教训，以后有了法则可以遵循。震惊百里以内，是说不论远近，都会令人恐惧失态。

此卦象辞反复强调一种忧患意识，这反映了上古人类对自然的恐惧心理。在古人看来，"天"与人是有感应的。雷震，象征天在发怒，因而人们就应该警惧，反省自己的行为，只有这样，才能获吉。

【大象传】象曰：洊雷，震。君子以恐惧修省。

【译文】雷电一个接一个响起，这就是震卦的意象。君子从中受到启发，内心诚惶诚恐，于是修身自省。

【解说】"洊"，是再、重的意思。震卦是两个雷重叠，象征天怒，雷声轰轰。君子观此卦象，应当效法这一精神，以戒慎恐惧的态度，致力于进修德业，反省自我。

《论语·乡党》载："迅雷烈风，必然使人变色。"孔子在这里所用的比喻，与此卦相同。

震卦各爻所示人事指引

上六	[警觉]	受到雷震，自己知道警觉，才可防患于未然。
六五	[中正]	以中正之道应对灾难，减少损害。
九四	[刚毅]	内心刚毅，在惊慌中作出正确的决定。
六三	[反省]	因为戒惧而反省自查，弃恶从善。
六二	[守正]	遭受震动，更应坚持中正，才能迅速复原。
初九	[戒惧]	遭逢震动，应戒慎恐惧，自我反省。

【爻辞】初九：震来虩虩，后笑言哑哑，吉。

【译文】雷电震动，令人恐惧，之后笑语声声，吉利。

【小象传】象曰：震来虩虩，恐致福也。笑言哑哑，后有则也。

【译文】雷电震动，令人恐惧，是说因知道恐惧便能招致福佑。笑语声声，是说雷震之后有法则可遵循。

【解说】"初九"的爻辞、象辞与卦辞、象辞相同。"初九"是下卦的主爻，也是震卦之始，相当于震雷来临。如果一开始就能够戒慎恐惧，反省自我，以后便会得福，因而吉祥。

一说，"震来"是指周文王被囚禁在羑里，"笑言"是指以后周代建国。

这一爻说明，应戒慎恐惧，自我反省，才能平安。

【爻辞】六二：震来厉，亿丧贝。跻于九陵，勿逐，七日得。

【译文】雷电震动，有凶险，可能会丢失大量财物。匆忙登上高陵，不要追赶，七天内会失而复得。

【小象传】象曰：震来厉，乘刚也。

【译文】雷电震动，有凶险，因为"六二"凌驾在刚爻之上。

【解说】"厉"，危险。"亿"，郑玄作数词讲，十万为亿。一说通"臆"，臆度、估计的意思。"贝"，指古代的贝币。"跻"，登。"九陵"，高陵。"六二"阴柔，在"初九"的正上方。"初九"是震惊的主体，因此，当震惊来临时，"六二"首当其冲，最危险，以致丧失亿万家财，逃往高山上去避难。不过，"六二"柔爻居柔位，又在中位，柔顺中正；因而，丧失的财物，不必去追寻，在七天内就会失而复得。

这一爻说明，遭受震惊，应坚持中正的原则，就能迅速复原。

【爻辞】六三：震苏苏，震行无眚（shěng，音同"省"）。

【译文】雷电震动，惶惶不安，行进没有灾祸。

【小象传】象曰：震苏苏，位不当也。

中无所有而色见面日
故曰震索索视矍矍

动之迹

一微为心三著为迹

动之心

戒瞿则拟而后言乐
而后笑故笑言哑哑

□ 震动心迹图

震卦的六爻中，"初九"劝谏要有戒惧之心，而后才可言笑晏晏；"六二"又用丧贝来劝诫不可以追赶，是想要人对内没有妄动之心，对外不贪图利益；"六三"说"震苏苏"，是想人纠正错误，从而解除疑惑，不终结于迷途，这些都是"动心"的要义。外卦谈的是动的行迹。因此"九四"提到"遂泥"是想表明事情凝滞而无法决断，"六五"提到"无丧"表明事情的成功，"上六"提到"征凶"表明事情的失败。

【译文】雷电震动，惶惶不安，是因为位置不当。

【解说】"苏苏"，即"疏疏"，恐惧不安的意思。"眚"是病、过失的意思。"六三"阴爻居阳位，离开中位，不中不正，地位不当。在接连不断的雷电震动下，"六三"恐惧不安。但若因恐惧而改过迁善，仍然不会有灾难。

这一爻说明，因恐惧而知反省检察，即可免灾。

【爻辞】九四：震遂泥。

【译文】雷电震动，惊恐得掉进了污泥。

【小象传】象曰：震遂泥，未光也。

【译文】雷电震动，惊恐得掉进了污泥，是因为其志向还未光大。

【解说】"遂"，古"坠"字，坠入的意思。"九四"虽然阳刚，但不中不正，上下又被两个阴爻挟持，因而力量衰弱，不够强大，就像被雷震声惊坠而掉进了泥淖不能转动。

这一爻说明，必须发挥刚毅的力量，要在惊慌之中作出正确的决定，积极行动才经得起震撼。

【爻辞】六五：震往来厉，亿无丧有事。

【译文】雷电震动，上下往来会有危险，估计于事无损。

【小象传】象曰：震往来厉，危行也。其事在中，大无丧也。

【译文】雷电震动，上下往来会有危险，冒险前行。因"六五"所行合于中道，也不会有什么大的损失。

【解说】"亿"，臆度，估计。"无丧有事"：有，相当"于"，"无丧于事"即于事无损。"六五"阴爻居阳位不正，当雷电震动，遭受危险时，"六五"想往上走，但上方面临的风险更大，已接近极点。如往下行，又是震卦

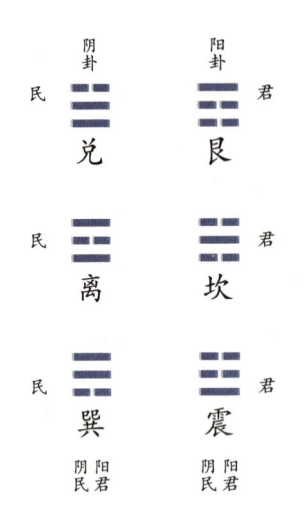

□ 六卦阳君阴民图

《系辞传》曰：阳卦多阴，阴卦多阳，其故何也？阳卦奇阴卦偶，其德行何也？阳一君而二民，君子之道也，阴二君而一民，小人之道也。此以阴阳分君子小人，非谓卦有君子小人之别也。

主体的刚爻，都有危险。不过，"六五"在上卦得中，虽然遭遇重大事故，但估计不会有大损失。

这一爻说明，当灾难发生时，应坚持中正原则，不偏不倚，这样就可使损害减少到最低程度。

【爻辞】上六：震索索，视矍矍，征凶。震不在其躬，于其邻，无咎，婚媾有言。

【译文】雷电震动，恐惧得发抖张望，前行有凶险。雷电没有劈着自己，而击中了邻居，没有灾祸，但谈婚论嫁会受到责难。

【小象传】象曰：震索索，中未得也。虽凶无咎，畏邻戒也。

【译文】雷电震动，恐惧发抖，因为没有占居中位。虽然有凶险，但不会有灾祸，见邻居之灾而自己畏惧知戒。

【解说】"索索"是惊惧发抖的意思。"矍矍"指视线不定。"言"，指言语争执。"上六"阴柔，不中不正，又在震惊的极点，以致在雷震中惊恐发抖，目光闪烁，心神不定。在这种状态下，任何行动，必然危险。不过，当雷震发生在邻近，还没有到达自己身上以前，知道戒慎恐惧，就能够避免。然而，"上六"在最上位，身为领袖，邻居遭受灾难，而自己却得以避祸，此时若谈婚论嫁，难免就要听到亲戚们的闲言了。

这一爻说明，"上六"遭受雷震，自己知道警觉，就可防患于未然。

艮

艮 阐释适可而止之道。

☶ 艮上　停止
☶ 艮下　压抑

【卦辞】 艮其背，不获其身，行其庭，不见其人，无咎。

【译文】 筮得艮卦，背部静止，外物不能侵及其身，在庭院中行走，两两相背，见不到对方，没有灾祸。

艮之天象图

上下卦都是艮。两山并立，但二者毫不相连，这就是艮卦的卦象。这一卦有两山重叠之象，象征抑止。在发展的时候，适可而止，外物就不能侵及其身，不会有灾祸。所以卦辞说："艮其背，不获其身，行其庭，不见其人，无咎。"

【解说】《序卦传》载："物不可以终动，止之，故受之以艮。艮者，止也。"

艮卦的卦形，与震卦上下相反，相互为"综卦"。二者一动一静，相互为用。"艮"是违背，引申为停止、怨恨、坚硬等含义。此处意思是"止"。

艮卦☶，是一阳在二阴的上方，阳已上升到极点，所以停止。而且，艮卦的一阳在坤卦☷的最上方，是山的形象，因而有"止"的含义。

人的身体，最不容易动的静止部分是背部。如果背部静止，身体就是想动也不能动。本卦用来比喻内心宁静，不为外物所动。一个人不妄动，即使在行动中也保持内心安宁，就可达到忘我之境。而一旦达到这一境界，外界的一切刺激，都不能使其心动；身处同一个庭院时，所以人都两两相背，自然不会觉得有人的存在。一个人，不论动静，内心都保持安宁，必然理智冷静，能够适可而止，不会有灾难。

上下卦相同的纯卦，其他如"震""坎""巽""离""兑"等卦，都具备元、亨、利、贞四种德行中的某几种，唯独艮卦，完全没有，只说无咎；这是因为本卦已经到达人我两忘之境了。

艮卦各爻所示自然之理

上九：山顶地势和缓，开阔平整。
六五：山头危峰兀立，山势险峻。
六四：山上坡度趋缓，路途平顺。
九三：山腰危石滚落，险象环生。
六二：山脚荆棘密布，道途艰险。
初六：山下乱石嶙峋，道路险阻。

【彖传】彖曰：艮，止也。时止则止，时行则行，动静不失其时，其道光明。艮其止，止其所也。上下敌应，不相与也。是以不获其身，行其庭，不见其人，无咎也。

【译文】《彖传》说：艮，就是"止"的意思。时机适宜息止就息止下来，时机适宜行动就马上行动起来，动和静都不失时，前途就光明。艮卦是讲"止"的，而"止"要"止"得其所。阴阳上下相互敌应，不能相互应与。因此，外物不能侵其身，在庭院中行走见不到人，没有灾祸。

【解说】艮是"止"的意思。应当止的时候止,应当行的时候行,动静不失时机,前途必然光明。艮卦所说的"止",意思是在应当息止时就果断息止。《大学》载:"止于至善。"孔子说:"于止知其止所。"意思是说,君止于仁,臣止于敬,子止于孝,父止于慈,人与人之间止于信。孔子的言论可与本卦"象辞"相互参证。这一卦,上下卦形相同,阴爻与阴爻,阳爻与阳爻,都相互排斥,不能相应。象辞以人行庭院而"目中无人"比拟,实已达"物我两忘"的境界,因而,象辞说没有灾难。

【大象传】象曰:兼山,艮。君子以思不出其位。

【译文】两山叠峙,这就是艮卦的意象。君子从中受到启发,思考问题不超越自己的职限。

【解说】艮卦是两座山重叠,凝重而静止不动,这就是艮卦的卦象。
《大象传》的思想与孔子思想颇有共通之处。《论语·泰伯》载:"不在其位,不谋其政。"其意是:思考问题不要超出自己所处的地位、权限,越过这一界限,就是非分之思,君子不为。

艮卦各爻所示人事指引

上九	[敦厚]	止于至善,永远保持谨慎宽厚的德行。
六五	[谨言]	言谈恳切而谨慎,不做妄语。
六四	[当止]	停止在应当停止的场所,自我控制而不妄动。
九三	[得当]	停止的时机和位置不当,会导致众叛亲离。
六二	[止步]	勉强追随他人,内心会不愉快,因此要及时止步。
初六	[防微]	在萌芽刚出现时就应当止住。

【爻辞】初六:艮其趾,无咎,利永贞。

【译文】止住脚趾的行动,没有灾祸,长久守正则利。

【小象传】象曰:艮其趾,未失正也。

【译文】止住脚趾的行动,不失去中正之道。

【解说】"初六"在最下位,相当于脚趾。人在行动时,脚趾先动。使脚趾停止，行动就会在没有发生之前停下，这样就不会失当，自然没有灾难。但"初六"阴爻柔弱，恐怕不能长久坚守正道，因而必须长久坚守，才能有利。

这一爻说明，某一事物的萌芽在刚出现时就应当止住，否则会带来大的灾难。

【爻辞】六二：艮其腓，不拯其随，其心不快。

【译文】止住小腿的行动，但不能控制住脚趾的行动，心里不愉快。

【小象传】象曰：不拯其随，未退听也。

【译文】不能控制住脚趾的行动，又不能退而听之。

【解说】"腓"是腿肚。"六二"在下卦中位，相当于腿肚。下卦的主爻是"九三"，相当于腰。行动由腰部开始，腿跟随腰行动；所以"六二"以"腓"比喻。"六二"柔顺中正，而"九三"刚爻居刚位，过于刚强偏激，"六二"要拯救"九三"，却阴柔而力量不足，只好勉强追随；"九三"又不听他的忠告，刚愎自用，当然"六二"心中不会愉快。这就是说，停止在臣的地位，君主不听他的忠告，又不得不追随君主，以致闷闷不乐。《象传》说：这是由于"六二"不能退一步听从。

这一爻说明，应止不止，勉强追随他人，内心不会愉快。

【爻辞】九三：艮其限，列其夤（yín，音同"银"），厉熏心。

【译文】止住腰胯的行动，撕裂了背脊肉，身处危险而心如火焚。

【小象传】象曰：艮其限，危熏心也。

正其衣冠 尊其瞻视俨然
人望而畏之 是教厚之貌

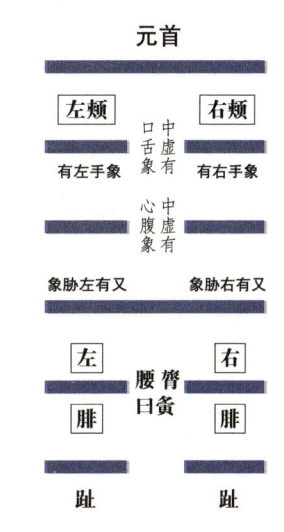

元首

左颊　　　　右颊
　　口中舌象有
有左手象　　有右手象
　　心中腹象有

象胁左有又　象胁右有又

左腓　腰脊曰夤　右腓

趾　　　　趾

□ 艮背向之图

艮卦的卦象中，提到了腭和脸颊，但是不提口；提到了身体，但不提腹部；提到了背脊身体腰胯，但不提肚脐，因此艮卦有背面而立的意象，因此说"艮其背也"。四个阴爻排布在一起，就像人的背骨，最上的阳爻就是肩膀，"九三"阳爻居阳位，性情躁动，就像腰部，人的起居行止，都会随之行动。而运动实际上是与心相连的，"六二"以阴居阴，其性情娴静，有小腿的意象。内心想要行动但是小腿不能行动，心里不会愉快。

【译文】止住腰胯的行动，身处危险而心如火焚。

【解说】"限"，指界限。人体上下的界限在腰部。"夤"是脊背的肉。"列"是"裂"的本字。"九三"处在上下卦之间，相当于人体的腰。"九三"刚爻居刚位，又不在中位，过分刚强偏激，居于腰部，使腰不能自由屈伸。在近接腰部的上方，是脊背的肌肉。"九三"横在四个阴爻的中间，形状有如将背部的脊肉由中央向左右分裂；造成腰部不能自由活动。即是说，"九三"与上下左右的人，都不能和谐相处，以致上下叛离，左右决裂，这样当然危险，心就像被火焚烧似的不安。

这一爻说明，停止的时机和位置不当，以致造成众叛亲离。

【爻辞】六四：艮其身，无咎。

【译文】止住身子的行动，没有灾祸。

【小象传】象曰：艮其身，止诸躬也。

【译文】止住身子的行动，是说"六四"能够控制住自己不妄动。

【解说】"诸"，"之乎"的合音，相当于"之于"；"躬"，自身。

"九三"相当于腰，"六四"就是身体腰以上的部分。心在体腔内，是控制一切行动的中枢。"六四"阴爻居阴位得正，停止在应当停止的场所，能够自我控制而不妄动，所以没有灾难。

这一爻说明，应当约束自我，适可而止。

□ 六十四卦反对图

朱子曰：易上经始乾、坤而终坎、离，下经始艮、兑、震、巽而终坎、离，上经反对凡十八卦，下经反对亦十八卦。反对之义只是反覆，则其吉凶祸福、动静刚柔皆反了。乾、坤、大过、颐、坎、离、中孚、小过八卦反覆，不成别卦，盖因八卦只是六卦，乾、坤、坎、离是四正卦，兑便是翻转来的巽卦，震便是翻转来的艮卦。六十四卦只八卦是正卦；余便只二十八卦翻转为五十六卦。三画之卦只是六卦，即六画之卦，以正卦八，加反卦二十八，为三十有六，六六三十六也，邵子谓之暗卦，小成之卦八，即大成之卦六十四，八八六十四也。三十六与六十四同。

【爻辞】六五：艮其辅，言有序，悔亡。

【译文】止住口唇不妄语，言谈有条理，这样就没有忧悔了。

【小象传】象曰：艮其辅，以中正也。

【译文】止住口唇不妄语，是说"六五"持守中正之道。

【解说】"辅"是颚的关节。"六五"在卦的上方，相当于颚的关节，以此比拟控制说话的器官。"六五"不正，应当有忧悔；但"六五"位置居中，停止在颚的关节，说话中肯，条理分明，使心中忧悔的事情消除了。就是说，一个人言语谨慎，即可避免忧悔。

这一爻强调，一个人的言谈应当适可而止。

【爻辞】上九：敦艮，吉。

【译文】止于敦厚，吉利。

【小象传】象曰：敦艮之吉，以厚终也。

【译文】止于敦厚的吉利，因为上九能保持宽厚。

【解说】"上九"是重叠艮卦的最上方的阳爻，是"止"的终极，一切都到此终止，因而更显得谨慎敦厚。人到了晚年易贪图享乐，学业在进修接近终了时也容易荒废，所以，能保持谨慎宽厚最重要，也最吉祥，这样才能止于至善。

又，大畜、小畜卦也有止的含义，但都是强制的停止；而艮卦，则是自发的停止。

这一爻说明，应止于至善，永远保持谨慎宽厚的德行。

渐

阐释渐进之道。

☴ 巽上　渐进
☶ 艮下　耐心

【卦辞】渐，女归吉，利贞。

【译文】筮得渐卦，女孩出嫁吉祥，占问有利。

渐之天象图

上卦为巽为木，下卦为艮为山。树木在高山上逐渐成长，这就是渐卦的卦象。山上的树木逐渐成长，是日积月累的过程，非一朝一夕之功。正如筹备婚礼，需要经过复杂的婚嫁礼节，逐渐地准备，并且持守纯正，才能吉利。所以卦辞说："渐，女归吉，利贞。"

【解说】《序卦传》载："物不可以终止，故受之以渐。渐者，进也。""渐"是水浸透，有渐渐前进的含义。

这一卦，下卦"艮"是止，上卦"巽"是顺。柔顺地停停进进，有渐进的含义。当女子出嫁时，必须经过复杂的婚嫁礼节，这些，都是渐进的，而且是有次序的渐进。这一卦，由"六二"到"九五"，各爻都得正，象征出嫁的女子品德纯正，婚姻吉祥；但女子必须持守纯正，才会有利。

渐卦各爻所示自然之理

上九：山顶树木高大，顶天立地。
九五：山头树木茁壮，鸿雁行至山陵。
六四：山上树木繁茂，鸿雁落在枝头。
九三：山腰树木壮大，鸿雁停在陆地。
六二：山脚树木葱郁，鸿雁渐至水岸。
初六：树初生在山下，水边有鸿雁。

【彖传】彖曰：渐，之进也。女归吉也，进得位，往有功也。进以正，可以正邦也。其位刚得中也，止而巽，动不穷也。

【译文】《彖传》说：渐卦是渐进的意思。女子出嫁吉祥，进而取得正位，前往可以建立事功。按正道前进，这种精神可以正邦国。渐卦多处之位是"九五"刚爻居中，安静而和顺，行动永远不会困穷。

【解说】渐卦，本义是渐进，即渐渐前行。卦辞以女子出嫁作比喻，从事一项事业，要像女子出嫁那样逐渐前行。由卦象来看，渐卦是由涣卦☲或旅卦☲变化而来。即，涣卦的"九二"与"六三"交换，或旅卦的"九四"与"六五"交换，都可成为渐卦；而且都是不正的刚爻，升进一位，几可得正，以此比拟前进就会成功。因为前进而能得正，故这一婚姻，不但可以正家，而且可以正国。卦中，"九五"最重要。既是刚爻，又在中位，而且下卦是止，上卦是顺，下止则凝静不躁，上巽则欲动不急，如此结合便不会妄进，有渐进之象，行为恰当不会受困。

【大象传】象曰：山上有木，渐。君子以居贤德善俗。

【译文】山上生长着树木，这就是渐卦的意象。君子从中受到启发，以蓄积美德，改良风俗。

【解说】"居"，蓄积的意思。这一卦，下卦"艮"是山，上卦"巽"是木，山上有木，渐渐成长，山也跟着渐渐增高，这就是"渐"卦的卦象。君子观此卦象，应当效法这一精神，渐渐蓄积美德，以改良风俗。

渐卦各爻所示人事指引

上九：[有序] 遵守礼仪，循序渐进地筹备大事。
九五：[守正] 在渐进中难免遇到障碍，但邪终不能胜正。
六四：[因应] 渐进应当因应不确定的情况，从宜顺处。
九三：[御外] 渐进不可刚强过度，以致离群。
六二：[踏实] 渐进应当踏实，克勤克俭地做事。
初六：[量力] 做事不可勉强，当量力渐进。

【爻辞】初六：鸿渐于干，小子厉，有言无咎。

【译文】鸿雁渐至水边，小孩有危险，会有言语不和，但没有灾祸。

【小象传】象曰：小子之厉，义无咎也。

【译文】小孩有危险，但最终没有灾祸。

【解说】"鸿"指鸿雁、大雁。"干"，水边。"小子"，小孩。"言"，怨言。这一卦的"爻辞"中，以鸿比喻，因为鸿雁飞行的行列很有秩序，这种寒来暑往的候鸟，行动与季节的渐进相符合。"初六"是渐卦的开始，由最下方刚刚开始渐进，逡巡不前，与鸿雁降落在水边，要登陆时踌躇的情态十分相似。鸿雁是水鸟，在登陆时显得蹒跚，而"初六"柔爻居刚位，象征小孩子，体力弱，但会躁急妄进。"初"应当与"四"相应，但"初六"、"六四"都是阴爻，相互排斥；而且"六四"阴柔，既没有力量应援"初六"，又嫌"初六"柔弱，跟随不上，所以对"初六"大声叱责。不过，从渐进这点来看，"初六"的行为并没有过错，不能勉强"初六"快行；"初六"慢慢渐行不会有灾难。

这一爻，说明做事不可勉强，当量力渐进。

【爻辞】六二：鸿渐于磐，饮食衎衎（kàn，音同"看"），吉。

【译文】鸿雁渐至水岸磐石边,愉快地在此饮食,吉利。

【小象传】象曰:饮食衎衎,不素饱也。

【译文】"六二"愉快地在此饮食,因为他没有尸位素餐。

【解说】"磐"指大石。"衎衎"是和乐的样子。"素饱",即素餐。

"初六"是在水边徘徊的鸿雁,"六二"已渐进到磐石,坚固平坦,是落脚最安稳的场所。"六二"柔顺中正,与上方的"九五"相应,所以说是磐石,可以在上面愉快饮食。"二"是臣位,"五"是君位,又有"九五"赐给俸禄,使"六二"能和乐饮食。但"六二"并不会无功食禄,深具中正的德行,能够克勤克俭地辅佐君王,因而地位安定、吉祥。

这一爻说明,渐进应稳当踏实。

【爻辞】九三:鸿渐于陆,夫征不复,妇孕不育,凶。利御寇。

【译文】鸿雁渐行至陆地,丈夫出征不归来,妻子怀孕而不能生育孩子,凶险。利于抵御外敌入侵。

【小象传】象曰:夫征不复,离群丑也。妇孕不育,失其道也。利用御寇,顺相保也。

【译文】丈夫出征不归来,离开了自己的群类。妻子怀孕而不能生育孩子,违背了夫妇的正道。抵御外寇有利,"九三"能与众人和顺相保。

【解说】"九三"在下卦的最上方,鸿雁已渐渐走上陆地。"九三"与"上九",同是阳爻,不相应,只好与"六四"阴爻相亲。丈夫指"九三",因为征战,一去不归;妇指"六四",已经怀孕,但丈夫走后,因个人力薄,没有能力生养,所以凶险。不过,"九三"刚爻居刚位,极为坚强,因而防御外敌入侵

□ 鸿渐南北图

渐卦的下卦为艮,上卦为巽,艮卦代表立春前后,鸿雁渐渐归来的时候,因此六爻的爻辞均与鸿雁有关。另外,鸿雁是随阳的鸟,巽卦代表的时辰止于午时太阳最盛之时,以鸿雁为意象,正好合适。"九三"与"六四",同样居于人位,阴阳之气相交,因此有怀孕的意象。而"九五"与"六二",一个居于天上,一个处于陆地,距离遥远,因此会有不孕的意象。

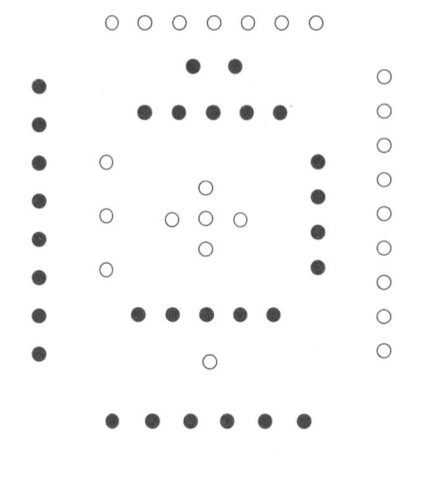

□ 洛书

易之天一以至地十，正此书之数也。扬雄《太玄》曰："一与六共宗，二与七共朋，三与八成友，四与九同道，五与五相守。"雄盖见此书，而得其骈立之位，故曰宗、曰朋、曰友、曰道、曰守也。

【译文】鸿雁在平直的树枝上站稳，"六四"能从宜顺处。

【解说】"桷"，指平直的树枝。"六四"更进一步，鸿雁飞落到树上。但鸿雁的爪，不适于抓握树枝，以致不安定，要找到平直的树枝才能站稳。"木"，指下方的"九三"。通常，阴柔在阳刚之上会出现不安定现象，但"九五"与"六四"亲近，所以没有问题。

《象传》说："六四"除柔顺外，又是上卦"巽"的一部分。"巽"是顺从；所以，柔顺服从"九五"，或许能够找到平直的树枝站稳。就是说，虽然处于不安定的状态，只要能柔顺服从，就会得到强有力的支持，不会有灾难。

这一爻说明，渐进应当因应不确定的情况，从宜顺处，才会安全无虞。

【爻辞】九五：鸿渐于陵，妇三岁不孕，终莫之胜，吉。

【译文】鸿雁渐行到山陵上，妻子三年不怀孕，但最终也不能使其放弃，吉利。

有利。

《象传》说：丈夫一去不回，是因为"九三"与"六四"相亲，离开下卦"初六"、"六二"的同群伙伴。"丑"是类的意思。妻子怀孕不能生养，这当然违背了夫妇的正道。"九三"居刚位，有利于防御外寇，加上能团结众人，因而可以和顺相保。

这一爻说明，渐进不可刚强过度，以致离群，刚强只适于防御外敌入侵。

【爻辞】六四：鸿渐于木，或得其桷，无咎。

【译文】鸿雁渐渐飞落到树上，或在平直的树枝上站稳，没有灾祸。

【小象传】象曰：或得其桷，顺以巽也。

【小象传】象曰：终莫之胜，吉，得所愿也。

【译文】最终也不能使其放弃，吉利，"九五"得以完成宿愿。

【解说】鸿雁渐行到山陵上。"九五"是尊位，相当于山陵。"九五"虽然与"六二"相应，但是中间有"九三"和"六四"阻挡；尤其是"九三"，采取防御外寇的姿态，使"六二"无法与"九五"相聚，以致三年都没有怀孕。不过，"九五"与"六二"都中正，是正当的配偶，邪终不能胜正。最后，"九五"与"六二"得以聚首，达成宿愿，因而吉利。

这一爻说明，在渐进中也难免遇到障碍，但邪终不能胜正。

【爻辞】上九：鸿渐于陆，其羽可用为仪，吉。

【译文】鸿雁渐行至陆地，它美丽的羽毛可以在礼仪上作饰品，吉利。

【小象传】象曰：其羽可用为仪，吉，不可乱也。

【译文】它美丽的羽毛可以在礼仪上作饰品，吉利，礼仪有序而不可紊乱。

【解说】"陆"，指四通八达的道路，与大畜卦"上九"的"何天之衢"相同，指往来无阻的通路。

"上九"在这一卦的最上位，象征鸿雁在天空飞向远方。掉落的羽毛，可以在礼仪上作饰品。"其羽可用为仪"，这里的"仪"指婚礼的礼仪。在礼仪进行中，尊卑有序。因此，鸿雁的羽毛是一种象征，表示有序的意义。

此卦主要讲古代的婚俗，强调婚姻大事要逐渐地有序进行。

归妹

阐释得到美好婚姻的原则。

震上　婚嫁
兑下　归宿

【卦辞】归妹，征凶，无攸利。

【译文】筮得归妹卦，前行有凶险，无所利。

归妹之天象图

上卦为震为雷，下卦为兑为泽。雷声轰鸣，使湖水随之激荡，这就是归妹卦的卦象。上卦震象征长男，下卦兑象征少女，少女从长男，产生爱慕之情，有婚嫁之象。若女子主动向男子求爱，这样的婚嫁违背夫妇之义，不会吉利。所以卦辞说："归妹，征凶，无攸利。"

【解说】归妹卦与渐卦是"综卦"，进与归，相反相成。《序卦传》载："进必有所归，故受之以归妹。"

"归"，本义是出嫁，指妇人停留在夫家，也有回到应当去的"归宿"的意思。下卦"兑"是少女，相当于妹，上卦"震"是长男，少女与长男结合，所以称作"归妹"，即嫁妹。《杂卦传》载："归妹，女之终也。"意思是：归妹是女子的最后归宿。因此，古代女子出嫁称为"归"。

此卦中，少女出嫁为什么凶？原因是本卦中阴阳失位。"九四"是刚爻却占据柔位，"六三"是阴爻却占据刚位。另外，下卦"兑"是悦，上卦"震"是动，寓指女子十分喜欢男子，并主动向男子求爱，这也与夫唱妇随的原则相背；加以阴柔凌驾在阳刚之上，所以前进有凶险，没有任何利益。

归妹卦各爻所示自然之理

上六：天雷消失，无雨干旱。
六五：雷震天空，月亮即将圆满。
九四：天雷震荡，湖水复归平静。
六三：云归遇阻，偏离方向。
九二：云气祥和，雷声轰鸣。
初九：远去的云返回原处。

【彖传】彖曰：归妹，天地之大义也。天地不交而万物不兴，归妹，人之终始也。说以动，所归妹也。征凶，位不当也。无攸利，柔乘刚也。

【译文】《彖传》说：归妹卦，包含着天地阴阳的大道理。天地阴阳不交，万物就不繁荣。而女子出嫁，正是为了保证人类自身连绵不断地繁衍。喜悦而心动，因此可以嫁少女。但此时将少女出嫁有凶险，因为阴阳所处位置不当。无所利，因为阴柔凌驾在阳刚之上。

【解说】婚嫁，是天地间最正当的事，天地不交合，就不会生发万物；男女不婚嫁，就不能传宗接代；所以，婚嫁是人伦的归宿。这一卦，下卦"兑"是悦，上卦"震"是动，女子欢喜而主动，作为未嫁的少女，这是违背妇道的。前进凶险，因为从"二"到"五"爻都不正，地位不当，自然没有利益，意思是指"三"与"五"的柔爻，骑在刚爻的头上，妇压制了夫的缘故。

【大象传】象曰：泽上有雷，归妹。君子以永终知敝。

【译文】泽上雷声震动，这就是归妹卦的意象。君子从中受到启发，应该长久持守夫妇之道，做到有始有终。

【解说】这一卦，下卦"兑"是泽，上卦"震"是雷，泽上有雷，泽中的水随着震动，象征夫唱妇随。另外，泽上有雷是春天之象，而古人认为春天最适合婚配。"君子以永终知敝"，此句是《象传》的主旨，强调夫妇之道应有始有终，防止半途而废的弊端出现。

归妹卦各爻所示人事指引

上六：[嘉德] 缺乏良好的品德，一切都不会美满。
六五：[贵德] 只要心怀美德，修饰便可舍弃。
九四：[待机] 耐心等待良机，谨慎地做出选择。
六三：[正位] 行为轻佻不足以担当重任，要摆正自己的位置。
九二：[中正] 虽然遇人不淑，只要坚守纯正，仍然有利。
初九：[守正] 即使名位不当，坚守纯正，仍会吉祥。

【爻辞】初九：归妹以娣。跛能履，征吉。

【译文】女子出嫁，并以女子的妹妹陪嫁。跛足之人也能行走，前往吉利。

【小象传】象曰：归妹以娣，以恒也。跛能履吉，相承也。

【译文】女子出嫁，并以女子的妹妹陪嫁，是为了婚姻的恒久。跛足之人也能行走，永葆吉祥，因为她们能够相互扶持。

【解说】"娣"是出嫁女子的妹妹，作为陪嫁，与姐姐同嫁一夫。春秋时代，诸侯迎娶时，都有正夫人的妹妹，以"娣"的身份从嫁的风俗。妹妹随姐姐同嫁一个丈夫，其地位也很尊贵，不同于妾。如果姐姐死了，"娣"，也就是妹妹可以继为正室，以至姻亲不断。"初九"在归妹卦的最下方，地位低，与上卦又没有正当地相应，所以不是正妻。爻辞以"跛足"的人走路作比，意思是：虽然跛足，但还是可以继续走路。再有，"初九"虽地位低，但是刚爻，象征女子有阳刚的德行，且持正守节，虽然以"娣"的身份出嫁，但仍然吉祥。

《象传》说：虽然以"娣"的身份出嫁，但能保证婚姻恒久。正如跛脚之人也能够走路，姐妹婚姻相承，所以吉祥；因为妹妹能够秉承丈夫的意旨，协助姐姐管理家务。

这一爻说明，即使名位不当，只要坚守纯正，依然会吉祥。

【爻辞】九二：眇能视，利幽人之贞。

【译文】目眇之人能见物，像幽居独处的人一样利于持守正道。

【小象传】象曰：利幽人之贞，未变常也。

【译文】像幽居独处的人一样利于持守正道，是因为"九二"能遵循常理。

【解说】《说文解字》载："眇，一目小也。"瞎了一只眼称为"眇"。眼睛有残疾，但能看见近物就叫"眇能视"。

"九二"阳刚得中，对女人来说，这个位置表示有坚定的贞操与中正的德行，又与上卦的"六五"相应，象征有正当的配偶。可是，"六五"是阴柔小人，阴爻处阳位不正；因而，虽然娶了这样的贤妻，也难以让其发挥内助的作用；就像一个眼睛有残疾的人，虽然能够看，也看不远。"幽人"，指洁身自爱的隐士，所以，仍然有利。

《象传》说："九二"虽然遇人不淑，但仍能不改恒常的贞节德行。

这一爻说明，虽然遇人不淑，但只要坚守纯正，仍然有利。

【爻辞】六三：归妹以须，反归以娣。

【译文】女子出嫁，想以姐姐的身份嫁为嫡夫人，但还是要作为妹妹的身份从姐嫁为娣。

【小象传】象曰：归妹以须，未当也。

【译文】女子出嫁，想以姐姐的身份嫁为嫡夫人，这是不恰当的。

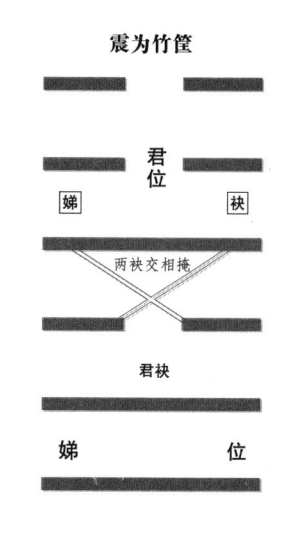

□ 归妹君娣之袂图

上卦震，下实而上虚，有筐的意象。归妹卦与泰卦相类似，居于人位的两爻相交，有用衣袖遮面的意象。人的身上，左阳右阴，阴阳相交，就像两只袖子相交。"娣"位于"九二"，是阳爻，"君"位于"六五"，是阴爻。《周易》以阳为善阴为恶，以阳为贵阴为贱，因此君的袖子不如娣的袖子。这一卦迁东方的阳气以靠近西方的阴气，因为震气入于兑卦，震木被兑金所克。月圆之时，阴气能与阳气相匹敌，因此必须月圆之后才会吉利。

【解说】"须",在此处有多种说法。可训为"嫛",即姐姐。"六三"阴柔,缺乏坚强的贞节,又不中不正,并且想以姐姐的身份嫁为嫡夫人,破坏了纲常。最后仍以妹妹的身份陪嫁。

《象传》说:这是由于"六三"阴爻在阳位不正,是地位不当的缘故。

这一爻说明,婚姻大事不能乱了纲常,行为轻佻不足以担当重任。

【爻辞】九四:归妹愆(qiān,音同"千")期,迟归有时。

【译文】待嫁女子延误了婚期,等待仍会有出嫁之时。

【小象传】象曰:愆期之志,有待而行也。

【译文】延期出嫁的意思,是要等待合适的对象再出嫁。

【解说】"愆",延误、拖延。"时"通"待"。"九四"在下卦没有相应,以致找不到配偶。但"九四"阳刚,因为节操坚强,所以不肯轻易许嫁,以致延误婚期。爻辞说,"九四"贤淑,虽然延迟了婚期,但只要等待仍会有出嫁之时。

《象传》说:"九四"所以延误出嫁,是因为在等待心仪的对象。

这一爻说明,在婚姻大事上不要凑合,要选择自己满意的对象。

【爻辞】六五:帝乙归妹,其君之袂,不如其娣之袂良,月几望,吉。

【译文】帝乙下嫁妹妹,出嫁女子的服饰反而比不上陪嫁女子的服饰华贵,月亮快到圆满之时了,嫁女吉利。

【小象传】象曰:帝乙归妹,不如其娣之袂良也。其位在中,以贵行也。

【译文】帝乙下嫁妹妹,比不上陪嫁女子的服饰华贵。她身居中位,因此以尊贵的身份出嫁。

【解说】"帝乙归妹",在泰卦"六五"

□ 洛书数图

《河图》之数四十五,盖圣人损去天一、地二、天三、地四,凡十数。独天五居中而主乎土。至《洛书》则有土十之成数,故水、火、金、木成形矣。

的爻辞中也见到。"帝乙"是殷代的帝王之一。"君",即女君,指帝乙的妹妹。"袂",袖,这里引申为衣饰。"月几望"在小畜卦"上九"的爻辞中也出现,是指接近满月的时候。

"六五"阴爻处在"五"的君位,相当于天子的女儿;与下卦的"九二"相应,象征下嫁给臣子。"六五"阴爻柔顺,在中位,具备中正的德行,又位于"五"的君位,因而身份高贵。大凡身份高贵者,反而不在服饰上刻意修饰。所以,她的服饰还不如从嫁的妾华丽。然而,在个人修养上,她却发出如月光般的清辉。月属于阴,此处用来比拟妇德,也喻示新婚夫妇的婚姻能够幸福美满。

《象传》说:"六五"在上卦的中位,具备中正的德行,又以高贵的身份出嫁,服饰就不重要了。

这一爻强调,高贵的品德比虚荣重要。

【爻辞】上六:女承筐无实,士刲(kuī,音同"亏")羊无血,无攸利。

【译文】女子捧着空筐,男子刺羊却不见血,无所利。

【小象传】象曰:上六无实,承虚筐也。

【译文】"上六"中虚无实,就像手中捧着空筐。

【解说】"女"指年轻的女子,"士"指年轻的男子。"筐"是新娘的提篮,装有枣、栗、干肉等吉祥的干果,均为拜见公婆的礼物。"刲"是割,古代婚礼的仪式之一,割杀羊以作合卺时饮交杯酒的菜肴。"上六"阴柔,缺乏坚定的德行,已经到达这一卦的极点,在下卦又没有相应,象征难以得到配偶。"上六"虽然订婚,但难以成婚;即或勉强结婚,也终于分离。在结婚时,已经出现不祥的预兆:新娘的提篮中竟然空无一物,新郎在婚礼中行割羊时,羊也没有流血。这一切,说明"上六"的婚姻很不顺利。

《象传》说:"上六"失去了男子,所以用虚筐比拟。

这一爻说明,缺乏良好品德的女子其婚姻不会美满。

丰

阐释盛衰无常的道理。

震上 盛大
离下 富足

【卦辞】丰,亨。王假之,勿忧,宜日中。

【译文】筮得丰卦,亨通。君王亲自前往,不用忧虑,正午日在中天时有利。

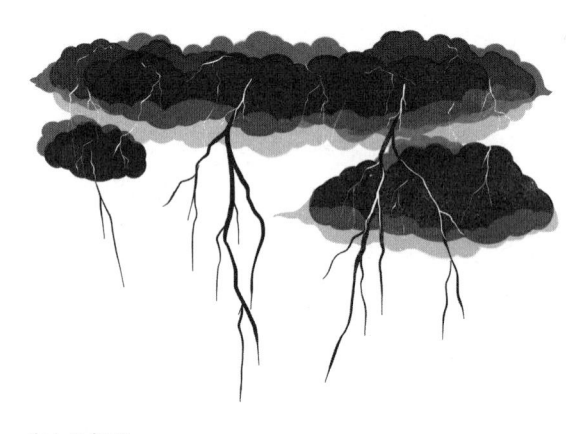

丰之天象图

上卦为震为雷,下卦为离为电。雷电交加,声势浩大,这就是丰卦的卦象。震为动在上,离为明在下,意为光明而且活跃,是盛大的象征。所以卦辞说:"丰,亨。"日在中天不能持久,正午的太阳会让自己的光明普照大地。所以卦辞说:"王假之,勿忧,宜日中。"

【解说】《序卦传》载:"得其所归者必大,故受之以丰。丰者,大也。"这是说,众望所归的人,必然盛大。

"丰",从卦象看是以高杯盛物,盛大的意思。下卦"离"是明,上卦

"震"是动,光明而且活跃,是盛大的象征。

"王假之","假"音同"格",是至、致使、到来的意思。"王假之"意即"君王亲自前往"。

盛大,本身就亨通,正值天下最丰盛的时期,王者拥有巨大的财富,普天下的老百姓都不必忧虑。人民遇到仁厚之君,如日在中天,普照大地,使人民能分享丰盛的果实。然而,日在中天无法持久,不久就会偏斜。因此,这一卦虽然亨通,但也有隐忧。

丰卦各爻所示自然之理

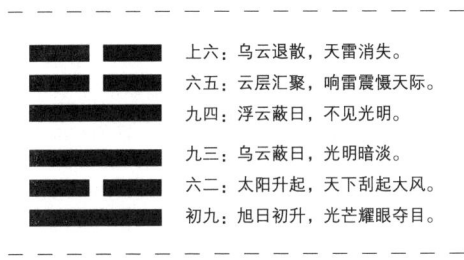

上六:乌云退散,天雷消失。
六五:云层汇聚,响雷震慑天际。
九四:浮云蔽日,不见光明。
九三:乌云蔽日,光明暗淡。
六二:太阳升起,天下刮起大风。
初九:旭日初升,光芒耀眼夺目。

【象传】彖曰:丰,大也,明以动,故丰。王假之,尚大也。勿忧,宜日中,宜照天下也。日中则昃,月盈则食,天地盈虚,与时消息,而况于人乎?况于鬼神乎?

【译文】丰是盛大的意思。下卦是"明",上卦是"动",用光明的德行指导活动,当然能使事业盛大。君王亲临,其德行盛大而受到人们崇尚。不必忧虑,正午日在中天时有利,适宜普照天下。但日过正中不久就会偏斜,月到圆满就会亏蚀。天地的盈亏,随着时间消长,更何况是人?更何况是鬼神呢?

【解说】丰卦是日在中天,太阳普照万物,最为圆满之时。彖辞在说明这一卦象时,非常注意好与坏的辩证关系。为了防止人们片面看问题,彖辞总是在好的时候指出其坏的一面,在坏的时候指出其好的一面,比如在此卦中就非常强调在圆满中孕育着残缺。盛极转衰,衰极转盛,这就是天地阴阳的规律。彖辞指出这一点,意在时时提醒人们对待任何事物都要看到它的两面性,从而正确行动。

【大象传】象曰：雷电皆至，丰。君子以折狱致刑。

【译文】电闪雷鸣一起到来，这就是丰卦的意象。君子从中受到启发，应该明断狱案，严厉执刑。

【解说】这一卦，上卦"震"是雷，下卦"离"是闪电，雷电同时来临，气势盛大。雷，取其震慑之义，电，取其明察之义。君子观此卦象，应当效法这一精神，判决诉讼，像闪电般明察；执行刑罚，像雷霆般威严。

丰卦各爻所示人事指引

上六	[觉悟]	不可因盛大而迷失，终至完全闭塞。
六五	[来章]	若要建立伟大的功业，应当招揽贤士前来辅佐。
九四	[志同]	迷失之后，应主动寻求志同道合的人，以突破黑暗。
九三	[韬晦]	因追求盛大而迷失，则应秉持刚正，韬光养晦。
六二	[有孚]	追逐盛大，容易迷失，应诚信、审时地实现志向。
初九	[往进]	逐渐盛大时也应适时、适度地积极追求。

【爻辞】初九：遇其配主，虽旬无咎，往有尚。

【译文】遇到匹配的主人，十日内没有灾祸，前往会得到好处。

【小象传】象曰：虽旬无咎，过旬灾也。

【译文】十日内没有灾祸，过了十天就有。

【解说】"配主"是匹配的主人的意思。"初九"与"九四"对应，"九四"是"初九"的匹配；也有地位低匹配地位高的意思。所以，"初九"称"九四"为"配主"，相对的，"九四"称"初九"为"夷主"。"夷"是等的意思。"九四"是上卦"震"的阳爻，为震卦的主体，位置正当下卦离之后。离卦是日，古时以十干记日，由甲到癸，十日满旬，又重新由甲计起，所以用"旬"比喻满，超过一旬又转为亏。丰卦下卦"离"是明，上卦"震"是动，意指光明的行动。"初九"是主动寻找相配的人，遇到相配的主人，虽然经过十日，有"盈满而亏"的忧虑，但不会有灾难；因为前往会得到"九四"的重视。

《象传》说：虽然满十日，不会有灾难，但过了十日，由满转亏，就会有灾难。这就是说，主动去寻求，会遇到相配的主人，并且会得到重视，可以积极前往，不会有灾难，但超过一定的时限就会有灾难。

这一爻说明，事业逐渐盛大时应积极追求，但应适时、适度。

【爻辞】六二：丰其蔀（bù，音同"不"），日中见斗，往得疑疾，有孚发若，吉。

【译文】好像被帘子掩蔽起来，正午看见北斗星，前往得到怀疑嫉恨，但卦兆显示一切都会过去，吉利。

【小象传】象曰：有孚发若，信以发志也。

【译文】诚信现于外，可以审时发挥人的志向。

【解说】"孚"有诚信、应验、显示之义。爻辞"有孚发若"，是说卦兆显示的意思，而《象传》"有孚发若"则是诚信的意思。"蔀"原指搭棚用的席，这里引申为遮日的帘，"斗"指北斗星。"六二"是下卦"离"的主爻，离卦是明，所以"六二"最光明。但在上卦与"六二"对应的"六五"，阴爻在君位，却是昏暗的君王，就像太阳被大帘子掩蔽，看见北斗星，比喻天色昏暗。若前往追随这样的君王，会被猜疑嫉恨，但卦兆显示一切都将过去，结果仍然吉祥。

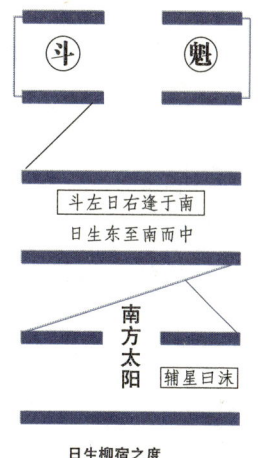

这一爻告诫，盲目追求盛大，容易迷失，产生猜疑，因此，应以诚信、审时的态度发挥人的志向。

□ 丰日见斗之图

伏羲将震卦画于东方，将离卦画于南方，表明少阳之气动于东方，太阳之名盛于南方。周文王用震卦与离卦重合，因此名为"丰"。少阳之震运行至南方，与太阳的离明相合，因此阳气丰盛。所以周文王在丰卦的卦辞中阐明了盛极必衰的道理，说正午太阳在中天时有利；阐明盛明之极必定昏暗的道理，说正午看见北斗星和小星星。

【爻辞】九三：丰其沛，日中见沫，折其右肱，无咎。

【译文】好像被幔幕遮蔽起来，正午看见小星星，折断了右臂，没有灾祸。

【小象传】象曰：丰其沛，不可大事也。折其右肱，终不可用也。

【译文】好像被幔幕遮蔽起来，不可以干大事。折断了右臂，最终不会有所

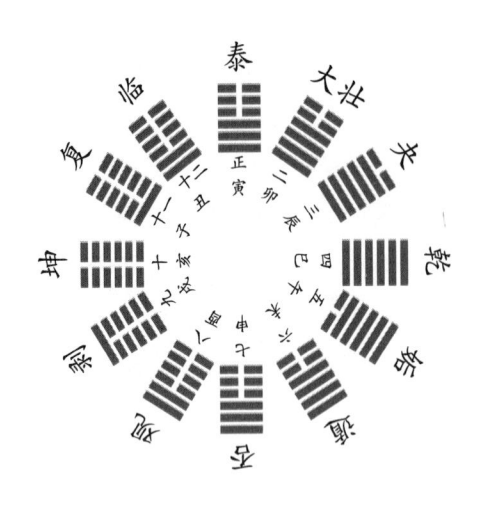

□ 十二卦月份图

复《象传》曰：雷在地中，复；先王以至日闭关，商旅不行，后不省方。此特因至日一辞推广之，而以阴阳消息往复不穷为之序，与"六十四卦圆图"位序不同，盖并行而不相悖者也。

作为。

【解说】"沛"与"旆"同，指幔幕。"沫"即"昧"，指小星星。"九三"是下卦"明"的顶点。正午已过，太阳偏斜，与昏暗的"上六"阴阳相应，比"六五"更加黑暗；就像一张大幔幕掩蔽了太阳，如正午只能看见小星星零星的光亮。"九三"阳刚，属于下卦"明"，虽然刚毅明智，却像折断右臂一样无能为力。不过，"九三"阳爻居阳位刚正，照理说，应当不会有灾难。

《象传》说，不可以做大事，因为"九三"终究不可能被重用。

这一爻告诫，因追求盛大而迷失，造成无可避免的伤害，所以应当秉持刚正，韬光养晦。

【爻辞】九四：丰其蔀，日中见斗，遇其夷主，吉。

【译文】好像被幔幕遮蔽起来，正午看见北斗星，遇到夷主，吉祥。

【小象传】象曰：丰其蔀，位不当也。日中见斗，幽不明也。遇其夷主，吉行也。

【译文】好像被幔幕遮蔽起来，"九四"所处位置不当。正午看见北斗星，说明天色幽暗不明。遇到夷主，前行吉祥。

【解说】前两句与"六二"相同。古代，在上者称呼在下者为"夷"。"夷主"指"初九"与"九四"，他们之间有相等的阳刚德行，地位也对应。"九四"仅次于"五"的君位，是大臣的地位。但"六五"阴柔不正，是昏暗的君王，就像太阳被大的帘子掩蔽，正午可看到北斗星，说明天色幽暗不明。不过，若往下方与同样刚正的"初九"交往，同心协力地行动，就会吉祥。《象传》说：这是因为"九四"刚爻居柔位，地位不当，又处在幽暗不明的时期。

"九四"若采取行动，只有寻求与自己志同道合的人，才会吉祥。

这一爻说明，因追求盛大而迷失，应主动寻求志同道合之人，突破黑暗。

【爻辞】六五：来章，有庆誉，吉。

【译文】有美德的贤士前来辅助，福庆，吉利。

【小象传】象曰：六五之吉，有庆也。

【译文】"六五"吉祥，因为有喜庆。

【解说】"章"本指文采或美丽的花纹，在此当美德讲。"六五"阴爻在君位，是昏暗的君王，本身并不具备吉祥的条件，但若能使对应的"九二"这一有美德的贤士前来辅助，就会得到吉庆与荣誉，因而吉祥。下卦"离"是明，所以用"章"这个字。昏君本来不可能招来贤士，但昏君也喜欢沽名钓誉，因此，会以招揽贤士为标榜。

这一爻说明，若要建立伟大的功业，应当招揽贤士前来辅佐。

【爻辞】上六：丰其屋，蔀其家，窥其户，阒（qù，音同"去"）其无人，三岁不觌（dí，音同"迪"），凶。

【译文】建起高大的房屋被遮蔽了，透过门窗往里看，静无人声，三年不见人面，凶险。

【小象传】象曰：丰其屋，天际翔也。窥其户，阒其无人，自藏也。

【译文】房屋高大，好像飞到了天边。透过门窗往里看，静无人声，是自己隐藏起来了。

【解说】"阒"是寂静，"觌"是见。"上六"是阴柔小人，在丰卦的极点，又是上卦"动"的终极之地，因而不安定。下卦虽然光明，但也不能到达，以致一片黑暗，就像自己闭藏在大房子里，又用帘子将家室完全遮蔽，自然更加黑暗。由门缝窥视，看不到人影，有三年之久，不见有人出来，像这样自我孤立，当然凶险。

《象传》说：屋顶高大，是说小人得志，就像飞翔在天空般得意，以致日益昏庸，长期自我封闭，拒绝与人合作，终于没有人前来，会完全陷于孤立。这不是被他人舍弃，而是自己将自己闭塞了。

这一爻告诫，因盛大而迷失，终致完全闭塞。

旅

阐释旅途中求得安定的道理。

离上　旅行
艮下　不安

【卦辞】旅，小亨，旅贞吉。

【译文】筮得旅卦，小亨通，在旅途中坚持吉利。

旅之天象图

上卦为离为火，下卦为艮为山。山中火势不止，并不停地向前蔓延，这就是旅卦的卦象。"旅"是旅行的意思。旅行，虽然场所经常变换，不够安定，但还未至于困，因此能小有亨通。所以卦辞说："旅，小亨。"

【解说】旅卦与丰卦是"综卦"。过度盛大，容易迷失，盛极必衰，失其居所，又流离颠沛，互为因果。《序卦传》载："穷大者必失其居，故受之以旅。"当盛大到极点，必然失去安定。

"旅"，指羁旅，在外旅行。这一卦，下卦"艮"是山，上卦"离"是火，山上烧火，火势蔓延，不停地往前燃烧，就像旅行者急着赶路，所以称作旅卦。

旅行，是一种场所经常变换的不安定的行动，因而，不会有大亨通。从卦形来看，"六五"阴爻在外卦，柔顺而得中，但与内卦对应的"六二"同为阴爻，二者相互排斥；所以，不过是小有亨通而已。

人在外旅行，生活不安定，周围都是不相识的人，缺少照应，颠沛流离，心理容易不正常，因此，不论在任何情况下，都必须持守正道，才会吉祥，旅行也不例外。

旅卦各爻所示自然之理

上九：阳光映照山顶，光线微弱。
六五：红日高悬，光芒照耀山头。
九四：阳光照射山上，光明薄弱。
九三：太阳升至山腰，光辉暗淡。
六二：日光喷薄而出，映射山麓。
初六：太阳从山下升起。

【象传】 象曰：旅，小亨，柔得中乎外而顺乎刚，止而丽乎明，是以小亨，旅贞吉也。旅之时义大矣哉！

【译文】《象传》说：旅卦小亨通，柔爻得处中位，居外卦又能顺应阳刚，其居止依附于光明，因此卦辞说小有亨通；旅人在外，持守正道能吉祥。旅卦顺时随宜的道理太重大了。

【解说】 旅卦，小有亨通。"六五"柔爻在外卦得中，并且追随上下的刚爻"上九"与"九四"；因而柔顺中正，兼有刚毅的德行，所以《象传》说"小有亨通"。内卦"艮"是止，外卦"离"是明与附。静止并依附光明，只要行人在旅行中持守正道，就会吉祥。

"旅之时义大矣哉"，是强调旅卦顺时随宜的意义。古人安土重迁，把客居他乡，漂泊在外视作极严重的境况，因此，"旅"是一种逆境，但逆境有逆境的意义。一个人能够在逆境中生存，这对他未来的事业肯定有极大帮助。

【大象传】象曰：山上有火，旅。君子以明慎用刑而不留狱。

【译文】山上有火，这就是旅卦的意象。君子从中受到启发，应该明察审慎地施用刑罚，而不滞留狱案。

【解说】这一卦，下卦"艮"是山，上卦"离"是火。山上有火，不停向前蔓延，象征旅行。"君子以明慎用刑而不留狱"，是说君子应该效法"火在山上，光明照耀下方"的精神，明察秋毫，谨慎处置狱案，同时迅速裁判诉讼，绝不拖延。

旅卦各爻所示人事指引

上九	[谦逊]	客旅他乡必须柔顺谦逊，为人不可倨傲。
六五	[磊落]	求安定应光明磊落，不计较一时得失。
九四	[居正]	求得安定必须居于正位。
九三	[善待]	外出时，必须善待随从，方能得到外力之助。
六二	[万全]	要转危为安，必须有万全之策。
初六	[豁达]	旅行中，不可斤斤计较于小节，应从大处着眼。

【爻辞】初六：旅琐琐，斯其所取灾。

【译文】旅人猥琐小器，这是他自取其祸的原因。

【小象传】象曰：旅琐琐，志穷灾也。

【译文】旅人猥琐小器，心胸不豁达而遭受灾祸。

【解说】"琐琐"，是猥琐小器的意思。"初六"阴柔，而且在最下位，是猥琐多疑的小人。在辛劳的旅途中，"初六"表现得十分吝啬小器，只顾眼前利益，所以招来灾难。《象传》说：羁旅在外失意时，心胸不豁达，所以会有灾难。

这一爻说明，在不安定的旅行中，不可斤斤计较于小节，应当从大处着眼。

【爻辞】六二：旅即次，怀其资，得童仆贞。

【译文】旅人就居客舍，怀中藏有旅资，得到忠贞的童仆。

【小象传】象曰：得童仆贞，终无尤也。

【译文】得到忠贞的童仆，最终不会有怨尤。

【解说】"即"是"就"。"次"即"止"，住下的意思，这里指"客舍"。旅人投宿在旅舍，最使人心安的，是带有充足旅费；最可靠的，是有忠实的童仆。"六二"柔顺中正，具备这些最佳的旅行条件，所以《象传》说：旅人最终不会有怨尤。

这一爻，说明转危为安，必须有万全之策。

【爻辞】九三：旅焚其次，丧其童仆贞，厉。

【译文】旅人居住的客舍发生火灾，丧失了忠贞的童仆，危险。

【小象传】象曰：旅焚其次，亦以伤矣。以旅与下，其义丧也。

【译文】旅人居住的客舍发生火灾，十分悲伤。以旅人身份傲慢地对待下人，丧失下人是必然的。

【解说】旅途中，投宿的旅舍失火，随身的童仆离开，旅人处于危险之中。"九三"刚爻居刚位，过于刚直，又不在中位，难以安定。从卦象看，又在下卦的最高位，因而态度高傲，难怪会遭遇这些不幸。

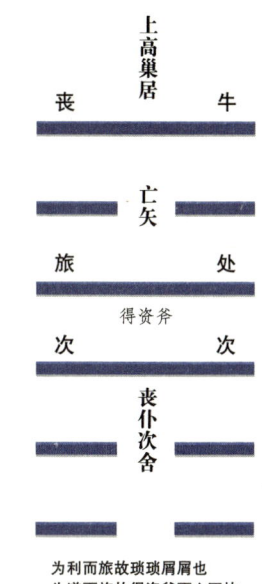

《象传》说：投宿的旅舍失火，也够悲伤的了；在旅途中，以傲慢的态度对待下人，结果当然不会好。

这一爻说明，外出时，必须善待随从，方能得到外力之助，转危为安。

【爻辞】九四：旅于处，得其资斧，我心不快。

上高巢居　丧牛

亡矢

旅　处
　得资斧
次　次

丧仆次舍

为利而旅故琐琐屑屑也
为道而旅故得资斧而心不快

□ 旅次舍图

旅卦中，"初六"卑琐小气，因此会自取其祸。"六二"行中正之道，于是会怀有旅资，得到忠贞的童仆。"九三"趋近火而急躁地前进，不知有客舍被焚毁的灾难。"九四"刚居柔位，阴阳相济，且与初爻相应，于是得到钱财与斧头，但毕竟处位不正，最终不会愉快。"六五"居于中位，获利最多，但毕竟阴居阳位，还是会丢失一支箭。"上九"得势并且有主事之权，将一身寄于炎炎的离火之上，却不知有巢穴被焚毁的祸患。

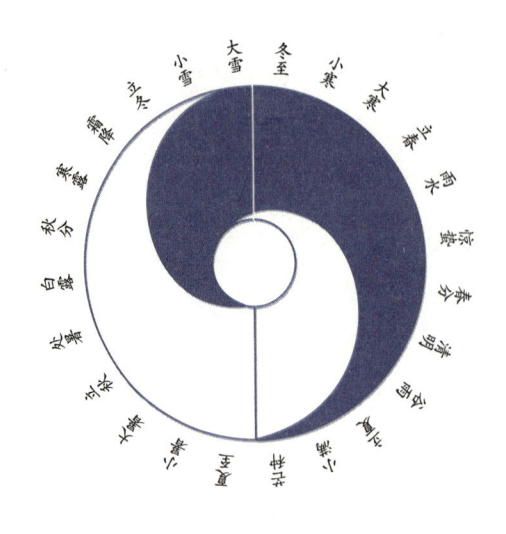

□ 一年气象图

万古之人事，一年之气象也。春作夏长，秋收冬藏，一年不过如此。自盘古至尧舜，风俗人事，以渐而长，盖春作夏长也，自尧舜以后，风俗人事，以渐而消，盖秋收冬藏也，此之谓大混沌。然其中有小混沌，以人身血气譬之，盘古至尧舜如初生时到四十岁，自尧舜以后，如四十到百年。若以消息论之，大消中，其中又有小息；大息中，其中又有小消；小息中又有小消；小消中又有小息；故以大、小混沌言之。

【译文】旅人客居异乡，获得钱财与斧头，但内心并不快乐。

【小象传】象曰：旅于处，未得位也。得其资斧，心未快也。

【译文】旅人客居异乡，还没有找到居处。虽然得到了钱财与斧头，但心中仍不快乐。

【解说】"处"，指处所。"资斧"有不同解释，通常作盘缠讲。王弼注："斧所以斫除荆棘，以安其舍者也。"这里，王弼把"斧"解为斧头。"九四"在旅行时携带着钱财与斧头，露宿时，用斧头砍除荆棘，以便于扎营。"九四"阳爻居阴位，刚柔并济，又在上卦的最下位，态度谦虚，在旅行时，能够得到安稳的住处；露宿时，也有利斧可以整理扎营的场地。但"九四"阳爻居阴位，处位不正；而且，上方"六五"是阴爻，没有强力的援手，向下虽然与"初六"相应，但也是阴爻，力量弱。因而，"九四"虽然在旅行中有足够的旅费与必要的器具，心中仍然不会愉快。孟子游说齐王六七年之久，国君给予爵禄，劝其留下，他都不接受，因为其施行"仁政"的主张并未被齐王采纳，当时的心情，大约就是如此。

这一爻，强调安定必须处于正当的位置。

【爻辞】六五：射雉，一矢亡，终以誉命。

【译文】射获野鸡，丢失了一支箭，最终获得名誉爵位。

【小象传】象曰：终以誉命，上逮也。

【译文】最终获得名誉爵位，是因为得到居上位者"上九"的施与。

【解说】"六五"是上卦"离"的主爻，离卦是"明"，因此，用羽毛光彩鲜明的野鸡比拟。"六五"阴爻得中，柔顺中正，就像在射野鸡时，虽然最初不顺利，丢失了一支箭，但最后仍然得到荣誉与爵位。古时任命官吏时，有将动物当作礼物献给君王的习俗，以象征立身处世光明磊落。

《象传》说：这是由于他能得到居上位者认可的缘故，"逮"是及的意思。

这一爻说明，求安定应光明磊落，不计较一时得失。

【爻辞】上九：鸟焚其巢，旅人先笑后号咷，丧牛于易，凶。

【译文】鸟儿的巢被火烧掉，旅人先笑后哭，牛在边界丢失，凶险。

【小象传】象曰：以旅在上，其义焚也。丧牛于易，终莫之闻也。

【译文】以旅人的身份而高高在上，居所被烧毁是必然的。牛在边界丢失，最终不会得到消息。

【解说】"易"是场、田畔、国界。鸟飞得高，自然容易越过边界。"上九"在最高位，所以用鸟比喻。居于最上位的"上九"，态度倨强傲慢。人在旅途，这种傲慢态度极易招来灾祸。居于上位，开始也许洋洋得意，遭遇灾祸后，又号咷大哭，就像鸟巢被烧掉，没了可安身的地方。上卦"离"是火，所以说焚。"牛"是柔顺的动物，在边界丢失了牛，象征丧失了柔顺的德行，所以凶险。

《象传》说："上九"因处在旅卦的最上方，态度倨傲，连续遭灾是必然的。

这一爻说明，客旅他乡必须柔顺谦逊，为人不可倨傲。

巽

阐释谦逊以收揽人心的道理。

巽上　进入
巽下　谦逊

【卦辞】巽，小亨，利有攸往，利见大人。

【译文】筮得巽卦，小有亨通，利于前往，见大人有利。

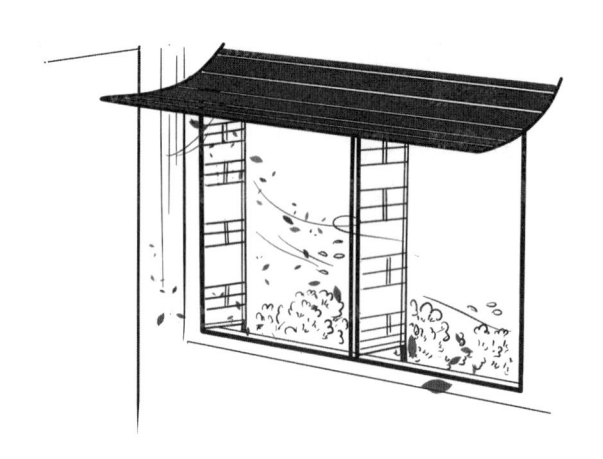

巽之天象图

上下卦都是巽，象征风。风行不绝，无孔不入，这就是巽卦的卦象。风行起来，无所不至，无所不顺。"巽"通"逊"，是顺从、谦让的意思。在不得不退让的情况下，做适当的退让，顺之又顺，只能小有亨通。所以卦辞说："巽，小亨。"

【解说】《序卦传》载："旅而无所容，故受之以巽。巽者，入也。"这句话的意思是：态度谦逊，才能进入他人心中，才会被人接纳，找到安定的场所。

"巽"的原义是台上放有物，假借为同音的"逊"，是顺、入的意思。从卦形看，巽卦是一阴爻伏在二阳爻的下面，象征顺从。顺从他人，才容易被接纳，从而进入他人内心。同样，顺从自然的道理，就容易融入事物之中。"巽"又象征风，无孔不入。

　　巽卦是阴卦，以一个阴爻为主爻，因而阴柔，不会大亨通，只能小有亨通。巽卦，是一阴爻顺从二阳爻，阴顺从阳，是自然的道理，所以前进有利。但顺从也必须选择对象，不可盲从，要顺从伟大人物才有利。

巽卦各爻所示自然之理

上九：天上大风向下吹去。
九五：天朗气清，风和日丽。
六四：风行于天下，吹尽尘垢。
九三：地风上吹，风向凌乱。
九二：地面起风，伏入床底。
初六：地下起风，在原地徘徊不进。

　　【彖传】彖曰：重巽以申命，刚巽乎中正而志行。柔皆顺乎刚，是以小亨，利有攸往，利见大人。

　　【译文】《彖传》说：两巽相叠象征重申命令。刚健顺从中正之道，心志得以实行。柔爻顺应刚爻，因此小有亨通，利于前往，见大人有利。

　　【解说】"申"是反复叮咛的意思。这一卦，是以两个巽卦上下重叠，"巽"是顺。顺从又顺从，就像三令五申，反复叮咛，使命令得以贯彻。发布命令的是"九五"刚爻，在上卦得中、位正。刚毅而且秉持中正的原则，所以志向能行于天下。这一卦的柔爻"初六"、"六四"，都伏在刚爻的下方，是柔顺从刚的形象。但也因为过于柔顺，只能小有亨通；前进虽然有利，却必须作出正确的选择，遇见伟大人物才有利。

　　【大象传】象曰：随风，巽。君子以申命行事。

　　【译文】风与风相随，这就是巽卦的意象。君子从中受到启发，重申命令，推行政事。

【解说】这一卦的卦形，是风随着风吹动。风无孔不入，象征命令得以贯彻。君子应当效法这一精神，使其德行贯彻于人民的行为中。《论语·颜渊》说：君子的德行像风，平民的德行像草，风吹到草上，草必定伏倒。意思和《象传》相同。

巽卦各爻所示人事指引

- 上九：[得宜] 谦逊应当恰如其分，不可过度。
- 九五：[审慎] 处置事件，事前应周详叮嘱，事后应检视得失。
- 六四：[进取] 谦虚应正当，才能有所建树。
- 九三：[诚恳] 谦虚不可过度，更不能心中虚伪。
- 九二：[中孚] 谦逊不可过度，但要有诚意。
- 初六：[果决] 不能优柔寡断，要像武士一样持守正道，刚毅果决。

【爻辞】初六：进退，利武人之贞。

【译文】进退不决，像武士一样持守正道吉利。

【小象传】象曰：进退，志疑也。利武人之贞，志治也。

【译文】进退不决，是因为意志薄弱，内心疑虑。像武士一样持守正道吉利，因为勇猛之志得到整饬。

【解说】"初六"是下卦"巽"的主爻。巽卦的含义是谦逊，"初六"阴柔，又在最下方，有过度谦卑的现象。因而"初六"在行动中缺乏信心，进进退退，不能果断行事。爻辞说，应当有武人一样刚决果断的心志，才会有利。

《象传》说：进进退退，是因为优柔寡断，心中有疑惑。要像武人那样持守正道，刚毅果决才会吉利。

这一爻说明，谦逊并非优柔寡断。

【爻辞】九二：巽在床下，用史巫纷若，吉，无咎。

【译文】伏在床下，史巫乱纷纷请神祝告，吉利，没有灾祸。

【小象传】象曰：纷若之吉，得中也。

【译文】乱纷纷请神祝告而得吉利，因为"九二"处在中位。

【解说】床下是阴暗之处，是阴邪之物的隐伏之地。"史巫"，古代占卜拔禳之人，相当于西方的神职人员。"九二"阳爻居阴位，如同身处阴暗的床下，因而自卑。但过分谦卑，会被认为畏惧或阿谀。不过，从谦逊的巽卦来看，"九二"这种态度，还不能说是大错，如果能像占卜巫祝那样，以诚意敬神，仍然吉祥，不会有灾难。《象传》说：这是"九二"在内卦得中的缘故。

这一爻，说明谦逊不可过度，但要有诚意。

【爻辞】九三：频巽，吝。

【译文】频频顺从，有小麻烦。

【小象传】象曰：频巽之吝，志穷也。

【译文】频频顺从招致的麻烦，是心志困穷的缘故。

```
━━━━━━  上九丧权
━━━━━━  九五得权
━━ ━━   床足
━━━━━━
━━━━━━  阳为床簧
━━ ━━   床足
```

□ 巽床下图

巽卦以四个阳爻为床板，以两个阴爻为床足，床足居于床板之下。"上九"丢失斧头，是因为阳刚太过。"九二"任用史巫祷告，因为虽然以刚居中但居于阴位，"九三"过于刚强但又不居中位，同时又频频顺从。因此，全卦的阳爻之中，居于阳刚之位而又能行中道的，就只有"九五"了，因此"九五"得权。

【解说】"九三"刚爻居刚位，过于刚强，又在下卦的最上位。"九三"并非谦逊，但却频频以谦逊示人，久而久之就会露出马脚，招来羞辱。《象传》说：这是心志困穷的缘故。

这一爻说明，谦虚不可过度，更不能心中虚伪。

【爻辞】六四：悔亡，田获三品。

【译文】忧悔的事情消亡了，田猎获得很多野兽。

【小象传】象曰：田获三品，有功也。

【译文】田猎获得很多野兽，有功绩。

【解说】"品"是等级的意思。古时天子诸侯打猎，猎获的野兽分三等，射中野兽心脏为"上杀"，晒干后可作祭品；射中野兽大腿为"中杀"，可以宴宾客；射中野兽肠子为"下杀"，只能猎手自己食用。"六四"阴柔力弱，在下卦没有应援，上下都被刚爻挟持，本来应当忧悔，但因为阴爻居阴位得正，处在上卦的最下位，态度中正谦卑，所以能使忧悔消除。就像打猎，会猎得很多野兽。《象传》说：田猎获得丰厚的猎物，这是因为进取可以建功。

这一爻说明，谦逊应正当，才能有所建树。

【爻辞】九五：贞吉，悔亡，无不利。无初有终，先庚三日，后庚三日，吉。

【译文】守正吉利，忧悔消亡，没有不利。虽然开头不好但结果好，庚日的前三天、后三天吉祥。

【小象传】象曰：九五之吉，位正中也。

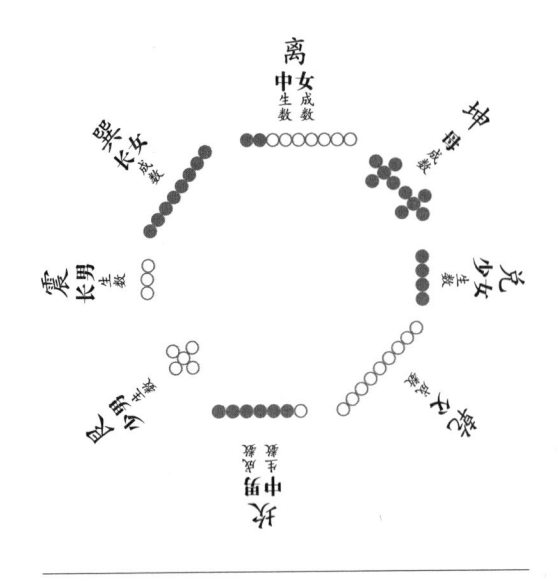

□ 洛书序乾父坤母六子之图

《河图》置坤母巽、离、兑三女于生数之一、二、三、四，置乾父震、坎、艮三男于成数之九、八、七、六，是以数之生成别男女者也。《洛书》乾统三男居东北，坤统三女居西南，是以位之左右别男女者也，即《洛书》而方之。《河图》金、木、土之隶乾、兑、震、巽、坤、艮也。象分生成之数为二，水火之隶坎、离也；象合生成之数为一，数同而位不同者，乾、兑也；数与位俱不同者，坤、艮、震、巽、坎、离也。然则图、书数果不同欤？圣人设象以配数，因数以定象，其别男女之序，同一旨耳。

吉，位正中也。

【译文】"九五"的吉利，是因为位置得中。

【解说】"九五"刚健，对谦逊的巽卦来说，并不适当，会有忧悔。但"九五"在外卦得中得正，由于中正，当然会吉祥，并使忧悔消除。开始也许不安定，但最后会有结果。"庚"与"更"同音，有变更的意思。古时以十干记日，庚日的前三日是丁日，丁有叮嘱的意思。庚日的后三日是癸，与"揆"通用，是衡量的意思，亦即在事物变更之前，必须叮嘱群众知道；事物变更之后，应衡量得失，慎重处置事件就会吉祥。

这一爻说明，处置一个事件，事前应周详叮嘱，事后应检视得失，慎重以待。

【爻辞】上九：巽在床下，丧其资斧，贞凶。

【译文】伏在床下，失去了钱财和防身的用具，固执己见有凶险。

【小象传】象曰：巽在床下，上穷也。丧其资斧，正乎凶也。

【译文】伏在床下，"上九"已走到末路，失去了钱财和防身的用具，表明有凶险。

【解说】"贞凶"，即固执己见有凶。"上九"阳刚，处在本卦的最上位，但却谦逊到极点，就像伏在床下，未免太过分了。"上九"又像在旅途中丧失了旅费与用具，行动十分艰难。谦卑过度，容易丧失决断力，确实凶险。

这一爻说明，谦逊应当恰如其分，不可过度。

兑

阐释把握和悦之道的原则。

兑上　喜悦
兑下　取悦

【卦辞】兑，亨，利贞。

【译文】筮得兑卦，亨通，占问有利。

兑之天象图

上下卦都是兑，象征泽。两个湖并连，相互流通滋润，这就是兑卦的卦象。水流互通，是为活水，互增生机。"兑"通"悦"，是高兴、愉快的意思。愉悦，利于自身的发展，能够亨通，不过必须以坚守正道为前提。所以卦辞说："兑，亨，利贞。"

【解说】兑卦与巽卦是"综卦"。谦逊使人喜悦，自己也喜悦，二者互为因果。《序卦传》载："入而后说之，故受之以兑。兑者，说也。"

"兑"是"说"的本字，形容说话或笑的模样；因而，这一卦有言语与喜悦的含意。兑卦，是一阴爻上行到二阳爻的上方，是喜悦表露于外的形象。兑卦又象征"泽"。坎卦☵的水，在向下流涌中堵塞，水聚集而成为兑☱。泽中的水可以滋润万物，使万物喜悦，因此，兑卦也是悦的象征。

由兑卦的卦形看，内外卦都是刚爻得中，柔爻在外，是中庸、外柔内刚的形象。由于兑卦有此良好品质，故使人喜悦，可以亨通，因此，卦辞说"占问有利"。

兑卦各爻所示自然之理

上六：云上天顶，牵动云层聚集。
九五：云化成大雨，未能成灾。
九四：乌云升上高天，重见天日。
六三：乌云随风而来，遮蔽日光。
九二：地面水汽升腾，汇聚成云。
初九：云化成雨，降于地面。

【彖传】 彖曰：兑，说也。刚中而柔外，说以利贞，是以顺乎天而应乎人。说以先民，民忘其劳；说以犯难，民忘其死。说之大，民劝矣哉！

【译文】《彖传》说：兑卦，就是喜悦、和悦的意思。刚健居中而柔顺在外，是说和悦之道居中才有利，这是符合天道又顺从人心的。以和悦的态度对待民众，民众才会不辞辛劳；以和悦的态度促使民众去从事艰难的事业，民众才会舍生忘死地去做。和悦之道的伟大之处在于，民众能在此激励下振作心志、勤勉努力。

【解说】 "兑"就是悦。这一卦，刚爻得中，柔爻在外，是以居中有利，使人喜悦。

兑卦主要讲"牧民之道"，强调说服教育的意义。在《彖传》作者看来，要使民众心悦诚服地去为国家赴难效忠，必须在实践一件事情之前向民众讲清楚，做好说服动员工作；这样，才能顺应天道，符合人民的心愿。人民也会忘记苦劳，忘记死亡的危险，为国家利益而冒险犯难。

【大象传】象曰：丽泽，兑。君子以朋友讲习。

【译文】泽与泽依附在一起，这就是兑卦的意象。君子从中受到启发，经常与志同道合的朋友在一起讨论、研习学业。

【解说】"丽"是附丽、依附的意思。这一卦，上下都是兑卦，两个泽并连在一起，是泽水相互流通滋润的形象。君子应效法这一精神，朋友之间相互讨论学习，使彼此受益。

依《说卦传》，兑卦有口舌的形象，两个口舌相对，意为"讨论"，所以《象传》说"讲习"。

兑卦各爻所示人事指引

上六	[远惑]	如遇小人不择手段地取悦于人，应及时远离。
九五	[正视]	刚正之君也难免被小人包围。面临危局时，敢于正视现实。
九四	[决绝]	和悦不能一厢情愿，遇到不当的诱惑应断然拒绝。
六三	[守正]	追求和悦应当正当，不择手段地讨人喜悦，当然凶险。
九二	[中孚]	以诚信的态度与人相处，能获得好的结果。
初九	[磊落]	与人和悦，应当光明正大。

【爻辞】初九：和兑，吉。

【译文】和睦愉快，吉利。

【小象传】象曰：和兑之吉，行未疑也。

【译文】和睦愉快而吉利，是因为"初九"的行为没有什么疑忌。

【解说】"和兑"，"和"即和睦。"兑"即"悦"。"和兑"的意思是：上下卦都是兑，二者一唱一和，关系十分协调，故言"和兑"。

"初九"阳刚，虽然在这一卦的最下位，但与上卦的"九四"同为刚爻，二者不相应。因为无所系应，所以保持中正无私，便能与人和睦相处。

《象传》说：因为是光明正大的与人和悦，因此，"初九"的行为没有什么疑忌。

这一爻说明，与人和悦，应当光明正大，而非奉承谄媚。

【爻辞】九二：孚兑，吉。悔亡。

【译文】诚信和悦，吉利。忧悔之事消亡。

【小象传】象曰：孚兑之吉，信志也。

【译文】诚信和悦而吉利，是说"九二"诚信的态度获得了大家的信赖。

【解说】"九二"刚爻得中，心中诚信，以诚信的态度与人相处，当然吉祥。不过，"九二"刚爻居柔位不正，预料会有忧悔；但由于志在诚信，忧悔也就消亡了。

这一爻说明，以诚信的态度与人相处能获得好的结果。

【爻辞】六三：来兑，凶。

【译文】前来寻求和悦，凶险。

【小象传】象曰：来兑之凶，位不当也。

【译文】前来寻求和悦凶险，因为处位不当。

【解说】"六三"是内卦的主爻，阴柔，不中不正，在外卦又无相应；因而，只好向下讨好"初九"、"九二"。如此不择手段地讨人喜悦，当然凶险。

这一爻说明，追求和悦之道的手段应当正当。

【爻辞】九四：商兑未宁，介疾有喜。

【译文】协商和悦之道而未得安宁，身处疾病但很快就会痊愈。

【小象传】象曰：九四之喜，有庆也。

【译文】"九四"身患疾病但很快痊愈，这是喜庆之事。

【解说】"介"，处于。"喜"，病去。在《易经》中，当疾与喜对应时，常是身处疾病但很快就会痊愈的意思。

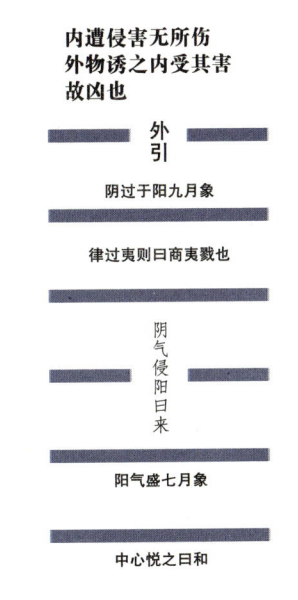

内遭侵害无所伤
外物诱之内受其害
故凶也

外引

阴过于阳九月象

律过夷则曰商夷戮也

阴气侵阳日来

阳气盛七月象

中心悦之曰和

□ 兑象之图

坎卦代表冬天，坎卦的"初六"象征冬至，离卦代表夏天，离卦的"初九"象征夏至。震卦和兑卦的初爻，则分别象征了春分、秋分。因此兑卦下方的两个阳爻阳气尤盛，有七月的意象；中间两爻是阴阳交界，有八月的意象；最上两爻阴爻过于阳爻，有九月的意象。

"九四"与下方的阴爻"六三"接近,本来阴阳相悦,但"六三"不中不正,是否应当与"六三"相悦,心中犹豫不定。"六三"位置不当,导致"九四""六三"协商和悦之道不果,因而心中不能安宁。然而,"九四"刚毅,终于决然拒绝"六三"的诱惑。所以《象传》说:"九四"身处疾病但很快就会痊愈,这是喜庆之事。

这一爻,说明和悦不能一厢情愿。

【爻辞】九五:孚于剥,有厉(无咎)。

【译文】卦兆显示将被剥蚀,有危险但终无灾祸。

【小象传】象曰:孚于剥,位正当也。

【译文】"九五"正视被剥蚀而最终免于灾祸,是因为他处位正当。

【解说】学者认为,"九五"阳刚中正,最终应当无恙,因此"有厉"后疑有脱字"无咎"。现依据这一观点对本爻进行分析。

"剥"指"上六"的阴爻,将"九五"的阳爻剥落。"九五"阳刚中正,在君位,有被取悦他的小人包围的危险;而且,"九五"与"上六"最亲近。"上六"是阴柔小人,上卦的主爻,兑卦的极点,正以一切邪恶狐媚的手段,取悦君王,想将"九五"的阳刚气概剥落。如果信任这样的小人,当然危险。但"九五"毕竟是位正又得中的君主,能明察秋毫,最终没有灾祸。

《象传》说:这是因为"九五"居于君位的缘故,他能正视被剥蚀的危险,所以最终免于灾祸。

□ 河图序乾父坤母六子之图

图之数有九,卦之位有八。乾称父,位成数之九,坤称母,位生数之一,一涵九也。震为长男,位成数之八,巽为长女,位生数之二,二涵八也。坎为中男,位成数之七,离为中女,位生数之三,三涵七也。艮为少男,位成数之六,兑为少女,位生数之四,四涵六也。五居居中,又所以总诸数也。是故乾统三男,居成数之位,坤统三女,居生数之位。独阳不成,独阴不生,所以配道也;长幼有序,男女有别,所以明伦也;男女正而家道正,正家而天下定,所以致用也。

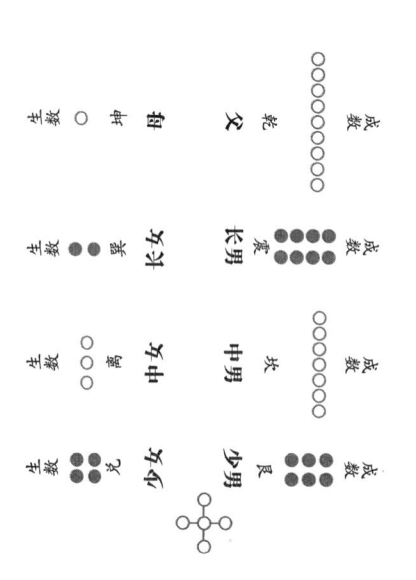

这一爻告诫，刚正之君也难免被小人包围。在面临危局时，要敢于正视现实，这样，才能最终免灾除害。

【爻辞】上六：引兑。

【译文】引诱别人一同和悦。

【小象传】象曰：上六引兑，未光也。

【译文】"上六"引诱别人一同和悦，但其不良影响还未广大。

【解说】"上六"是上卦的主爻，阴柔，在兑卦的极点，正在不择手段，取悦于人，引诱下方的两个阳爻。这种取悦于人的手段，毕竟不是光明正大的做法。对方是否会被引诱，要看对方的定力。"九五"持中守正，不会被引诱，"九四"因"九五"之隔，因而难受影响。"光"，广，大。"未光"，未得广大。"上六"的坏作用最终未能施展广大。

这一爻进一步告诫人们，如遇小人不择手段地取悦于人，应及时远离。

涣

阐释处于丰盛安逸的环境时拯救涣散的原则。

巽上　涣散
坎下　离析

【卦辞】涣，亨。王假有庙，利涉大川，利贞。

【译文】筮得涣卦，亨通。君王到宗庙祭祀，占问是否有利于渡涉大川，得到吉利之兆。

涣之天象图

上卦为巽为风，下卦为坎为水。风行于河流之上，水波离散，这就是涣卦的卦象。风行水上，有涣散、离散之意。"巽"为顺，水随风动，顺畅亨通。所以卦辞说："涣，亨。""巽"又象征木，风吹木动，有行船的象征，利于涉渡大川。所以卦辞说："王假有庙，利涉大川，利贞。"

【解说】《序卦传》载："说而后散之，故受之以涣。涣者，离也。"
"涣"是破裂、离散的意思。本卦与水有关，指"水波离散"。"假"是

"至"。这一卦,下卦"坎"是水,上卦"巽"是风,风吹水上,形成水波离散的现象,所以称为涣卦,象征喜悦使人的郁闷心情一吹而散。

"九二"刚爻得中,"六三"与"六四"两个阴爻同心同德,所以亨通。当天下离散时,君王应以至诚之心到宗庙祈祷,使人民看到君王的诚意,因而感化,再重新聚结,就能涉过像大河般的险难,所以也有挽救涣散的含义。又,上卦"巽"是木,下卦"坎"是水,木舟在水上行,也象征有利于渡涉大川。

涣卦各爻所示自然之理

上九:洪水席卷而来,未能成灾。
九五:风大雨猛,山洪泛滥。
六四:山洪聚集,汇入江河大海。
六三:洪水上涨,有大船行驶。
九二:山洪暴发,水势迅疾汹涌。
初六:暴雨发作,健马冒雨奔驰。

【彖传】彖曰:涣,亨。刚来而不穷,柔得位乎外而上同。王假有庙,王乃在中也。利涉大川,乘木有功也。

【译文】《彖传》说:涣卦亨通。刚健到内卦而不困穷,柔爻得到适当的位置与上面的刚爻同心。君王到宗庙祭祀,居于尊位。有利于渡涉大川,是说乘坐的木舟有济渡之功。

【解说】涣卦亨通,因为这一卦,来自渐卦 ䷴。渐卦的"九三"刚爻下降,来到"二"得中,成为涣卦,就不会阻塞。相对的,渐卦的"六二"柔爻,上升到"三"的刚位,与上方的"六四"柔爻就能同心同德。《墨子》中有"尚同篇","尚同"即"上同"。君王前往宗庙祭祀,是说"九五"在中位,刚毅中正。利于涉过大河,是指上卦是木,下卦是水,水上的木舟自然能发挥渡河的功效。

【大象传】象曰:风行水上,涣。先王以享于帝立庙。

【译文】风拂水上泛起波纹,这就是涣卦的意象。先王从中受到启发,因之祭祀天帝，建立宗庙。

【解说】这一卦，上卦是风，下卦是水，风吹水上，使水波向四面扩散。古代帝王看到这种现象，就祭拜天帝，建立宗庙，以此聚集民心。因此，对天帝祖宗的崇拜是为了在政治上建立一种信仰。

涣卦各爻所示人事指引

上九：〔远祸〕远离灾祸才能从困厄中脱身。
九五：〔渡厄〕在关键时刻，广施政令、聚集人心，共同渡过难关。
六四：〔大聚〕挽救离散之众，应消除派系，促成大团结。
六三：〔强援〕力量弱小，要拯救自身，必须要有强大的外援。
九二：〔求安〕挽救涣散，须先迅速求得安定。
初六：〔力援〕遇险之初就应找到有力的援助。

【爻辞】初六：用拯马壮，吉。

【译文】用健壮的马拯救急难，吉祥。

【小象传】象曰：初六之吉，顺也。

【译文】"初六"吉祥，是因为具有柔顺的美德。

【解说】"初六"，正当大水盛大之初，水患还不严重。此时，如果用健壮的马拯救自己，可转危为安。"初六"柔弱，居于最下位，没有拯救的力量，必须得到壮马才能急速后退，免于水淹。壮马指阳刚的"九二"。"初六"阴柔，独力难支，又身处下位，缺乏正应，但是与"九二"亲比，能借其阳刚的力量来拯救自己，正如找到健壮的马。所以《象传》说："初六"之所以吉祥，是因为顺从"九二"的缘故。

这一爻说明，遇险之初就应找到有力的援助。

【爻辞】九二：涣奔其机，悔亡。

【译文】涣散之时，要迅速脱离险境，转移到安全的地点，忧悔消除。

【小象传】象曰：涣奔其机，得愿也。

【译文】涣散之时，要迅速脱离险境，转移到安全的地点，得其所愿。

【解说】"机",翻解为"凭几",古人席地而坐所用的矮脚长条桌子,也称案。"凭几而坐"就是指古人把手臂靠在几上,或饮茶,或小憩。《十三经注疏》沿用了这个说法。"九二"阳爻居阴位不正,本来应当有悔。不过,"九二"是渐卦的"九三"由外奔来,到达内卦的中位,就像坐下来依靠在矮桌上,得以安定,使预料中的忧悔消除。

《象传》说:在涣散涨水的时刻,人人都期望得到安全的场所。"九二"便达成了这一愿望。

这一爻说明,挽救涣散,须先迅速求得安定。

【爻辞】六三:涣其躬,无悔。

【译文】身体力行地对抗灾祸,没有忧悔。

【小象传】象曰:涣其躬,志在外也。

【译文】身体力行地对抗灾祸,"六三"志在与外卦的"上九"同心。

汗不妄出周洟曰汗
流畅曰血发为血余

元首会血

阳散于外　阴分于中

腹之象也　附坎应　五脏六腑日群耳目口鼻分属之　巽曰躬　涣人有胸

坎中一阳　一阴一阳聚散之宗元气不穷　生生不穷

左足　　　　　　　　右足

□ 涣躬之图

涣,是涣散的意思。涣卦的卦气属于夏至之后,大暑之前,是阳气向外涣散的时节。阳气虽然涣散于外,却有生生不穷之气蕴含其中,这正是坎中的阳爻之气。生生不穷的元气化育成形,正是坎中的两个阴爻。阳主气,阴主形。阳爻的阳气涣散于外,因此形成汗液和血液。两个阴爻的阴气分散于体内,因此形成身体,身体又分为四肢和五脏六腑。人的生存,都是以元气为本。元气出自坎水,蒸腾为汗,流而为血,以此来滋养四肢五脏。

【解说】"躬"指自身。"涣其躬",是说身体力行地对抗洪灾。"无悔",因为"六三"志向在外,得到了"上九"有力的帮助,因而无悔。《象传》载:"涣其躬,志在外也。"此处的"外"指外卦。"六三"与"上九"相应,志在与"上九"同心。

这一爻说明,力量弱小要拯救自身时,必须要有强大的外援。

【爻辞】六四:涣其群,元吉。涣有丘,匪夷所思。

【译文】尽散朋党，大吉大利。又能使天下分散的力量聚为大丘一般的群体，不是常人所能想得到的。

【小象传】象曰：涣其群，元吉，光大也。

【译文】尽散朋党，大吉大利，更加光辉广大。

【解说】"涣其群"，意即将朋党解散。"涣有丘"，指将分散的力量聚合在一起。《朱文公易说》载朱熹的话说："涣其群乃取老苏（即苏轼）之说，是散了小小的群队，并作一个。东坡所谓合小以谋大。""六四"阴爻居阴位得正，上方与"九五"的君王接近，相当于担当拯救涣散的重任的人。"六四"在下卦无应，象征没有私党，亦即解散小团体以奉公，当然大吉大利。小团体解散，促成大团结，众人聚结，如山丘一般，这是平常人难以想象的壮举。

这一爻说明，挽救离散之众，应消除派系，促成大团结。

□ 八卦三才图

《系辞传》曰：易之为书也，广大悉备，有天道焉，有人道焉，有地道焉。朱子曰：三画已具三才。

乾

天

人

地

以乾一卦发
例余七卦可
以类推

【爻辞】九五：涣汗其大号，涣王居，无咎。

【译文】当水势盛大、天下涣散时，像挥发汗水一样使命令广为发布，王位稳固便没有灾祸。

【小象传】象曰：王居无咎，正位也。

【译文】君王居处没有灾祸，是因为处在中正之位。

【解说】"汗"，汗漫，像挥发汗水一样无所不至。"大号"，指君王的命令。"其大号涣"是说君王的命令发布很广。

"九五"阳刚中正，在君位，是圣明的君王，故言"王居无咎"。《象传》载："王居无咎，正位也"，是说"九五"处在中正之位，因而没有灾祸。

这一爻说明，在关键时刻伟大人物能够广施政令、聚集人心，从而渡过难关。

【爻辞】上九：涣其血，去逖（tì，音同

"替")出，无咎。

【译文】消除了流血的伤害，远远地避开，没有灾祸。

【小象传】象曰：涣其血，远害也。

【译文】消除流血的伤害，是因为远离了可能的危险。

【解说】"血"同"恤"，伤害。"逖"，远的意思。从卦象看，下卦坎为险，"上九"与"六三"相应。但"上九"距离下卦"坎"最远，因而不会受到伤害。所以，远离可能受伤的场所，就不会有灾难。

这一爻讲，远离灾祸才能从险境中脱身。

节

阐释节制的原则。

坎上　节制
兑下　节约

【卦辞】 节，亨。苦节，不可贞。

【译文】 筮得节卦，亨通。过度节制自己，占问不利。

节之天象图

　　上卦为坎为水，下卦为兑为泽。雨水落入湖泊，这就是节卦的卦象。水入泽中，水满则溢，应当加以节制，最终才能亨通发达。所以卦辞说："节，亨。"过度节制，在任何情况下都非好事，不可作为常态。所以卦辞说："苦节，不可贞。"

【解说】 节卦与涣卦是"综卦"。涣散与节制，相反相成。《序卦传》载："物不可以终离，故受之以节。"

　　"节"指竹节，一段段分开，有"止"的意思。节制、节俭等，都有"止"

的含义。这一卦，下卦"兑"是泽，上卦"坎"是水。水流入泽中，过度就会溢出，应加以节制，所以称作节卦。节制是美德，因而亨通。但节制如果过度，就会使自己吃苦。不论自我的过度节约，或对他人、社会过分节俭，都非好事。因而，这种过度的"苦节"不能作为常则。

节卦各爻所示自然之理

上六：甘霖普降，旱灾消除。
九五：天降小雨，旱情缓解。
六四：大地龟裂，旱情持续加重。
六三：水面濒临干涸，旱灾严重。
九二：水源缺失，旱象明显。
初九：地面水汽升天，旱象初露。

【彖传】彖曰：节，亨，刚柔分而刚得中。苦节不可贞，其道穷也。说以行险，当位以节，中正以通。天地节而四时成，节以制度，不伤财，不害民。

【译文】《彖传》说：节卦亨通，刚爻和柔爻分布有节度而刚爻取得中位。过分节制不是正道，它会使节道处于穷困之中。以和悦的心态去涉险，站在适当的位置去行使节道，持守中正使节道亨通。天地有节度而形成四季，用节道来制定法度，既不浪费财物又不损害百姓利益。

【解说】这一卦，刚爻柔爻各有三个，阴阳分布十分有节度，且上下卦都是刚爻得中，卦形良好，所以亨通。但过分节制本身就不是正道，长久下去，会使节道处于穷困之中，而且，节制过度，必然伤民，造成民怨。

本卦下卦"兑"是悦，上卦"坎"是险，象征在看到目标时，未免见猎心喜，盲目突进。不过，一旦遇险就会停止，"悦"与"险"相互制约，是有"节制"的意思。"九五"正当君位，具备中正的德行，所以畅通无阻。"节以制度，不伤财，不害民"是全卦主旨。彖辞从自然界的四时有序形成联系到人类社会，认为人类社会的"节制之道"要注意两个方面：一是应效法天地，建立制度，以节制人的无穷欲望，这样，才能不浪费财物；二是避免过度节制使国家失去发展的生机和活力。

【大象传】象曰：泽上有水，节。君子以制数度，议德行。

【译文】泽上有水，这就是节卦的意象。君子从中受到启发，因此制定礼数制度，考察评议人们的道德行为。

【解说】"数度"，指礼数及法律制度。这一卦，上卦是水，下卦是泽，水流入泽中，本身就有节制作用。君子应当效法这一精神，制定礼数制度以约束人们的行为，考察评判人们的德行，使其不逾规范。这种制定礼制以节制欲望的主张，战国末期的荀子提倡最力。

节卦各爻所示人事指引

上六：[适度] 过度节制，必致穷途末路。
九五：[甘节] 应以中正的德行，使他人愉快地接受节制。
六四：[安节] 节制应顺其自然，不可勉强。
六三：[知止] 应当节制而不能节制，会自取其咎。
九二：[得宜] 节制过度，会失去时机。
初九：[谨慎] 知节能止，言语行动谨慎才能避祸。

【爻辞】初九：不出户庭，无咎。

【译文】居家不出，没有灾祸。

【小象传】象曰：不出户庭，知通塞也。

【译文】居家不出，因为知道通则当行，阻则当止的时势。

【解说】"初九"阳刚得正，有出人头地的能力，但正当节卦的开始，前面被"九二"阻挡，还不是适当的时机。因而，自我节制，不走出内院，能够如此慎重，就不会有灾难。

《象传》说：这是因为能够看破，知道时机还没有到来，所以居家不出。《系辞传》说：这是"初九"言语谨慎，因为下卦"兑"象征"说"。

这一爻说明，人首先应该知节能止，言语行动谨慎才能避祸。

【爻辞】九二：不出门庭，凶。

【译文】居家不出，凶险。

【小象传】象曰：不出门庭，凶。失时极也。

【译文】居家不出会有凶险，因为过度丧失适当的时机。

【解说】"门庭"是大门内的庭院，亦即外院，比户庭更接近外面。初爻不是应当外出的时机，但"九二"阳刚，得中，拥有适中、恰当的时机已经可以外出。然而，因为阳爻居阴位不正，在上卦没有应援，不知道融通，向坎险低头，仍然没能走出外院。所以《象传》说：这种行为极端丧失时机，应当外出而不外出，可以有为而不为，因此凶险。

这一爻说明，过度节制，就会失去适当的时机。

【爻辞】六三：不节若，则嗟若，无咎。

【译文】不自我节制，就会嗟叹后悔，因而没有灾祸。

【小象传】象曰：不节之嗟，又谁咎也。

【译文】不知节制造成的嗟叹，又能责怪谁呢？

【解说】"若"，语辞，相当于"样子"。

"六三"阴柔，意志薄弱，又不中不正，以致不能自我节制，最后只能后悔叹息。"又谁咎也"在此解为"又能怪谁呢"。其义如《象传》所说：咎由自取，又能责怪谁呢？

这一爻说明，应当节制而不能节制，会自取其咎。

【爻辞】六四：安节，亨。

【译文】安于自我节制，亨通。

【小象传】象曰：安节之亨，承上

□ 节气之图

巽卦最上一爻和兑卦最下一爻，变化之后都会成为坎卦。水汽向上蒸腾，湿润巽木的枝叶，水汽向下润泽，聚集泽水中的水草。湖水枯竭，就成了困卦，因为水是向下流泻的。兑卦最上的阳爻向下流泻，就有戒除欲望的意象。坎卦最上的阴爻缺失了，就有戒除嗜好的意象。戒除欲望就要居家不出。戒除嗜好就会提到甘苦之味。

上嗜下欲皆可节故也

焦味苦

得中为甘

阴阳调和于外　兑金生坎水象在位　阳气通畅于内

离火下草兑金
兑金上生坎水
金火相敌而水焦矣
水焦故苦　故曰苦节

道也。

【译文】安于自我节制而亨通，是说"六四"顺承"九五"的节道。

【解说】"安节"，是说并非勉强，而是安于自我节制。"六四"柔顺得正，向上方顺承这一卦的主体"九五"的节道，受其感化，体会到顺应自然而节制的道理，能够安于自我节制，因而亨通。

这一爻说明，节制应顺其自然，不可勉强。

【爻辞】九五：甘节，吉，往有尚。

【译文】乐于自我节制，吉利，前往受到人们的褒奖。

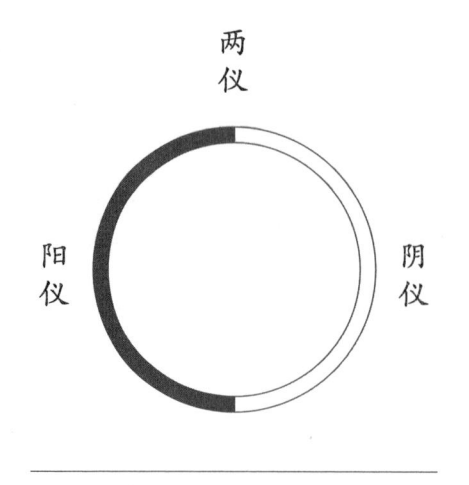

□ 太极两仪图

"易有太极"，极者，中也，至也，一也。凡物未分混而为一者，皆为太极。两仪，仪，匹也，分而为二，相为匹敌。太极者何？阴阳混一，化之本原也。两仪者何？阴阳判也。

【小象传】象曰：甘节之吉，居位中也。

【译文】乐于自我节制必然吉利，因为"九五"居于中位。

【解说】"甘节"与"苦节"相对，是乐于自我节制。"九五"阳刚中正，居君位，正是《象传》中所说的"当位以节，中正以通"。以王者的地位，节制天下；以中正的德行，使其节制之道畅通无阻，愉快地节制自己的欲望，使他人在被节制时，也能愉快接受，因此吉祥。这样就可以进一步采取积极行动，建立受人崇敬的伟业。《象传》说：这是因为"九五"居君位又得中的缘故。

这一爻说明，节制应以中正的德行，以身作则，倡导于先，才能使人民乐于接受，君王才能有所作为。

【爻辞】上六：苦节，贞凶，悔亡。

【译文】过度地自我节制，长此下去必有凶险，但最终忧悔会消亡。

【小象传】象曰：苦节贞凶，其道穷也。

【译文】过度地自我节制，长此下去必有凶险，节制之道走入穷困。

【解说】这一爻是节卦的极点，过分的节制，必然造成痛苦。"贞凶"与卦辞的"不可贞"相同,认为长此下去必有凶险。"悔亡"的意思是:忧悔可以消亡。《象传》载:"苦节贞凶,其道穷也。"指"上六"处于全卦的最上位,道路已尽,但仍不辨闭塞与通达的时势,过度地自我节制,因而凶险。

这一爻说明,过度节制,必致穷途末路。

中孚

阐释诚信乃立身处世之本,必须坚定不移地持守的原则。

巽上　心中诚信
兑下

【卦辞】中孚,豚鱼吉,利涉大川,利贞。

【译文】筮得中孚卦,用猪和鱼祭祀吉利,有利于涉渡大川,占问有利。

中孚天象图

上卦为巽为风,下卦为兑为泽。湖上的风吹动着湖水,使水花溅起,这就是中孚卦的卦象。风在止水上行走,风感水受,说明极为诚信。"巽"又象征木,木在泽上,象征船,利于涉过大河,冒险犯难,坚守正道。所以卦辞说:"利涉大川,利贞。"

【解说】《序卦传》载:"节而信之,故受之以中孚。"

"孚"本义是孵,孵卵不能延误日期,因而有"信"的含义。"中孚"指心中诚信。这一卦,上下各有两个阳爻,中间两个阴爻,是中心空虚的形象。处世为人虚心，心中诚信，所以称作中孚卦。又，上下卦的中爻，即"九二"与"九五"都是阳爻；阳爻居中，中心充实，也是中孚的象征。

"豚鱼"：豚，指小猪。"豚鱼"有两解。一种说法是：鱼之似猪形者，即所谓"江豚"。江豚属鲸类，古人奉其为水神。渔民出海前要设坛祭祀，以求平安。一说是平民用小猪及鱼作祭品，即所谓"薄祭"。《礼记·王制》载："平民于春秋两季，用豚与鱼祭祀。"一般的平民百姓，用小猪和鱼作祭品，所费虽然简单，但只要心中诚信，仍然会被上天嘉纳赐福，因此吉祥。

这一卦的卦形，外实内空，是船的形象；而且上卦"巽"是木，下卦"兑"是泽，木在泽上，也象征船；空船过河，畅通无阻，因此利于渡过大河。此卦的主旨是：心中诚信，就可以冒险犯难。不过，必须坚守正道。

中孚卦各爻所示自然之理

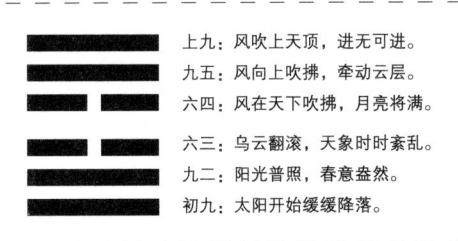

上九：风吹上天顶，进无可进。
九五：风向上吹拂，牵动云层。
六四：风在天下吹拂，月亮将满。
六三：乌云翻滚，天象时时紊乱。
九二：阳光普照，春意盎然。
初九：太阳开始缓缓降落。

【象传】象曰：中孚，柔在内而刚得中，说而巽，孚乃化邦也。豚鱼吉，信及豚鱼也。利涉大川，乘木舟虚也。中孚以利贞，乃应乎天也。

【译文】《象传》说：中孚卦，柔爻在内，刚健居于中位，人民心悦诚服，诚信可以教化天下。小猪和鱼吉祥，是说诚信广施于豚和鱼等世间万物。有利于涉渡大川，因为有木舟可乘。中孚卦持守正道吉利，是因为顺应天道。

【解说】中孚卦，从卦形上看，柔爻在中央，上下卦都是刚爻在中位。又，上卦"巽"是谦逊，下卦"兑"是喜悦，诚信使在上者谦逊，在下者悦服，人民心悦诚服，这样当然可以教化天下。因为孚的本义是孵，有"化"的含义。豚鱼吉祥，是说祭祀应诚信，虽然仅能做到以豚鱼祭祀的贫乏程度，但仍能被上天嘉纳赐福。"利涉大川"，是说上卦"巽"是木，下卦"兑"是泽，可以乘木船渡水。从卦形来看，中间空虚，确是船的形象。心中诚信，持守正道，这样才符合天的法则；因为天的德行就是诚信与坚贞。

【大象传】象曰：泽上有风，中孚。君子以议狱缓死。

【译文】水泽上吹拂和风，这就是中孚卦的意象。君子从中受到启发，因而以忠信之德审议狱案，缓处死囚。

【解说】这一卦，上卦"巽"是风，下卦"兑"是泽，泽上有风吹起，向四周扩散，可以到达任何地方，象征诚信可以遍及天下。下卦"兑"是说，所以说"议狱"；上卦"巽"是风，风寓指"和缓"；下卦"兑"是泽，与恩泽相通；所以说"缓死"。君子应当效法这一精神，以诚信审判诉讼，判处死刑的人，也应当尽可能缓刑。

中孚卦各爻所示人事指引

上九：[谦逊] 不可因诚信而孤高自赏，封闭自己。
九五：[有孚] 彼此诚信，才能相得益彰。
六四：[慎选] 诚信应选择对象，断绝无能的伙伴，追随伟大人物。
六三：[固志] 诚信必须坚定不移，否则遇事会不知所措。
九二：[互信] 互相有诚信，才能引起共鸣。
初九：[审慎] 开始应当慎重，一旦相信，就不可再疑虑。

【爻辞】初九：虞吉，有它，不燕。

【译文】有所料度因而获吉，假如有其他想法，不能安宁。

【小象传】象曰：初九虞吉，志未变也。

【译文】"初九"有所料度而获吉，因为心志不改。

【解说】中孚卦的"爻辞"，除"九五"以外，都不含卦名，因而与主题缺乏关联。"虞"是料度、推测的意思。"燕"通"安"。《礼记》中的"仲尼燕居"就是"安居"的意思。"初九"是这一卦的开始，虽然诚信，但开始却不可轻信，必须忖度对方是否可信，才能放心，这样才会吉祥。不过，一旦相信对方，就应当坚信到底，如果再有疑惑，反而会使自己不能心安。相信的对象指"六四"。因为"初九"与"六四"相应，从卦象看，"初九"应当毫不犹豫地相信。然而，任何事情，开始都必须慎重，所以"初九"仍有忧虑，心中不能安宁。

《象传》说："初九"之所以吉祥，因为诚信的初衷并没有改变。

这一爻说明，开始应当慎重，一旦相信，就不可再疑虑。

【爻辞】九二：鸣鹤在阴，其子和之，我有好爵，吾与尔靡之。

【译文】仙鹤在荫下鸣叫，小鹤应和着它，我有好酒，与你共享。

【小象传】象曰：其子和之，中心愿也。

【译文】小鹤应和着鸣叫，是因为心中有真诚的愿望。

【解说】这是众多"爻辞"中最美的句子。"阴"，指树荫。"靡"，分散，这里指共同分享。"九二"与"九五"在内外卦得中，阳刚充实，象征心中诚信；虽然远离，但仍能相互呼应；就像仙鹤在树荫下鸣叫，小鹤也会应和。"九二"处"六三"、"六四"二阴之下，位于隐蔽之处，所以称"阴"。《象传》说：心中的愿望能够相互沟通。"爵"，指酒杯，此处代指酒。"好爵"，意思是"九二"在下卦得中，自己有好酒，愿意与你同杯共享，也是比喻彼此有诚意，能够沟通。

《系辞传》引用这一"爻辞"说：君子在家里说的话，如果是好的，在千里之外，也会有人响应，更何况近处的人呢？君子在家里说的话，如果不好，在千里之外，也会有人反对，更何况在近处的人呢？话由自己的口中说出，被众人听到；行为在近处发生，被远处看到；言行对君子来说，是安身立命的根本，一

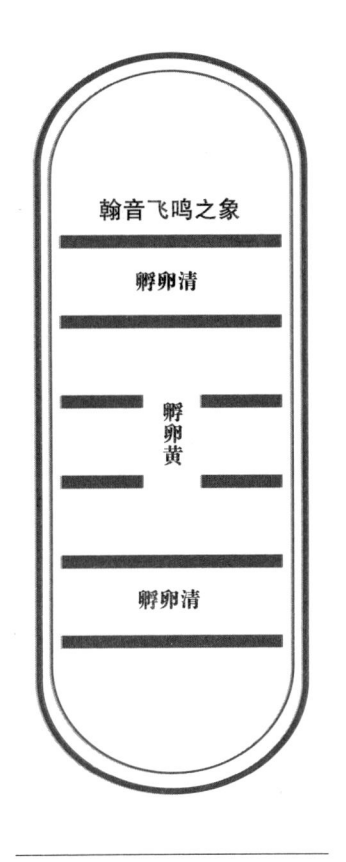

□ 中孚卵生图

　　"孚"的本义是孵,中孚卦的卦象正如鸟类的卵,因此,"中孚"是阳气的初始阶段。鸟有向上强飞的特性,必须用豚鱼的薄祭,才能最终吉利。

且发动，便决定君子是得到荣誉还是羞辱。言行对君子来说，足以感动天地，能够不慎重吗？正因为言行必须慎重，所以用"鸣鹤"、"好爵"来比拟。

这一爻说明，相互有诚信，才能引起共鸣。

【爻辞】六三：得敌，或鼓或罢，或泣或歌。

【译文】遇敌，或擂鼓击之，或罢战，或哭泣，或歌唱。

【小象传】象曰：或鼓或罢，位不当也。

【译文】或擂鼓击之，或罢战，是因为位置不当。

【解说】"六三"阴爻在阳位，有盲目冲撞的倾向。但是，前面有"六四"阻挡，同性相斥。"六三"虽然与"上九"相应，但"六四"也与"初九"相应，势均力敌，不可能亲近，因而敌对。"六三"一会儿击鼓进攻，一会儿又停战后退，并且忽悲忽喜，完全是不知所措的样子。

《象传》说："六三"阴爻居阳位不正，所处位置不当；而"六四"则阴爻居阴位得正。因此，"六三"没有战胜的可能，却又满怀敌意，以致不知如何是好。

这一爻说明，保有诚信必须坚定不移，否则遇事则不知所措。

【爻辞】六四：月几望，马匹亡，无咎。

【译文】月近十五，马匹丢失，没有灾祸。

【小象传】象曰：马匹亡，绝类上也。

【译文】马匹丢失，因为与同类断绝而上承"九五"。

【解说】十五满月为望。"几望"，指月亮将盈而未盈。"六四"阴爻居阴位得正，最接近"九五"君位，是地位最高的大臣，所以用几乎已是满月来比

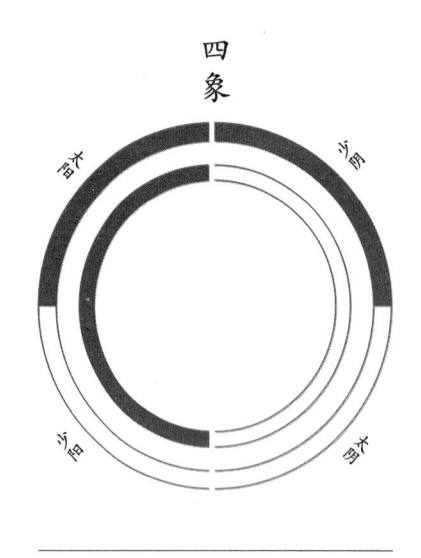

□ 太极四象图

道生天地，而太极者，道之全体也。太极生两仪，两仪生四象，四象生而后天地之道备焉。立天之道曰阴与阳，立地之道曰柔曰刚，阴阳变于上而日月星辰生焉，刚柔化于下而水火土石成焉。日月星辰成象于天，水火土石成体于地，象动于上而四时生焉，体交于下而万物成焉。

喻。"六四"与"初九"相应，就像一对马。然而，"六四"却与同类的"初九"断绝，要向上顺从"九五"。一对马，失去了匹配，就如《象传》所说的那样，应断绝无能的伙伴，追随伟大人物，才会没有灾祸。

这一爻说明，诚信应选择对象。

【爻辞】九五：有孚挛如，无咎。

【译文】心中诚信而携手并进，没有灾祸。

【小象传】象曰：有孚挛如，位正当也。

【译文】心中诚信而携手并进，因为位置正当。

【解说】"挛"，互相牵系，此处比喻相互携手。"九五"在上卦得中，阳刚充实，具备心中诚信的"中孚"德行，又在尊位，成为这一卦的主体。在下方，又有同样具备中孚德行的"九二"，二人成为携手并肩的同志。正如《象传》所说，地位正当，所以无咎。

这一爻说明，彼此诚信，才能相得益彰。

【爻辞】上九：翰音登于天，贞凶。

【译文】鸡鸣之声在空中唱响，固执于此有凶险。

【小象传】象曰：翰音登于天，何可长也。

【译文】鸡鸣之声在空中唱响，怎么可能长久？

【解说】"翰音"，这里指鸡的鸣叫声。《礼记·曲礼》载："祭祀用的鸡，称作翰音。""翰音"是天鸡，即锦鸡，羽毛长而高翘。鸡的鸣声可以飞上高天，而鸡却在地下。声音之高与实体之低，以致名实不符。此卦是"诚信"，鸡每天按时啼晨，不误时，所以用以比喻。从卦形来看，上卦"巽"也是鸡的象征。

"上九"阳刚，并非心中没有诚信，但已经到达中孚卦的极点，未免自信过度，不服从君位的"九五"，孤高且自鸣得意，就像鸡不能高飞，但却想登天，若固执己见，不久就会坠落到地上。鸡能够长鸣，声音响亮，到达天上，但本身却仍然留在地下。意思是说，一个人即使心术纯正，也不可孤芳自赏，过高估量自己，必定难以长久。

这一爻说明，不可因诚信而孤高自赏，封闭自己。

小过

阐释在行动时应知道收敛,不宜过度的道理。

震上　小的过度
艮下

【卦辞】 小过,亨,利贞。可小事,不可大事。飞鸟遗之音,不宜上,宜下,大吉。

【译文】 筮得小过卦,亨通,占问有利。只可做小事,不可做大事。飞鸟留下余音,不宜向上飞,只可向下飞,如此则大吉利。

小过天象图

上卦为震为雷,象征天阳;下卦为艮为山,象征地阴。山上响雷阵阵,雷声超过了寻常的雷鸣,这就是小过卦的卦象。鸟向上飞是逆行,向下飞是顺行,顺时而动,因此大吉。所以卦辞说:"可小事,不可大事。飞鸟遗之音,不宜上,宜下,大吉。"

【解说】 这一卦,与中孚卦的阴阳相反。《序卦传》载:"有其信者必行之，故受之以小过。"这句话的意思是：人有诚信，必体现于行动，有行动必有所过。因此，此卦列在中孚卦之后。

这一卦，有四个阴爻，二个阳爻。阳大阴小，所以是"小过"。一说，小过是阴爻错过，不能相遇，不是"过度"的意思。相反，"爻辞"有"通过"之意，而《大象传》则明白地解释为"过度"。总之，"过"这个字，兼有通过、过度等多种含义。

这一卦，是阴爻过度，本身有亨通的含义；但必须固守正道，对小事可以"过度"，大事则不能。又，这一卦的卦形，中间的二个阳爻可看作鸟身，上下阴爻可看作翅膀，与鸟飞的形象相似。而且，前一卦的"中孚"是孵化的意思。这一卦的鸟，已经孵化，就像鸟飞过只留下叫声，不会发生作用；又像鸟不宜往上飞，要往下飞，才能找到栖息的地方。暗喻不可好高骛远，应当务实，才会大吉大利。

小过卦各爻所示自然之理

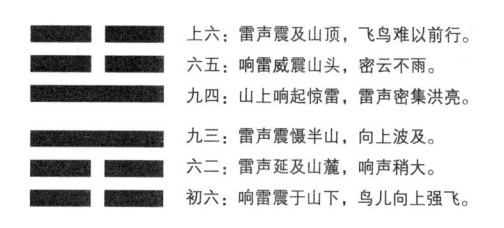

上六：雷声震及山顶，飞鸟难以前行。
六五：响雷威震山头，密云不雨。
九四：山上响起惊雷，雷声密集洪亮。
九三：雷声震憾半山，向上波及。
六二：雷声延及山麓，响声稍大。
初六：响雷震于山下，鸟儿向上强飞。

【彖传】彖曰：小过，小者过而亨也。过以利贞，与时行也。柔得中，是以小事吉也。刚失位而不中，是以不可大事也。有飞鸟之象焉，飞鸟遗之音。不宜上，宜下，大吉，上逆而下顺也。

【译文】《彖传》说：小过卦，是说在阴柔过强之下而能亨通。小的过度利于守正，因为其行动顺应天时。柔爻占居中位，所以做小事吉祥。刚爻不正又不处中位，所以不能大有作为。卦形有飞鸟之象，飞鸟留下余音，告知人们，不宜进取，只可退守，如此则大吉利。此时进取是逆时而动，退守才合时宜。

【解说】"小过"，是说小事可以亨通，意思是阴爻通过可以放行，可以达到愿望。但要想通过，必须坚守正道，行动能够顺应时机，才能有利。这一卦，上下卦都是阴爻在中位，所以小事吉利。又因为两个刚爻，"九四"不正，"九三"不居中位，所以大事不可为。这一卦，又有飞鸟的形象，飞鸟留下余音，告诫人们：不宜进取，只可退守。因为进取而向上飞行是逆行，十分困难；而退守是由上而下，顺时而动，所以大吉。

【大象传】象曰：山上有雷，小过。君子以行过乎恭，丧过乎哀，用过乎俭。

【译文】雷在高山上轰鸣，这就是小过卦的意象。君子从中受到启发，行为要尽量谦恭一些，丧事尽量悲哀一些，用费尽量节俭一些。

【解说】这一卦，下卦"艮"是山，上卦"震"是雷。山上的雷声比平地的雷声响亮，也就是说要"超常"一些。"过"是超过，"小过"是只能略过。君子从中受到启发，在行为上也要超常一些。如：行动比平常人略过谦恭一些，办丧事比平常人略过悲伤一些，在用度上比平常人略过节俭一些，目的是矫枉过正，给常人做个榜样，以纯正社会风气，但也不可太过分。《论语·为政》载："恭近于礼，远耻辱也。"另《八佾》载："礼，与其奢也，宁俭；丧，与其易也，宁戚。"此处的"易"，是注重形式的意思，这与《象传》的观点一致。

小过卦各爻所示人事指引

上六：	[中庸]	及时收敛，不可太过。
六五：	[因应]	因应时机，圆融地处理问题。
九四：	[变通]	刚与柔、过与敛必须因应变通，不可固执。
九三：	[明辨]	"过"与"敛"的分际，应当明辨。
六二：	[过甚]	稍有过度，不能发挥积极的功用，但仍会有益。
初六：	[收敛]	应知收敛，不可好高骛远。

【爻辞】初六：飞鸟以凶。

【译文】鸟儿向上强飞有凶险。

【小象传】象曰：飞鸟以凶，不可如何也。

【译文】鸟儿向上强飞有凶险，这是无可奈何的事情。

【解说】小过卦的卦形像鸟，因此用飞鸟比拟。"初六"阴柔，与上卦的"九四"相应，因而一心想向上飞；但好高骛远，不知收敛，自然凶险。所以《象传》说：咎由自取，无可奈何。

这一爻告诫，人应知收敛，不可好高骛远。

【爻辞】六二：过其祖，遇其妣；不及其君，遇其臣，无咎。

【译文】越过了祖父，遇到祖母，没有到达君王面前却遇到臣子，没有灾祸。

【小象传】象曰：不及其君，臣不可过也。

【译文】没有到达君王面前，因为臣子不可有过分之想。

【解说】"祖"是祖父，"妣"是祖母。"九四"相当于祖父、君；"六五"相当于祖母、臣。"二"与"五"相应，"六二"，因而顺利升进，但应当相应的"五"位，却不是阳爻，而是阴爻。所以说，越过了祖父，遇到祖母；"六二"欲应于"六五"而隔于"九三"，因而没有到达君王面前，却遇到了臣子。然而，虽然没有遇到所期望的应援，但仍然可以得到协助，因此无咎。

《象传》说：与"二"相应的，本来是"五"。但因"六五"是君位，因而臣子不可有过分之想。

这一爻说明，稍有过度，虽然不能发挥积极的功用，但仍然有益。

【爻辞】九三：弗过防之，从或戕之，凶。

【译文】不要超越而要防备凶险，盲目跟从或许将惨遭杀害，凶险。

【小象传】象曰：从或戕之，凶如何也。

【译文】盲目跟从或许将惨遭杀害，有凶险怎么办？

飞鸟离之

| 右 | 翼 |

腹背之形毛

| 左 | 翼 |

飞鸟以凶

□ 小过翼成图

　　小过卦中，上卦震代表春分，下卦艮代表立春，"小过"是阳气的成长阶段。离卦有网罟的意象，能够捕捉鸟兽，一味向上强飞，正如到达离卦的顶点，阳气太盛，则会有阴气生成。最上的阳爻变为阴爻，才会有震卦的卦象，喻示阳气成长时，鸟类一味向上强飞会遇到凶险。

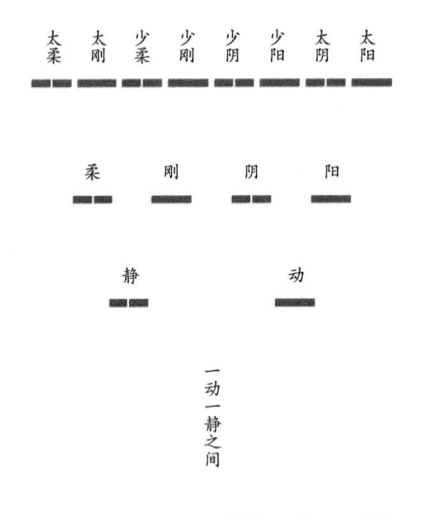

□ 经世衍易八卦图

易之太极，在阴阳的一动一静之间。动静为易之两仪；阴阳刚柔为易之四象。而易之八卦即：太阳、太阴、少阳、少阴、少刚、少柔、太刚、太柔。

【解说】"戕"是杀害。《左传》宣公十八年的记事中说："本国的臣杀害君称为弑，他国的人杀害君称为戕。"

"九三"阳刚得正，是刚直的君子，所以勇往直前。但与"九三"相应的"上六"却是阴柔小人。"九三"应当谨慎而不超越，同时防备凶险；若前行，就有被杀害的危险。

这一爻强调，"过"与"敛"的分际，应当明辨。

【爻辞】九四：无咎，弗过遇之。往厉必戒。勿用，永贞。

【译文】没有灾祸，不要超越，能够相遇。前往有危险必须警惕。不要有所行动，永久持守正道。

【小象传】象曰：弗过遇之，位不当也，往厉必戒，终不可长也。

【译文】不要超越，能够相遇，因为位置不当，前往有危险，必须警惕，危险最终不可长久。

【解说】"九四"刚爻居柔位，刚而兼柔，不会逞强，所以无咎。"九四"与"初六"相应。"初六"是阴柔小人，一心想侥幸高升；但"九四"刚柔并济，处事不超越、不过分，因而与"初六"虽相遇却相安无事。如果嫉恶如仇，积极地扼阻，就有危险。在此情况下，不要轻举妄动，只有提高警惕，静以待变，永久持守正道才是高明之举。

《象传》说："九四"处在不当地位，因此不可前行。但"九四"刚爻居阴位，不会用强；如果是阴爻居阴位，也许就会处置过当。这时，"九四"如果有所举动就很危险。"九四"必须戒惕，因为"初六"是小人，小人之道最终不可能长久，不必操之过急。

这一爻说明，刚与柔、过与敛必须因应变通，不可固执。

【爻辞】六五：密云不雨，自我西郊，公弋取彼在穴。

【译文】从西郊吹来的乌云密布于天空，却不见下雨。王公用带绳的箭射获了洞穴中的猎物。

【小象传】象曰：密云不雨，已上也。

【译文】从西郊吹来的乌云密布，却不见下雨，因为"六五"已居于阳之上，不能向下。

【解说】"弋"是带绳的箭，射出后可以拉回。"密云不雨，自我西郊"，在小畜卦中也有同样的句子。"六五"在君位，但阴爻力弱，心有余而力不足，无力从事积极的事业，所以说密云不雨。云属于阴，西是阴的方位，"六五"阴爻居阴位，因而用"密云"、"西郊"比喻。"公弋取彼在穴"意思是拿着绳箭，射进穴中，将与其相应的"六二"捉来辅佐自己。穴属于阴，"六二"是阴爻，所以说在穴。这一爻，虽然没有占断吉凶，但"六五"与"六二"两个阴爻在一起，明显不足以成大事。

《象传》说："六五"已经居于阳之上了。阳下降，阴上升，阴阳交合才会下雨。但"六五"一味凌驾于阳之上，不能与阳相遇，所以不雨。

这一爻告诫，过度强求不足以成大事。

【爻辞】上六：弗遇过之，飞鸟离之，凶，是谓灾眚。

【译文】不相遇而超越过去，就像飞鸟被网住，凶险，这叫天灾人祸。

【小象传】象曰：弗遇过之，已亢也。

【译文】不相遇而超越过去，因为已经到达极点了。

【解说】"离"即"罹"，灾难的意思。"灾"，天灾；"眚"，人祸。"亢"，极度。"上六"是阴柔小人，也是这一卦阴的极点。"上六"没有遇到任何阻挡，以致飞升过度，终于触及网罗。就如鸟执意高飞，投身罗网而遭到射杀。"上"与"初"爻相当于鸟的翼因此用飞鸟比喻。这一爻，看似天灾，实际上却是人祸。

《象传》说：小人升得过高，已经到尽头。

这一爻告诫，极端过度，必然招灾致祸。

既济

阐释成功后在盛极必衰时减少损失的原则。

坎上　完成
离下

【卦辞】既济，亨，小利贞。初吉终乱。

【译文】筮得既济卦，亨通，占问小事有利。开始吉利，最终危乱。

既济天象图

上卦为坎为水，象征地阴；下卦为离为火，象征天阳。水火相济，这就是既济卦的卦象。火可煮水，烹饪已成，象征事情已经成功。万事皆在变化，成功之后难有大作为，只有小事才能亨通，因此必须坚守正道。所以卦辞说："既济，亨，小利贞。"

【解说】《序卦传》载："有过物者必济，故受之以既济。""济"，涉渡江河，有"成"的含义。"既济"即"既成"，已经成功的意思。能够跨越险阻，必然成功。

由卦形来看，这一卦，阳爻都在奇数位置，阴爻都在偶数位置，全部得正，形象最完整，象征诸事成功，因此称为既济卦。然而，造物的玄妙，正在于此。阴阳错综复杂，才能产生变化，生生不息；过于完美反而僵化，以致丧失积极奋发的活力，不能再有大作为。只有小事还能亨通。即使取得成功，接着到来的必然是颓废松懈，趋向没落。因而，必须居安思危，坚守正道，继续奋发，才能有利。当成功来临，在意气风发时一切都显得吉祥；然而，物极必反，终于又将陷入混乱。本卦主旨是告诫守成的艰难。

这一卦的"卦辞"并不吉祥，对六爻的占断，也都用警惕的语气。天地间，愈美满的事物，往往愈隐藏危机。由这一卦，我们可以看出《易经》含义的深远。

既济卦各爻所示自然之理

上六：太阳西落，河水上涨。
九五：红日当空，云霞掩映。
六四：太阳穿透云层，光照天下。
九三：太阳上升，遇到云层。
六二：太阳显露，光芒映照大地。
初九：太阳从地平线上缓缓升起。

【彖传】彖曰：既济亨，小者亨也。利贞，刚柔正而位当也。初吉，柔得中也。终止则乱，其道穷也。

【译文】《彖传》说：既济卦亨通，是指小事亨通。利于守正，是说三个刚爻和三个柔爻位置正而当位。开始吉利，是因为"六二"柔爻取得中位。最终危乱，是因为既济之道极易走向穷困。

【解说】既济卦亨通，是说本卦在小的方面、小事上亨通，不可能再有大作为。"利贞"，指全卦六爻都居于正位，三个柔爻占据阴位，三个刚爻占据阳位，所以说"利贞"。但是因为刚柔各爻都得正而缺乏变通，由此走向僵化。"初吉"，是说既济卦本身含义是成功。"六二"阴爻在下卦得中，能够安分稳定下来，因而吉利。"终乱"，是说成功之后面临新目标，但刚爻阴爻始终停留在正位，使变化法则失去弹性。保守必然趋向衰败，因而最终走向危乱。

【大象传】象曰：水住火上，既济。君子以思患而预防之。

【译文】水住火上，这就是既济卦的意象。君子从中受到启发，要虑及忧患，预先防备。

【解说】这一卦，下卦"离"是火，上卦"坎"是水，水性润下而居上，火性炎上而居下，象征水火相济。然而，水在火的上方，暗含使火熄灭的危险。君子应当效法这一精神，凡事在刚刚取得成功时，就应当考虑到接踵而来的衰乱，以提前预防。

既济卦各爻所示人事指引

上六：[醒悟] 不可被成功冲昏头脑，盲目冒进。
九五：[奋发] 成功后不可自满，应继续奋发努力，保全既有成就。
六四：[戒惧] 成功后不可自满，更应当时时戒备。
九三：[审慎] 不可轻信贪功冒进之人而轻易发动攻击。
六二：[节制] 成功之后应适当节制。
初九：[绸缪] 刚刚取得成功，应预想一切可能的后果，提前准备。

【爻辞】初九：曳其轮，濡其尾，无咎。

【译文】拉住车轮，牛尾被水浸湿难以过河，没有灾祸。

【小象传】象曰：曳其轮，义无咎也。

【译文】拉住车轮，理当没有灾祸。

【解说】"济"是渡河的意思。《孟子·离娄下》曾提到这一卦：郑国的子产，用他的车渡人过河，有人在后面拖住车轮，车不能前行。这里的"车"指牛车。"初九"阳爻居阳位，又处下卦火体，因而好动冒进。但此时刚取得成功，如若妄动，则会破坏稳定的局面，因此应减缓行车的速度。如此，在渡河过程中，即使车轮被拉住，牛的尾巴被打湿了，难以涉过大江，也不会有灾难出现。在渡河之初应当以巩固与守成为主，不妄动冒进，才能无咎。"初九"在这一卦的最下方，寓指车轮、牛尾。

这一爻，说明刚刚取得成功，更应慎重，应预想到一切可能的后果，提前做好准备。

【爻辞】六二：妇丧其茀，勿逐，七日得。

【译文】妇女丢失了遮蔽车子的帷幔，不用找寻，七日后可失而复得。

【小象传】象曰：七日得，以中道也。

【译文】七日后可失而复得，是说"六二"占据下卦中位，能行中道，因此不会有损失。

【解说】"茀"，是障蔽车子的帷幔。"六二"中正，是下卦"离"的主爻，又与上卦"九五"阳刚中正的君位相应，应当有出人头地的机会。然而，"九五"君主，正当功成名就、踌躇满志之时，并不急欲寻求在野的遗贤，以致"六二"怀才不遇，就像妇女遗失了遮蔽车子的帷幔，不能前行。不过，也不必积极去寻找，过了七日，遗失的帷幔就会出现，时机就会到来。为什么说七日？因为一卦由六爻构成，一爻代表一日，"六二"在经过一巡之后，回到第七日的位置时间，不会太长，也不会太短。

《象传》说："六二"在下卦中位，能够实践中正之道，因此不会有损失。

这一爻说明，成功之后应适当节制，也许会有一时的损失，但结果将会圆满。

【爻辞】九三：高宗伐鬼方，三年克之。小人勿用。

【译文】殷高宗征伐鬼方，用三年时间将对方征服。小人不可被任用。

【小象传】象曰：三年克之，惫也。

【译文】用三年时间将对方征服，太疲惫了。

乾盈九故
不见其首

仲　　吕

蕤宾

林　　钟

夷　离　则
　中
　之
　阴
南　已　吕
　济

无射

□ 既济律之图

古乐十二律是古乐的十二调。奇数六律为阳律，称为六律，偶数六律为阴律，称为六吕；阴阳各六律，总称律吕。六阳律为：黄钟、太簇、姑洗、蕤宾、夷则、无射；六阴律为：大吕、夹钟、仲吕、林钟、南吕、应钟。既济、未济中各爻阴阳交错，正可以用古乐十二律来分别指代。既济卦中，上卦坎的阳爻将升至最上方的仲吕，阳为乾，乾为天，天数终于九，九数盈满不见其首。

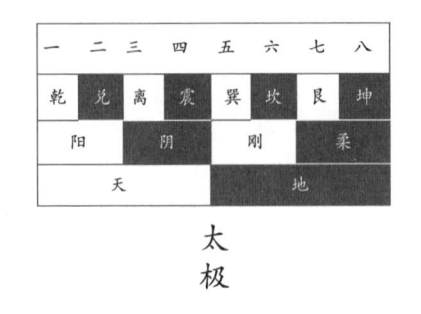

□ 伏羲八卦次序图

太极分天地，天地有阴阳。阴阳为立天之道，刚柔为立地之道。阴阳中又有阴阳，其法一变二，二变四，四变八。其八卦次序为乾首坤尾，即乾一、兑二、离三、震四、巽五、坎六、艮七、坤八。

【解说】"高宗"是殷代中兴的英明帝王，名武丁。"鬼方"是殷代西北方的少数民族。根据在河南殷都废墟出土的卜辞，高宗时代，曾经与苦方、土方等国发生战争。一说鬼方就是苦方，一说是后来的匈奴。

殷高宗讨伐鬼方，经过三年的苦战才获胜。对有战功的小人，只能给以重赏，但不能重用。"九三"刚爻居刚位，非常刚强，象征贪功冒进之人。《象传》说：三年才战胜，当然疲惫不堪。这是说不可轻率用兵。

这一爻，强调不可轻信贪功冒进之人而轻易发动战争。

【爻辞】六四：繻（rú，音同"如"）有衣袽（rú，音同"如"），终日戒。

【译文】乘船渡河，一旦发现漏水，用破衣服堵住漏洞，成天警戒着。

【小象传】象曰：终日戒，有所疑也。

【译文】成天警戒着，因为有所疑惧。

【解说】"繻"通"濡"（rú，音同"如"），这里指船舱渗漏，"袽"是破衣。经过长期战争，士卒的衣服已经破烂不堪。这一卦是"济"，围绕着渡河发挥爻辞意义。"繻"是"濡"的通假字。船漏要用破布堵塞，"六四"正在渡河，为防止漏水，事先准备破布，用以堵塞木舟的漏洞。士卒整天严密戒备，以防不测。如此解，前后才能连贯。

"六四"柔爻居柔位，具备凡事细心、设想周到的性格。正如《大象传》所说，忧患能够预防。这样做虽然不一定吉祥，但事先预防，可使灾祸发生的可能性降低。在这卦中，处处酝酿着危机，能够做到这一步已属不易。

《象传》说：在既济的时刻，应当经常警惧灾祸的来临。必须终日戒备，以策安全。

这一爻，告诫成功后不可自满，更应当时时戒备。

【爻辞】九五：东邻杀牛，不如西邻之禴（yuè，音同"月"）祭，实受其福。

【译文】东邻杀牛举行盛大祭祀，不如西邻之薄祭，心怀诚敬而受到上天的福佑。

【小象传】象曰：东邻杀牛，不如西邻之时也。实受其福，吉大来也。

【译文】东邻杀牛举行盛大祭祀，不如西邻按时祭祀。心怀诚敬而受到上天的福佑，虽是薄祭，但获得了大吉利。

【解说】"禴祭"是夏祭，此时还没到丰收时节，因而祭祀应当简单。东是阳的方位，"九五"在东方；西是阴的方位，"六二"在西方。"九五"处在这一卦的君位，事业既成，天下太平，再也不追求进步。正如一个处在巅峰状态的人，正逐渐趋向没落，当然不如刚出头的"六二"奋发有为。因此，东邻杀牛，举行盛大的祭祀，反而不如西邻虔诚的简单祭祀能得到神的降福。

一说，这一爻是指东方的殷纣王，残暴无道，不如西方小国的西伯深得民心。《系辞传》也说：《易》的兴起，不是正当殷代末世，周国的德政隆盛的时期吗？不是正当文王与纣王争夺天下的时期吗？

《象传》则作吉凶两面的解释。当功成名就，仍应坚守创业时的初衷，继续奋发努力，才会有大吉祥，否则就要走向没落。

这一爻说明，成功后不可自满，应当一本初衷，继续奋发努力，才能保全既有成就。

【爻辞】上六：濡其首，厉。

【译文】河水浸透了头，危险。

【小象传】象曰：濡其首厉，何可久也。

【译文】河水浸透了头一样的险境，怎么可以持久呢？

【解说】"上六"在最上位，相当于牛的头。这一卦"坎"是水，"上六"在水的最上方，是头浸到水的形象。"上六"阴弱，冒险渡河，就像牛渡河，头没入水中，当然凶多吉少。此时，应幡然悔悟，及时回头，不可沉溺其中，终致没顶，所以《象传》说，这样怎么能长久呢？

这一爻说明，不可被成功冲昏头脑，盲目冒进只会招致危险。

未济

阐释在接近成功时，在成败立决的时刻应遵循的原则。

离上　未完成
坎下　为君的道

【卦辞】未济，亨。小狐汔（qì，音同"气"）济，濡其尾，无攸利。

【译文】筮得未济卦，亨通。小狐狸渡河途中浸湿了尾巴，没有好处。

未济天象图

　　上卦为离为火，象征天阳；下卦为坎为水，象征地阴。火向上燃烧，水向下流淌，这就是未济卦的卦象。火上水下，对立相克，象征事情未完成。所以卦辞说："未济，亨。"小狐狸渡河快要到达彼岸时，尾巴弄湿，导致功亏一篑。所以卦辞说："小狐汔济，濡其尾，无攸利。"

【解说】未济卦，与既济卦是卦形上下相反的"综卦"，也是阴阳完全相反的"错卦"。亏而盈，满而损，完成未竟的事业；同时，也是另一次新行动的开始；既往与未来，相互交错作用。《序卦传》载："物不可穷也，故受之以未济终焉。""既济"是已经完成。但一切事物，不可能就此终止、永远美满，必然会继续变化发展；因此，完成必定孕育着全新的开始。《易经》虽然到此终止，但宇宙包罗万象，永远变化演进，无尽无穷。

　　这一卦，六爻都不正，意味着事功未成。卦象上极端恶劣，阴阳各爻，完全被分隔。而且阴阳各爻都不得正，有小人得势的衰败现象。然而，正因为阴阳各爻都不在正当位置，象征变化正在酝酿中，能让人对未来充满希望；因而，本卦"爻辞"也比既济卦吉祥。既然事功未成，便意味着前面有巨大的发展空间，因而亨通。"汔"与"迄"同，旧注作"几乎"讲，是"快要到达"的意思。小狐狸渡河，在快要渡过河的关键时刻打湿了尾巴，意思是：本卦处在成功与失败的边缘，已遇到险阻，仍然未能坚持到最后。不过，"未济"预示着新的开始，任何力量也无法阻挡，因此，全卦仍然是亨通的。

未济卦各爻所示自然之理

上九：阳极反阴，日光逐渐暗淡。
六五：太阳高悬中天，江河奔腾。
九四：阳光普照，水势逐渐平缓。
六三：日照强烈，河水翻腾。
九二：太阳上升，流水汇聚成湖。
初六：太阳初升，流水下行。

　　【象传】象曰：未济，亨，柔得中也。小狐汔济，未出中也。濡其尾，无攸利，不续终也。虽不当位，刚柔应也。

　　【译文】《象传》说：未济卦亨通，因为柔爻能持守中道。小狐狸将要渡河成功，还未游出水中。浸湿了尾巴，没有好处，因此不能游到终点。虽然六爻位置不恰当，但刚柔却能相互呼应。

　　【解说】事功未成而说亨通，是因为"六五"阴爻在上卦中位，能够实践中庸之道。小狐狸几乎渡河成功，但因为"九二"在下卦"坎"的正中央，"坎"卦是水、险，尚未脱离水，所以危险。尾巴打湿，最终导致渡河失败。意思是说：小狐狸的头虽然到达彼岸，但尾巴仍然拖在水中，终于没有完成登岸，功亏一篑。虽然本卦的六爻都不当位，看来欲济似乎很难，但是六爻刚柔两两相应，喻示相互辅助即可成功，因此最终会亨通。

【大象传】象曰：火在水上，未济。君子以慎辨物居方。

【译文】火在水上，这就是未济卦的意象。君子从中受到启发，应该审慎分辨世间万事万物的类型，使它们各得其所。

【解说】这一卦，虽然阴阳各爻位置不当，但却都能刚柔相应，相互辅助以成事业，前途充满希望。本卦上卦"离"是火，下卦"坎"是水，火向上燃烧，水往下流，背道而驰，是一种上下分离之象。君子从这种分离状态中得到什么启示呢？《象传》说：应该"慎辨物居方"。其意思是：君子从水火分离的卦象中应该学会审慎辨别世间万事万物类型，不要把事物混淆，使其能各得其所。

未济卦各爻所示人事指引

上九：	[节制]	功成名就时，要保持清醒，懂得节制。
六五：	[中正]	在成功的最后时刻，更应明智、中庸、诚信、谦虚。
九四：	[守正]	在建功立业的关键时刻，必须坚持正道，奋发努力。
六三：	[涉险]	在脱离险境的关键时刻，应当断然冒险。
九二：	[节制]	在事业刚起步时，自我节制十分重要。
初六：	[量力]	在关键时刻，更应量力而行，不可贸然前行。

【爻辞】初六：濡其尾，吝。

【译文】小狐狸的尾巴浸湿了，有麻烦。

【小象传】象曰：濡其尾，亦不知极也。

【译文】小狐狸的尾巴浸湿了，终于没有能渡河成功，因为小狐狸不知道自己力量的极限。

【解说】这一卦，"初六"与"九二"的"爻辞"与既济卦"初九"的用语相同。"初六"在最下方，相当于狐狸的尾巴，阴柔无力；此时又正当未济卦的开始，难以渡河，以致打湿尾巴，没有成功。

《象传》说：这是不知道自己力量的极限，自不量力，所以招来麻烦。

这一爻说明，在成功的关键时刻，更应当量力而行，不可贸然前行。

【爻辞】九二：曳其轮，贞吉。

【译文】拉住车轮，守正吉利。

【小象传】象曰：九二贞吉，中以行正也。

【译文】"九二"守正吉利，推行中道而行为得正。

【解说】这一卦指天下尚未平定，正面临事业刚起步时最艰苦的时期。处在君位的"六五"阴柔无力，唯一所能仰赖的是相应的"九二"。"九二"刚爻在阴位，在下卦得中；恭顺中庸，能够克制自己，就像渡河时拖住车辆，防止其速行，"九二"刚中还要像既济"初九"一样曳其轮，说明未济处境尤艰，比既济更需小心谨慎，不可轻进，如此坚守中正之道，当然吉祥。

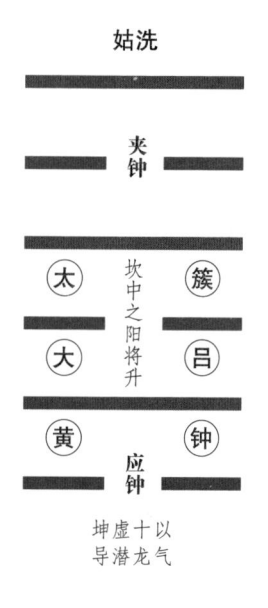

"九二"刚爻居阴位，本来不正，但得中。《易》重视"中"，"中"比"正"更重要，所以《象传》说：因为持守中道因此行为得正。

这一爻说明，在事业刚起步时自我节制的重要性。

【爻辞】六三：未济，征凶。利涉大川。

【译文】未能涉渡大河，征进凶险。有利于涉过大川险阻。

【小象传】象曰：未济征凶，位不当也。

【译文】未能涉渡大河，征进凶险，是因为位置不当。

【解说】"征凶"与"利涉大川"，看似相互矛盾，好像遗漏一个"不"字。不过，下卦"坎"是险，"六三"在险的最上方，是即将脱离危险的形象。"六三"柔弱，位置不中不正，在这一时刻，积极行动当然不利。但"六三"

姑洗

夹钟

太 坎 簇
  中
  之
大 阳 吕
  将
  升
黄 钟
应
钟

坤虚十以
导潜龙气

□ 未济律之图

未济卦中，上卦离内的阴爻入于坎卦，到达最下方的应钟，坤为地，地数终于十，坤虚十以导地面的潜龙之气。

有正应在"上九","上九"是终位,又身处险外,能给予"六三"有力的援助,所以说"利涉大川"。再有,当此即将脱离险境的重要时刻,充分考虑不利条件,经过慎重周详的策划,断然冒险反而能够突破困境,找到出路,因而有利。下卦"坎"是水,所以说"利涉大川",此处比喻冒险犯难会很顺利。

这一爻说明,在脱离险境的关键时刻,应当敢于断然冒险。

【爻辞】九四:贞吉悔亡,震用伐鬼方,三年有赏于大国。

【译文】持守正道吉利,忧悔消亡。振奋士气讨伐鬼方,用三年时间将对方征服,得到大国之君的奖赏。

□ 文王八卦图

帝出于震,齐于巽,相见于离,致役于坤,说话于兑,战于乾,劳于坎,成言于艮。震为东方,巽为东南方,离为明,万物都可相见,南方之卦象,坤为地,兑为正秋,乾为西北之卦象。艮为东北之卦象。

【小象传】象曰:贞吉悔亡,志行也。

【译文】持守正道吉利,忧悔消亡,是因为"九四"完成了渡河的志向。

【解说】"震"是动,《诗经·时迈》载:"薄言震之",这里是振奋士气的意思。"九四"阳爻居阴位不正,应当忧悔,但由于持守正道,因而使忧悔消失。但因"九四"本身不正,即使想持守正道也很艰难,所以必须奋起,发挥阳刚之气。就像振奋士气以讨伐鬼方那样,经过三年苦战,终于成功,得到大国之君的奖赏。"既济"卦和"未济"卦中,都有讨伐鬼方的语句。这是因为"济"除有"涉渡"之意外,还有"成就功业"的含义;所以《象传》说,"九四"完成了渡河的志向。

这一爻说明,在建功立业的关键时刻,必须坚持正道,奋发努力。

【爻辞】六五:贞吉无悔,君子之光。有孚,吉。

【译文】持守正道吉利,没有忧悔,因为有君子美德的光辉。有诚信,吉利。

【小象传】象曰：君子之光，其晖吉也。

【译文】君子的光辉，是说他美德的光辉带来了吉祥。

【解说】"晖"与"辉"相同。"六五"阴爻居阳位，虽然在君位但不正。不过，由于本身是阴爻，中心空虚，在上卦的中位，又与下卦阳刚得中的"九二"相应，因而中庸，能够寻求有力的辅佐。"六五"作为正当，所以吉祥，根本就不会有忧悔之事。又，上卦"离"是明，"六五"在光明的中央，是文明之主，象征一个奋发君子的光辉德性；加之"六五"虚心诚信，更是吉上加吉。既济卦，是初吉终乱；未济卦，则有初乱终吉的趋势。

这一爻，说明在成功最后的关键时刻，更应坚持明智、中庸、诚信、谦虚的美德，以此号召贤能，成就伟大的事业。

【爻辞】上九：有孚于饮酒，无咎。濡其首，有孚失是。

【译文】带着诚意饮酒，没有灾祸。酒水打湿了头，必定失去这一吉兆。

【小象传】象曰：饮酒濡首，亦不知节也。

【译文】饮酒而被酒水打湿了头，这是因为不知节制。

【解说】"孚"有诚信、应验等多义，此处作诚意讲。"有孚失是"之"是"作指示代词，代"有孚于饮酒"之事。

"饮酒"是自乐。上卦"离"是明，"上九"阳刚，因此贤明刚毅。"未济"正当不安定的时期，"上九"更达到了不安定的极点。但否极泰来，不久，既济时期即将到来。不过，上位无位，"上九"本身并没有力量使既济时期早日到来。然而，"上九"贤明刚毅，并不因此而怨天尤人，依然满怀信心，饮酒自乐，听天由命。而卦兆也显示有好兆头，所以无咎。然而，如果失去节制，饮酒过度，头都被酒打湿，则必定失去这一吉兆。

这一爻说明，一个人功成名就之时，依然要保持清醒，懂得节制。

《易经》六十四卦、三百八十四爻到此结束。然而，"易之道"并没结束，它将永无止息。《序卦传》载："物不可穷也，故受之以未济终焉。"这句话明确提出了天地万物的无限性。六十四卦完了，但事物的运动发展永远不可能停止。一切事物始终在发展变化中，由亏而盈，由满而损，反复循环，继续演变发展，以至无穷无尽。这些，使未来充满光明与希望，成为人类积极奋发的动力。

附 录

系辞上

一

天尊地卑，乾坤定矣。卑高以陈，贵贱位矣。动静有常，刚柔断矣。方以类聚，物以群分，吉凶生矣。在天成象，在地成形，变化见矣。是故刚柔相摩，八卦相荡。鼓之以雷霆，润之以风雨。日月运行，一寒一暑。乾道成男，坤道成女。乾知大始，坤作成物。乾以易知，坤以简能。易则易知，简则易从。易知则有亲，易从则有功。有亲则可久，有功则可大。可久则贤人之德，可大则贤人之业。易简而天下之理得矣，天下之理得，而成位乎其中矣。

[今译]

天高地低是自然界的本来面貌，乾道尊贵、坤道卑微的道理因此而确定。在上则尊贵，在下则卑贱，排列出来，就确定了阴阳的不同地位。动与静有其自身的规律，阳刚和阴柔也就因此分明。事物按其相同性质聚合起来，又按不同性质区分开来，它们之间的利害关系就产生了吉和凶。在天而成为日月星辰，在地而形成山川湖泊，阴阳变化的道理也就因此显现出来了。因此，阴阳刚柔相互交错，八卦相互推衍运动。雷霆鼓动，风雨润泽，日月往来运行，寒暑交相更替。乾阳之气运化成为男，坤阴之气运化成为女。乾阳的功能是创始万物，坤阴的作用是使万物生成。乾阳以平易的方式发挥效能，坤阴以简约的方式发挥效能。平易便于人了解，简约便于人遵从。便于了解人们就会亲附它，便于遵从才能建立事功。有人亲附就可以长久，能建立事功方可发展壮大。能够长久便可显现出贤人的美德，能够发展壮大方可显现出贤人的事业。平易简约便把握了天下的道理，把握了天下的道理，便可以立足于天地之间与天地化育同参了。

二

圣人设卦观象，系辞焉而明吉凶，刚柔相推而生变化。是故吉凶者，失得之象也；悔吝者，忧虞之象也；变化者，进退之象也；刚柔者，昼夜之象也。

六爻之动，三极之道也。是故君子所居而安者，易之序也；所乐而玩者，爻之辞也。是故君子居则观其象而玩其辞，动则观其变而玩其占，是以自天祐之，吉无不利。

[今译]

圣人创制了六十四卦，观察卦象而撰写解释的文辞以说明吉凶，刚爻与柔爻相互推移而产生变化。因此吉凶是表示得失之象，悔吝是表示忧虑之象；变化是表示进退之象；刚爻柔爻是表示昼夜之象。

六爻的变动，体现了天、地、人的运动规律。因此君子平常居处时就考察《周易》里的位序，闲暇时，乐于玩味爻辞。所以说君子平常居处时就观察卦爻之象而玩味爻辞，行动时则观察它的变化而玩味它的占断，因此能得到上天保佑，吉祥而无所不利。

三

彖者，言乎象者也。爻者，言乎变者也。吉凶者，言乎其失得也。悔吝者，言乎其小疵也。无咎者，善补过也。是故列贵贱者存乎位，齐小大者存乎卦，辨吉凶者存乎辞，忧悔吝者存乎介，震无咎者存乎悔。是故卦有小大，辞有险易。辞也者，各指其所之。

[今译]

卦辞是说明卦象涵义的，爻辞是说明各爻变化的，吉凶是说明大得大失的，悔吝表示有小的偏失，无咎，是说善于补救过失。因此用爻位来排列尊卑贵贱，用卦体来确定阴阳小大等差，辨别吉凶在于卦辞爻辞，忧虑悔吝在于明察细微处的分辨，受到惊惧而无咎在于及时悔过。所以说卦有阴阳大小，卦辞爻辞也有凶险和平安。卦辞爻辞分别指示着变化吉凶的趋向。

四

易与天地准，故能弥纶天地之道；仰以观于天文，俯以察于地理，是故知幽明之故。原始反终，故知死生之说。精气为物，游魂为变，是故知鬼神之情状。与天地相似，故不违。知周乎万物而道济天下，故不过。旁行而不流，乐天知命，故不忧。安土敦乎仁，故能爱。范围天地之化而不过，曲成万物而不遗，通乎昼夜之道而知，故神无方而易无体。

[今译]

《易》以天地自然的法则作为模拟的基准，因此《易》能包含天地之道。仰观天象变化，俯察地貌变化，因此能够知晓所有隐微神秘和光明显著的事物；推原事物的本始，反究事物的终末，所以懂得了关于死生的道理。精气凝聚而形成物，飘散之后就发生变化，因此，掌握了《易》，也就同时了解了关于鬼神的情状，只不过是万事万物聚散存亡的过程而已。《易》道的运行与天地相似，因此与天地之道一致。智慧遍及万事万物，《易》道能成就天下之事，所以，掌握了《易》，就不会有过失。广泛运行而不会流于放纵，懂得了《易》，也就能够坦然面对天命而无所忧愁，安守家园而诚于仁德，因此能对万物施以博爱。《周易》包罗天地的化育之功而无过失，以各种方式成就万物而无所遗漏，洞悉阴阳之道而智慧无穷，所以说宇宙的神妙变化不定，而《周易》也没有固定不变的形态。

五

一阴一阳之谓道。继之者善也，成之者性也。仁者见之谓之仁，知者见之谓之知，百姓日用而不知，故君子之道鲜矣。

显诸仁，藏诸用，鼓万物而不与圣人同忧，盛德大业至矣哉！富有之谓大业，日新之谓盛德，生生之谓易，成象之谓乾，效法之谓坤，极数知来之谓占，通变之谓事，阴阳不测之谓神。

[今译]

阴与阳相互作用就是宇宙的规律。道的衍生就是善，成就万物就是道的本性。仁者看到它把它称作仁，智者看到它把它称作智，老百姓虽然每天都在应用道却并未真正了解它，所以君子之道很少有人懂得。

道表现在仁慈上，隐藏在日常生活中。它滋育万物而不与圣人一同忧虑，圣人的盛德大业无与伦比。财富充裕称为伟大功业，日日更新称为伟大功德。生生不已就称为《易》，生成天象就称为"乾"，效法地形就称为"坤"。穷极数理，预知未来就称为"占"，通晓变化，驱凶得吉就是《易》的事功所在，阴阳不可测量就是《易》的神妙之理。

六

夫易，广矣大矣，以言乎远则不御，以言乎迩则静而正，以言乎天地之间则备矣。夫乾，其静也专，其动也直，是以大生焉。夫坤，其静也翕，其动也辟，是以广生焉。广大配天地，变通配四时，阴阳之义配日月，易简之善配至德。

[今译]

《易》道既广且大，用它预言极远的事情没有差错，用它说明当今之事则明定准确，用它表述天地间万事万物则详备无遗。乾阳静时专一，动时能无限伸张，所以乾道宏大。坤阴静时闭合，动时开张，所以坤道宽广。乾坤的宏大宽广与天地相配，它的变通与四季相配，阴阳流动与日月运行相配，平易与简约的美善与至高无上的德行相配。

七

子曰："易，其至矣乎！夫易，圣人所以崇德而广业也。知崇礼卑，崇效天，卑法地，天地设位，而易行乎其中矣。成性存存，道义之门。"

[今译]

孔子说：《易》道已经达到伟大的极致了。圣人通过《易》来崇尚美德，增广功业。圣人识见高明，而行动谦卑退让。崇高而效法天，卑顺以效法地。乾坤设立了天地的位置，《易》在其中运行。助成万物的本然之性而持续不断地蕴存，这便是通往道义的门径。

八

圣人有以见天下之赜（zé，音同"责"），而拟诸其形容，象其物宜，是故谓之象。圣人有以见天下之动，而观其会通，以行其典礼，系辞焉以断其吉凶，是故谓之爻。言天下之至赜而不可恶也，言天下之至动而不可乱也。拟之而后言，议之而后动，拟议以成其变化。

[今译]

圣人洞见天下运化的深奥，根据《易》来模拟它的形态，仿其形象，所以称为卦。圣人洞见天下的运动变化，观察它的融会变通，从而推行行为的准则规范，附上卦爻辞以断吉凶，所以称为爻。说明天下最细微的现象那是不可妄为的，说明天下最复杂的运动现象那是不可乱行的。先模拟而后说明，思考之后再行动，模拟思考好之后在变化中成就事功。

"鸣鹤在阴，其子和之。我有好爵，吾与尔靡之。"子曰："君子居其室，出其言善，则千里之外应之，况其迩者乎？居其室，出其言不善，则千里之外违之，况其迩者乎？"言出乎身，加乎民；行发乎迩，见乎远。言行，君子之枢机。枢机之发，荣辱之主也。言行，君子之所以动天地也，可不慎乎！

[今译]

"仙鹤在树荫下低唱，小鹤在应和着它，我有好酒，与你共享。"这是什么意思呢？孔子说："君子虽居于室内，但如果说出的话美善，那么千里之外的人都会响应他，更何况近处的人呢？但如果他言论丑恶，那么千里之外的人也会反对他，更何况近处的人呢？"话从自己嘴里说出，影响到民众，身边有所举动，远处有人也会见到；言语行为，是君子安身立命的根本，一旦发动，关系着君子的荣辱成败；言与行，是君子感动天地万物的关键，怎么可以不慎重呢？

"同人：先号啕而后笑。"子曰："君子之道，或出或处，或默或语。二人同心，其利断金；同心之言，其臭如兰。"

[今译]

"同人：先哭后笑。"孔子说："君子所奉行的道是：或者出来辅佐君王，或者隐逸独处，或者沉默或者议论，只要两人同心，就如同锋利的刀刃可以切断金属；同心的言语，如同兰花一般气味芬芳。"

"初六，藉用白茅，无咎。"子曰："苟错诸地而可矣，藉之用茅，何咎之有？慎之至也。夫茅之为物薄，而用可重也。慎斯术也以往，其无所失矣。"

[今译]

大过卦"初六"爻辞说："礼神的祭品用白茅衬垫，没有灾祸。"孔子说："把祭品直接放在地上就行了，下面还要再垫上洁白的茅草，还会有什么灾祸呢？已经谨慎到极点了。茅草虽为轻微之物，但却能产生重大作用。按这种谨慎的方式去做事，就不会有过失了。"

"劳谦，君子有终，吉。"子曰："劳而不伐，有功而不德，厚之至也。语以其功下人者也。德言盛，礼言恭。谦也者，致恭以存其位者也。"

[今译]

"有功劳而仍能谦虚谨慎，这样的君子就会有好结果，吉祥。"孔子说："有功劳而不自夸，有成绩而不以恩德自居，忠厚到极点了。这说明有功劳更要待人谦下，功德要讲求盛大，礼节要讲求谦恭。谦虚能使人恭敬，可以保有其立身的地位。"

"亢龙有悔。"子曰："贵而无位，高而无民，贤人在下位而无辅，是以动而有悔也"。

[今译]

乾卦"上九"爻辞说："龙飞过高而有忧悔之事。"孔子解释说："正如尊贵的人却没有职位，高高在上却脱离了民众，贤人居于下位而不能辅佐君王，所以他的行动必然带来忧悔。"

"不出户庭，无咎。"子曰："乱之所生也，则言语以为阶。君不密则失臣，臣不密则失身，几事不密则害成。是以君子慎密而不出也。"

[今译]

"不出门户庭院，就没有灾祸。"孔子说："祸乱的产生，常常是因为言语不慎引发的。君主不守机密就会损失臣子，臣子不守机密就会丧失性命，机要之事不能保密就会造成危害，所以君子应慎守机密而不妄谈。"

子曰："作《易》者，其知盗乎？《易》曰：'负且乘，致寇至。'"负也者，小人之事也；乘也者，君子之器也。小人而乘君子之器，盗思夺之矣；上慢下暴，盗思伐之矣。慢藏诲盗，冶容诲淫。《易》曰"负且乘，致寇至"，盗之招也。

[今译]

孔子说："创作《周易》的人大概懂得盗寇的心理吧？《易经》说：'负且乘，致寇至。'"肩背货物，这是小人做的事，供人乘坐的车子，这是君子享用的器具，小人却要乘用君子的车具，于是，盗寇就想着要夺走它。身居高位的人懈惰怠慢，而居于下位的人便横暴不安分，这样，强盗就想着要图谋夺取了。珍贵的东西不谨慎收藏就会招来盗贼，打扮得风流妖娆就会引人来淫亵；《周易》所说的"负且乘，致寇至"，就是说盗寇是自己招来的。

九

天一地二，天三地四，天五地六，天七地八，天九地十。天数五，地数五。五位相得而各有合，天数二十有五，地数三十，凡天地之数五十有五，此所以成变化而行鬼神也。大衍之数五十，其用四十有九。分而为二以象两，挂一以象三，揲之以四以象四时，归奇于扐以象闰；五岁再闰，故再扐（lè，音同"勒"）而后挂。《乾》之策二百一十有六，《坤》之策百四十有四，凡三百六十，当期之日。二篇之策，万有一千五百二十，当万物之数也。是故四营而成《易》，十有八变而成卦，八卦而小成。引而申之，触类而长之，天下之能事毕矣。显道神德行，是故可与酬酢，可与祐神矣。子曰："知变化之道者，其知神之所为乎。"

[今译]

天数一，地数二，天数三，地数四，天数五，地数六，天数七，地数八，天数九，地数十。乾卦的策数有五个（一、三、五、七、九），地数也有五个（二、四、六、八、十）；天数及地数的五个数字相加都各自有和数。天数相加之和为二十五，地数相加之和为三十，天地之数总共是五十五，这些数字的变化运行可以和神灵相通。进行演算的蓍草共五十根，使用的时候只用四十九根（余下的一根放在一边）。将蓍草任意分作上下两堆以象征天地两仪（左手为天，右手为地），从任意一堆中抽取一根悬挂在左手的指缝处，象征天、地、人三极。然后以四为单位去数手中的蓍草，象征四季，把剩余的蓍草夹在左手另外的指缝处挂起来，象征闰月；五年有两次闰月，所以右手的一半余数也要夹在另一个指缝处挂起来。乾卦的策数是二百一十六，坤卦的策数是一百四十四，总共是三百六十根，相当于一年的日数。《周易》上下篇六十四卦总共包含的蓍草根数共一万一千五百二十，相当于万物之数。所以要经过四次运算才成为《易》爻的数，经过十八次变化可得出一卦，这才算小有成果。得出的八卦是成就事物的基础，将其引申扩展，触类旁通，则天下可能发生的事情都包括了。《易》可以彰显天道并使天道的作用出神入化，因此掌握了《易》，可以应对各种需要，可以辅助神灵的化育之功。孔子说："懂得变化之道的人，大概也懂得神的所作所为吧？"

十

《易》有圣人之道四焉：以言者尚其辞，以动者尚其变，以制器者尚其象，以卜筮者尚其占。是以君子将有为也，将有行也，问焉而以言，其受命也如响，无有远近幽深，遂知来物。非天下之至精，其孰能与于此？参伍以变，错综其数，通其变，遂成天下之文；极其数，遂定天下之象。非天下之至变，其孰能与于此？《易》无思也，无为也，寂然不动，感而遂通天下之故。非天下之至神，其孰能与于此？夫《易》，圣人之所以极深而研几也。唯深也，故能通天下之志；唯几也，故能成天下之务；唯神也，故不疾而速，不行而至。子曰："《易》有圣人之道四焉者，此之谓也。"

[今译]

《周易》所包含的圣人之道有四个方面：用《易》来言谈说教的人尊崇它的卦爻辞，用《易》来指导行动的人尊崇它的卦爻变化，用《易》来制作器物的人尊崇它的卦爻取象，用《易》来卜筮者尊崇它的卦爻占断。所以君子将要有所作为、有所行动之前，都要用言语去征询灵蓍，而灵蓍接受了你的提问就会如回音一般准确告之求筮人吉凶，所问之事无论远近幽深，它都会告之你未来将会出现的状况。如不是天地间的最为精微的至上精灵，谁又能如此呢？三与五用以变化，错综反复地玩味爻数，精通它的变化，于是形成天下的纹理；推究它的数，便可以判定天地万物之象。若不是天地间的最富神妙的经典，谁又能如此呢？《周易》本身没有思虑和作为，寂静不动，而一旦蓍卦受到感应，它就可以贯通天下之事。如不是天地间的最通至圣神灵的经典，谁又能如此呢？《周易》是圣人用来穷极深奥、研讨几微的书。因为《易》道深奥，所以能洞察天地万物之情理；《易》道幽微，所以能成就天下大小之事物；《易》道神异，所以能和缓而使万事速成，无为而成就事功。孔子说："《易》包含的圣人之道有四个方面，说的就是这些。"

十一

子曰："夫《易》，何为者也？夫《易》，开物成务，冒天下之道，如斯而已者也。"是故圣人以通天下之志，以定天下之业，以断天下之疑。是故蓍之德，圆而神；卦之德，方以知；六爻之义，易以贡。圣人以此洗心，退藏于密，吉凶与民同患。神以知来，知以藏往，其孰能与于此哉？古之聪明睿知，神武而不杀者夫！是以明于天之道，而察于民之故，是兴神物，以前民用。圣人以此斋戒，以神明其德夫。是故阖户谓之坤，辟户谓之乾，一阖一辟谓之变，往来不穷谓之通。见乃谓之象，形乃谓之器，制而用之谓之法，利用出入、民咸用之谓之神。是故《易》有太极，是生两仪，两仪生四象，四象生八卦，八卦定吉凶，吉凶生大业。是故法象莫大乎天地；变通莫大乎四时；悬象著明莫大乎日月；崇高莫大乎富贵；备物致用，立成器以为天下利，莫大乎圣人；探赜索隐，钩深致远，以定天下之吉凶、成天下之亹亹者，莫大乎蓍龟。是故天生神物，圣人则之;天地变化,圣人效之;天垂象,见吉凶,圣人象之;河出图,洛出书,圣人则之。《易》有四象,所以示也;系辞焉,所以告也;定之以吉凶,所以断也。

[今译]

孔子说:"《周易》是干什么用的呢?《周易》是开发万物,成就事功,包罗天下的大道,如此而已的哲理。"因此,圣人利用《易》来贯通天下人的心志,成就天下的大业,决断天下的疑难。所以,蓍策的性质圆融而神奇,卦体的性质方正而多智,六爻的特性简易而直观。圣人以它来洁净心灵,收敛身形,与百姓一同忧虑吉凶。蓍策的神奇可以预知未来,睿智能包藏以往的经验。谁能做到这些呢?大概只有古代聪明智慧、神勇而不用神勇杀人的圣人才能做到吧。因此,圣人明晓天道,体察民情,创制出《易》这一神物,作为人们行动前推测未来的指导。圣人用它来虔诚斋戒,以彰显《易》的应验之德。所以,闭户称为坤,开户就是乾。一闭一开就有了变化,往来无穷才叫亨通。显现出来就称为象,有了形体就称为器,制成器物供人使用就称为法式,利用它以应付变化,百姓都可以享用它便称为神奇。

所以,《易经》有阴阳未分的太极,太极又生出了天地两仪,两仪生出少阳、老阳、少阴、老阴四象,四象生出了八卦,八卦可以判定吉凶,能趋吉避凶就可以成就大业。因此,可以取法的对象没有比天地更伟大的了,变通没有比四季更伟大的了,高悬而显明的象没有比日月更伟大的了,崇高的事业没有比富有四海更伟大的了。制备东西供人使用,设立器物以利天下,没有比圣人更伟大的了;探究精微,考索幽隐,钩沉稽玄,究极未来,以此判定天下吉凶之事,促成天下人勤勉奋发,没有比蓍龟更灵验的了。所以,大自然生出了蓍龟这样的神灵之物,圣人取其为法则。天地变化,圣人效法。天垂万象,显示吉凶,圣人模拟它。黄河出现河图,洛水出现洛书,圣人取法于它。《周易》有少阳、老阳、少阴、老阴四象,就是用来显示变化的。附上卦辞爻辞,是用来告诉人们所处的境地及事态的发展变化的,人们借以判定吉凶,决疑断难。

十二

《易》曰:"自天佑之,吉无不利。"子曰:"佑者,助也。天之所助者,顺也；人之所助者，信也。履信、思乎顺，又以尚贤也。是以'自天佑之，吉无不利'也。"子曰："书不尽言，言不尽意。"然则圣人之意，其不可见乎？子曰："圣人立象以尽意，设卦以尽情伪，系辞焉以尽其言，变而通之以尽利，鼓之舞之以尽神。"乾坤，其《易》之缊邪？乾坤成列，而《易》立乎其中矣。乾坤毁，则无以见《易》。《易》不可见，则乾坤或几乎息矣。是故形而上者谓之道，形而下者谓之器，化而裁之谓之变，推而行之谓之通，举而错之天下之民谓之事业。是故夫象，圣人有以见天下之赜，而拟诸其形容，象其物宜，是故谓之象；圣人有以见天下之动，而观其会通，以行其典礼，系辞焉以断其吉凶，是故谓之爻。极天下之赜者，存乎卦；鼓天下之动者，存乎辞；化而裁之，存乎变；推而行之，存乎通；神而明之，存乎其人；默而成之，不言而信，存乎德行。

[今译]

《易经》说："得到来自上天的保佑，吉祥无比，无所不利。"孔子说："佑是帮助的意思。顺应天道的人就会得到上天的帮助，履行诚信的人就会得到众人的帮助。履行诚信而又顺应天道，崇尚贤能，这种人当然能获得上天的保佑，吉祥无比，无所不利。"

孔子说："文字不能完全表达人的语言，语言又不能完全表达人的思想。那么圣人的思想就不能完全了解了吗？"孔子说："圣人设立爻象，以此来全面表达思想，设立卦象来反映真伪，附上卦辞、爻辞来尽量表达未能表达的语言，变化贯通以竭尽所能施利于天下，摆弄蓍策以体现《易》的神奇。"

乾、坤两卦大概就是《易》的精蕴吧？乾、坤两卦排列成序，《易》理也就存在于其中了。乾、坤两卦一旦毁坏，就无从见到《易》道了。《易》道不可见，那么，乾、坤两卦象也就近乎灭亡了。因此，无形象可见者称为道，有形象可见者称为器，由道与器的变化而进行裁断，就叫做变，推行道就是通。将道应用于天下民众就称为事业。所以，象是圣人洞见天下的精妙而有感于心，就此模拟它的形态，象征它的内蕴，这就称为卦象。圣人洞见天下的运动变化有感于心，观察它并融会变通，推行其行为的准则规范，附上卦辞、爻辞占断凶吉，这便称为爻象。究极天下精妙之事而表现在卦爻象之中，占断天下运动现象都体现在卦爻辞之中，变化而有所裁定，推行其道在于通达，彰显《易经》的神奇在于圣人，默默成就万事万物、不说什么而能取信于人在于德行的深厚。

系辞下

一

八卦成列，象在其中矣；因而重之，爻在其中矣；刚柔相推，变在其中矣；系辞焉而命之，动在其中矣。吉凶悔吝者，生乎动者也；刚柔者，立本者也；变通者，趣时者也。吉凶者，贞胜者也；天地之道，贞观者也；日月之道，贞明者也；天下之动，贞夫一者也。夫乾，确然示人易矣；夫坤，隤（tuí，音同"颓"）然示人简矣。爻也者，效此者也；象也者，像此者也。爻象动乎内，吉凶见乎外，功业见乎变，圣人之情见乎辞。天地之大德曰生，圣人之大宝曰位。何以守位？曰仁。何以聚人？曰财。理财正辞，禁民为非曰义。

[今译]

八卦排成序列后，全部的卦象就包括在其中了。八卦重叠组合，全部的爻象就包括在其中了。刚爻和柔爻相互推移，宇宙间的千变万化也就在其中了。附上卦爻辞以断吉凶，卦爻的变动也就在其中了。吉凶悔吝产生于卦爻的变动中，阴爻和阳爻是确立《易》卦的根本，阴阳爻的变通顺合时宜。吉与凶以安常守正为胜，天地的规律，在于以正道观照万物；日月运行规律，在于以正道使万物光明。天下的运动现象，按常道归于一致。乾道刚健地向人显示其平易，坤道在下，柔顺地向人显示其简约。卦爻是对乾坤之道的仿效，卦象是对乾坤之道的取象。卦爻卦象在卦内变动，吉凶呈现在卦外，功业表现在卦爻的变动上，圣人的思想表现在卦爻辞之中。天地最大的德行是化生万物，圣人最宝贵的是位，用什么来守位呢？当然是"仁"。用什么来聚集民众呢？当然是财富。经营财产，端正言行，禁止百姓为非就是道义。

二

古者包牺氏之王天下也，仰则观象于天，俯则观法于地，观鸟兽之文，与地之宜，近取诸身，远取诸物，于是始作八卦，以通神明之德，以类万物之情。作结绳而为网罟（gǔ，音同"古"），以佃以渔，盖取诸"离"。包牺氏没，神农氏作，斫木为耜（sì，音同"四"），揉木为耒（lěi，音同"磊"），耒耨（nòu）之利，以教天下，盖取诸"益"。日中为市，致天下之民，聚天下之货，交易而退，各得其所，盖取诸"噬嗑"。神农氏没，黄帝、尧、舜氏作，通其变，使民不倦，神而化之，使民宜之。《易》穷则变，变则通，通则久。是以"自天祐之，吉无不利"。黄帝、尧、舜垂衣裳而天下治，盖取诸"乾"、"坤"。刳（kū，音同"枯"）木为舟，剡（yǎn，音同"演"）木为楫，舟楫之利，以济不通，致远以利天下，盖取诸"涣"。服牛乘马，引重致远，以利天下，盖取诸"随"。重门击柝（tuò，音同"拓"）以待暴客，盖取诸"豫"。断木为杵，掘地为臼，臼杵之利，万民以济，盖取诸"小过"。弦木为弧，剡木为矢，弧矢之利，以威天下，盖取诸"睽"。上古穴居而野处，后世圣人易之以宫室，上栋下宇，以待风雨，盖取诸"大壮"。古之葬者，厚衣之以薪，葬之中野，不封不树，丧期无数。后世圣人易之以棺椁，盖取诸"大过"。上古结绳而治，后世圣人易之以书契，百官以治，万民以察，盖取诸"夬"。

[今译]

上古伏羲氏统治天下的时候，仰观天上日月星辰的形象，俯察大地高低起伏的形态，观察鸟兽的纹理及大地的内蕴，近取象于人体，远取象于万物，于是首创八卦，用以贯通神明的德行，比类万物的情态。编草为绳制成罗网，用以捕兽网鱼，大概取象于离卦。伏羲氏死后，神农氏兴起，削木制成犁，曲木制成耒，并把耒的用途教给天下之人，大概取象于益卦。正午开设集市，招引天下民众，聚集天下货物，交易后散去，各得其所需，大概取象于噬嗑卦。神农氏死后，黄帝、尧、舜氏兴起，会通各种变化，使百姓不倦怠，通过神奇的改造，使百姓感到适应。《易》道发展到顶点就要发生变化，变化才能通达，通达才能长久。因此得到上天保佑，吉祥而无所不利。黄帝、尧、舜不用有所作为而使天下得到治理，大概就是取于乾、坤两卦。挖空树木制成舟船，砍削木材制成船桨，船和桨的便利，用于不通车马的水路，到达远方，便利天下的民众，这大概取象于涣卦。驯服牛拉车，驯服马用以乘坐，拉着重物到达远方，便利天下之人，这大概取象于随卦。设置多重城门，敲梆巡夜以防强盗，这大概取象于豫卦。截木制成杵，挖地成臼，杵臼大米，以助民众日常之用，这大概取象于小过卦。弯木制成弓，削木成箭，弓箭的用途在于威慑天下，这大概取象于睽卦。上古时，人居住在穴洞或野地，后代圣人教人营建宫室，上有屋栋，下有屋宇，用来防御风雨，这大概取象于大壮卦。上古时埋葬死者，厚厚地铺盖柴草，埋在野地里，不起坟墓，也不植树以作标记，服丧没有一定的期限。后代圣人用棺椁安葬死者，这大概取象于大过卦。上古时，人们用结绳的方法来记事治理，后代圣人创造出文字，百官用此治理公务，万民用此明察私事，这大概取象于夬卦。

三

是故《易》者，象也。象也者，像也。彖者，材也。爻也者，效天下之动者也。是故吉凶生而悔吝著也。

[今译]

《周易》的内容就是象。所谓象，就是对客观事物的模拟。彖辞是裁断一卦之意，爻辞是效法天下事物的运动变化。所以产生了吉凶，并将悔恨与忧虑显现出来。

四

阳卦多阴，阴卦多阳，其故何也？阳卦奇，阴卦耦。其德行何也？阳一君而二民，君子之道也。阴二君而一民，小人之道也。

[今译]

阳卦中多阴爻，阴卦中多阳爻。这是什么缘故呢？这是因为阳卦以奇为主体，即一阳二阴，阴卦以偶为主体，即一阴二阳。它们的德行如何呢？阳卦是一个君主统治两个臣民，这是符合君子之道的。阴卦是一个臣民侍奉两个君主，这是小人之道。

五

《易》曰:"憧憧往来,朋从尔思。"子曰:"天下何思何虑?天下同归而殊途,一致而百虑。天下何思何虑?日往则月来,月往则日来,日月相推而明生焉。寒往则暑来,暑往则寒来,寒暑相推而岁成焉。往者屈也,来者信也,屈信相感而利生焉。尺蠖(huò,音同"或")之屈,以求信也;龙蛇之蛰,以存身也。精义入神,以致用也;利用安身,以崇德也。过此以往,未之或知也;穷神知化,德之盛也。"

[今译]

《周易》咸卦九四爻辞说:"憧憧往来,朋从尔思。"孔子解释说:"天下万事何须思考谋虑?路径不同而归宿相同,谋虑各异而目的一致。天下事又何必思虑呢?太阳沉下去月亮就升上来,月亮沉下去则太阳就升起,日月升沉产生了光明;寒冷过去暑热就到来,暑热过去则寒冷到来,寒暑往来更迭就形成了一年四季。往就是屈,来就是伸,屈伸相互感应就产生了好结果。尺蠖把身子弯曲起来,是为了向前伸展。龙和蛇蛰伏起来,是为了保存自身。把精微之理深究到出神入化的程度,是为了致用;通过安静修养自身来提高道德;除此而外,不能另有所思所为;能够穷尽神妙,懂得了万物化生的道理,这就是最大的德行。"

《易》曰:"困于石,据于蒺藜,入于其宫,不见其妻,凶。"子曰:"非所困而困焉,名必辱。非所据而据焉,身必危。既辱且危,死期将至,妻其可得见耶?"

[今译]

《周易》的困卦"六三"爻辞说:"困于险境,处在是非之地,如同进入家中而不见自己的妻子,有凶险。"孔子解释说:"在不该受困的地方被困住了,自己的声名必然受辱;在不该占据的地方安身,自己的生命必然有危险。既辱没名声又有生命危险,死期就要到来了,哪里还能见到妻子呢?"

《易》曰："公用射隼于高墉之上，获之，无不利。"子曰："隼者，禽也。弓矢者，器也。射之者，人也。君子藏器于身，待时而动，何不利之有？动而不括，是以出而有获，语成器而动者也。"

[今译]

《周易》解卦上六爻辞说："王公射中了高城之上的猛禽，获得猛禽，非常有利。"孔子说："隼是一种禽鸟，弓箭是武器，手执弓箭射隼的是人。君子能够怀藏利器，待时而动，怎会不利呢？行动时没有阻碍，因此行动就有收获，说的是平素要修治优良的器具，然后待机而动的道理。"

子曰："小人不耻不仁，不畏不义，不见利不劝，不威不惩。小惩而大诫，此小人之福也。《易》曰：'履校灭趾，无咎。'此之谓也。"

[今译]

孔子说："小人不因为不仁而感到羞耻，不因为不义而感到畏惧，不见到利就不会努力，不受到威慑就不知戒惧。所以说受到小的惩罚从而能防范大的过失，这是小人的福气。《周易》说：'戴上脚枷，遮没了脚趾，没有灾祸。'说的就是这个意思。"

"善不积不足以成名，恶不积不足以灭身。小人以小善为无益而弗为也，以小恶为无伤而弗去也，故恶积而不可掩，罪大而不可解。《易》曰：'何校灭耳，凶。'"

[今译]

"不积累善行，就不足以成就美名；不积累恶行，不足以灭掉自身。小人认为小善无益而不愿去做，认为小恶没有什么伤害而不愿改过，所以罪恶积累起来无法掩盖，以致罪行重大而不能解脱。《周易》说：'肩披刑具，被割掉耳朵，凶。'"

子曰："危者，安其位者也。亡者，保其存者也。乱者，有其治者也。是故君子安而不忘危，存而不忘亡，治而不忘乱，是以身安而国家可保也。《易》

曰：'其亡其亡，系于苞桑。'"

[今译]

孔子说："危难是因为安居其位而放松警惕，灭亡是因为保守现状而忘记忧惧，祸乱是自认为治理好而不知警惕。所以君子安而思危，存而忧亡，治而虑乱，就能够使自身安全并且保全国家。《周易》说：'要亡啊，要亡啊，局面反而像系缚在坚固的桑树上一样牢固。'"

子曰："德薄而位尊，知小而谋大，力少而任重，鲜不及矣。《易》曰：'鼎折足，覆公餗，其形渥，凶。'言不胜其任也。"

[今译]

孔子说："德行浅薄却占居尊位，智慧不足而图谋大事，能力有限却担负重任，这很难不祸及自身。《周易》说：'鼎足折断，打翻了王公的肉羹，浑身被沾污，凶。'说的就是才力不足以胜任的意思。"

子曰："知几其神乎？君子上交不谄，下交不渎，其知几乎？几者，动之微，吉之先见者也。君子见几而作，不俟终日。《易》曰：'介于石，不终日，贞吉。'介如石焉，宁用终日？断可识矣。君子知微知彰，知柔知刚，万夫之望。"

[今译]

孔子说："能够体察事物的几微，大概可算神奇了吧。君子与上交往不谄媚阿谀，与下交往不傲慢欺辱，这大概可算作能体察事物几微的表现。所谓几微，是指事物运动变化的细微现象，是吉祥的先兆。君子察见几微马上行动，不拖延太久。《周易》说：'身在安逸之处如置身于险境，不必终日等待，贞正自守而吉利。'能够视居安如履险，怎么会终日去等待？很快就会察觉事物的细微之处。君子察微知著，通晓阴柔和阳刚，这样的君子为万民所景仰。"

子曰："颜氏之子，其殆庶几乎？有不善，未尝不知，知之，未尝复行也。《易》曰：'不远复，无祗悔，元吉。'"

[今译]

孔子说:"颜回这个人,大概算是贤德之人了吧?有过失便能察觉反省,反省了便不犯第二次。《周易》说:'迷失不远就回返正道,这样做没有什么忧悔,非常吉利。'"

"天地氤氲,万物化醇。男女媾精,万物化生。《易》曰:'三人行则损一人,一人行则得其友。'言致一也。"

[今译]

"天地阴阳交合,使万物得以化育精纯。男女精血交媾,使万物得以生成。《周易》说:'三人同行,各抒己见,则损失一人而败事;一人独行,则得到朋友相助而事成。'讲的就是天下的事理必归于一致。"

子曰:"君子安其身而后动,易其心而后语,定其交而后求。君子修此三者,故全也。危以动,则民不与也。惧以语,则民不应也。无交而求,则民不与也。莫之与,则伤之者至矣。《易》曰:'莫益之,或击之,立心勿恒,凶。'"

[今译]

孔子说:"君子处境安稳然后有所行动,心平气和再发言,定下交情后再去求助。君子在这三方面的修养都具备了,才能做到万无一失。如果处境危险却要有所行动,则不会得到民众的帮助;心中恐惧却发出指令,则不会得到民众的响应;没有交情却去向人求助,则不会得到民众的帮助;没有人给予帮助,那么就会受到其他人的伤害了。《周易》说:'没有人来帮助,反有人来攻击,因为不能恒久确立为善之心,凶。'"

六

子曰:"乾坤,其《易》之门邪?乾,阳物也;坤,阴物也。阴阳合德,而刚柔有体,以体天地之撰,以通神明之德。其称名也,杂而不越。于稽其类,其衰世之意邪?夫《易》,彰往而察来,而微显阐幽,开而当名辨物,正言断辞,则备矣。其称名也小，其取类也大。其旨远，其辞文，其言曲而中，其事肆而隐。因贰以济民行，以明失得之报。"

[今译]

孔子说："乾、坤两卦是通往《易经》的门径吧？乾象征阳物，坤象征阴物。阴阳的德行相合，于是有了刚柔卦体的变化，以此来体现天地的化育之功，并贯通神明的德行。《周易》所命的名称，繁杂而不超越事理。考察它所述之事，大概有反映衰亡之世的意思吧？《周易》能彰明以往，察知未来，它既能显明细微之处，又能阐明幽深之理。它开宗明义地赋予各卦爻适当的名称，用恰当的概念来辨析事物，用准确的言辞来判断事理，这些在《周易》中都已完备了。所用的名称虽然小，但所比喻的类别却非常大。它旨意深远，辞语富有文采，语言委婉而中肯，所述之事直白而意蕴深奥。因此可以用它来指导人们的行动，以在实践中明晓吉凶得失的报应。"

七

《易》之兴也，其于中古乎？作《易》者，其有忧患乎？是故"履"，德之基也；"谦"，德之柄也；"复"，德之本也；"恒"，德之固也；"损"，德之修也；"益"，德之裕也；"困"，德之辨也；"井"，德之地也；"巽"，德之制也。"履"，和而至；"谦"，尊而光，"复"，小而辨于物；"恒"，杂而不厌；"损"，先难而后易；"益"，长裕而不设；"困"，穷而通，"井"，居其所而迁，"巽"，称而隐，"履"以和行，"谦"以制礼，"复"以自知，"恒"以一德，"损"以远害；"益"以兴利，"困"以寡怨，"井"以辨义，"巽"以行权。

[今译]

《周易》的兴起，大概是始于中古时代吧？创作《周易》的人，大概是怀着某种忧患意识吧？因此，履卦是道德的根基；谦卦是决定道德的柄把；复卦是道德的根本；恒卦体现道德的牢固程度；损卦是美好德行的内在修持；益卦反映美德充裕；困卦检验道德修养；井卦体现道德的居而不改；巽卦体现道德修养的顺时制宜。履卦和谐而完美；谦卦尊贵而能光大美德；复卦能明察几微，分辨物理；恒卦纷杂而长守美德；损卦先难后易；益卦长久充裕而不设机心；困卦身处穷困而终必亨通。井卦居于住所而不随俗迁移；巽卦讲权衡利弊，韬光养晦；履卦调和人的行为；谦卦用以使人守礼；复卦用以自我反省；恒卦使人守德不改；损卦使人远避祸害；益卦使人获得利益；困卦使人虽身处逆境但不怨天尤人；井卦用以分辨道义；巽卦使人提高权宜应变能力。

八

《易》之为书也，不可远；为道也，屡迁。变动不居，周流六虚，上下无常，刚柔相易，不可为典要，唯变所适。其出入以度，外内使知惧。又明于忧患与故，无有师保，如临父母。初率其辞而揆其方，既有典常。苟非其人，道不虚行。

[今译]

《周易》这部书，不可远离，看作与我们无关，它所体现的阴阳之道经常变化。卦爻变动不止，在六个爻位之间运动周流，上下往来没有常规，刚爻柔爻相互变易，不要将其视为固定模式，而是要跟着变化走。六爻出入遵循一定的法度，使人知道对内对外都应心存戒惧。它能使人明晓忧患之事，虽然没有师保，却如同亲聆父母的教导保护。开始要遵循它的言辞去推求其方法，就会发现有规律可循。但如果不是贤明之人，则《易》道就不能为其所用。

九

《易》之为书也，原始要终，以为质也。六爻相杂，唯其时物也。其初难知，其上易知，本末也。初辞拟之，卒成之终。若夫杂物撰德，辩是与非，则非其中爻不备。噫！亦要存亡吉凶，则居可知矣。知者观其彖辞，则思过半矣。二与四，同功而异位，其善不同，二多誉，四多惧，近也。柔之为道，不利远者，其要无咎，其用柔中也。三与五，同功而异位，三多凶，五多功，贵贱之等也。其柔危，其刚胜耶？

[今译]

《周易》这部书，以推求事物起始、预测事物终局为本质。六爻相互错杂，都是象征了某一时间条件下的具体事物。它的初爻难以预料，上爻容易了解，就如同了解事情的开头和结尾。初爻的爻辞对事物未来的发展做出拟测，上爻就完成了全卦的终极涵义。至于错杂事物以撰述卦体的德行，从而辨明是非，就非得中间四爻才能理解完备。要了解存亡吉凶之事，那么平常居处在家也可以知道。有智慧的人考察一下卦辞和爻辞，对《周易》的道理就可以领会多半了。"二爻"与"四爻"功用相同，但所处位置不同，因此好坏也就不同。"二爻"多美誉，"四爻"多戒惧，这是因为与"五爻"的远近不同的缘故，"四爻"接近君位，必有所戒惧。阴柔之道，本来柔弱，必依附于他人，不利于疏远，如果欲求没有灾祸，就该以柔位居中。"三爻"与"五爻"功用相同，但所处位置不同，"三爻"凶多，"五爻"功多，这是因为贵贱等级不同。柔爻一定就有危险，刚爻则一定可胜任吗？

十

《易》之为书也，广大悉备。有天道焉，有人道焉，有地道焉。兼三才而两之，故六。六者非它也，三才之道也。道有变动，故曰爻；爻有等，故曰物；物相杂，故曰文；文不当，故吉凶生焉。

[今译]

《周易》这部书，其中的内容广博而道理详备。它包含有天地法则和人类规律，把包括天、地、人三才之象，两相重叠，所以有了六爻。这六爻不是别的，仍然是象征天、地、人的道理。三才之道发生变化运动，所以称为爻；爻有等差，以此来区分万事万物不同的类别，所以称为物；物与物错杂交互，正如万事万物错杂繁复的文采，所以称为爻画；爻画错位不当，如刚爻居阳位，柔爻居阴位便产生了吉凶。

十一

《易》之兴也，其当殷之末世，周之盛德耶邪？当文王与纣之事邪？是故其辞危。危者使平，易者使倾。其道甚大，百物不废。惧以终始，其要无咎，此之谓《易》之道也。

[今译]

《周易》的兴起，大概在殷朝末年、周朝德业方盛的时代吧？它所反映的，是周文王与殷纣王之间的事情吧？所以卦辞爻辞有危惧之意。心存危惧使人平安，居于平易使其易被倾覆。《易》道广大，可使万物长兴不废。自始至终保持惕惧，可求得无灾祸，这就是《周易》要阐述的道理。

十二

夫乾，天下之至健也，德行恒易以知险。夫坤，天下之至顺也，德行恒简以知阻。能说诸心，能研诸侯之虑，定天下之吉凶，成天下之亹（wěi，音同"伟"）亹者。是故变化云为，吉事有祥，象事知器，占事知来。天地设位，圣人成能，人谋鬼谋，百姓与能。八卦以象告，爻象以情言，刚柔杂居，而吉凶可见矣。变动以利言，吉凶以情迁。是故爱恶相攻而吉凶生，远近相取而悔吝生，情伪相感而利害生。凡《易》之情，近而不相得则凶，或害之，悔且吝。将叛者其辞惭，中心疑者其辞枝，吉人之辞寡，躁人之辞多，诬善之人其辞游，失其守者其辞屈。

[今译]

乾是天下至为刚健的，它的德行恒久而平易，但让人在平易中意识到险难。坤道是天下至为柔顺的，它的德行恒久而简约，但让人从简约中意识到阻难。乾坤二卦可以愉悦诸侯的心思，也能够筮决诸侯的疑虑，判定天下的吉凶，成就天下勤勉不息的伟大事业。所以，由于阴阳的变化运行，吉祥的事情会有好的兆应。观察它所象征的事物，就知道器物是如何构成的，用以占卦，就知道未来的发展结果。天尊地卑位置的设定，可以帮助圣人仿效天地万物的运动变化，从而成就伟大的事业。圣人用智慧筹划，利用卜筮、神道之说使百姓信服，百姓跟着参与到伟大的事业中。八卦通过卦象告知人们吉凶，卦辞爻辞通过言辞告知人们事物变化的情理。刚爻与柔爻交互错杂，吉凶便可以显现出来。变化运动以利害而定，吉凶以情理而推移。爱与恶相互攻击就产生了吉凶，远近相攻就产生了悔吝，真情与虚伪相感就产生了利害。根据《周易》的特点，两爻相近而不相容就凶，或者有伤害、忧悔和过失。心存反叛的人言辞羞惭，心中疑惑的人言辞杂乱无章,吉善的人言辞简约,焦躁的人则言辞繁琐,诬枉善人的人言辞游移不定,丧失操守的人理屈词穷。

说卦传

昔者圣人之作《易》也,幽赞于神明而生蓍,参天两地而倚数,观变于阴阳而立卦,发挥于刚柔而生爻,和顺于道德而理于义,穷理尽性以至于命。

[今译]
往昔圣人创制《周易》的时候,穷极幽深、参赞于自然的神奇现象而创造出用蓍草占筮的方法,揣摩出了天奇地偶的数理,考察阴阳的变化而确立了卦象,通过对刚柔现象的理解和发挥而创制出了爻画,把人的道德与自然规律统一起来,使二者处于和顺的关系之中,并以此穷究事理,深究物性,最终达到通晓终极命运的境界。

昔者圣人之作《易》也,将以顺性命之理。是以立天之道曰阴与阳,立地之道曰柔与刚,立人之道曰仁与义。兼三才而两之,故《易》六画而成卦。分阴分阳,迭用柔刚,故《易》六位而成章。

[今译]
往昔圣人创制《周易》的时候,就是要顺合宇宙万物的规律。因此确立了天道阴和阳、地道柔和刚、人道仁和义。把天、地、人三才各自的两个方面兼包起来,所以《周易》以六画组成一卦,再区别爻的阴阳,交替在柔位刚位上,所以《周易》经文是以六个爻位组成的文理。

天地定位,山泽通气,雷风相薄,水火不相射。八卦相错。数往者顺,知来者逆,是故《易》逆数也。

[今译]

天与地分别确定了上下的位置，山与泽气息相通，雷与风相互接触，水与火互不相容。八卦相互交错。要知道以往的事情就将卦序顺数下去，要知道未来的事情就逆推上来，因为《周易》通常是预料未来，所以是逆推而数。

雷以动之，风以散之，雨以润之，日以烜（xuǎn，音同"选"）之，艮以止之，兑以说之，乾以君之，坤以藏之。

[今译]

震为雷，可以兴起万物；巽为风，可以播散万物；坎为雨，可以滋润万物；离为日，可以使万物干燥；艮为山，可以静止万物；兑为泽，可以和悦万物；乾为天，可以主宰万物；坤为地，可以容藏万物。

帝出乎震，齐乎巽，相见乎离，致役乎坤，说言乎兑，战乎乾，劳乎坎，成言乎艮。

万物"出乎震"；震，东方也。"齐乎巽"；巽，东南也。齐也者，言万物之洁齐也。离也者，明也，万物皆"相见"，南方之卦也。圣人南面而听天下，向明而治，盖取诸此也。坤也者，地也，万物皆致养焉，故曰"致役乎坤"。兑，正秋也，万物之所说也，故曰"说言乎兑"。"战乎乾"；乾，西北之卦也，言阴阳相薄也。坎者，水也，正北方之卦也，劳卦也，万物之所归也，故曰"劳乎坎"。艮，东北之卦也，万物之所成终，而所成始也，故曰"成言乎艮"。

[今译]

天帝使万物萌出于震方，齐备于巽方，呈现于离方，完成于坤方，欣悦于兑方，交战于乾方，劳倦于坎方，至艮方终于成功。万物从震方生长出来，震的卦位在东方。齐备于巽方，巽的卦位在东南；"齐"指万物周备整齐。离象征光明，万物都显现出来，离的卦位在南方。圣人坐北朝南听政，面向光明而治理天下，大概就是取象于此。坤卦是地，万物都依赖大地的养育，所以说完成于坤方。兑代表西方秋分时节，万物因成熟而欣悦，所以说兑是喜悦。交战于乾方，乾的卦位在西北方，此时阴气与阳气相互接触而激荡。坎是水，卦位在正北方，此卦象征劳苦，万物在这里休息归藏，所以说坎卦劳苦。艮的卦位在东北方，万物至此终结后又重新开始，所以说艮卦是成功。

神也者，妙万物而为言者也。动万物者莫疾乎雷，桡万物者莫疾乎风，燥万物者莫熯（hàn，音同"汉"）乎火，说万物者莫说乎泽，润万物者莫润乎水，终万物始万物者莫盛乎艮。故水火不相逮，雷风不相悖，山泽通气，然后能变化，既成万物也。

[今译]

所谓宇宙的神奇作用，是对万物变化的奥妙而言的。震动万物没有比雷更猛烈的，吹拂万物没有比风更迅疾的，干燥万物没有比火更炎热的，愉悦万物没有比得上大泽的，滋润万物没有什么能比得上水，使万物终结又开始的，没有什么能比得上山。所以水火格格不入，雷与风不相背逆，山与泽气息相通，这样才变化而化生万物。

乾，健也。坤，顺也。震，动也。巽，入也。坎，陷也。离，丽也。艮，止也。兑，说也。

乾为马，坤为牛，震为龙，巽为鸡，坎为豕，离为雉，艮为狗，兑为羊。

乾为首，坤为腹，震为足，巽为股，坎为耳，离为目，艮为手，兑为口。

[今译]

乾是强健，坤是柔顺，震是震动，巽是进入，坎是险陷，离是附丽，艮是静止，兑是喜悦。

乾是马，坤是牛，震是龙，巽是鸡，坎是猪，离是雉，艮是狗，兑是羊。

乾是头，坤是腹，震是足，巽是腿，坎是耳，离是目，艮是手，兑是口。

乾，天也，故称乎父。坤，地也，故称乎母。震一索而得男，故谓之长男。巽一索而得女，故谓之长女。坎再索而得男，故谓之中男。离再索而得女，故谓之中女。艮三索而得男，故谓之少男。兑三索而得女，故谓之少女。

[今译]

乾象征天,所以称为父亲;坤象征地,所以称为母亲。乾卦第一次求合于坤卦所生的男孩是震卦,所以称为长男。坤卦第一次求合于乾卦所生的女孩是巽卦,所以称为长女。乾卦第二次求合于坤卦所生的男孩是坎卦,所以称为中男。坤卦第二次求合于乾卦所生的女孩是离卦,所以称为中女。乾卦第三次求合于坤卦所生的男孩是艮卦,所以称为少男。坤卦第三次求合于乾卦所生的女孩是兑卦,所以称为少女。

乾为天,为圜,为君,为父,为玉,为金,为寒,为冰,为大赤,为良马,为老马,为瘠马,为驳马,为木果。

坤为地,为母,为布,为釜,为吝啬,为均,为子母牛,为大舆,为文,为众,为柄。其于地也为黑。

震为雷,为龙,为玄黄,为旉(fū,音同"肤"),为大途,为长子,为决躁,为苍筤(láng,音同"郎")竹,为萑(huán,音同"环")苇。其于马也,为善鸣,为足,为作足,为的颡。其于稼也,为反生,其究为健,为蕃鲜。

巽为木,为风,为长女,为绳直,为工,为白,为长,为高,为进退,为不果,为臭,其于人也,为寡发,为广颡,为多白眼,为近利市三倍,其究为躁卦。

坎为水,为沟渎,为隐伏,为矫,为弓轮。其于人也,为加忧,为心病,为耳痛,为血卦,为赤。其于马也,为美脊,为亟心,为下首,为薄蹄,为曳。其于舆也,为多眚,为通,为月,为盗。其于木也,为坚多心。

离为火,为日,为电,为中女,为甲胄,为戈兵。其于人也,为大腹,为乾卦,为鳖,为蟹,为蠃,为蚌,为龟。其于木也,为科上槁。

艮为山,为径路,为小石,为门阙,为果蓏,为阍寺,为指,为狗,为鼠,为黔喙之属。其于木也,为坚多节。

兑为泽,为少女,为巫,为口舌,为毁折,为附决。其于地也,为刚卤,为妾,为羊。

[今译]

乾是天,有圆形车盖之象,是君王,是父亲,是玉,是金,是寒冷,是冰,是大红色,是良马,是老马,是瘦马,是驳马,是植物果实。

坤是地，是母亲，是布帛，是锅釜，是吝啬，是均匀，是子母牛，是大车，是文，是民众，是柄。就土地而言有黑色之象。

震是雷，是龙，是玄黄，有植物绽开之象，是大路，是长子，是急躁，是青竹，是芦苇，是善嘶鸣的马，是白腿的马，是前足振蹄的马，是白额头的马。对于禾稼来说，有果实茎叶倒长之象，有长势鲜盛之象，最终为刚健，为蕃鲜的巽卦。

巽是树木，是风，是长女，有准绳取直之象，是乐工，是白色，有物长之象，有物高之象，有进退两可之象，有优柔寡断之象，是气味。对于人来说，有头发稀疏之象、有大脑门之象、有白眼之象，追逐利益而出资少获利多，最终变为浮躁的震卦。

坎是水，是沟渠，有隐伏之象，有可直可曲之象，是弓轮。对于人来说，有重重忧患之象，是心病，是耳痛，是血卦，是红色。对于马来说，有脊背美好之象，有内心忧急之象，有低头垂首之象，有后蹄踢地之象、有向后拖曳之象。对于车来说，有灾难频繁之象，有通行之象，是月亮，是寇盗。对于树木来说，有坚实多刺之象。

离是火，是日，是闪电，是中女，有盔甲之象，有戈矛兵器之象。对于人来说，有大腹之象，有干燥之象，是鳖，是蟹，是甲虫，是蚌，是龟。对于树木来说，有中间蛀空而上部枯槁之象。

艮是山，是小径道路，是小石，是门户台观，是植物果实，是守门人，是手指，是狗，是鼠，是黑嘴禽兽。对于树木来说，有坚硬多节之象。

兑是大泽，是少女，是巫师，有口舌是非之象，是毁败，是退落。对于地来说，有土质坚硬而多盐碱之象。是妾，是羊。

杂卦传

乾刚，坤柔。比乐，师忧。临、观之义，或与，或求。屯见而不失其居，蒙杂而著。震，起也；艮，止也。损、益，盛、衰之始也。大畜，时也；无妄，灾也。萃聚，而升不来也。谦轻，而豫怠也。噬嗑，食也；贲，无色也。兑见，而巽伏也。随，无故也；蛊，则饬也。剥，烂也；复，反也。晋，昼也；明夷，诛也。井通，而困相遇也。咸，速也；恒，久也。涣，离也；节，止也。解，缓也；蹇，难也。睽，外也；家人，内也。否、泰，反其类也。大壮则止，遁则退也。大有，众也；同人，亲也。革，去故也；鼎，取新也。小过，过也；中孚，信也。丰，多故也；亲寡，旅也。离上，而坎下也。小畜，寡也；履，不处也。需，不进也；讼，不亲也。大过，颠也。姤，遇也，柔遇刚也；渐，女归待男行也。颐，养正也；既济，定也。归妹，女之终也；未济，男之穷也。夬，决也，刚决柔也，君子道长，小人道忧也。

[今译]

乾卦刚健，坤卦柔顺。比卦和乐，师卦忧苦。临卦、观卦的含义，或给予，或求取。屯卦生机呈现占居一席之地，蒙卦表示事物蒙稚显著。震卦是震起。艮卦是阻止。损卦、益卦是旺盛与衰败的开始。大畜卦是蓄美德以备时用。无妄卦是灾难。萃卦讲蓄聚之道，而升卦是讲不返必困之理。谦卦是自居轻微，豫卦乐极则必懈怠。噬嗑卦讲吃食。贲卦讲饰极返朴。兑卦是喜悦显于外，巽卦是忧惧伏于内。随卦无为，蛊卦整饬。剥卦朽烂剥落，复卦穷终返回。晋卦是白昼，明夷衰微。井卦通畅，困卦相遇。咸卦相互感召，恒卦保持长久。涣卦离散，节卦节止。解卦舒缓，蹇卦艰难。睽卦是分离于外，家人卦是和睦于内。否卦与泰卦，事类正相反。大壮卦是止于盛壮，遁卦是消退。大有卦拥有众多，同人卦是与人亲和。革卦是除旧，鼎卦是迎新。小过卦是小节有过失，中孚是诚信。丰卦是故旧多，旅卦是亲友少。离卦是火炎上，坎卦是水下流。小畜卦是积蓄不多。履卦是不停留。需卦待机而进。讼卦是相争不和。大过卦是颠覆。

姤卦是有所遇合，阴爻与阳爻相遇。渐卦是女子出嫁等待男子行聘。颐卦颐养正道。既济卦象征事物已然成功。归妹卦象征女子的终身归宿。未济卦象征男子穷途末路。夬卦是冲决，阳刚冲决阴柔，君子之道生长，小人之道困厄。

序卦传

有天地，然后万物生焉。盈天地之间者唯万物，故受之以屯。屯者，盈也。屯者，物之始生也。物生必蒙，故受之以蒙。蒙者，蒙也，物之稚也。物稚不可不养也，故受之以需。需者，饮食之道也。饮食必有讼，故受之以讼。讼必有众起，故受之以师。师者，众也。众必有所比，故受之以比。比者，比也。比必有所畜，故受之以小畜。物畜然后有礼，故受之以履。履而泰，然后安，故受之以泰。泰者，通也。物不可以终通，故受之以否。物不可以终否，故受之以同人。与人同者，物必归焉，故受之以大有。有大者不可以盈，故受之以谦。有大而能谦必豫，故受之以豫。豫必有随，故受之以随。以喜随人者必有事，故受之以蛊。蛊者，事也。有事而后可大，故受之以临。临者，大也。物大然后可观，故受之以观。可观而后有所合，故受之以噬嗑。嗑者，合也。物不可以苟合而已，故受之以贲。贲者，饰也。致饰然后亨则尽矣，故受之以剥。剥者，剥也。物不可以终尽，剥穷上反下，故受之以复。复则不妄矣，故受之以无妄。有无妄，然后可畜，故受之以大畜。物畜然后可养，故受之以颐。颐者，养也。不养则不可动，故受之以大过。物不可以终过，故受之以坎。坎者，陷也。陷必有所丽，故受之以离。离者，丽也。

[今译]

有天地，万物才能化生，充盈于天地之间的是化生万物的"气"，所以《周易》继乾、坤二卦之后便是屯卦。屯是盈满的意思，也是指万物开始萌生。万物初生时肯定是幼稚蒙昧的，所以接着就是蒙卦。蒙是蒙昧，象征事物的幼稚阶段。事物稚小有待于培育，所以接着就是需卦。需卦是说饮食滋养的道理。饮食必然引起群体之间的争讼，所以接着便是讼卦。争讼必然有众人起来争斗，所以接着是师卦。师是众的意思。人众多了，必然会有所亲比，所以接着就是比卦。比是亲比的意思。众人兴起参与必然形成一种蓄聚状态，所以接着便是小畜卦。

有了财物的积累然后民众就能知守礼义，所以接着便是履卦。履是遵守礼节的意思。按礼仪去做则万事通达，可保平安，所以接着便是泰卦。泰是亨通的意思。事物不可能永远亨通，所以接着便是否卦。事物不可能始终否塞不通，所以接着便是同人卦。能与民众同心同德，则众物必然归附于他，所以接着便是大有卦。富有的人不可以骄傲自满，所以接着便是谦卦。拥有众物又能谦虚则必然和乐，所以接着便是豫卦。恬然和乐必然众物所依，所以接着便是随卦。以和乐恬然之心顺随人必然有事，所以接着是蛊卦。蛊是生事的意思。有事之后可以建立大业，所以接着便是临卦，临是盛大的意思。德业盛大而被人观仰，所以接着便是观卦。德行教化有所观仰，人心民意就可相合，所以接着便是噬嗑卦。嗑是吻合的意思。事物不能苟且相合，所以接着便是贲卦。贲是文饰的意思。文饰过分则亨通，也就发展到了尽头，所以接着便是剥卦。剥是剥蚀的意思。事物不可能永远剥蚀下去，从上剥蚀到极点，又会返到下面复生回来，所以接着就是复卦。回复于正道的就不会虚妄，所以接着便是无妄卦。不虚妄就能够有所蓄聚，所以接着便是大畜卦。万物蓄之后就能养蓄贤人，所以接着便是颐卦。颐是养蓄的意思。不养蓄群贤便不可有为兴动，所以接着便是大过卦。事物不可能总是顺利通过，所以接着便是坎卦。坎是坎陷的意思。陷入险坎必然有所附丽依托，所以接着便是离，离是附丽依托的意思。

有天地然后有万物，有万物然后有男女，有男女然后有夫妇，有夫妇然后有父子，有父子然后有君臣，有君臣然后有上下，有上下然后礼义有所错。夫妇之道，不可以不久也，故受之以恒。恒者，久也。物不可以久居其所，故受之以遁。遁者，退也。物不可以终遁，故受之以大壮。物不可以终壮，故受之以晋。晋者，进也。进必有所伤，故受之以明夷。夷者，伤也。伤于外者必反于家，故受之以家人。家道穷必乖，故受之以睽。睽者，乖也。乖必有难，故受之以蹇。蹇者，难也。物不可以终难，故受之以解。解者，缓也。缓必有所失，故受之以损。损而不已必益，故受之以益。益而不已必决，故受之以夬。夬者，决也。决必有遇，故受之以姤。姤者，遇也。物相遇而后聚，故受之以萃。萃者，聚也。聚而上者谓之升，故受之以升。升而不已必困，故受之以困。困乎上者必反下，故受之以井。井道不可不革，故受之以革。革物者莫若鼎，故受之以鼎。主器者莫若长子，故受之以震。震者，动也。物不可以终动，止之，故受之以艮。艮者，止也。物不可以终止，故受之以渐。渐者，进也。进必有所归，故受之以归妹。得其所归者必大，故受之以丰。丰者，大也。穷大者必失其居，故受之以旅。旅而无所容，故受之以巽。巽者，入也。入而后说之，故受之以兑。兑者，说也。说而后散之，故受之以涣。涣者，离也。物不可以终离，故受之以节。节而信之，故受之以中孚。有其信者必行之，故受之以小过。有过物者必济，故受之以既济。物不可穷也，故受之以未济，终焉。

[今译]

有了天地之后才会有万物的产生，有了万物之后才有男性女性，有了男女之后才能结合成夫妻，有了夫妻之后才有父子，有了父子尊长卑少然后才有君臣之分，有了君臣之分之后才有上下等级之别，有了上下等级之别然后在礼仪制度上才有所措置。夫妻相互感通之道不可不恒久，所以在咸卦之后的就是恒卦。恒就是持久保持的意思。事物不可能永远停留在一个地方，所以接着就是遁卦。遁就是消退的意思。事物不可能永远消退，所以接着就是大壮卦。事物不可能永久停留在盛壮阶段，所以接着就是晋卦。晋是向前发展的意思。一味向前发展必然遇到损伤，所以接着就是明夷卦。夷即是伤损的意思。在外面受到伤损必然要返回家里，所以接着就是家人卦。家道衰败必然出现乖离之事，所以接着就是睽卦。睽是乖离的意思。乖离必然会遇到阻难，所以接着就是蹇卦。蹇是阻难的意思。事物不可能永远遭受阻难，所以接着是解卦。解是缓解的意思。缓解懈怠一定会遭受损失，所以接着是损卦。不停地损减下去，一定会转为增益，所以接着就是益卦。增益不止就会溃决，所以接着就是夬卦。夬是冲决的意思。冲决之后必会带来美善的遇合，所以接着就是姤卦。姤是相遇的意思。事物只要相遇就会聚合，所以接着就是萃卦。萃是汇聚的意思。积累汇聚就能逐渐升进，所以接着就是升卦。升进不止必然困穷，所以接着就是困卦。在上受困一定会返回到下面来，所以接着就是井卦。水井使用久了不可不经常更新，所以接着就是革卦。变革事物的没有什么能比得上鼎器了，所以接着就是鼎卦。执掌鼎器权柄的最适当人选没有比嫡长子更适合的了，所以接着就是震卦。震是动的意思。事物不可能只是一味地运动，所以接着就是艮卦。艮是静止的意思。事物不能停留在静止状态，所以接着就是渐卦。渐是逐渐向前发展的意思。前进就必然有所依归，所以接着就是归妹卦。有了适宜的归宿就必然会有大发展，所以接着就是丰卦。丰是大的意思。穷奢极欲的人必将失去寄身之地，所以接着就是旅卦。旅居于外不能永远无所容身，所以接着就是翼卦。翼是进入的意思。进入安身之所后而喜悦，所以接着就是兑卦。兑是喜悦的意思。因为喜悦而疑惑消散，所以接着就是涣卦。涣是离散的意思。事物不可能长久离散下去，所以接着就是节卦。掌握了符节而后可取信于人，所以接着就是中孚卦。有符节讲信用的人一定能通行，所以接着就是小过卦。有大为而小有过失的人做事必然成功，所以接着就是象征已经成功的既济卦。事物的发展是没有穷尽的，所以接着就是象征尚未成功的未济卦，并以此作为六十四卦的终结。